作者简介

蒋亚娟，女，1980年生于湖南永州，法学硕士，西南政法大学讲师，博士研究生，从事环境法学和经济法学研究。主要著作有:《环境资源法》(参编)、《国际环境法》(参编)、《农民法律知识读本》(副主编，重庆市社科项目成果)。在《生态经济》、《经济法论坛》、《中国环境管理丛书》、《中国环境报》等刊物发表学术论文15篇，代表论文有:《环境政策中的生态难民保护初探》、《排污权交易的缺失和环境法拓补》。曾获湖南省第五届“挑战杯”学术作品二等奖。

主审简介

陈汉光，武汉大学环境法研究所、湖南师范大学法学院教授。多年从事环境保护法学教学与科研工作，曾多次参加国家、地方环境保护法律、法规的立法活动。主要著作有:《环境保护法中的行政处罚》、《公害民事纠纷的行政处理》等。参编《环境法学》、《环境法基础》等国家统编教材。

西南政法大学

Southwest University of Political Science and Law

经济法学系列

李昌麒 主编

环境法学案例教程

Environmental Law Case: A Course Book

蒋亚娟 / 编著

陈汉光 / 主审

Law

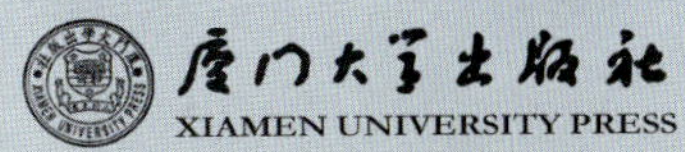

丛书总序

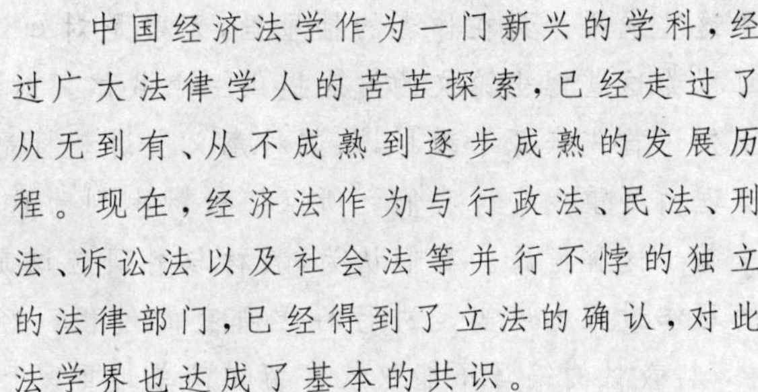

中国经济法学作为一门新兴的学科，经过广大法律学人的苦苦探索，已经走过了从无到有、从不成熟到逐步成熟的发展历程。现在，经济法作为与行政法、民法、刑法、诉讼法以及社会法等并行不悖的独立的法律部门，已经得到了立法的确认，对此法学界也达成了基本的共识。

二十余年来，广大法律学人坚持改革开放路线，紧扣时代脉搏，围绕着经济建设这个中心环节，把经济法理论和实践扎根于我国现实的经济土壤之中，并借鉴其他市场经济国家在法制实践中所形成的共同的法律文化，辛勤耕耘，求实创新，不断开拓进取，使经济法学在我国法学百花丛中蓓蕾初绽，繁花似锦，硕果累累。这极大地促进了我国经济法理论和实践的发展，推动了整个中国法学的繁荣，并为世界法学界所瞩目。但是，经济法作为一门发展中的学科，仍然存在着许多不成熟的地方，还需要广大的法律学人更多地培育，才能使它更好地成长。正是怀着这样一种愿望，西南政法大学经济法学科作为教育部确立的国家级高等学校重点学科点，一方面想为广大经济法理论和实务工作者展示其学术研究成果和进行学术交流提供一个平台，另一方面也想为西南政法大学经济法学科建设开辟一个新的学术阵地，为此，我们与

厦门大学出版社共同策划了出版《西南政法大学经济法学系列》。

对于怎样编辑这套丛书，我们除了遵循学术性、实践性和开放性的宗旨之外，还有一个重要的思考，就是要使这套丛书能够适应经济法理论界、实务界和教学界等多方面的需要，力求使本丛书以其广泛的适应性以飨读者。因此，本丛书拟由三个部分构成，既包括学术专著，又包括教材和案例。对于学术专著，其主要来源于经济法博士论文。考虑到我国现在有七个经济法博士授权点，每年都要产出一批具有一定开拓性、前沿性和创新性的优秀博士论文，如果这些成果尘封在作者的抽屉里，无疑是对知识财产的一种浪费。这套丛书可以为这些博士论文的发表提供一个载体。对于教材，我们是这样思考的：学生知识首先来源于教材，从某种意义上讲教材是构筑学生知识大厦的基石，没有理由不重视它。我们之所以把教材也列为这套丛书的重要组成部分，也正是基于这种考虑。我们认为，教材与科研应该是彼此依赖、相辅相成的，教材的写作过程也应当是进行科学研究的过程。经济法作为一门新兴的法学学科，其教材的编写不能仅仅停留在简单地重复已有的教材内容的基础上，要力图避免编写那些没有任何新意和创建的“拼凑式”的教材。因此，本丛书将按照这个原则选择或者组织出版那些适合本科生和研究生研习的优秀教材。对于案例，我们考虑到：从总体上讲，问世的经济法案例与其他法学学科问世的案例相比，仍然嫌少，以致在教学和实践中，很难找到足够的经济法案例。为此，我们将有意识地采取教师与实际部门人员相结合的办法，将现实生活中存在的大量的、鲜活的、具有典型意义的经济法案例精选成册，其形式既可以是案例评析，也可以是案例教程，以此弥补过去运用案例进行经济法教学之不足。

需要说明的是，本《经济法学系列》含涉外经济法系列，它将以专集的形式出版；本丛书中各种类型的著述的出版并不完全按照经济法学体系结构的顺序出版，而是成熟一部，出版一部。我们热忱地欢迎全国的经济法学同仁们惠赐佳作，为经济法学的进一步发展和繁荣，携手共进！

李昌麒

2005 年元月于重庆

前　言

环境法学作为一门崭新的法学学科，发展迅速、学派林立。环境问题的潜伏性和复杂性客观上决定了环境法不仅要继续现有的基础理论研究，更应当走进现实生活，在实践中更好地维护公民的环境权益，从而实现环境利益的公平分享和经济、社会的可持续发展。在本科教学中，如何从理论到实践，使学生学以致用，避免闭门造车、眼高手低？案例教学应当被予以充分的重视。如何从实践到理论，从纷繁复杂的案例中探寻环境法的基本理念和价值追求？本书采用了案例比较、难点争鸣、热点探讨等编写方式，有针对性地选采了近年来比较典型的环境法案例进行了分析。

本书可供高等院校法律院、系必修课和邻近专业选修课选用，也可以作为环境保护监督管理部门培训干部用书，同时对环境普法宣传工作和参加自学考试也有参考价值。

尽管编著者作出了很大的努力，但不完善之处在所难免，尚祈读者批评指正。

本书第一编第二章，第三编第一章第一节、第三节由何燕编写，其他部分由蒋亚娟编写。初稿完成后，蒋亚娟负责统稿工作。最后由陈汉光修改定稿。

编者

2006 年 2 月

前言

目录 CONTENT

第二编　环境法律责任

第三编　国际环境法论

第四编　热点问题探讨

第一编　总论

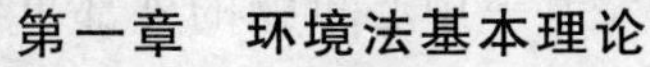

第一章
环境法基本理论

第一节　环境与环境问题

一、环境的概念

环境一般是指围绕某一中心事物的外部事物的总和。中心事物不同，环境的含义也不相同。

外国法律对环境的定义有列举式和概括式两种。列举式的定义如1990年颁布的《英国环境保护法》，其将环境定义为："环境由下列媒体或其中之一组成，即空气、水和土地；空气包括室内空气、地上或地下的自然或者人工建筑内的空气。"概括式的环境定义如1991年《保加利亚环境保护法》，其将环境规定为："环境是相互关联并且影响生态平衡、生活质量、人体健康、文化与历史遗产和景观的自然与人工因素的综合体。"各国立法基本上是以环境科学关于环境的定义为依据，在质的方面，法律上的环境定义与环境科学的定义基本一致。

我国环境法对环境的定义是将概括式和列举式混合起来。先对环境作了概括性规定之后，再列举当前与人们密切相关的14类环境要素。我国《环境保护法》第2条规定："本法所称环境，是指影响人类生存和发展的各种天然的和经过人工改造的自然因素的总体，包括大气、水、海洋、土地、矿藏、森林、草原、野生生物、自然遗迹、人文遗迹、自然保护区、风景名胜区、城市和乡村等。"

二、环境问题

环境问题是指人类活动或自然原因引起的环境破坏和环境质量变化，以及由此给人类的生存和发展带来的不利影响。环境问题按照不同的标准可以作出以下的分类：

1. 第一类环境问题和第二类环境问题

这是按照环境问题产生的原因将环境问题作出的分类。第一类环境问题是指由自然引起的环境问题，也称原生环境问题，如火山爆发、地震、洪水、山崩、海啸等。第二类环境问题是指由人为原因引起的环境问题，它又称次生环境问题，有的国家还称为"公害"，这类环境问题主要是由于人类在生产和生活活动中利用环境和资源不当引起的，它能够被人类预防和控制。这类环境问题是环境法所主要研究的环境问题。

2. 环境污染和环境破坏

这是根据环境问题所造成的危害后果的不同而对环境问题所作的分类。这种分类是主要针对第二类环境问题的再分类。环境污染主要是指由于人类直接或间接向环境排放物质或者能量，超过环境的自净能力，使环境质量下降，或者生态系统失调，影响人类或者其他生物的正常生长和发展的现象。环境破坏主要是指由于人类不合理的开发和利用自然资源，过度向环境索取物质或者能量，使自然环境的恢复和增殖能力受到破坏的现象。这种分类是环境法上常见的分类，我国环境保护单行法就分为环境污染防治法和自然资源保护法两大部分。

3. 发展中国家的环境问题和发达国家的环境问题

这是国际上两种不同性质的环境问题，这两类环境问题在性质、解决的方式和途径上存在诸多不同，是人们对当前世界环境问题的性质的正确表述。发达国家的环境问题，"一般是同工业化和技术发展有关"，即主要是由于经济的畸形发展和生活方式上的享乐主义造成的。发展中国家的环境问题一般是由于发展不足造成的。国际环境法和环境外交当中要注意这种分类。

第二节　环境法的概念

一、环境法的定义

环境法又称为环境保护法，依据我国法律规定，环境法是指调整因保护和改善生活环境与生态环境，防治污染和其他公害而产生的社会关系的法律规范的总称。

二、环境法的特点

我国环境法具有自身的一些特点：

(一)科学技术性

环境法以马克思主义法学和环境科学为基础，反映了社会主义经济规律和生态规律的要求。环境法的基本原则和基本制度都体现了这些规律，如经济发展与环境保护相协调原则，预防为主、防治结合原则，环境影响评价制度、三同时制度等。

(二)综合性

其一，法律规范的组成多元化，既有行政、民事和刑事等实体法律规范，也有与之相对应的行政诉讼、民事诉讼和刑事诉讼法律规范。其二，调整方法的多元化，综合运用了行政、科技、宣传、教育和法律多种方法。其三，监督管理的部门多元化，除县级以上环境保护行政主管部门外，还包括海洋、港监、海事、渔业、渔政、军队、公安、交通、铁道、民航、土地、矿产、林业、农业、水利等15个依法实施环境监督管理权的行政主管部门，在有些场合，如限期治理，还包括了县级以上地方人民政府。

(三)可持续发展性

从立法目的上看，我国环境法律、法规，尤其是1992年以来修订颁布的《大气污染防治法》、《海洋环境保护法》、《防沙治沙法》、《清洁生产促进法》等都明确规定了可持续发展的思想。从法律原则和基本制度的角度看，都体现了可持续发展。

(四)公益性

环境污染和环境破坏的受害者具有普遍性，不是个别人或者个别阶层、阶级，在环境问题产生的区域内任何人都是受害者。

(五)共同性

环境问题的产生原因、解决方法在各个地区都大致相同，因此环境问题的解决经验可以相互借鉴。地球是我们共同的家园，对于全球性的环境问题，更加不是某个国家或者某个地区的问题，很多已经超越国界。

三、环境法与其他法律部门的关系[①]

(一)环境法和经济法

环境法对大气、水、海洋、土地、矿产、森林、草原、野生动植物等的保护是从环境因素和生态利益着眼，尽量减少或者避免人类活动造成的污染、浪费和破坏，乃至生态系统的失调或物种的灭绝。环境法侧重保护资源的生态价值。而经济法对自然资源的保护，是将其作为“财源”，保护的主要目的是为了经济利益，着眼于自然资源的经济价值。

(二)环境法与民法

环境法对自然因素的保护，如前所述，是为了维护生态平衡，以保障人体健康，促进经济和社会的可持续发展。对自然资源和生态环境的保护着眼于环境资源的生态价值及其内部的相关联系。民法对环境和自然资源的保护则着眼于保护其所有权、使用权等权属关系，不注重关联性。

(三)环境法与劳动法

在法律适用和案例分析当中，环境法与劳动法常常发生竞合。因此理清环境法和劳动法的界限对于准确的适用法律十分重要。

环境法所防治的各类污染是防止由于各种生产建设或者其他人类活动向周围的环境排放污染因子，对生活环境和生态环境造成污染和危害，造成环境质量下降或者生态系统失调，从而危害生活在该环境当中的群体的人体健康、生命安全及其他生物的生存与发展。

劳动法当中也有关于劳动者受到污染损害的情况，那么，环境法和劳动法对污染的防治有何不同呢？

1. 从场所来看。环境法中是指向劳动和工作场所以外的环境排入污染，造成环境质量下降，从而危害人体健康，造成人身权、财产权的侵害；劳动法则是指在劳动、工作过程中产生的有害物质和能量对劳动、工作场所以内的人员伤害。

---

① 韩德培:《环境保护法教程》，法律出版社 2003 年版，第 53～61 页。

2. 危害方式不同。环境法中所指是间接环境侵权，即通过对环境因子的污染，使环境恶化，然后造成人身权的侵害；劳动法则是指劳动者在劳动过程中直接受到污染的侵害。

3. 危害的范围不同。环境法中所指的危害范围十分广泛，是一般意义上的生活环境和生态环境；而劳动法则是专指在特定的生产、工作场所中正在劳动、工作的人的伤害。

因此，在劳动、工作场所内，受到生产、工作过程中所排放的污染物和能量污染和危害的人，不属于环境污染的受害者，不得依据环境法向所在企业、事业单位索赔，或者向人民法院起诉，而必须依据《劳动法》保护自己的合法权益。

(四)环境法与刑法

环境法与刑法联系紧密，破坏资源和污染环境情节严重、造成多人伤亡或者重大的财产损失的行为，往往上升为刑法的规制。但是二者对不同环境危害行为的界定有所不同。环境法认为，环境污染是伴随着人类正常生产生活而出现的有害副产品，主观上并无犯罪的直接故意，其结果可能会造成多人的伤亡或者重大财产损失，但是社会对其评价与《刑法》对其的惩罚，与故意伤害罪、杀人罪有严格区别。

第三节　我国环境法体系

一、法律体系的概念[①]

(一)法律体系的定义

一个国家的法律体系，是指由本国现行的全部法律规范组合为不同部门法组成的有机联系的统一整体。

尽管一个国家的法律规范所组合而成的各个部门法所调整的社会关系不同，但是，各个部门法之间是彼此联系、相互协调并共同组成和谐统一的整体，而不是杂乱无章、互不相干甚至是相互冲突的。法律体系的统一性是由其赖

① 韩德培：《环境保护法教程》，法律出版社 2003 年版，第 53～61 页。

以建立的经济基础和国家意志的统一性所决定的。

法律体系是法律的内部结构,它包括国内已生效的一切法律规范,也包括正在制定并即将公布实施的重要法律规范,还包括我国参加并已对我国生效的国际环境法规范,但不包括已经失效的原国内法规范,也不包括我国不参加的国际环境条约或者我国声明保留的某些国际环境条约的条款。

(二)部门法的定义

部门法指调整同一类社会关系的法律规范的有机综合体,也称法律部门。对于同一个国家来说,由于社会关系的多样性,需有多种多样的法律规范与之相适应加以调整。而且,对于某一类社会关系,大体上是由同一类法律规范来调整,这类法律规范便形成了一个独立的法律部门。可见,法律部门是由同一类法律规范所组成的,是组成法律体系的"细胞"。也就是说,法律体系是由众多的法律规范所组成的各个部门法的有机综合体。

一般来说,同一类法律部门是由众多的同类型(即调整同一类社会关系)的法律规范所组成的。可见,组成同一部门法的各种法律规范也不是杂乱无章,而是紧密联系、彼此配合共同组成一个和谐的统一体。由此可知,每一个部门法的内部,又同时存在着该部门法的体系。这些部门法体系,是一个国家法律体系中的子体系。

(三)划分部门法的标准

法律部门的划分标准,主要是根据所调整的不同社会关系。如前所述,社会关系的多样性决定了调整社会关系法律规范的多样性。一般地说,同一类型的法律规范即同一部门法调整同一类社会关系。但是,在社会生活中,也存在着同一种社会关系是由两种甚至多种法律规范所调整的现象。这时,不应将调整同一类社会关系的一切法律规范都划归于同一部门法。应当依据它们各自调整的主要社会关系来确定其归属。

对于一些法律部门还可以依据其调整方法来进行划分。所谓调整方法,是指调整社会关系时,用以影响社会关系的手段。

(四)环境法是一个独立的法律部门

环境法之所以能成为一个独立的部门法,主要是由于它调整的社会关系的特殊性决定的。环境法所调整的社会关系(也称调整对象),是调整因保护和改善生活环境和生态环境，防治污染和其他公害所产生的社会关系。这与其他法律部门有明显的不同。

二、我国现行的环境法体系

我国环境法体系包含以下八个方面：

（一）《宪法》中有关环境保护的法律规范

现代各国，在宪法中大都设置了环境保护规范。明确规定保护环境和防治污染是国家的根本政策，是国家机关、社会团体、企业事业单位和公民个人的义务。我国早在建国初期发布的当时起着临时宪法作用的《共同纲领》中，就设有环境保护规范，在1978年的《宪法》和1982年的《宪法》中，也都设有环境保护规范，从现行《宪法》（即1982年《宪法》）第9条第2款、第10条第5款、第22条第2款和第26条的规定可知，环境保护是我国的一项基本国策；现行《宪法》与1978年《宪法》相比较，对环境保护工作提出了更高的目标和要求，并明确规定了环境保护的任务、内容和范围，是我国开展环境保护，进行环境监督管理和制定环境法律、法规、规章的根本依据。需要指出的是，在公民的基本权利和义务一章（第二章）中并未设置公民的环境权利。

（二）综合性环境保护基本法

环境法体系中这一层次的法律，是适应环境要素的相关性、环境问题的复杂性和环境保护对策的综合性等的需要而设立的，是国家对环境保护的方针、政策、原则、制度和措施的基本规定，其特点是法律规范的原则性和综合性。如美国的《国家环境政策法》、日本的《环境基本法》和我国的《环境保护法》。这类环境法在整个环境法体系中具有重要地位和不可代替的意义。其效力仅次于《宪法》和国家基本法。是制定环境法体系中自然资源保护与环境污染防治单行法律、环境法规、规章的依据。

（三）环境保护单行法律、法规

1. 环境污染防治单行法律、法规。这种环境法单行法以防治某种污染物为主要内容，同时含有自然资源保护的规范，体现了防治污染为主、保护自然资源为辅的立法模式。如《大气污染防治法》、《水污染防治法》、《环境噪声污染防治法》、《固体废物污染防治法》、《放射性污染防治法》、《环境影响评价法》

等。国务院和有关部委制定的实施细则、条例或者规章，如《大气污染防治法实施细则》、《水污染实施细则》、《防止船舶污染海域管理条例》、《海洋倾废管理条例》、《排污费征收使用管理条例》、《排污费征收标准管理办法》、《环境保护行政处罚办法》等。

2. 自然资源保护单行法律、法规。如全国人大制定的《水法》、《土地管理法》、《渔业法》、《矿产资源法》、《森林法》、《草原法》、《野生动物保护法》、《可再生能源法》；国务院制定的《自然保护区条例》、《风景名胜区管理暂行条例》以及上述法律的实施条例、细则等。

（四）环境纠纷解决程序的法律、法规

即有关追究破坏或者污染环境的单位和个人的环境行政责任、民事责任和刑事责任的程序性的法律规范。对此，现代各国一般都沿用国家公布的行政诉讼法、民事诉讼法和刑事诉讼法的有关规定。专门制定环境纠纷解决程序的国家，仅见于日本 1970 年的《公害纠纷处理法》。

我国环境纠纷解决的程序也是沿用国家有关的法律法规。如《行政诉讼法》、《民事诉讼法》和《刑事诉讼法》，对行政争议的解决途径，还沿用《行政复议法》、《监察机关处理不服行政处分的申诉办法》和环境法律中的有关规定予以解决。

此外，为了规范环境保护监督管理部门的处罚行为，除了执行全国人大发布的《行政处罚法》之外，国务院有关行政部门还发布了行政处罚规章，如《环境保护行政处罚办法》、《土地违法案件处理暂行办法》、《林业行政处罚程序规定》等。

（五）环境标准中的环境法律规范

环境质量标准和污染物排放标准属于“强制性标准”，是我国环境法体系的重要组成部分。环境标准还可以分为国家标准和地方标准。

截至 2001 年 4 月，我国已颁布了 10 项国家环境质量标准，85 项国家污染物排放标准，如《环境空气质量标准》、《地表水环境质量标准》、《土壤环境质量标准》、《渔业水质标准》、《辐射防护规定》和《车用汽油有害物质控制标准》等。此外，还有相配套的 270 项环境基础标准和环境方法标准，以及 74 项行业标准。除了国家级环境保护标准之外，一些省级人民政府也制定了某些地方性环境保护标准。

(六)地方性环境法规、规章

20世纪以来,全国各地依据《宪法》和《环境保护法》制定了大量的地方性环境法规、规章。其中,有省级、省政府所在地的市、经国务院批准的较大的市以及经济特区环境综合性地方法规,也有以某种环境保护要素为保护对象,或者以某种污染物为防治对象的地方性环境单行法规、规章。内容相当广泛,可操作性强,在地方环境保护监督管理过程中起着重要的作用。

(七)其他部门法中的环境保护规范

如《民法通则》关于相邻权的规定,关于民事责任的承担要件、形式、免责条件和"不可抗力"含义的规定,关于诉讼时效的规定等。《刑法》中关于犯罪的概念、犯罪责任年龄、犯罪的追诉时效的规定。经济法中关于指导外商投资方向和防止污染转嫁的规定等。行政法中关于行政执法的效力、特点、种类的规定。《治安管理处罚条例》中关于处罚故意破坏树木、草坪、花卉的规定;关于在城镇违法使用音响器材给予治安管理处罚的规定,以及在前面提到的国家有关行政、民事、刑事诉讼的法律的规定等。

(八)我国参加并且批准的国际条约中的环境保护规范

我国参加并批准的国际条约中的环境保护规范包括我国参加、批准并对我国生效的一般性国际条约中的环境保护规范和专门性国际环境条约中的环境保护规范。前者如《联合国海洋法公约》中关于海洋环境保护的规范,后者如《控制危险废物越境转移及其处置巴塞尔公约》、《保护臭氧层维也纳公约》及其议定书、《气候变化框架公约》、《生物多样性公约》和《联合国湿地公约》等。它们都是我国环境法体系的组成部分。当然,这些国际环境条约只有通过国内法加以规定,才能得以贯彻实施,执法、司法部门也不应直接引用这些国际条约作为解决环境纠纷的依据。

第四节 环境保护监督管理体制

一、环境保护监督管理体制的含义和特点

(一)含义

环境保护监督管理体制是指国家环境保护监督管理机构的设置以及这些机构之间的监督管理权限的划分。

关于我国环境保护监督管理体制,《环境保护法》第7条作了原则性规定:“国务院环境保护行政主管部门,对全国环境保护工作实施统一监督管理。

县级以上地方人民政府环境保护行政主管部门,对本辖区的环境保护工作实施统一监督管理。

国家海洋行政主管部门、港务监督、渔政渔港监督、军队环境保护部门和各级交通、铁道、民航管理部门,依照有关法律的规定对环境污染防治实施监督管理。

县级以上地方人民政府的土地、矿产、林业、农业、水利行政主管部门,依照有关法律的规定对资源的保护实施监督管理。”

《环境保护法》关于环境保护监督管理体制的规定,贯彻了“统一管理,分工负责”的原则,明确了县级以上人民政府环境保护行政主管部门和县级以上人民政府其他有关部门在环境保护监督管理方面各自的职责和权限,确立了统管与分级、分部门管理相结合的环境保护监督管理体制。

(二)环境保护监督管理体制的特征①

1. 统管与分管部门在环境监督管理中的法律地位平等

统管部门是指国务院环境保护行政主管部门(即国家环境保护总局)和地方县级以上人民政府环境保护行政主管部门(如某县、某市、某省的环境保护局)。它们之间是行政隶属关系,即上级和下级关系。

分管部门是指依照法律规定对某一方面环境污染防治或者对某一类自然资源保护实施监督管理权的部门。统管部门和分管部门之间不是行政隶属关

① 陈汉光、朴光洙:《环境法基础》,中国环境科学出版社2004年版,第25页。

系，不存在领导和被领导、监督与被监督的关系。它们在环境监督管理中都是代表国家行政机关行使环境监督管理权，其执法地位都是平等的，只是在环境监督管理中的分工有所区别，即监督管理的对象和范围有差异，但都是属于环境保护执法机关，其监督管理的性质和目标都是一致的。

根据《环境保护法》第 11 条和第 12 条之规定，以及近年来环境保护的实践看，统管部门对分管部门具有“协调”、“规划”的职责。例如，在制定环境规划和制定环境监测规范方面，统管部门起着“牵头”作用；当分管部门之间在环境监督管理活动中出现意见分歧时，由统管部门牵头“协调”解决。

2. 统管部门和分管部门都是环境保护方面的行政执法机关

统管部门和分管部门属于中央或者地方各级人民政府的环境保护职能部门，即“人民政府环境保护行政主管部门或者其他依照法律规定行使环境监督管理权的部门”。它们依法实施的环境保护监督管理行为，一般属于具体行政行为，即属于国家行政机关和行政机关工作人员行使行政职权，针对特定的公民、法人或者其他组织，就特定的具体事项，作出有关该公民、法人或者其他组织权利、义务的单方行为。

二、环境保护监督管理机构的职责①

(一)国务院环境保护行政主管部门的职责

根据《环境保护法》第 7 条之规定，国务院环境保护行政主管部门，对全国的环境保护实施统一的监督管理。又依照国务院办公厅关于《国家环境保护总局职能配置、内设机构和人员编制规定》，国务院环境保护行政主管部门的主要职责有 12 项：

1. 拟定国家环境保护的方针、政策、法规和制定行政规章；受国务院的委托对重大的经济和技术政策、发展规划和重大经济开发计划进行环境影响评价；拟定国家环境保护规划等。

2. 拟定并组织实施大气、水体、土壤、噪声、固体废物、有毒化学物品、机动车等的污染防治法律、法规；指导、协调和监督海洋环境保护工作。

3. 监督重大经济建设活动引起生态破坏的活动。

4. 指导和协调解决各地方、各部门和跨区域的重大环境问题、环境污染

① 陈汉光、朴光洙：《环境法基础》，中国环境科学出版社 2004 年版，第 29～30 页。

纠纷;组织开展环境管理及全国性环境保护执法检查活动。

5. 制定和发布国家环境标准,发布国家环境状况公报。

6. 制定和组织实施各项环境管理制度,负责农村生态环境保护。

7. 组织环境保护科技发展重大科学研究和技术示范工程;组织和实施环境保护认可制度;指导和推动环境保护产业发展。

8. 负责全国的环境监测、统计、信息,并指导和协调环境宣传教育和新闻出版工作;推动公众和非政府组织参与环境保护。

9. 拟定国家关于全球环境问题基本原则,开展环境保护国际合作与交流等。

10. 负责核安全、辐射环境、放射性废物管理工作,拟定有关方针、政策、法规和标准,对放射性污染实施统一监督管理。

11. 负责总局机构编制和人事管理,组织开展全国环境保护系统行政管理体制改革。

12. 承办国务院交办的其他事项。

(二)地方各级人民政府的职责

根据《环境保护法》的规定,地方各级人民政府在环境保护方面的主要职责如下:

1. 各级人民政府(包括乡、镇政府)对本辖区的环境质量负责,采取措施改善环境质量。

2. 各级人民政府必须把环境保护规划纳入到国家或者本地区国民经济和社会发展计划中,采取各种有利于环境保护的经济、技术政策和措施,使本地区的环境保护同经济建设和社会发展相协调。

3. 省一级政府可以根据本辖区环境特点,制定地方环境质量补充标准和污染物排放标准。

4. 地方人民政府负责协调解决跨行政区的环境污染和环境破坏的防治工作。

5. 各级人民政府对各种特殊的自然生态系统,采取措施加以保护,严禁破坏。

6. 国务院、国务院有关部门和地方省一级人民政府负责划定风景名胜区、自然保护区等特别保护区域。

7. 各级人民政府加强对农业环境的保护,防治农业生态破坏。

8. 国务院和沿海地方各级人民政府加强对海洋的环境保护，防止各种开发、建设活动对海洋环境的污染损害。

9. 县级以上人民政府，在环境受到严重污染威胁到居民生命财产安全时，发布紧急命令，并且采取有效措施解除或者减轻危害。

10. 国务院和地方各级人民政府，采取措施鼓励本辖区环境科学教育事业的发展，加强环境保护科学技术的研究和开发，普及环境保护科学知识。

11. 对保护和改善环境有显著成绩的单位和个人，由人民政府给予奖励。

12. 对在特别区域内，已建成的污染环境的工业生产设施，其污染物排放超过规定标准，和对造成其他环境严重污染的企业事业单位，由县级以上人民政府决定限期治理，并对经限期治理没有完成治理任务的企业事业单位作出停业、关闭的决定。

除上述规定外，一些环境保护单行法还规定了地方人民政府环境保护的其他职责。在案例分析时，还需要参看相关环境保护单行法的规定。

(三)县级以上地方人民政府环境保护行政主管部门的职责

根据《环境保护法》的规定，地方县级以上人民政府环境保护行政主管部门的主要职责如下：

1. 实施统一监督管理。
2. 审批环境影响报告书。
3. 验收“三同时”，并且督促防治污染设施的正常运行。
4. 实施排污申报登记。
5. 征收排污费。
6. 实施现场检查。
7. 实施行政处罚。
8. 作出行政复议决定。
9. 申请人民法院强制执行。
10. 发布环境状况公报。
11. 编制环境保护规则。
12. 调解处理环境污染民事纠纷。
13. 组织开展环境科学研究和宣传教育。

8. 国务院和沿海地方各级人民政府加强对海洋的环境保护,防止各种开发、建设活动对海洋环境的污染损害。

9. 县级以上人民政府,在环境受到严重污染威胁到居民生命财产安全时,发布紧急命令,并且采取有效措施解除或者减轻危害。

10. 国务院和地方各级人民政府,采取措施鼓励本辖区环境科学教育事业的发展,加强环境保护科学技术的研究和开发,普及环境保护科学知识。

11. 对保护和改善环境有显著成绩的单位和个人,由人民政府给予奖励。

12. 对在特别区域内,已建成的污染环境的工业生产设施,其污染物排放超过规定标准,和对造成其他环境严重污染的企业事业单位,由县级以上人民政府决定限期治理,并对经限期治理没有完成治理任务的企业事业单位作出停业、关闭的决定。

除上述规定外,一些环境保护单行法还规定了地方人民政府环境保护的其他职责。在案例分析时,还需要参看相关环境保护单行法的规定。

(三)县级以上地方人民政府环境保护行政主管部门的职责

根据《环境保护法》的规定,地方县级以上人民政府环境保护行政主管部门的主要职责如下:

1. 实施统一监督管理。
2. 审批环境影响报告书。
3. 验收“三同时”,并且督促防治污染设施的正常运行。
4. 实施排污申报登记。
5. 征收排污费。
6. 实施现场检查。
7. 实施行政处罚。
8. 作出行政复议决定。
9. 申请人民法院强制执行。
10. 发布环境状况公报。
11. 编制环境保护规则。
12. 调解处理环境污染民事纠纷。
13. 组织开展环境科学研究和宣传教育。

(四)其他依照法律规定行使环境监督管理权的部门的职责

根据《环境保护法》第7条规定,我国对环境保护实施监督管理的行政机关,除县级以上人民政府环境保护行政主管部门之外,还有依照有关法律规定行使环境污染防治或者自然资源保护监督管理权的15个部门。这些部门的职责如下:

1. 国家海洋行政主管部门

根据《环境保护法》、《海洋环境保护法》、《海洋石油勘探开发环境保护管理条例》及《海洋倾废管理条例》的规定,负责对全国海洋工程建设项目和海洋倾倒废物等海洋环境污染的防治实施监督管理。

2. 国家海事行政主管部门

根据《海洋环境保护法》、《防止船舶污染海域管理条例》、《防止拆船污染环境管理条例》的规定,对所辖港区水域内非军事船舶和港区水域外非渔业、非军事船舶污染海洋环境防治实施监督管理,并负责污染事故的调查和处理;对在我国管辖海域航行、停泊和作业的外国国籍船舶造成污染事故登轮检查处理。

3. 港务监督行政主管部门

根据《水污染防治法》、《环境噪声污染防治法》及《防止拆船污染环境管理条例》的规定,对我国内河船舶拆船污染港区水域和港区的机动船舶噪声污染防治实施监督管理。

4. 渔政渔港监督行政主管部门

根据《渔业法》、《防止拆船污染环境管理条例》的规定,对我国内河船舶、拆船作业污染内河渔业港区水域的污染防治实施监督管理,并负责调查处理内河渔业污染事故;对我国海域渔港水域内非军事船舶和渔港水域外渔业船舶污染海洋环境实施监督管理,并参与船舶造成渔业海域污染事故的调查处理。

5. 军队环境保护部门

根据《环境保护法》、《中国人民解放军环境保护条例》和《海洋环境保护法》的规定,负责军事演练、武器试验、军事科研、军工生产、运输以及部队生活等对环境的污染防治实施监督管理。

6. 各级公安机关

根据《环境保护法》、《环境噪声污染防治法》、《大气污染防治法》、《汽车排气污染监督管理办法》、《道路交通管理条例》、《放射性污染防治法》、《放射性同位素与射线装置放射防护条例》、《治安管理处罚条例》的规定，对环境噪声、汽车尾气污染、放射性污染、破坏野生动物以及破坏水土保持等环境污染防治和自然资源保护实施监督管理。

7. 各级交通部门的航政机关

根据《环境保护法》、《大气污染防治法》、《水污染防治法》、《环境噪声污染防治法》的规定，对陆地水体（港区、渔业区除外）船舶的大气污染、水污染和环境噪声污染防治实施监督管理。

8. 铁道行政主管部门

根据《环境保护法》、《环境噪声污染防治法》和《大气污染防治法》的规定，对铁路机车环境污染防治实施监督管理。

9. 民航行政主管部门

根据《环境保护法》、《环境噪声污染防治法》、《民用机场管理暂行规定》和《通用航空管理暂行规定》的规定，对民用机场和经营航空业务的企业事业单位的环境噪声污染防治实施监督管理。

10. 土地资源的行政主管部门

根据《环境保护法》、《土地管理法》、《农业法》和《土地复垦规定》的规定，对国土规划、土地使用、耕地与草地等土地的保护、土地复垦等土地资源实施监督管理。

11. 矿产资源行政主管部门

根据《环境保护法》和《矿产资源法》的规定，对矿产开发、矿区复垦等的矿产资源保护实施监督管理。

12. 林业行政主管部门

根据《环境保护法》、《森林法》、《野生动物保护法》、《野生植物保护条例》和《防沙治沙法》的规定，对森林资源、陆生野生动物、野生植物资源保护和防沙治沙工作实施监督管理。

13. 农业行政主管部门

根据《环境保护法》、《农业法》、《草原法》、《野生植物保护条例》和《农药管理条例》的规定，对耕地、农田保护区、草原、野生植物资源保护以及农药的安全使用实施监督管理。

14. 水利行政主管部门

根据《环境保护法》、《水法》、《水土保持法》的规定，对流域、区域规划和水资源保护及水土保持工作实施监督管理。

15. 渔业行政主管部门

根据《渔业法》和《野生动物保护法》的规定，对渔业资源(包括陆地水体渔业、海洋渔业资源)、水生野生动物资源保护实施监督管理。

除上述环境保护监督管理部门外，近年来修订和颁布的一些环境单行法律还规定，经济综合主管部门、建设行政主管部门、卫生行政主管部门、海关行政主管部门、工商行政主管部门等，可依照相关法律规定对某些污染防治或者自然资源保护实施监督管理。案例分析时需要参看相关单行法的规定。

第二章
环境法的基本原则

一、环境法基本原则的概念

环境法的基本原则，是指环境法中规定或者体现的，对环境保护实行法律调整的、适用于环境法一切领域的基本指导方针或者基本准则。它具有以下一些特点：

1. 它是环境法所确认和体现的，是环境法本质的集中体现。

2. 它适用于环境法一切领域，在环境法领域中具有普遍的指导意义。它是环境执法、司法、守法等环境保护活动必须遵循的基本准则。

3. 它是各项环境法律具体原则、制度和法律规范的基础。各项环境法律具体原则、制度是以基本原则为依据，每项基本原则的实现，都需要相应的具体法律原则、制度相配合；基本原则只有通过法律规范加以具体化才能得以实施。

二、环境法基本原则的意义

确立和贯彻实施环境法的基本原则，对于加强环境保护领域的法制，增强环境执法自觉性，顺利实现环境法的目的、任务具有重要的意义。只有掌握了环境法的基本原则，才能深刻领会环境法的精神实质，增强执法和司法的自觉性。同时，基本原则概括性较强，具体条文规定局限性较大，环境法不可能把环境保护方面错综复杂及千变万化的事物都作出明确规定，在执法和司法中如果碰到一些新情况、新问题，可以根据基本原则的精神去处理。这样，有利于环境法目的与任务的实现。

三、我国环境法的基本原则

我国环境法的基本原则是：环境保护与经济、社会发展相协调的原则；预防为主，防治结合，综合治理的原则；污染者付费、利用者补偿、开发者保护、破坏者恢复的原则；依靠群众保护环境的原则。这些基本原则不是彼此孤立、互不相关的，而是相互联系、相互制约的。贯彻执行某一原则，同时要求贯彻执行其他的原则；违反某一原则，又会影响到对其他原则的实施。

1. 环境保护与经济、社会发展相协调的原则

【案例】 河西开发区竟成污染区

〔案情〕 湖南省某市河西开发区是该市的高新技术开发区，开发区一创建，作为市政府派出机构的开发区管委会，其环境意识就非常淡薄，国家明文规定的开发区环境影响评价，竟然是在市环保局一再坚持、反复磋商两年，最后在市政府严厉批评下才拨出钱来上了马。开发区管委会由于在环保问题认识上存在偏差，致使该市河西的环境管理出现一片混乱，河西近几年新上马的57个建设项目中仅有9个按国家规定进行了“三同时”建设。耗资6000万元、生产色拉油的某厂，于1996年6月开始试生产，但未上环保设施，废水直接排入淞江，造成严重的农业损失。1995年11月上马的某橡胶厂，未办理任何环保手续，小锅炉造成工厂四周浓烟滚滚，附近居民苦不堪言。1995年5月试生产的某印染厂，虽投入60多万元上环保设施，但一直没有投入使用，工厂废水已造成了严重污染，下游B市的农民纷纷投诉。

〔思考题〕

本案是否体现了环境保护与经济、社会发展相协调的原则？为什么？

〔法律分析〕

本案中的某市河西开发区，作为全国52个高新技术开发区之一，由于招商引资不够理想，以致开发区管委会在项目选择上仓促盲目，又忽视了经济发展与环境保护的协调，未按照环境法的规定遵循环境保护与经济、社会发展相协调的原则，使拥有“高新技术开发区”的河西走上了“先污染后治理”，其结果是既污染了环境，也使开发区的经济发展受到严重的阻滞，其教训是十分惨痛的。

环境保护与经济、社会发展相协调的原则，简称协调发展原则，是指环境保护与经济建设和社会发展统筹规划、同步实施、协调发展，实现经济效益、社会效益和环境效益的统一。

协调发展原则是正确处理经济、社会发展与环境保护关系的一项总原则，是解决环境问题同时又保证经济、社会发展，建立人类与环境和谐关系的唯一

途径。它避免了以牺牲环境为代价，走“先污染后治理”的道路，以换取经济的畸形发展，以及试图以“零增长”来避免人口和经济增长所带来的环境危机两种极端观点的消极面；在追求经济、社会发展的同时，不放弃或忽视对环境的保护，以谋求经济建设与环境保护的协调，走可持续发展的道路。

协调原则要求我们做到：(1)加强环境与发展的综合决策，正确处理经济增长速度和综合效益的统一、生产力布局与资源优化配置、产业结构调整与解决结构性污染、资源开发利用与保护生态环境等问题，从源头控制可能对环境的污染和破坏；(2)把环境保护切实纳入国民经济和社会发展计划，发挥计划的指导和宏观调控作用，促进环境与经济、社会的协调发展；(3)采取有利于环境保护的经济、技术政策和措施，如奖励综合利用政策，经济优惠政策，征收环境资源补偿费政策等。

2. 预防为主，防治结合，综合治理的原则

预防为主，防治结合，综合治理的原则，是指采取各种预防措施，防止环境问题的产生和恶化，或者把环境污染和破坏控制在能够维持生态平衡、保护人体健康和社会物质财富及保障经济、社会持续发展的限度之内。这项原则明确了预防和治理的关系，确定了治理环境污染与破坏的途径和方式。以预防为主，做到“防患于未然”，把消除污染、防止生态环境破坏的措施，实施在开发建设活动之前或之中，从根本上消除产生环境问题的根源，减轻事后治理所付出的代价。同时，采取各种措施，综合治理已经产生的环境污染和破坏。它使环境保护工作由消极的应付转为积极的防治，是实现经济效益、社会效益和环境效益相统一的重要保证。

在贯彻预防为主，防治结合，综合治理的原则时，应当注意：(1)全面规划，合理布局；(2)加强建设项目环境保护管理；(3)积极治理已有的环境污染和破坏；(4)加强城市和农村环境综合整治。

【案例】 生态再造的大关村

〔案情〕 位于贵州省罗甸县群山中央的大关村，曾经是贫困与恶劣环境的代名词。这个村地处海拔 900 多米的高山上，境内乱石林立、水源奇缺、耕地匮乏，恶劣的生态环境使大关村连基本的生存条件也不具备。1984 年以前，全村人均口粮仅 130 千克，人均年纯收入不足 50 元。1984 年以来，大关村群众奋起向贫困宣战，同恶劣的生态环境抗争，在乱石嶙峋的地方造出 918 亩高标准稻田，实现人均基本农田 0.8 亩。他们建成小水窖、蓄水池 255 个，

不仅解决了人畜饮水问题，还使80%的新造稻田旱涝保收。在逐步解决温饱的同时，大关村立足本村山地资源，大力发展经济林和畜牧业，增加了收入，保持了水土，生态环境初步改善。1995年，该村人均口粮达410千克，人均纯收入850元。

〔思考题〕

本案主要体现了环境法的哪项基本原则？

〔法律分析〕

本案中处于恶劣自然环境的大关村，正是在预防为主，防治结合，综合治理的原则的指导下，从改造、治理环境入手，采取造梯田、蓄水源、植经济林、保持水土等综合措施，终于在恶劣的环境中创造出人间奇迹，从而为西部山区的脱贫致富闯出了一条生路。

3. 污染者付费、利用者补偿、开发者保护、破坏者恢复的原则

“污染者付费”，亦称污染者负担，是指污染环境造成的损失及治理污染的费用应当由排污者承担，而不应转嫁给国家和社会。

“利用者补偿”，亦称谁利用谁保护，是指开发利用环境资源者，应当按照国家有关规定承担经济补偿的责任。经济补偿责任的基本范围包括资源的调查、勘测、评价、保护、恢复等必要费用。建立并完善有偿使用自然资源和恢复生态环境的经济补偿机制是今后环境管理制度改革的重要内容。

“开发者保护”，亦称谁利用谁保护，是指开发利用环境资源者，不仅有依法开发自然资源的权利，同时还有保护环境资源的义务，以实现“开发利用与保护增值并重”。我国《环境保护法》第19条规定：“开发利用自然资源，必须采取措施保护生态环境。”

“破坏者恢复”，亦称谁破坏谁恢复，是指因开发环境资源而造成环境资源破坏的单位和个人，对其负有恢复整治的责任。如我国《水土保持法》第27条规定：“企业事业单位在建设和生产过程中必须采取水土保持措施，对造成的水土流失负责治理。本单位无力治理的，由水行政主管部门治理，治理费用由造成水土流失的企业事业单位负责。”

【案例】 谁排污，谁就得缴纳排污费

〔案情〕 湖南省鲤鱼江电厂是以煤炭为燃料的火力发电厂（下称电厂），

为解决电厂“三废”问题，1971 年经有关部门批准，兴建了鲤鱼江炉渣砖厂(后改为湘南新型建材总厂，下称建材厂)，利用电厂排放的工业废渣制成炉渣砖。1981 年，经砖厂同意，电厂与建材厂协商签署了《会谈纪要》，双方达成如下协议：即 9 月底前，由双方财务部门补办沉渣池等固定资产转移手续，其沉渣池的管理与使用，包括沉渣池废水排放的综合利用和治理，属于建材厂的管理范围。但后因建材厂的主管部门不同意而未果。1995 年 3 月和 4 月，电厂在未经郴州市环保局同意的情况下，在环境保护考核月报中不申报建材厂排污口的情况。郴州市环境监测站于同年 3 月 27 日、4 月 13 日先后对电厂厂区、灰坝、建材厂的废水排放口进行了采样监测分析，认定建材厂排污口废水 3 月份 PH 值、4 月份石油类超标。据此，郴州市环保局分别于 1995 年 4 月 5 日、5 月 4 日开具排污收费通知，向鲤鱼江电厂征收两个月的超标排污费共 268940 元，随后又下达了催款通知。但电厂只缴纳了厂区和灰坝排污口超标排污费，对建材厂排污口的 199680 元排污费予以拒付。6 月 29 日，郴州市环保局作出了对电厂罚款 9000 元、追缴滞纳金 26734 元的行政处罚决定。电厂申请复议，湖南省环保局维持了原处罚决定。电厂不服，于 1996 年 2 月 27 日向郴州市中级人民法院提起行政诉讼，郴州市中级人民法院经过审理，驳回了电厂的诉讼请求，并判决电厂承担诉讼费用。电厂仍不服，于 1996 年 12 月 4 日向湖南省高级人民法院上诉，1997 年 6 月 27 日，湖南省高级人民法院作出二审终审判决，驳回电厂上诉，维持郴州市中级人民法院一审判决。

〔思考题〕

征收排污费体现了环境法的哪项基本原则？它们有哪些契合点？

〔法律分析〕

本案关键在沉渣池系谁所有，虽然电厂与建材厂签订了《会谈纪要》，但由于建材厂主管部门不同意而未办理固定资产转移登记手续，故沉渣池应认定为电厂建筑物的一部分。本着“污染者付费”，即谁排污谁付费的原则，郴州市环保局于 1995 年 4 月 5 日至 5 月 4 日开具的排污通知以及 1995 年 6 月 29 日对电厂的行政处罚决定无疑是正确的，因此电厂的复议请求与一审二审请求得不到支持，是不难理解的。

第三章 环境法的基本制度

环境法的基本制度，是指为实现环境法的目的、任务，依据环境保护的基本原则制定的调整某一类或者某一方面环境法律关系的法律规范的总称。根据我国环境法的规定，我国环境法的基本制度是：环境影响评价制度；“三同时”制度；征收环境保护费制度；许可证制度；限期治理制度；环境污染与破坏事故的报告及处理制度。

第一节 环境影响评价制度

一、环境影响评价制度的概念和意义①

环境影响评价，亦称环境质量预测评价，有狭义和广义两种含义。狭义的环境影响评价，是指在一定区域内进行开发建设活动，事先对拟建项目可能对周围环境造成的影响进行调查、预测和评定，并提出防治对策和措施，为项目决策提供科学依据。广义的环境影响评价，也叫宏观活动的环境影响评价，又称战略环境影响评价。是指进行某项重大活动（如经济发展政策、规划，重大经济开发计划等）之前，事先对该项活动可能给环境带来的影响进行评价。我国 2002 年 10 月 28 日通过的《环境影响评价法》中规定的环境影响评价类型有：规划的环境影响评价，包括综合规划和专项规划；建设项目的环境影响评价。

环境影响评价具有以下一些特点：

1. 预测性。环境影响评价和环境质量现状评价不同。后者是指通过环境调查和监测，对一定区域的环境质量现状进行评定；而环境影响评价是指对拟建项目可能对环境造成什么影响进行预测和评价，是一种预测性的工作。

2. 客观性。环境影响评价必须从客观实际出发，避免凭借主观印象办

① 韩德培：《环境保护法教程》，法律出版社 2003 年版，第 78～81 页。

事。要深入细致地调查建设项目周围地区的环境质量现状，进行必要的环境监测后作出科学的预测和评价。

3. 综合性。环境影响评价是一项综合性的科学技术工作，涉及多种学科，包括生态学、环境科学、经济学和法学等。因此，它需要由持有《建设项目环境影响评价资格证书》(以下简称《评价证书》)的设计、科研等单位互相协作，共同完成评价任务。环境影响评价，根据开发建设活动的不同，可以分为单个建设项目的环境影响评价、开发区建设的环境影响评价(简称区域环境影响评价)和宏观活动的环境影响评价三种类型，它们构成完整的环境影响评价体系。环境影响评价制度，是指对有关环境影响评价的范围、内容，编(填)报和审批环境影响报告书、报告表、登记表的程序等方面所作的规定的总称。

二、环境影响评价制度的主要内容

各国对环境影响评价范围的规定不尽相同，如美国《国家环境政策法》规定，凡是联邦政府的立法建议或者其他对人类环境有重大影响的联邦行动，都必须进行环境影响评价。我国根据《环境影响评价法》的规定，环境影响评价的范围主要有以下两部分，现介绍如下：

(一)关于规划环境影响评价的范围

该法专设第二章“规划的环境影响评价”，对规划进行了分类，并且对不同规划的评价程序、评价文件的法律地位、规划实施以后的跟踪评价等作了明确的规定。

关于规划环境影响评价的对象和范围。规划的环境影响评价的对象是土地利用、区域、流域、海域的建设、开发利用规划，工业、农业、畜牧业、林业、能源、水利、交通、城市建设、旅游、自然资源开发的有关专项规划。需要进行环境影响评价规划的具体范围，由国家环保总局会同国务院有关部门制定，报国务院批准。省、自治区、直辖市人民政府可以根据本地的实际情况，要求对本辖区县级人民政府组织编制的规划草案进行环境影响评价。具体办法由省、自治区、直辖市参照该法第二章的规定制定。

规划的环境影响评价的组织者和具体评价者。组织编制规划者负责组织对该规划进行环境影响评价。规划环境影响评价的具体的评价者既可以是组织编制该规划的政府或者政府部门，也可以是其委托的单位或者专家组。评价工作的成果是关于规划的环境影响报告书或者有关环境影响评价的篇章或者说明。

规划的环境影响评价的程序。对规划的环境影响评价,应当在规划形成的初步方案上报审批之前进行。评价工作的成果即环境影响评价文件,应当由该规划环境影响评价的组织者(同时也是该规划的组织编制者)负责审定和上报。受理规划环境影响评价文件的应为该规划草案的审批机关,即“谁负责审批该规划草案,谁负责受理对该规划草案的环境影响评价文件”。审批机关受理环境影响评价文件后连同规划草案一并审查。

专项规划的组织编制机关对可能造成不良影响并直接涉及公众权益的规划,应当在草案报送审批前,举行论证会、听证会,或者采取其他的形式,征求有关单位、专家和公众对环境影响报告书草案的意见。但是,国家需要保密的情形除外。专项规划的组织编制机关应当认真考虑有关单位、专家和公众对环境影响报告书草案的意见,并应当在报送审查的环境影响报告书中附具对上述意见采纳或者不采纳的说明。凡由设区的市级以上的人民政府负责审批的规划草案,在其作出决策前,应当先由该人民政府指定的环境保护行政主管部门或者其他部门召集有关部门的代表和专家组成审查小组,对评价该规划草案的环境影响报告书进行审查。参加审查小组的专家,应当从按照国家环保总局规定设立的专家库内的相关专家名单中,以随机抽取的方式确定。省级以上有关部门负责审批的专项规划的审查办法,由国家环保总局会同国务院有关部门制定。需要指出,对该类规划,前提是需要审查,至于如何审查,由国务院环保总局会同国务院有关部门制定审查办法。

根据该法第 15 条规定,凡对环境有重大影响的规划实施以后,原规划的组织编制机关应当及时组织对该规划的环境影响评价进行跟踪评价,并且将评价的结果报告规划的原审批机关,发现有明显不良环境影响的,应当及时提出改进建议。

(二)关于建设项目的环境影响评价

建设对环境有影响的建设项目,都必须依法执行环境影响评价制度,也就是说,环境影响评价的对象是对环境有影响的建设项目。建设项目是指:按固定资产投资方式进行的一切开发建设活动,包括国有经济、城乡集体经济、联营、股份制、外资、个体经济和其他各种不同经济类型的开发活动。按计划管理体制,建设项目可分为基本建设、技术改造、房地产开发(含开发区建设、新区、老区改造)和其他共四个部分的工程和设施建设。国家根据建设项目对环境的影响程度，对建设项目的环境保护实行分类管理：

1. 建设项目对环境可能造成重大影响的，应当编制环境影响报告书，对建设项目产生的污染和对环境的影响进行全面、详细的评价。属于该类型项目的是：

(1)所有流域开发、开发区建设、城市新区建设和旧区改建等区域开发性项目。(2)可能对环境敏感区造成影响的大中型建设项目。(3)污染因素复杂，产生污染物种类多，产生量大；产生的污染物毒性大或难降解的建设项目。(4)造成生态系统结构的重大变化或生态环境功能重大损失的项目；影响到重要生态系统、脆弱生态系统、或有可能造成加剧自然灾害的建设项目。(5)易引起跨行政区污染纠纷的建设项目。

2. 建设项目对环境可能造成轻度影响的，应当编制环境影响报告表，对建设项目产生的污染和对环境的影响进行分析或者专项评价。属于该类型的项目是：(1)不对环境敏感区造成影响的中等规模的建设项目；可能对环境敏感区造成影响的小规模建设项目。(2)污染因素简单、污染物种类少和产生量小且毒性较低的中等规模的建设项目。(3)对地形、地貌、水文、植被、野生珍稀动植物等生态条件有一定影响但不改变生态环境结构和功能的中等规模以下的建设项目。(4)污染因素少，基本上不产生污染的大型建设项目。(5)在新、老污染源均达标排放的前提下，排污量全面减少的技术改造项目。

3. 建设项目对环境影响很小、不需要进行环境影响评价的，应当填报环境影响登记表。属于该类型的项目是：(1)基本不产生废水、废气、废渣、粉尘、恶臭、噪声、震动、放射性、电磁波等不利影响的建设项目。(2)基本不改变地形、地貌、水文、植被、野生珍稀动植物等生态条件和不改变生态环境功能的建设项目。(3)未对环境敏感区造成影响的小规模的建设项目。(4)无特别环境影响的第三产业项目。

【案例】 违法投产依法处罚①

〔案情〕 上诉人梁志勇在未办理环境影响报批手续的情况下，擅自于2000年6月将其经营的精研塑料厂从顺德市伦教镇北海路段搬迁至该镇新塘工业区业顺路1号，并增设了8台切割机、1台磨粉机，新建了挤塑车间，且未建设任何环境保护设施后即擅自将主体工程正式投入生产。被上诉人在经

① 黄慧诚：《违法投产 依法处罚》，《中国环境报》2002年1月19日。

过调查、取证和组织听证后，于6月28日作出了顺环罚字[2001]037号"行政处罚决定书"，认定上诉人上述行为违反了《建设项目环境保护管理条例》(下称《条例》)第9条第2款和第16条的规定，并依据该《条例》第28条规定，对上诉人做出责令停止生产并处罚款3万元的行政处罚决定。上诉人不服，遂于2001年7月10日向顺德市人民法院提起行政诉讼，请求判决撤销处罚决定。

2001年12月21日，广东省佛山市中级人民法院对个体工商户梁志勇不服顺德市人民法院第一审判决的行政上诉案作出终审判决：驳回上诉，维持原判，即维持被上诉人顺德市环保局的行政处罚决定。至此，这起顺德市第一例环保行政诉讼案以顺德市环保局胜诉而告终。

〔思考题〕

(1)本案中争论的焦点是什么？

(2)个体工商户的经营活动是不是建设项目环境影响评价的对象？

(3)本案应当如何适用有关环境影响评价的法律？

〔法律分析〕①

个体工商户是不是建设单位，迁建、扩建项目是不是建设项目，这是能否适用《条例》的前提，也是本案双方在一审、二审中争论的焦点。上诉人认为，自己是个体工商户，不是单位，因此也不属于建设单位。工厂搬迁经营场所、增加小型生产设备不属于要经建设管理部门、计划管理部门批准的项目，故不属于建设项目。因此，被上诉人依据《条例》处罚上诉人，是适用法律、法规错误。而被上诉人认为，上诉人虽然是个体工商户，但是按照国家环保总局《关于执行建设项目环境影响评价制度有关问题的通知》第1条关于"《条例》所称的建设项目是指按固定投资方式进行的一切开发建设活动，包括……个体经济和其他各种不同经济类型的开发活动"的规定，建设单位应包括个体经济或个体经营者。

另外，依据《广东省建设项目环境保护管理条例》第2条第2款"本条例所称建设项目是指新建、改建、扩建、迁建项目，技术改造项目，区域开发项目"的规定，精研塑料厂搬迁厂址、增加生产设备和挤塑车间应确认为迁建、扩建的建设项目。但是，无论是在听证会，还是在一审、二审中，上诉人坚持认为，《条

① 黄慧诚：《违法投产　依法处罚》，《中国环境报》2002年1月19日。

例》对建设单位和建设项目的概念没有明确界定，自己不是建设单位，自己搬迁工厂、增加小型生产设备不是从事建设项目。在上诉状中，上诉人还认为，原审法院适用《广东省建设项目环境保护管理条例》来界定建设项目的范围显得牵强附会。最后，佛山市中级人民法院经审理认定，法律、法规本身未对其所述的有关概念作出明确界定时，应当参照通常的认识或有效的司法、行政解释以及立法意图来理解适用。被上诉人进行行政处罚的法律依据即《条例》虽未界定“建设单位”和“建设项目”的概念，但根据有效的广东省地方法规和国家环保总局作出的有关解释，建设单位包括个体经济组织，建设项目包括按固定投资方式进行的一切开发建设活动，故被上诉人适用《条例》对上诉人的行为进行处罚并无不当。

被上诉人的行政处罚决定书，清楚载明了上诉人实施了两个违法行为：(1)未办理环境影响报批手续，擅自进行迁建和扩建，违反了《条例》第 9 条第 2 款的规定，属违法建设行为；(2)未建成环境保护设施，擅自将主体工程正式投入生产，违反了《条例》第 16 条的规定，属违法投产行为。那么，如何依据《条例》对上诉人的两个违法行为进行处罚呢？为此，报道者采访了上诉人的法律顾问。据该律师介绍，鉴于两个违法行为同时存在且该项目的主体工程已经正式投产的实际情况，被上诉人决定不依据《条例》第 24 条第 1 项规定对上诉人的违法建设行为进行处罚，因为，至被上诉人发现其违法行为时，上诉人已将主体工程正式投入生产，此时给予“责令停止建设”的处罚已毫无意义；而只依据《条例》第 28 条规定对上诉人的违法投产行为进行处罚。根据该条文的规定，只要违法行为人同时具备了以下三个条件，就应当给予处罚：(1)违法行为人从事了建设项目(含新建、改建、扩建、迁建项目，技术改造项目，区域开发项目)；(2)违法行为人没有建成该项目需要配套建设的环境保护设施，或者虽已建成但未经验收或者经验收但不合格；(3)违法行为人已将该建设项目的主体工程正式投入生产或者使用。违法事实和证据表明，上诉人的违法投产行为完全符合上述应受处罚的法定条件，即：从事了迁建、扩建项目；未建成环境保护设施；主体工程已经正式投产，因此，被上诉人依据《条例》第 28 条规定对上诉人的违法投产行为进行处罚是完全正确、合法的。

另外，本案被上诉人的律师还认为，退一步来说，即使上诉人不属于建设单位，被上诉人依据《条例》第 28 条规定对上诉人的违法投产行为进行处罚也是正确、合法、无可辩驳的。因为《条例》第 28 条规定：“……主体工程正式投入生产或者使用的”就应当给予处罚；并未规定“……主体工程正式投入生产或者使用的建设单位"才可以给予处罚。由此可见,该条并未限定只有"建设单位"才是适格的受处罚人。为何《条例》不将受处罚人限定为建设单位?律师认为,这主要是因为,违法投产行为人情况较复杂,不应当限定为建设单位。比如,建设单位甲已办理环境影响报批手续并建成了建设项目的主体工程,但不建设环境保护设施,也不将主体工程正式投入生产,而将其卖给乙,如果乙未建成环境保护设施而将主体工程擅自正式投入生产,则乙属于违法投产行为人,应当予以处罚,而建设单位甲则不是违法投产行为人,不应予以处罚。因此,《条例》第28条规定的适用受处罚人是违法投产行为人,而违法投产行为人可能是建设单位,也可能不是建设单位,但不管是不是建设单位,只要是实施了未建成环境保护设施擅自投产行为的人,就应当受到处罚。①

(三)环境影响评价的内容

【案例】 小区居民为何投诉不断只因房地产开发环评不到位②

〔案情〕 据中国环境报报道,在2000年南京市环保部门接到的17500件环境投诉中,有相当一部分投诉在处理时让环保执法人员左右为难。其中最为典型的就是该市一个居民小区竟然紧贴着钢铁铸造厂建设,造成了小区居

① 依照国家环境保护总局(2004年5月12日环函〔2004〕137号)对于违法建设项目行政处罚的法律适用问题,国家环境保护总局经研究作出解释,内容如下:

其一,建设项目应当依法报批环境影响评价文件

根据《环境影响评价法》第31条的规定,建设单位未依法报批建设项目环境影响评价文件,擅自开工建设的,由有权审批该项目环境影响评价文件的环境保护行政主管部门责令停止建设,限期补办手续;逾期不补办手续的,可以处五万元以上二十万元以下的罚款,对建设单位直接负责的主管人员和其他直接责任人员,依法给予行政处分。

其二,违反环境影响评价制度的法律适用

《建设项目环境保护管理条例》于1998年11月29日发布实施,《环境影响评价法》于2003年9月1日生效施行。

根据《立法法》第79条关于"法律的效力高于行政法规、地方性法规、规章"的规定,如果违反环境影响评价制度的行为在《环境影响评价法》生效之日(即2003年9月1日)之后发生,或者虽然该违法行为在2003年9月1日之前发生但一直延续至2003年9月1日之后,对该违法行为应当适用《环境影响评价法》的规定予以处罚。

② http://www.xmems.org.cn/cgi-bin/ut/topic_show.cgi?id=13612&h=1&bqg=T&age=0。

民投诉不断,铸造厂领导声声叫屈。

南京市迈皋桥地区原本是毗邻市区的工业区,但随着城市规模的不断扩大和老城改造的不断推进,这一地区的许多地块儿逐渐成为开发商们炙手可热的"宝地"。一部分有"先见之明"的开发商捷足先登,已在这一地区见缝插针地建了部分颇具规模的住宅小区。污染随着居民的陆续入住而日渐显现出来。例如,紧邻小区的一家钢铁铸造厂开始遭受居民投诉,粉尘、噪声……污染投诉铺天盖地、纠纷四起,等到执法人员调查清楚所有情况并决定如何处理时却颇感为难。该居民区紧贴着钢铁厂铸造厂建造,即便该厂的污染排放全部达到标准,小区居民依然难以享受优美的环境。要想彻底解决环境污染问题,办法只有一个,那就是该企业搬迁。该厂领导声声叫屈:该厂上世纪70年代就在此落户了,当初选择此地作厂址就是因为四处空旷,没有人家。可是1999年后,四周兴建起小区,到2001年时,更有甚者的是某小区跟该厂的亲密接触竟然达到了合用一道围墙的地步。为此,该厂已经花费了上千万的资金进行环保设备的改进并于2000年达标排放,但是仍然难以让周围居民满意。如果因此让企业搬迁,无疑把企业逼上绝路。因为,动辄上亿的搬迁资金谈何容易,五六千万的生产损失从何而来?

这样让环保、居民、工厂三方为难的事情在中国环保事业已经开创30年后的今天依然屡见不鲜,为什么根本不适合人居住的地方一座座高楼平地而起?环保专家一语道破:规划出错、环评标准对房地产开发太"偏心"。

我国有关法律法规规定,所有的建设项目开发前都要对周围可能造成的环境影响进行评价,以确定该项目能否施行,这就是环评。但是不同建设项目环评的标准相差甚远,如5000平方米房地产开发属对环境影响很小的建设项目,而黑色金属冶炼及压延加工业属可能对环境造成重大影响的项目。据此,前者可以不经过环评,只需填报环境影响登记表,而后者不仅要编制环境影响报告书,对建设项目产生的污染和对环境的影响也要进行全面详细的评价,要求颇为苛刻。专家分析说:照这样的环评标准,如果在一个居民小区周围建一个铸造厂几乎难于登天,而如果在一个铸造厂周边建设居民楼则易如反掌,甚至小区冲进工业区建设也并非难事。正是因为这个原因,许多对已经达标排放的企业仍然不断投诉的人90%都是企业建成之后周边新建小区的居住者。

显而易见的污染为何在购房前如此难以察觉?有开发商自曝其瞒天过海之手法:由于工业污染通常是间歇性的,持续污染的情况很少,"精明"的开发商总是挑选污染较弱的时段请居民看房,要不干脆谎称污染企业即将搬迁,如此骗得许多急于购房者轻信上当。另外，这种情况出现后，政府部门通常最后会以"人"为本，"公家"的企业向个人购房者让步——污染搬迁，但国家或集体的投资可能无法得到合理的收益，企业的合法利益得不到保障与保护，并且"公家"和私人的利益都将遭受损失。因为，漫长的搬迁过程，庞大的搬迁资金，即使等到污染企业搬走的那一天，居民已久受折磨了。因此，有识之士呼吁：对房地产开发的环评标准"提档升级"已刻不容缓。

〔思考题〕

(1)本案中哪些行为违反了我国有关环境影响评价的法律规范？

(2)该建设项目的环境影响评价的内容是什么？

(3)环境影响评价的程序是什么？

〔法律分析〕

环境影响报告书是环境影响评价的书面表现形式，是环境影响评价工作的最终成果，其主要内容包括以下几个方面：

(1)建设项目概况。包括建设项目名称、地点、建设性质、建设规模、产品方案和主要工艺方法，主要原材料、燃料、水用量及来源，废物等的种类、排放量及排放方式，废物回收利用、综合利用和污染物处理方案、设施和主要工艺原则；占地面积和占地利用情况，发展规划等。

(2)建设项目周围的环境状况。包括地理位置、地形、地貌、土壤、地质、水文、气象、矿产、森林、草原、水产，野生动植物、农作物等情况；自然保护区、风景名胜区、名胜古迹、疗养区以及重要的政治文化设施情况；现有工矿企业分布、生活居住区分布、人口密度、健康状况和地方病等情况；大气、地面水、地下水的环境质量状况及交通运输情况等。

(3)建设项目对环境可能造成影响的分析和预测。包括对周围地区的地质、水文、气象、自然资源、自然保护区、风景游览区、名胜古迹、疗养区等可能产生的影响及防范和减少这种影响的措施，各种污染物最终排放量对周围大气、水、土壤的环境质量及居民生活区的影响范围和程度，噪声、振动、电磁波等对周围生活居住区的影响范围和程度及防治措施，绿化措施等。

(4)环境保护措施及其经济、技术论证。

(5)环境影响评价经济损益分析。

(6)对建设项目实施环境监测的建议。

(7)环境影响评价结论。主要包括对环境质量的影响;建设规模、性质、选址是否合理,是否符合环境保护要求;所采取的防治措施在技术上是否可行,是否符合清洁生产的要求,经济上是否合理;是否需要再作进一步评价。

本案中,企业建设在前,居民区房地产开发在后,居民区的开发建设应当按上述内容进行环境影响评价。

(四)环境影响评价的管理程序

1. 项目建议书批准后,建设单位可以采取公开招标的方式,选择持有《建设项目环境影响评价资格证书》的单位,对建设项目进行环境影响评价,并对评价结论负责。建设单位编制的环境影响报告书,应当依照有关法律规定,征求建设项目所在地有关单位和居民的意见。国家环境保护总局(2004 年 9 月 22 日环函〔2004〕327 号)关于环境影响评价资质证书工作范围有关问题,国家环境保护总局经研究,作出如下解释:根据《中华人民共和国环境影响评价法》和《建设项目环境保护管理条例》的有关规定,接受委托为建设项目环境影响评价提供技术服务的机构,应按照资质证书规定的等级和评价范围从事环境影响评价服务。

环境影响评价资质证书的评价范围包括"环境影响报告书"和"环境影响报告表"两大类,由于环境影响报告表的编制内容较为简单,且按照建设项目环境影响评价的分类管理要求,编制环境影响报告表的建设项目数量大,为保证环境影响评价制度的执行,目前,环境影响报告书的编制划分为 18 个行业类别,而环境影响报告表的编制不分行业类别。现阶段,建设项目环境影响评价资格证书"业务范围"栏中填写的行业类别系指该单位可编制的环境影响报告书的行业类别。具有环境影响报告书业务范围的单位可开展各类环境影响报告表业务,即环境影响报告表的编制不受证书业务范围的限制。

2. 建设单位在建设项目可行性研究阶段,向有审批权的环境保护行政主管部门报批环境影响报告书(表)或登记表:铁路、交通等建设项目,经环境保护行政主管部门同意,可在初步设计完成前报批;按规定不需要进行可行性研究的建设项目,建设单位应当在项目开工前报批;其中,需要办理营业执照的,应当在办理营业执照前报批。

3. 建设项目有行业主管部门的,应当经行业主管部门预审后,报环境保护行政主管部门审批。海岸工程建设项目的环境影响报告书(表)经海洋行政主管部门审核并签署意见后，报环境保护行政主管部门审批。有水土保护方案的建设项目，其方案必须纳入环境影响报告书；水行政主管部门应当在报告书预审时完成对水土保持方案的审查。

环境保护行政主管部门自收到环境影响报告书(表)、登记表之日起，分别于60日、30日、15日内，作出审批决定并书面通知建设单位。

4. 国务院环境保护行政主管部门负责审批下列建设项目环境影响报告书(表)或登记表：(1)核设施、绝密工程等特殊性质的建设项目；(2)跨省、自治区、直辖市行政区域的建设项目；(3)国务院审批的或者国务院授权有关部门审批的建设项目。

上述以外建设项目环境影响报告书(表)或登记表的审批权限，由省级人民政府规定。

建设项目造成跨行政区域环境影响，有关环境保护行政主管部门对评价结论有争议的，其环境影响报告书(表)由共同上一级环境保护行政主管部门审批。

5. 建设项目环境报告书(表)或登记表经批准后，该项目的性质、规模、地点或者采用的生产工艺发生重大变化的，建设单位重新报批；自批准之日起满5年，建设项目方开工建设的，应当报原审批机关重新审核。企业工商变更登记时项目未发生重大变动的无须报批环评。据2004年4月15日国家环境保护总局(2004年4月12日环函〔2004〕95号)关于企业工商变更登记时环境影响评价制度适用问题，国家环境保护总局经研究，作出如下解释：根据《环境影响评价法》和《建设项目环境保护管理条例》的有关规定，建设项目必须执行环境影响评价制度；建设项目环境影响评价文件经批准后，建设项目的性质、规模、地点或者采用的生产工艺发生重大变化的，建设单位应当重新报批建设项目环境影响评价文件。关于工商企业变更登记后的环境管理问题，如果原有企业办理工商注销登记后重新设立新企业的，可以认定为建设项目，应当执行建设项目环境保护管理的规定。办理工商变更登记的企业如果只是变更法人代表、企业名称，项目的性质、规模、地点或者采用的生产工艺未发生重大变动的，无须报批或者重新报批建设项目环境影响评价文件。

三、违反环境影响评价法的法律责任

【案例】 天南公司未办环评改扩建受处罚案①

〔案情〕 1999年重庆市天南建材集团有限公司(以下简称“天南公司”)下属城南水泥厂为了扩大生产,计划将其厂内原2.2米的窑径改为2.5米。在改建过程中,城南水泥厂认为该项目仅仅是扩大机立窑的窑径,送风的罗茨风机并未改大,而且改造的目的是使气流通过面积增大,让窑内原料反应更充分,减少排放污染,不属于技术改造项目,因此没有向有关环境主管机关递交环境影响报告书。同年7月,在没有经过环境保护部门对其环境保护设施进行验收的情况下,该厂便将改造过的生产设施正式投入使用,结果在当地造成了一定的环境影响。

事后,重庆市环保局经过调查,认为天南公司的窑径改造项目既是扩大生产规模,又是改造生产设备和工艺的项目,根据《建设项目环境保护管理条例》第5条,“改建、扩建项目和技术改造必须采取措施,治理与该项目有关的原有环境污染和生态破坏”,而城南水泥厂投入生产后的烟尘浓度超过国家规定标准的14.26倍。同时,该条例第6条规定,建设项目必须实行环境影响评价,城南水泥厂也未执行该规定。于是,重庆市环保局于2000年12月19日依据《建设项目环境保护管理条例》的有关规定对天南公司作出罚款7万元的处罚决定。

天南公司对于重庆市环保局的处罚决定不服,向国家环保总局提出行政复议。其主张:首先,窑径扩大不能认定为“技改项目”,因此不属于环境影响评价的范围;其次,天南公司已经投资更换了洗粉机、除尘器,大大改善了工作环境和排放能力,而且扩径后的烟尘排放浓度虽仍高于国家标准,但比扩径前已有大幅度降低,仅为扩径前的40%,因此不应视为增大环境影响的技改项目,不必进行环境影响评价,相关环境保护设施也不必申请验收。基于以上原因,天南公司不应受到处罚。

国家环保总局受理此案后,派人专程前往重庆市天南公司进行了现场调查。经过调查后对以下事实予以认定:天南公司为了扩大生产能力,将其主要

① 解振华主编:《环境保护法典型案例》,中国环境科学出版社1994年版,转引自 http://www.whepb.gov.cn/huanbao。

生产设备机立窑窑径扩大，属于技术改造项目；天南公司在环保设施未报环保部门验收的情况下，于1999年7月将主体工程正式投产，经所在地环保部门监测，烟尘排放浓度超标14.26倍。基于以上事实，天南公司的窑径扩大项目必须依照《建设项目环境保护管理条例》的规定进行环境影响评价。而且应在主体工程正式投产前，报请环保部门对其环境保护设施予以验收。根据《大气污染防治法》第11条的规定，新建、扩建、改建向大气排放污染物的项目，必须遵守国家《建设项目环境保护管理条例》的有关规定。该法第47条规定：违反本法第11条的规定，建设项目的大气污染设施没有建成或没有达到国家有关建设项目环境保护管理规定的要求即投入生产或使用的，由环保部门责令停止生产或使用，可以并处1万元以上10万元以下的罚款。依据上述事实和法律、法规的规定，重庆市环保局认定天南公司下属城南水泥厂在机立窑改造过程中，未按法律规定进行环境影响评价，环境保护设施未经环保部门验收，主体工程即擅自投入生产，依据《建设项目环境保护管理条例》第28条的规定对天南公司的处罚并未违法或越权。

〔法律分析〕

(一)规划编制机关的法律责任

《环境影响评价法》第29条规定：规划的编制机关，即依照本法第7条、第8条的规定，负有法定义务，应当在编制有关规划时组织进行环境影响评价的国务院有关部门、设区的市级以上地方人民政府及其有关部门，在组织环境影响评价时弄虚作假或者有失职行为，造成环境影响评价严重失实的，对直接负责的主管人员和其他直接责任人员，由规划编制机关的上级机关或者监察机关依法给予行政处分。环境行政处分是环境行政责任的一种。根据《行政监察法》的规定，行政处分的种类包括警告、记过、记大过、降级、撤职、开除等。

(二)规划审批机关的法律责任

《环境影响评价法》第30条规定：规划的审批机关，即依照有关法律、法规的规定负责审批规划的机关，违法批准规划的，对直接负责的主管人员和其他直接责任人员，由规划审批机关的上级机关或者监察机关依法给予行政处分。"违法批准规划"包括两种情况：一是依照本法第7条的规定，应当编写有关环境影响的篇章或者说明，规划的组织编制机关没有编写，规划审批机关却违反本法第7条第3款规定批准该规划;二是依照本法第二章的有关规定,应当在报批规划的同时附送环境影响报告书,规划的组织编制机关没有附送,而规划审批机关却违反本法第12条的规定批准该规划。

(三)建设单位的法律责任

《环境影响评价法》第31条规定:

1. 建设单位未报批环境影响评价文件擅自开工建设的法律责任

建设单位,即依照本法第3条和国务院有关法规的规定,建设对环境有影响项目的单位,未报批环境影响评价文件擅自开工建设,由有权审批该建设项目环境影响评价文件的环境保护行政主管部门责令停止建设,同时规定一定的期限,要求建设单位在该期限内补办有关手续。对于逾期不补办手续的建设单位,环境保护行政主管部门可视情节轻重在期限届满后处5万元以上20万元以下罚款。对于逾期不补办手续的公有建设单位,在处以罚款的同时,还可以由有关部门对该建设单位直接负责的主管人员和其他直接责任人员依法给予行政处分。"未依法报批环境影响评价文件擅自开工建设"包括两种情况:一是依法应当报批建设项目环境影响评价文件而未报批,建设单位违反本法第25条的规定擅自开工建设;二是依照本法第24条的规定,建设项目的性质、规模、地点等发生重大变动的,应当重新报批环境影响评价文件,建设单位未经重新报批擅自开工建设的。

2. 建设单位在环境影响评价文件未经批准情形下擅自开工建设的法律责任

建设单位在建设项目环境影响评价文件未经批准的情况下擅自开工建设,包括两种情况:一是建设项目环境影响评价文件未经有审批权的环境保护行政主管部门批准,建设单位擅自开工建设;二是建设项目环境影响评价文件未经原审批部门重新审核同意,建设单位擅自开工建设。这一违法行为,由依法享有该建设项目环境影响评价文件审批权的环境保护行政主管部门责令停止建设,同时,可以根据违法情节轻重,处5万元以上20万元以下罚款。对于公有建设单位,在责令停止建设和处以罚款的同时,由有关部门依法对直接负责的主管人员和其他直接责任人员给予行政处分。

3. 海洋工程建设项目的建设单位的法律责任

海洋工程建设项目的建设单位,有以上两种违法行为的,依照《海洋环境保护法》的规定处罚。

4. 建设项目审批部门的法律责任

《环境影响评价法》第 32 条规定：建设项目的审批部门，即依照建设项目审批程序负责审批建设项目的部门，违法批准建设项目，应当承担法律责任。上述违法行为包括以下两种情况：一是建设项目依照本法和有关法规的规定，应当进行环境影响评价而未进行评价，审批部门擅自批准该建设项目；二是建设单位提供的环境影响评价文件未依法经过环境保护行政主管部门或者其他部门批准，建设项目审批部门却擅自批准该建设项目的，由该建设项目审批部门的上级机关或者监察机关，对直接负责的主管人员和其他直接责任人员，依法给予行政处分。构成犯罪的，依法追究刑事责任。

5. 环境影响评价机构的法律责任

《环境影响评价法》第 33 条规定：接受委托为建设项目环境影响评价提供技术服务的机构，即依照本法第 19 条和有关法规的规定，在其资质等级和评价范围内为建设项目环境影响评价提供技术服务的机构，也就是具体从事建设项目环境影响评价工作的机构，在评价工作中不负责任或者弄虚作假，导致环境影响评价文件失实的，由依法授予该机构环境影响评价资质的环境保护行政主管部门降低其资质等级或者吊销其资质证书，同时，处以该机构收取的项目评价费用一倍以上三倍以下罚款。构成犯罪的，依法追究刑事责任。

6. 预审、审核和审批中非法收费的法律责任

《环境影响评价法》第 34 条规定：负责预审、审核、审批建设项目环境影响评价文件的部门，即本法和有关法律、法规规定的享有上述权限的环境保护行政主管部门、建设项目行业主管部门、海洋行政主管部门等，违反本法第 22 条第 4 款规定，在预审、审核或者审批环境影响评价文件时收取费用的，不论数额大小，均由该部门的上级机关或者监察机关责令退还。如果收取费用数额较大，或者有其他严重情节的，对直接负责的主管人员和其他直接责任人员，依法给予行政处分。

7. 违法批准环境影响评价文件的法律责任

《环境影响评价法》第 35 条规定：依法有权批准环境影响评价文件的环境保护行政主管部门或者其他有关部门的工作人员徇私舞弊、滥用职权、玩忽职守，违法批准建设项目环境影响评价文件的，由该部门的上级机关或者监察机关依法给予行政处分。构成犯罪的，依法追究上述部门工作人员的刑事责任。

第二节 “三同时”制度

一、“三同时”制度的概念和意义

【案例】 钢管厂违反“三同时”理应停产

〔案情〕 南京热管厂根据有关批文于1993年3月2日立项上马“冷拔无缝钢管”生产线，1994年6月21日又根据上级批复成立南京无缝钢管厂分厂(下称钢管厂)。该厂于1993年4月初到所属南京市栖霞区环保局(下称环保局)办理上马“冷拔无缝钢管”生产线环保审批手续时，口头和书面均未如实申报有关污染物排放真实情况，声称对周围环境不造成污染，并且厂房以及部分设备已建成安装好。区环保局根据该厂提供的生产工艺与具体情况于1993年4月28日给予批复，在审批书中明确要求：做好酸洗废水、烟尘、噪声的防治工作，确保达标排放，并要求项目投产前，需经环保部门验收。但是钢管厂建成后，未经环保验收即于1994年3月投入试生产，由于未达到环保“三同时”审批要求，致使污染物严重超标排放。周围群众纷纷上访，要求政府严肃处理。

区环保局于1994年4月18日接到举报后，立即赶赴现场调查取证，5月10日区环境监测站对钢管厂排放的“三废”进行监测。发现该厂烟尘排放浓度达每立方米360毫克，厂界外1米处噪声达到81分贝，均超过国家相关标准。于是1994年10月18日区环保局下达《关于南京热管技术开发中心热管厂冷拔无缝钢管厂停止试生产的通知》，并要求该厂立即采取补救措施，完善环保治理设施。在停止试生产期间，虽然厂方作了很大努力，取得了一定的环保效果，但各种污染物排放仍未能达到国家标准，加之选址不合理，仍无法根本改善周围环境质量，区环保局于1994年12月19日报请区人民政府批准，责令该厂于1997年12月底搬迁完毕，并要求在搬迁过程中加强管理，将环境污染减轻至最低程度。

〔思考题〕

(1)本案中有哪些违反环境法的行为？

(2)什么是“三同时”？

(3)实施该制度有何意义?

〔法律分析〕

这是一起违反“三同时”规定,造成环境污染的典型案件。南京市栖霞区环保局对钢管厂的定性以及 1994 年 10 月 18 日对其作出停止试生产的处罚是正确的,符合《环境保护法》以及《建设项目环境保护管理条例》关于违反“三同时”的规定。但是在钢管厂停产整改期间依然达不到环保标准的情况下,区环保局却于 1995 年 2 月 20 日下文责令该厂搬迁,则违反了上述两项法规的精神,对于不执行“三同时”规定,没有通过环境专项验收的,一律应停止(试)生产,不能一搬了之而污染别处。况且本案中区环保局 1995 年 2 月 20 日下文,给了钢管厂 2 年的搬迁期,就意味着钢管厂周围百姓在两年之内仍要遭受污染之害,从这一点上看,这种处理也不是合乎法律精神的。

(一)“三同时”制度的概念①

“三同时”制度是指建设对环境有影响的一切建设项目,必须依法执行环境保护设施与主体工程同时设计、同时施工、同时投产使用的制度,简称“三同时”制度。

“三同时”制度,是我国环境保护工作的一项创举,是我国环境法的一项基本法律制度。它与环境影响评价制度相辅相成。其目的是:根据“预防为主”的原则,落实建设活动对环境产生影响的防治措施,防止新污染源或者破坏源的产生;并根据“以新带老”的原则,促进老污染或者破坏源的治理,保证建设项目建成后,所排放的污染物符合规定的排放标准,或者不对周围环境造成新的污染和破坏。

(二)“三同时”制度的意义

1. 是加强建设项目环境管理的重要手段。环境影响评价制度是项目决策阶段的环境管理,而“三同时”制度是项目实施阶段的环境管理,是防止项目建成后对环境造成新的污染和破坏的基本制度。前者为后者提出了防治环境污染和破坏的对策措施,后者是前者的继续和实施。

① 韩德培:《环境保护法教程》,法律出版社 2003 年版,第 84～85 页。

【案例】 垃圾场污染磁湖黄石市拟选新址[①]

〔案情〕 建于2000年的黄石市环卫垃圾场位于该市下陆区老鹳庙村，当时，由于缺乏垃圾处理场所，该市将这一地方作为临时性的垃圾场，待西塞山垃圾场建成后就封闭停止使用。然而，这一临时垃圾场虽然已做环评，却未按环评要求实施，产生的废水、蚊蝇、恶臭、扬尘已经严重污染了当地环境。垃圾场内堆放的垃圾表面未按要求进行覆盖，散发的恶臭对啤酒厂一带造成严重污染。垃圾场底部不断渗出黑褐色的垃圾渗滤液，流出的垃圾废水违规直接排入磁湖(湖北省“三河三湖”重点保护湖泊之一)。记者在垃圾场外的马路上看到，运垃圾的车辆沿路抛洒垃圾，对环境又造成了二次污染。

〔思考题〕

(1)本案中的行为是违反了有关环境影响评价的规定还是“三同时”制度？
(2)“三同时”制度和环境影响评价制度有哪些区别和联系？

〔法律分析〕

本案中，垃圾场属于建设项目，应当适用1998年发布实施的《建设项目环境保护管理条例》的相关规定，进行环境影响评价。但是本案中垃圾场依照该《条例》进行了环境影响评价，其违法行为发生在环境影响评价之后，即环境保护实施未与主体工程同时设计、同时施工、同时投产使用，造成了对环境的污染。

一是防止产生新的环境污染和生态破坏的主要保证。新的环境污染和生态破坏的产生，主要是由于新建企业、事业单位在建设活动中破坏环境或者在生产过程中排放污染物造成的。严格执行“三同时”制度，就能有效地控制新的污染和破坏，做到在发展生产的同时保护好环境。

二是防止环境质量继续恶化的一种有效措施。实行“三同时”制度，既可防止产生新的污染和破坏，又可根据“以新带老”的原则，对和项目有关的原有的污染源或者破坏源进行治理，这样，就可以使我国环境质量继续恶化的趋势得到有效的控制和改善。

---

① 李飞、伍仪旭:《垃圾场污染磁湖黄石市拟选新址》,《中国环境报》2004年12月9日。

二、"三同时"制度的建立和发展

我国的"三同时"制度，经历了一个形成和发展的过程。1972 年，国务院批转的《国家计委、国家建委关于官厅水库污染情况和解决意见的报告》中，首次提出"工厂建设和三废利用工程要同时设计、同时施工、同时投产"的要求。1979 年颁布的《环境保护法(试行)》确认了这项制度。1989 年颁布的《环境保护法》第 26 条规定："建设项目中防治污染的设施，必须与主体工程同时设计、同时施工、同时投产使用。防治污染的设计必须经原审批环境影响报告书的环境保护行政主管部门验收合格后，该建设项目方可投入生产或者使用。防治污染的设施不得擅自拆除或者闲置，确有必要拆除或者闲置的，必须征得所在地的环境保护行政主管部门同意。"该法第 36 条还对违反"三同时"的法律责任作了规定。1984 年，国务院发布的《关于环境保护工作的决定》把"三同时"制度的适用范围扩大到可能对环境造成污染和破坏的一切工程建设项目和自然开发项目。

为了适应形势发展的需要，1986 年，国家经委和国务院环境保护委员会对 1981 年发布的《基本建设项目环境保护管理办法》进行了修改，发布了《建设项目环境保护管理办法》，扩大了"三同时"的适用范围，明确了有关部门和建设单位的职责及管理程序和审查、审批的时限要求，确立了"以新带老"的原则和"建设项目环境保护设施竣工验收报告"制度等。1987 年，国家计委和国务院环境保护委员会联合发布的《建设项目环境保护设计规定》，对建设项目各设计阶段的污染防治和环境管理作了具体规定。1990 年，国家环境保护局发布的《建设项目环境保护管理程序》，对建设项目主要阶段的环境管理及程序作了具体规定。1996 年，国务院发布的《关于环境保护若干问题的决定》中，重申了必须严格执行"三同时"制度，在建设项目审批和竣工验收过程中，对不符合环境保护标准和要求的建设项目，环境保护行政主管部门不得批准环境保护设施竣工验收报告，其他各有关审批机关一律不得批准建设或投产使用，有关银行不予贷款，凡违反规定的，必须追究有关审批机关和审批人员的责任。1998 年，国务院发布的《建设项目环境保护管理条例》，对"三同时"制度作了明确规定。另外，《水污染防治法》、《固体废物污染环境防治法》、《环境噪声污染防治法》、《水土保持法》等环境保护单行法，也对"三同时"制度作了规定。

三、“三同时”制度的主要内容

1. 建设项目的初步设计，应当按照环境保护设计规范的要求，编制环境保护篇章。其内容包括：环境保护的设计依据，主要污染源和主要污染物及排放方式，计划采用的环境标准，环境保护设施及简要工艺流程，对建设项目引起的生态变化所采取的防范措施，绿化设计，环境保护设施投资概算等。依据批准的环境影响报告书（表）或者登记表，在环境保护篇章中落实防治环境污染和生态破坏的措施以及环境保护设施投资概算。

2. 建设项目的施工，环境保护设施必须与主体工程同时施工。在施工过程中，应当保护施工现场周围的环境，防止对自然环境的破坏，或者减轻粉尘、噪声、震动等对周围生活居住区的污染和危害，并接受环境保护行政主管部门的日常监督检查。

3. 建设项目的主体工程完工后，需要进行试生产的，其配套建设的环境保护设施必须与主体工程同时投入试运行。在试生产期间，建设单位应当对环境保护设施运行情况和建设项目对环境的影响进行监测。

4. 建设项目竣工后，建设单位应当向审批该项目环境影响报告书（表）或登记表的环境保护行政主管部门，申请该项目需要配套建设的环境保护设施竣工验收，并应与主体工程竣工验收同时进行。

分期建设、分期投入生产或者使用的建设项目，其相应的环境保护设施应当分期验收。

5. 建设项目需要配套建设的环境保护设施经验收合格，该建设项目方可正式投入生产或者使用。

“三同时”制度，是防止产生新的环境污染和生态破坏的一项法律制度，必须严格按照批准的环境影响报告书（表）或者登记表的要求具体落实，把好环境保护设施竣工验收关。对未执行环境保护设施竣工验收并投入生产或运行的建设项目应当依法补办手续；对逾期未办或拒绝进行环境保护设施竣工验收的项目，应当依法责令停止生产或者使用，并处以罚款。

第三节　征收环境保护费制度

征收环境保护费制度，是指为了防治环境污染和生态破坏，根据国家有关环境保护法律、法规的规定，按照“污染者付费、利用者补偿、开发者保护、破坏者恢复”原则，向从事对环境产生或可能产生不良影响活动的单位和个人征收一定数额的费用。它是国家利用经济杠杆鼓励有利于环境、限制对环境不良影响行为的有效措施。有关环境保护费的征收依据、对象、范围、标准、管理和使用等的规定，称为征收环境保护费制度。本节主要介绍其中的征收排污费制度。

【案例】 拒缴排污费理应败诉①

〔案情〕 2003年8月30日，泗县环保局根据泗县第三人民医院的排污申报及相关资料，依法向该医院发出了排污核定通知书。接到通知书后，该医院于2003年8月31日向泗县环保局提出排污复核申请。2003年9月4日，泗县环保局经复核后，向该医院发出了排污核定复核决定通知书，并于2003年9月15日正式向该医院发出排污费缴纳通知单(〔2003〕第7号)，并发布公告。然而，泗县第三人民医院在接到通知单的7日内，拒不履行缴纳排污费义务。2003年9月30日，泗县环保局向泗县第三人民医院发出了排污费限期缴纳通知书。在规定期限内，该医院仍未履行缴纳义务。

针对该医院的环境违法行为，泗县环保局在立案调查后，按照行政处罚程序，于2003年12月21日对该医院送达行政处罚决定书(〔2003〕第362号)，罚款5214.99元，责令补缴2003年7—9月排污费2779.98元。泗县第三人民医院接到处罚决定书后，认为此处罚决定侵犯其合法权益，遂向泗县人民法院提起行政诉讼。

2004年2月24日，泗县人民法院公开开庭审理了此案。原告泗县第三人民医院在庭审中诉称，泗县第三人民医院属非营利性福利事业单位，治污设施一直运转正常，其产生的医疗固体废物都已按规定进行毁形、变形和消毒处理。按照原国家计委、财政部《关于不得向医疗机构征收污水排污费问题的通知》的规定，医院不属于征收污水排污费的范围，请求撤销〔2003〕第7号排污费缴纳通知单及〔2003〕第362号行政处罚决定书。而被告泗县环保局在庭审中则辩称：依据《排污费征收使用管理条例》的规定，泗县第三人民医院应视为排污单位，理应依法缴纳排污费。同时，根据日常检查情况，原告根本没有执行《医疗废物管理条例》的有关规定对垃圾进行处理，更谈不上符合国家《危险

① 刘超：《拒缴排污费理应败诉》，《中国环境报》2004年8月30日。

废物焚烧污染控制标准》。

法院庭审后认为，泗县环保局在对泗县第三人民医院作出行政处罚过程中，按照《排污费征收使用管理条例》规定的排污费征收程序操作严格，证据确凿，程序合法。维持泗县环保局作出的〔2003〕第7号排污费缴纳通知单及〔2003〕第362号行政处罚决定书。泗县第三人民医院接到判决书后，不服一审判决，遂上诉于安徽省宿州市中级人民法院。宿州市中级人民法院经公开开庭审理后，依法驳回原告上诉，维持原判。安徽省宿州市中级人民法院依法作出终审判决，驳回泗县第三人民医院上诉，维持泗县人民法院一审判决。根据此判决，泗县环保局对泗县第三人民医院作出的行政处罚决定书正式生效。

〔思考题〕

(1)排污费征收的对象是什么？

(2)排污费和税收有何不同？

(3)排污费如何征收？有何用途？

(4)谈谈征收排污费的历史沿革和发展。

〔法律分析〕①

一、征收排污费制度

(一)征收排污费制度的概念和意义

1. 征收排污费制度的概念

征收排污费，亦称排污收费，是指国家环境保护机关根据环境保护法律、法规的规定，对直接向环境排放污染物的单位和个体工商户(以下简称排污者)征收一定数量的费用。包括向大气、海洋、陆地、水体排放污染物，按照排放污染物的种类、数量征收排污费；向水体排放污染物超过国家或者地方规定的排放标准，按照排放污染物的种类和数量，征收超标排污费；没有建成工业固体废物储存处置设施、场所，或者工业固体废物储存或处置设施、场所不符合环境保护标准的，按照污染物的种类、数量征收排污费；以填埋方式处置危险废物不符合国家有关规定的，按照排放污染物的种类、数量征收危险废物排

① 韩德培：《环境保护法教程》，法律出版社2003年版，第86页。

污费；产生环境噪声污染超过国家环境噪声排放标准的，按照排放噪声的超标声级征收排污费。征收排污费制度，是指有关征收排污费的对象、范围、标准以及排污费的征收、管理、使用和罚则等规定的总称。

征收排污费的目的是为了促进企业事业单位加强经营管理，节约和综合利用资源，治理污染，改善环境。排污收费是防治污染和改善环境的一种经济手段。它是利用价值规律，通过征收排污费，给排污者以外在的压力，促使其治理污染，以此带动排污单位内部的经营管理，节约和综合利用资源，减少污染物排放量，从而达到保护和改善环境的目的。排污收费的特点是：

(1)强制征收。它是国家机关根据环境保护法律、法规的规定强制征收，而不依排污者的意志为转移。对拒缴排污费者环境保护部门可依法增收滞纳金、处以罚款，并可申请人民法院强制执行。

(2)征收的排污费，纳入国家财政预算，按区域实行分级管理。这样，可以保证在国家统一财政的基础上，有计划地实现排污费资金的合理分配，避免出现由于预算外资金过大而造成冲击国家经济的现象。

(3)征收的排污费，作为环境保护专项资金。排污费纳入地方财政实行统一管理，但并不是由其统一分配使用，而是当作地方环境保护部门专项资金管理，不参与体制分成，主要用于补助重点污染源治理及区域环境综合治理；用排污费建立的污染源治理专项基金实行有偿使用。

2. 征收排污费制度的意义

(1)利用经济杠杆调节经济发展和环境保护的关系。征收排污费直接关系排污者的经济利益，影响排污单位企业职工的福利，因而能够促使其加强经营管理，减少污染物排放量，促进经济建设与环境保护协调发展。

(2)增强排污者治理污染的能力，实行排污收费制度，为治理污染开辟一条重要的资金渠道，增加治理污染的能力，提高治理污染的积极性，加快治理污染的速度。

(3)促使排污者进行技术改造。环境污染实质上是由于资源、能源的浪费造成的。因此，要从根本上解决污染问题，就必须进行技术改造，改变落后的生产工艺和技术，淘汰、更新陈旧的设备，开展综合利用，推行清洁生产，提高资源、能源利用率。

(4)加强环境保护部门自身建设。根据《关于环境保护资金渠道的规定的通知》，排污费20%由各地环境保护部门掌握，主要用于补助环境保护部门监测仪器设备购置、监测业务活动经费不足的补贴、地区综合性污染防治措施和示范科研的支出,以及宣传教育、技术培训、奖励等方面。这就为提高各级环境保护管理部门和环境监测部门的业务能力创造了有利条件。

(二)征收排污费制度的建立和发展

征收排污费制度,首先是在国外实行的。大约在20世纪70年代,一些国家为了防治环境污染和生态破坏,根据"污染者负担"原则实行了这一制度。例如,1976年联邦德国制定了世界上第一部《污水收费法》,随后,法国、日本、澳大利亚、新西兰等国家也实行了这一制度。

我国在1978年的《环境保护工作汇报要点》中首次提出了排放污染物的收费制度。1979年颁布的《环境保护法(试行)》以法律的形式确定了这一制度。在总结各地征收排污费试行工作的基础上,国务院于1982年发布了《征收排污费暂行办法》,标志着我国排污收费制度的正式建立。1984年,财政部、城乡建设环境保护部联合发布了《征收排污费财务管理和会计核算办法》,加强了对排污费的管理,统一了排污费的会计核算办法。1988年,国务院发布了《污染源治理专项基金有偿使用办法》,1990年,财政部、国家环境保护局联合印发了《环境保护排污收费预算会计制度》,1991年,国家环境保护局、财政部、国家物价局联合发布了《关于调整超标污水和统一超标噪声排污费征收标准的通知》,1989年公布的《环境保护法》,再次确定了这项制度,其中第28条规定:"排放污染物超过国家或者地方规定的污染物排放标准的企业事业单位,依照国家规定缴纳超标准排污费,并负责治理。《水污染防治法》另有规定的,依照《水污染防治法》的规定执行。"另外,各种环境保护单行法也规定了这一制度,特别值得注意的是,1999年修订的《海洋环境保护法》第11条和2000年修订的《大气污染防治法》第14条只规定征收排污费;至于超标排污,则规定为违法行为,予以行政处罚。这是对我国排污收费制度的重大改革和完善。

2003年1月2日,国务院令第369号发布了《排污费征收使用管理条例》,自2003年7月1日起施行。《条例》公布后,国家环境保护总局于2003年出台了与《条例》相配套的部门规章:《排污费征收标准管理办法》、《关于排污费征收核定有关工作的通知》、《排污费资金收缴使用管理办法》、《排污费征收标准及计算方法》、《关于减免及缓缴排污费有关问题的通知》、《关于环保部门实行收支两条线管理后经费安排的实施办法》等,从而建立了一整套完整的符合市场经济要求的排污费征收使用管理体系。

《条例》及配套规章的适时公布，标志着我国排污收费制度的一次重大改革，实现了由超标准收费与超标收费并行的转变；由超标单因子收费向总量多因子收费转变。

(三)征收排污费制度的主要内容①

1. 排污费的征收

《条例》及配套规章，对征收排污费的对象、标准、计算方法、程序和排污费的减免与缓缴等作了如下规定：

(1)征收排污费的对象

《条例》第2条规定，直接向环境排放污染物的单位和个体工商户，应当按照本条例的规定缴纳排污费。这一规定，将征收排污费的对象，从原来的企业事业单位扩大到直接向环境排放污染物的所有单位和个体工商户。同时，《条例》第2条第2款又作了限制性规定，即向城市污水集中处理设施排放污水并缴纳污水处理费用的，建成工业固体废物贮存或者处置设施、场所经改造符合环境保护标准，或者其原有工业固体废物贮存或者处置实施、场所经改造符合环境保护标准的，自建成或者改造完成之日起不再缴纳排污费。

(2)排污收费项目

根据《排污费征收标准管理办法》第3条之规定，排污收费项目包括四大类型：

①污水排污费；

②废气排污费；

③固体废物及危险废物排污费；

④噪声超标排污费。

(3)排污费征收标准及计算方法

①污水排污费征收标准及计算方法。污水排污费按排放污染物的种类、数量以污染当量计征，每一污染当量征收标准为0.7元。

对每一排放口征收污水排污费的污染物种类数，以污染当量数从多到少的顺序，最多不超过3项。其中，超过国家或者地方污染物排放标准的，按照排放污染物的种类、数量和《排污费征收标准及计算方法》规定的收费标准计征污水排污费的，收费额加一倍征收超标准排污费。

① 陈汉光：《环境法基础》，中国环境科学出版社2004年版，第59～63页。

②废气排污费征收标准及计算方法

废气排污费按排放污染物的种类、数量以污染当量计征，每一污染当量征收标准为0.6元。其中，二氧化硫排污费，第一年每一污染当量征收标准为0.2元，第二年(2004年7月1日起)每一污染当量征收标准为0.4元，第三年(2005年7月1日起)达到与其他大气污染物相同的征收标准，即每一污染当量征收标准为0.6元。氮氧化物在2004年7月1日前不收费，2004年7月1日起按每一污染当量0.6元收费。

对难以监测的烟尘，可按格林曼黑度征收排污费。

③固体废物及危险废物排污费征收标准。对无专用贮存或处置设施达不到环境保护标准(及无防渗漏、防扬散、防流失设施)排放的工业固体废物，一次性征收固体废物排污费；对以填埋方式处置危险废物不符合国家有关规定的，危险废物排污费征收标准为每次每吨1000元。

④噪声超标排污费征收标准。对排污者产生环境噪声，超过国家规定的环境噪声排放标准，且干扰他人正常生活、学习和工作的，按照超标的分贝数征收噪声超标排污费。

所谓污染当量，是指根据各种污染物或者污染排放活动对环境的有害程度、对生物体的毒性以及处理的技术经济性，规定的有关污染物或污染排放活动相对数量的一种关系，是有害当量、毒性当量和费用当量的一种综合当量，表示不同的污染物或污染排放量之间的污染危害和处理费用的相对关系。

污水污染当量是以污水中1千克最主要污染物化学需氧量(COD)为一个基准污染当量，再按照其他污染物的有害程度、对生物体的毒性以及处理的费用等进行测算，并与COD进行比较，分别得出其他污染物的污染当量值。将每个排放口按污染当量值换算成污染当量数，再把所有的污染当量数相加，得出该排放口排放的所有污染物的总污染当量数，用总污染当量数乘以污染当量收费单价，即得出应缴纳的排污费金额。

(4)征收排污费的程序

根据《条例》和《关于排污费征收核定有关工作的通知》(以下简称《核定通知》)的规定，征收排污费应当遵循如下程序：

①申报登记。《条例》第6条和《核定通知》第2条规定，排污者应当于每年12月15日前，填报《全国排放污染物申报登记表(试行)》，以下简称《排污申报表(试行)》，申报下一年度排放污染物种类、数量、浓度等情况，并提供相关的资料；新建、扩建、改建项目，应当在试生产前3个月内办理排污申报手

续;在城市市区内建筑施工过程中使用机械设备、可能产生环境噪声污染的,施工单位应当在工程开工15日前办理排污申报手续;排放污染物需作重大改变或者发生紧急重大改变的,排污者必须分别在变更前15日内或改变后3日内履行变更申报手续,并填报《排污变更申报登记表(试行)》。排污者可以采取书面填表,或网上申报等方式进行排污申报。

②审核。《核定通知》第3条规定,环境监察机构应当在每年1月15日前,依据排污者申报的《排污申报表(试行)》进行年度审核。

③核定。《核定通知》对排污费征收核定权限、核定依据、核定通知书的送达以及核定异议的处理作了如下规定:

a. 核定权限。根据《核定通知》第1条规定,县级环境保护局负责行政区划县区范围内排污费征收管理工作;直辖市、设区的市级环境保护局负责本行政区域范围内排污费的征收管理工作;省、自治区环境保护局负责装机容量30万千瓦以上的电力企业排放二氧化硫排污费的征收管理工作。

b. 核定依据和顺序。《核定通知》第4条规定,环境监察机构应当根据《条例》,按照下列顺序对排污者排放污染物的种类、数量进行核定:排污者按照规定正常使用国家强制检定并经依法定期校验的污染物排放自动监控仪器,其监测数据作为核定污染物排放种类、数量的依据;具备监测条件的,按照国家环境保护总局规定的监测方法监测所得的监督监测数据;不具备监测条件的,按照国家环境保护总局规定的物料衡算方法计算所得物料衡算数据;对餐饮、娱乐、服务等第三产业的小型排污者,采用抽样测算的方法核算的排污量。

c. 核定通知书的送达。《核定通知》第5条第1款规定,各级环境监察机构应当在每月或每季度终了以后10日内,依据经审核的《排污申报表(试行)》并结合当月或当季的实际排污情况,核定排污者排放污染物的种类、数量,并向排污者送达《排污核定通知书(试行)》。

d. 核定结果有异议的处理。《核定通知》第5条第2款规定,排污者对核定结果有异议的,自接到《排污核定通知书(试行)》之日起7日内,可以向发出通知的环境监察机关申请复核;环境监察机构应当自接到复核申请之日起10日内,作出复核决定。

排污者对核定有异议的,应当先缴纳排污费,后再申请行政复议或者提起行政诉讼。

④公告及排污费的缴纳。根据《核定通知》第6条规定,各级环境监察机

构应当按月或按季根据排污费征收标准和经核定的污染物种类、数量，确定排污者应当缴纳的排污费数额，并予以公告；排污费数额确定后，由环境监察机构向排污者送达《排污费缴纳通知单(试行)》；排污者应当自接到《排污费缴纳通知单(试行)》之日起 7 日内，到指定的商业银行缴纳排污费；逾期未缴纳的，环境监察机构自逾期未缴纳之日起 7 日内向排污者下达《排污费限期缴纳通知书(试行)》。

(5)排污费的减免

《条例》及《关于减免及缓缴排污费有关问题的通知》(以下简称《减免及缓缴通知》)对减免排污费的条件、限期以及程序作了如下规定：

①减免排污费的条件。《条例》第 15 条及《减免及缓缴通知》第 1 条规定，减免排污费具备如下条件：因不可抗力的自然灾害遭受重大直接经济损失(因未及时采取有效措施，造成环境污染的，不得申请减免排污费)；因发生疫情、火灾、他人破坏等其他突发性事件遭受直接重大经济损失的。

符合上述条件的排污者可最高减免 1 年的排污费应缴额。

②减免程序。减免排污费应按照《减免及缓缴通知》第 3 条、第 7 条规定办理。根据《减免及缓缴通知》第 4 条规定，养老院、残疾人福利机构等非盈利性社会公益事业单位，在达标排放污染物的情况下，经环保部门核准后可以免缴排污费。

(6)排污费的缓缴

《减免及缓缴通知》对缓缴排污费的条件、期限、程序作了如下规定：

①缓缴的条件。《减免及缓缴通知》第 5 条第 1 款规定，排污者申请缓缴排污费的，应当具备以下条件：遇不可抗力的自然灾害或者其他突发事件，正在申请减免排污费以及有关部门正在批复减免排污费期间；企业由于经营困难处于破产、倒闭、停产、半停产状态。

②缓缴的期限。《减免及缓缴通知》第 5 条第 2 款规定，申请缓缴排污费最长期限不得超过 3 个月；在批准缓缴后 1 年内不得重新申请。

③缓缴程序。《减免及缓缴通知》第 6 条、第 7 条对申请缓缴排污费的程序作了如下规定：a. 排污者自接到排污费缴纳通知之日起 7 日内，向负责征收排污费的环保部门提出缓缴排污费的书面申请(申请的内容包括：排污者名称、缓缴理由及期限等)；b. 环保部门自接到申请之日起 7 日内，应当作出是否批准缓缴排污费的书面决定，期满未作出决定的，视为同意缓缴排污费；c. 批准缓缴排污费的排污者，不免除其防治污染的责任和其他法定

义务。

2. 排污费的使用

《条例》第 18 条和《排污费资金收缴使用管理办法》(以下简称《使用办法》)第 13 条规定,排污费必须纳入财政预算,列入环境保护专项资金进行管理,主要用于下列污染防治项目的拨款补助或者贷款:

(1)重点污染源防治项目。包括技术和工艺符合环境保护及其他清洁生产要求的重点行业、重点污染源防治项目;

(2)区域性污染防治项目。主要用于跨流域、跨地区的污染治理及清洁生产项目;

(3)污染防治新技术、新工艺的推广应用项目。主要用于污染防治新技术、新工艺的研究开发以及资源综合利用率高、污染物产生量少的清洁生产技术、工艺的推广应用;

(4)国务院规定的其他污染防治项目。

《使用办法》第 13 条还规定,环境保护专项资金不得用于环境卫生、绿化、新建企业的污染治理项目以及与污染防治无关的其他项目。关于环境保护专项资金的使用申请,应当按照《使用办法》第 15 条、第 16 条、第 17 条的规定进行申报、评审。

3. 排污费的管理

根据《条例》第 3 条、第 4 条、第 5 条、第 19 条、第 20 条规定,县级以上人民政府环境保护行政主管部门、财政部门、价格主管部门应当按照各自的职责,加强对排污费征收、使用工作的指导、管理和监督;县级以上人民政府财政部门和环境保护行政主管部门每季度向本级人民政府、上级财政部门和环境保护行政主管部门报告本行政区域内环境保护专项资金的使用和管理情况;排污费的征收、使用必须严格实行"收支两条线",征收的排污费一律上缴财政;排污费应当全部专项用于环境污染防治,任何单位和个人不得截留、挤占或挪作他用;审计机关应当加强对环境保护专项资金的使用和管理的审计监督。

二、排污费征收的几个疑难问题

(一)连续处罚超标排污起争议

对连续状态的环境违法行为,如何认定其违法行为的个数?如何适用具体的法律条文？这是各地环保部门在环境执法过程中经常遇到并争议很大的问题。

【案例】 超标排放受处罚案

〔案情〕 某工厂是重点大型企业，在生产过程中排放粉尘和二氧化硫。某省环保局经过监测，以同一理由，即该厂排污超过标准，分别于2002年3月18日、8月15日、10月11日、12月3日和12月26日，对该厂连续5次查处。处罚内容基本相同："责令立即采取有效措施，达标排放"，并处罚款10万元。该厂对省环保局的处罚决定不服，向国家环保总局申请行政复议。

国家环保总局经审查发现，该厂所指前三次处罚决定均已超过复议申请期限，故依法只受理其在法定期限内申请复议的最后两份《行政处罚决定书》；又鉴于这两份环境行政处罚决定书依据的事实具有密切关联性，故予合并审理。

处于复议申请期限之内的两份处罚决定所依据的行为事实，均发生在2002年12月份之内：2002年12月3日，省环保局执法人员于当日对该厂进行现场监测，测定其燃煤锅炉排污超过该省地方标准的限值。省环保局于2002年12月16日作出处罚决定：依据该省《大气污染防治法实施办法》第34条的规定，"责令立即采取有效措施，达标排放，并处罚款10万元整。"2002年12月26日，时隔13天后，省环保局对该厂再次监测，发现其燃煤锅炉排污仍超过标准。省环保局于2003年1月20日作出处罚决定，处罚内容与前次完全相同。

该厂提出复议的理由为：(1)省环保局以同一理由，即该厂粉尘排放超过标准，对其连续实施5次罚款的行政处罚。《行政处罚法》第24条和国家环保总局《环境保护行政处罚办法》第6条均规定，"对同一当事人的同一违法行为，不得给予两次以上罚款的处罚"。(2)该厂燃煤锅炉在现有设备技术条件下，尚不能达标排放。这种超标排放行为在法律上属于《行政处罚法》第29条规定的"连续或继续状态"，且这种连续或继续状态是一个客观存在的事实，并不依工厂的作为或不作为而消失。因此，超标排放行为应被视为一个始终持续并未终了的行为。依据《行政处罚法》第24条的规定，省环保局有权对此实施一次罚款处罚，但无权实施连续多次罚款的处罚。

省环保局在答辩时称，(1)省环保局监测发现，该厂燃煤锅炉2002年12月3日排放粉尘超过地方标准规定的限值；同月26日，该厂不仅未改正超标排放的违法行为，其排放超标程度更加严重，违反了该省《大气污染防治实施办法》的规定。(2)省环保局对该厂超标排放行为作出处罚时，同时责令立即采取有效措施，达标排放。某厂有义务立即改正违法行为，但该厂并未改正，继续超标排放粉尘，构成了新的违法行为。因此，省环保局对该厂同月26日发生的超标排放行为进行处罚是合法的，没有违反"一事不再罚"原则，因此请求总局维持其两次处罚决定。

基于该厂的复议申请书和省环保局的复议答辩书，可以认定：省环保局于2002年12月3日和同月26日两次现场监测发现，该厂大气污染物排放超过标准，双方对于该事实均无争议。双方争议的焦点主要集中在对该厂一个月之内连续两次超标排放的性质认定，即工厂的行为究竟是一个行为还是多个行为，特别是对该厂同月26日的超标排放可否实施处罚。国家环保总局复议：处罚并无不当。

〔思考题〕

(1)本案争论的焦点是什么？

(2)省环保局的连续多次的处罚行为是否符合"一事不再罚"的原则？

〔法律分析〕

国家环保总局经过反复研究，并咨询了国务院法制办有关机构，最后于2003年4月17日作出复议决定，维持了省环保局对该厂的两份处罚决定。该厂在法定期限内未提起诉讼。

国家环保总局复议认为：

1. 关于2002年12月3日超标排放的罚款问题

省环保局对该厂2002年12月3日超标排放行为所作罚款处罚，符合国家和该省地方性环境法规的规定，应予支持。

2. 关于2002年12月3日处罚决定中的限期改正要求

《行政处罚法》第54条规定："行政处罚决定依法作出后，当事人应当在行政处罚决定的期限内，予以履行。"省环保局对该厂2002年12月3日超标排放行为的处罚决定书包括两项要求：即"立即采取有效措施，达标排放"和"缴纳罚款"。该厂依法负有在规定期限内全面履行处罚决定要求的义务。

在实际生活中，"立即"既有"即刻"之意，又有"近期"之意。在行政管理关系中，"立即"作为某项行政要求的内容，即使没有确定的具体时限，被要求人也不得长时间拖延。

在环境保护实践中，控制燃煤电厂排放粉尘的措施，主要包括建造专门的脱硫工程或设施：或者停用高硫煤，改用低硫煤；或者改用含硫量更低的燃料油或者天然气等措施。

本案中，该厂有关负责人 2002 年 12 月 26 日表示："超标主要是现在烧的煤含硫量高，我厂今天下午将买进一部分低硫煤，保证 2002 年 12 月 27 日零点换成低硫煤。"因此，期限问题并非该厂不能采取或者不能完成减排措施的障碍，该厂未采取措施并非省环保局处罚决定规定的改正期限过短所致。

3. 关于同月 26 日发现的超标排放能否处罚的问题

该厂 2002 年 12 月 3 日的超标排放行为已被环保部门责令限期改正，该行为的继续状态应当随着改正限期的结束而中断；省环保局对该厂在被限期改正之后的 12 月 26 日发现的超标排放行为，可以认定为新的违法行为。因此，该厂的超标排放行为，在法律上并非处于"始终继续"的状态，其"超标排放行为应被视为一个始终持续并未终了的行为"的复议理由，不能成立；省环保局对 12 月 26 日发现的超标排放行为认定为新的违法行为并实施处罚，并无不当。

(二)污染者应依法缴纳排污费

【案例】 南昌排污费纠纷案①

〔案情〕 2004 年 6 月 28 日，南昌市环保局下达《排污费缴纳通知单》，决定于 2004 年 1 月起，向江西省无线电技工学校征收每月 9375 元的排污费。但校方称已向南昌市供水有限公司缴纳了污水处理费，认为南昌市环保局的行为属于重复收费，遂向当地法院提起行政诉讼。

2004 年 11 月 29 日，南昌市西湖区人民法院一审认定，污水处理费不等于排污费。江西省无线电技工学校虽缴纳了污水处理费，但该校的污水并没有直接排放到城市污水集中处理设施，而只是排放到城市污水管网。其所排放的污水没有经过任何处理直接排放，造成了环境污染，应依法承担缴纳排污费的责任。南昌市环境保护局是征收排污费的法定主体。依据国务院公布的 2003 年 7 月 1 日起执行的《排污费征收使用管理条例》规定，维持南昌市环保

① 新华社：《南昌排污费纠纷案原告撤诉》，转引自《中国环境报》2005 年 5 月 9 日。

局的收费决定。

江西省无线电技工学校随后提起上诉。但近日该校在此案二审过程中主动撤诉，南昌市环保局遂获胜诉。据悉，该校已依据判决，按照南昌市环保局《排污费缴纳通知单》缴纳了排污费。

【案例】 某市南海酒店拒缴排污费受处罚案——兼论排污收费的法律适用①

〔案情〕 某市南海酒店是中外合资企业，该酒店在经营活动中，每月排放污水9945吨，所排污水COD平均为538.5毫克/升，均超过排放标准。1995年9月以来，在市环境监理所多次派人、去函催缴的情况下，仍拒不按规定缴纳超标准排污费。

南海酒店陈述其拒缴的理由是：第一，该酒店的污水是先通过市政管道排入污水处理厂，然后才排放入海的，因此该酒店的污水并非直接排入环境，不应收费。第二，该酒店的污水排入污水处理厂经其集中处理，并已向其交纳了一定的费用，在此基础上又收取超标排污费已造成了重复收费，加重了企业负担。第三，环境监理所在酒店排污管口采样测定污水污染值作为超标收费的依据，但实际上污水又排入污水处理厂经过了集中处理，无论怎样，污水所含污染物含量都会因集中处理后而有所下降，因此，在排污口测定的污染物含量忽略了所经过的污水处理过程，这是不合理的。第四，南海酒店属中外合资企业，对是否应缴费有不同意见，协商达成一致意见需要一段时间，这段时间不应算在拒缴时间内。

〔法律分析〕②

市环境保护局在认真研究分析南海酒店所陈述理由的基础上，调查了污水处理厂等有关单位，经研究认为：第一，南海酒店的污水虽经污水处理厂集中处理后而间接排入海洋环境，但经市政管道和污水处理厂只是污水排放入海的途径，并不能因此而认定为属间接排放而免除治理污染的责任。第二，污水处理厂是为了集中处理工业区的生活污水，改善投资环境而兴建的。目前，它的主要功能是接纳工业区的生活污水，对工业废水要求达标后方能排入。经调查，污水处理厂所收取的污水处理费用很低，远远低于治理污水费用和超

---

① http://www.whepb.gov.cn/huanbao。

② 同①。

标排污费，具有市政设施有偿使用性质，其用途主要是维持和保证污水处理厂能正常运转。治理污染是排污单位的法定义务，南海酒店不能因其已向污水处理厂缴纳了一定的治理费用而将治理污染的义务移交给污水处理厂。第三，鉴于目前污水处理厂的处理能力，主要是接纳和处理工业区的生活污水和已经治理达标的工业废水，南海酒店将其未经处理的超标废水排入污水处理厂，本身就违反了污水处理厂的规定，虽然仅就南海酒店的废水而言，经污水处理厂处理后，其污染物可能会有所降低，但就整个进入污水处理厂的污水而言，会影响其他污水的处理效果。另外，污水处理厂目前还只是靠市政拨款而筹建并保证其运转的市政公用设施，显然其本身并不能负起治理污染的责任。因而，在南海酒店排污口采样测定其污染物的含量是合理的。至于南海酒店所陈述的第四点理由，环保部门认为这只是企业本身的内部事务，并不能作为拒缴排污费的理由。

市环保局根据《环境保护法》和《防治陆源污染物污染损害海洋环境管理条例》的有关规定，对南海酒店作出了罚款 1 万元的处罚决定，并限期缴纳超标准排污费和滞纳金人民币 22000 元和港币 125000 元。

（三）排污收费制度改革与国家法律规定相适应的问题

【案例】 连续超标排污行政处罚案

〔案情〕 某河面出现了一条数公里长的污染带，漂浮有大量白沫。环保部门经调查发现，是某纸业公司将大量未经处理的造纸废水与处理后废水混合后排入江中。环保部门对采样过程及该公司两条排水沟排放大量未经处理的造纸废水的事实进行了公证。环保部门认为，该公司存在故意不正常使用污水处理设施和恶意偷排污水的事实，对其进行行政处罚 10 万元，责令其封死排水沟，保障污水处理设施正常运转。该纸业公司申请进行处罚听证。

由于环保局采用了公证取证的办法，该公司对排放未经处理的废水及《水质监测报告单》废水超标的事实没有异议，但提出当时连降大雨，造成污水处理池中水量增大而导致废水外排，应属不可抗力，并非故意不正常使用污水处理设施。

环境执法人员认为，气象部门对降雨早有预报，该公司知道污水处理设施的设计要求无法满足生产需要，应采取限产或停产措施。但该公司在明知后果的情况下，为节省运行成本，放任污染发生，因而构成“故意”违法。而且，在污染事故发生后，该公司既未进行通报也未采取任何措施，而是任由污染产生，因此应当承担行政处罚的法律责任。

〔法律分析〕

在行政处罚中，对“故意”、“不正常使用”必须进行严格认定。关于“不正常使用污染物处理设施的认定，国家环保总局曾专门针对环保设施的违法行为作过解释(环发〔2003〕177号)，认为排污单位有“将部分或全部污水或者其他污染物不经过处理设施，直接排入环境”等任何一种行为，环保部门可以认定为“不正常使用”污染物处理设施。

排污单位明知上述行为可能导致污染物处理设施不能正常发挥处理作用的结果，并且希望或者放任该结果发生的，环保部门对该行为可以认定为“故意”不正常使用污染物处理设施。

在上述案件中，该纸业公司“明知”“将未经处理的污水从处理设施的中间工序引出直接排入环境”可能造成污染后果，为节省成本而“放任”结果发生，因而构成“间接故意”。根据《水污染防治法》第48条及其《实施细则》第41条的规定，责令故意不正常使用水污染物处理设施并且排放污染物超过规定标准的排污单位限期恢复正常使用，并应同时处以10万元以下罚款。

本案中，由于该公司连续违法排污、排放的废水严重超标、行为后果严重，因此可以适用该条款的最高处罚，即处以10万元罚款。[①]

三、小结

经过20多年的发展，我国已形成了比较完备的排污收费法规体系。从排污收费法规制定的机关及立法体制看，可以分为四个层次：一是全国人大制定的法律，除母法《中华人民共和国环境保护法》的规定外，几乎所有子法当中都有排污收费的法律规定；二是国务院制定的行政法规，如国务院发布的《征收排污费暂行办法》等；三是各省、自治区、直辖市制定的排污收费地方法规或规章；四是国家有关部委制定的排污收费行政规章。

在四个层次的法规中，法律具有最高的约束力。从法理上讲，排污收费制度改革必须在法律的框架内进行，不能突破其规定，更不能与之相违背。而另

① 解振华主编：《中国环境典型案件与执法提要》，中国环境科学出版社1994年版，转引自 http://www.china-89.com/exec。

一方面，我国现有法律中有关排污收费的规定又不完全统一，部分规定甚至已不适应环保工作要求，与排污收费制度改革的总体方向也不一致。这种现实情况显然增加了排污收费制度改革的难度。

例如，排污费征收改革的主要方向是实施总量收费，即国家按照排放污染物的种类和数量向排污单位征收排污费，但目前有关总量收费的规定，只有最新颁布的《中华人民共和国大气污染防治法》有明确的法律条款，而其他法律中并无类似规定。这种情况下，如果要全面实施总量收费，就会面临法律上的问题。全面实施总量收费的法律依据不足，不仅难以申请法院强制执行，从而影响征收排污费的执法力度，甚至会在法庭上败诉。在"两控区"内征收二氧化硫排污费所出现的问题就是很好的例证。

因此，排污收费制度改革在总体上首先应符合法律法规的要求，同时，对于不符合改革方向的排污收费法律规定，也应进行相应修改。排污收费制度与法律、法规相适应，不仅是排污收费工作的需要，也是依法行政的需要。排污收费制度改革只有与国家各项法律法规相适应，改革的成果才能得到巩固，这项制度才会有可靠的保障和强大的约束力。否则，就可能面临各种困难，甚至在实践中难以执行。

总之，排污收费制度是一项具有重要作用的环境管理制度，其改革涉及面广、影响深远，关系到各方面的利益，改革所要处理的问题也很多。但笔者认为以上三个问题具有总揽全局的特性，应当妥善处理。如果处理不好，不仅会影响排污收费制度改革的成效，甚至会给整个环境管理工作带来负面影响。

缴纳排污费是排污单位应承担的法定义务。排污费必须按国家规定缴纳。缴纳期限、程序、方式和数额等应该符合法律、法规的规定和环境保护部门的要求。如果没有按缴费通知单规定的数额缴纳排污费，属于没有履行按国家规定缴纳排污费的法定义务。《关于罚款和征收排污费能否同时执行问题的复函》(1991 年 1 月 28 日，国家环境保护局)规定"罚款是法律法规针对企、事业单位某些特定行为的违法性规定的一种法律责任，缴纳排污费则是法律法规针对企、事业单位的排污行为设立的一种法定义务，两者性质不同，既不能互相排斥，也不能互相代替。一方面，不能因为已对排污单位收取排污费而免除其依法应当承担的罚款及其他责任；另一方面，也不能因为已对排污单位处以罚款而免除其依法应当履行的缴纳排污费的法定义务。依据法律规定，如果排污单位不按规定缴纳排污费，环保部门也有权对其处以一定罚款，同时还应当依照规定征收排污费"。这就表明，排污单位没有足额缴纳排污费的法律后果是继续履行法定义务即补缴不足部分和接受相应的行政处罚即警告或者罚款。所以环保部门有责任对未缴部分进行追缴，由于追缴排污费是征收排污费的行政执法行为的一部分，追缴排污费适用征收排污费的程序。

由于排污费是针对排污行为设定的义务，如果没有排污行为，征收排污费就丧失了执法基础。排污费征收根据实际排污量进行，所以是对已经完成的排污行为征收排污费。排污单位现在停产，如果上月或上季度没有停产而实施排污行为，排污单位不得以现在停产为由拒缴排污费。排污费征收针对的是排污行为，是否停产在所不问，即使停产，但如果仍有排污行为，如过去生产中产生的污染物现在实施排放，仍然要缴纳排污费。

对未足额缴纳排污费的单位下达《追缴排污费通知书》的限定缴纳时间具体为多长，现行法律、法规没作硬性规定，属于环保部门自由裁量范围。对逾期仍未缴纳的，可以进行行政处罚，也可以直接申请人民法院强制执行。《关于环保部门申请人民法院强制执行问题的复函》(1991 年 7 月 10 日，国家环境保护局)规定："根据《行政诉讼法》第 66 条的规定，如果相对人在法定期限内不提起诉讼又不履行的，作出具体环境行政行为的环保部门有权申请人民法院强制执行。又根据《行政复议条例》第 9 条和第 29 条的规定，如果相对人在法定期限内申请复议，而且复议机关已经受理的，则环保部门在法定复议期限内不得申请强制执行。"《行政复议条例》虽已废止，但《行政复议法》对《行政复议条例》中第 9 条和第 29 条的内容并没作实质性改变，并不妨碍《复函》有关内容的合法性。据此，对逾期缴纳排污费的，可以进行行政处罚，也可以直接申请人民法院强制执行，但直接申请执行的前提条件是排污单位在法定期限不起诉，在法定期限内没有申请复议，且没有履行法定义务。

第四节　限期治理制度

一、限期治理制度的概念和意义[①]

(一)限期治理制度的概念

限期治理制度，是指对造成环境严重污染的企业事业单位和在特殊保护

① 韩德培:《环境保护法教程》，法律出版社 2003 年版，第 96～97 页。

区内超标排污的已有设施，由有关国家机关依法限定其在一定期限内完成治理任务，达到治理目标的法律规定的总称。① 从上述定义可以看出，限期治理包括污染严重的排放源(设施、单位)的限期治理、行业性污染的限期治理和污染严重的区域及流域的限期治理。广义的限期治理，还包括由开发活动所造成的环境破坏方面的限期完成更新造林任务、责令限期改正等。

限期治理具有以下几个特点：

1. 法律强制性。限期治理虽属一种行政管理措施，是由各级人民政府作出决定的，但依照《环境保护法》第 39 条的规定，对经限期治理逾期未完成治理任务的企业事业单位，除依照国家规定加收超标准排污费外，还可根据所造成的危害后果处以罚款，或者责令停业、关闭。《大气污染防治法》在法律责任中规定了限期治理是一种行政处罚形式，《水污染防治法实施细则》在法律责任中也规定了责令限期治理。

2. 明确的时间要求。它具体规定了完成治理任务的时间，有明确的时间界限，以期限的界限作为承担法律责任的依据之一。

3. 具体的治理任务。体现治理任务的主要衡量尺度是是否符合排放标准和是否达到消除或者减轻污染的效果。

(二)限期治理制度的意义

1. 可以推动污染单位积极治理污染。限期治理的对象一般是重点污染源，其所排放的污染物在全国排放总量中占有相当大的比例。

2. 可以推动有关单位治理环境污染、破坏和改善区域环境质量。限期治理不仅对重点项目，同时还包括有关行业和特定区域、流域的限期治理，这样，就可把环境管理和区域环境管理结合起来，调动各部门、各行业和各地区的积极性，选择布局不合理，污染和破坏严重、危害大、群众反映强烈的项目，分期分批进行限期治理。

3. 可以集中有限的资金解决突出的环境污染问题。由于限期治理项目技术比较成熟，管理抓得紧，建设周期一般也比较短，因而使限期治理取得明显的效益，做到投资少、见效快、效益好。

4. 有利于改善厂群关系和促进社会的安定团结。限期治理项目，一般是污染危害严重、群众反映强烈的突出的环境问题，解决这些污染问题，可以改

① 陈汉光:《环境法基础》，中国环境科学出版社 2004 年版，第 63 页。

善厂群关系和促进社会的安定团结。

【案例】 限期治理后的白洋淀重现生机

〔案情〕 河北省白洋淀是一个以生长芦苇闻名的沼泽湖泊，20 世纪 50 至 70 年代，由于芦苇的大量开采，围湖造田，更为严重的是白洋淀上游的大量工业废水倾注湖泊，使白洋淀的水质变得黑、腥、臭，白洋淀旧日湖光映衬、芦苇密布的风景已荡然无存，湖里鱼类几乎绝种。针对白洋淀生态的恶化，20 世纪 80 年代后期，河北省下大力气，集中整治白洋淀，首先规定所有白洋淀上游企业必须在 80 年代底实现达标排放，除此之外，还组织人力对白洋淀清淤，经过几年的限期治理，到 90 年代初，白洋淀水质有明显好转，芦苇也重新得到了繁殖，吸引了久违的野鹅、白天鹅等国家珍稀禽类，白洋淀终于又重现了生机。

〔法律分析〕

区域环境限期治理是针对某一重污染地区进行限期治理，像太湖、滇池、淮河均属于区域的限期治理类型，但从全国而言，成效比较突出的要算河北省白洋淀，因限期治理措施到位，故使 20 世纪 80 年代的“死湖”变成了 90 年代的“生命之湖”，实应为其他区域环境限期治理所借鉴。

二、限期治理制度的建立和发展

1973 年国家计委《关于全国环境保护会议情况的报告》中，提出了“对污染严重的城镇、工矿企业、江河湖泊和海湾，要一个一个地提出具体措施，限期治好”的要求。1978 年中共中央批转的《环境保护工作汇报要点》的通知中指出：“要规定工矿企业和一切污染危害环境的单位的限期治理”。1979 年颁布的《环境保护法（试行）》第一次从法律上确定了限期治理制度。《环境保护法》第 18 条、第 29 条、第 39 条对限期治理的对象、范围、内容和罚则作了原则性的规定。另外，《海洋环境保护法》、《大气污染防治法》、《水污染防治法》、《固体废物污染环境防治法》、《环境噪声污染防治法》、《森林法》、《土地复垦规定》、《水污染防治法实施细则》、《国务院关于进一步加强环境保护工作的决定》和《国务院关于环境保护若干问题的决定》等，都对这一制度作了规定。

三、限期治理制度的主要内容

(一)限期治理的对象包括以下两大类

1. 严重污染环境的污染源。《环境保护法》第 29 条规定,对环境造成严重污染的企业事业单位,限期治理。但哪些属于严重污染,法律未作明确规定。实践中主要是把污染严重、影响大、群众反映强烈的污染源作为限期治理对象。

2. 位于特别保护区域内的超标排污的污染源。这些区域如风景名胜区、自然保护区等。《环境保护法》第 18 条规定,在上述区域内不得建设污染环境的工业生产设施;已建的其他设施其污染物排放超过规定的排放标准的,限期治理。

(二)限期治理的内容

主要包括限期治理的目标和期限两个方面:

1. 限期治理目标。对于具体的污染源的限期治理,其目标是达标排放;对于行业污染源的限期治理,可以要求分期分批逐步做到所有的污染源都达标排放;至于区域环境污染的限期治理,则要求通过治理达到适用于该地区的环境质量标准。

2. 限期治理期限。限期治理的期限不宜过长,应尽量做到科学、合理。计划性限期治理项目,多为 1 年,也有 2、3 年的;随机性限期治理项目期限较短,一般从几个月到 1 年不等。

(三)限期治理决定权限

1. 中央或者省、自治区、直辖市人民政府直接管辖的企业事业单位的限期治理,由省、自治区、直辖市人民政府决定;

2. 市、县或者市、县以下人民政府管辖的企业事业单位的限期治理,由市、县人民政府决定。

限期治理由县级以上地方人民政府环境保护行政主管部门提出意见,报同级人民政府批准。《环境噪声污染防治法》还规定,小型企业事业单位的限期治理,可以由县级以上人民政府在国务院规定的权限内授权其环境保护行政主管部门决定。

限期治理是我国特有的一项环境保护法律制度,是指对污染严重的项目、行业和区域,由有关国家机关依法限定其在一定期限内,完成治理任务,达到治理目标。从行政法的角度来分析,它是各级人民政府的一项具体行政行为,并且是一项行政命令性质的环境管理措施。其优越之处在于给企业课加强制性义务的同时,给予一定的宽限期,既不同于单纯的罚款,也不同于简单的关闭,体现了原则性和灵活性相结合的特点。限期治理也并非一种纯粹的末端治理手段,企业固然可以通过改善排污设施、环保设施来完成限期治理的任务,更为关键的是,要从根本上解决企业的污染问题,同时又能获得良好的经济回报,超标排污企业就只有在政府的帮助下,通过重组、合并,进行技术改造,调整产品结构,加强内部管理,来实现其目的。因此,通过限期治理,也可以促使企业走上清洁生产之路。实践证明,对污染严重的老企业,单纯处以罚款于事无补,简单关停也不现实,最有效的办法就是责令它在一定期限内完成规定的治理任务,有力地缓解我国环境污染和破坏的严峻局面。因此,限期治理是一项行之有效的并大有用武之地的环境行政管理手段。现在的问题是,限期治理的范围过狭,限期治理的决定迟缓,致使限期治理的实效未能充分发挥。

【案例】 哈尔滨某制药厂重污染,限期治理而未治

〔案情〕 哈尔滨某制药厂是一个以生产抗生素原料药为主,以半合成抗生药为重点的我国第二大抗生素生产企业。1996 年,根据全国政协的考察,该药厂每天产生污水约 2.5 万吨,其中 80%的污水未经任何处理直接排入松花江,平均 COD 浓度达 1048 毫克/升,年排放 COD 达 10000 多吨。除排放污水外,该制药厂的 3 个大烟囱冒着滚滚浓烟,烟尘所及,便是一片黑灰,一股股刺鼻的怪味道随风而至,附近厂矿和居民,每逢中午、晚上以及刮风时,根本不能开窗。早在 1990 年,有关部门就将其列为松花江水系限期治理企业,1992 年,国家环境保护局又将其列为全国第二批限期治理企业,到 1996 年 9 月,两个限期治理期限均已超期,而治理工程却均未全面施工。

〔思考题〕

(1)限期治理要经过哪几个环节?

(2)新的《大气污染防治法》的实施与局限是什么?

〔法律分析〕

黑龙江省人民政府曾于1990年就将该厂列为松花江水系限期治理企业，1992年国家环境保护局又一次责令限期整改，按照整改最长期限3年计算，该药厂也远远已经超过期限。这说明该药厂治污除有技术上的原因外，更为深层次的原因恐怕是环境意识的淡薄以及限期治理措施实施的不得力。根据《环境保护法》第39条规定："对经限期治理逾期未完成治理任务的企业事业单位，除依照国家规定加收超标排污费外，可以根据所造成的危害后果处以罚款，或者责令停业、关闭。"这些措施往往在实际执行中因种种原因而难以到位。

限期治理制度是我国环境保护管理中的一项重要制度，这项制度的实施，确实解决了一批严重污染环境的问题，起到了减少污染、改善环境的作用。但在一些地方，由于种种原因，限期治理制度在操作过程中被扭曲，流于形式，效果甚微，甚至限期治理变成了一些污染单位继续污染环境的"保护伞"。

我国《环境保护法》、《水污染防治法》、《大气污染防治法》、《固体废物污染环境防治法》、《环境噪声污染防治法》等法律、法规都有明确规定，对造成严重污染的企事业单位，实施限期治理。限期治理由具有管辖权的县级以上人民政府决定，对一些小型企事业单位的限期治理可以由县级以上人民政府授权其环境保护行政主管部门决定。被限期治理的企事业单位必须如期完成治理任务，对逾期未完成治理任务的企业事业单位，除依照规定加倍收取超标排污费外，可以根据所造成的危害后果处以1～10万元的罚款或者责令停业、关闭。

限期治理要经过4个环节：环保部门提出建议、地方政府或经授权的环境保护部门作出限期治理决定、污染单位实施治理、环境保护部门检查验收并对未完成的作出罚款决定或由政府责令停业、关闭。

第一个环节经常出现的问题是，环保部门提出的名单缺乏科学性和可行性，有的对应当取缔关停的"小造纸厂"等也搞限期治理，有的对以前下过限期治理决定没有完成的项目再次限期治理，从而失去法律的严肃性。第二个环节的问题是，有的地方政府避重就轻，对效益好、纳税多、关系铁、"门子"硬的企业，不实施限期治理，实则是给了污染者继续污染的机会。在第三个环节中，有的被限期治理单位往往以资金紧张正在筹措、治理技术正在考察、生产合同需要执行等理由，而迟迟不进行治理工程，在限期内肆无忌惮地排放污染物。期限到了,有的设施还没有买来,有的因陋就简企图糊弄过关,根本无法达标。在第四个环节中,企业在限期治理完成后由环保部门验收时,一些污染企业千方百计、弄虚作假搞欺骗,蒙混过关,验收之后,也会出现偷停治污设施、偷排污染物的现象。对没有完成限期治理的,环保部门没有强制措施,按照规定或者做罚款处理,或者申请政府予以停业、关闭。有时一个限期治理周期完成了,虽说对污染采取了治理措施,但污染状况依然存在,以至有的限期治理成了污染单位继续污染、继续生存的"保护伞"。这也正是一些地区环境质量长期得不到根本改善的重要原因之一。

如何使限期治理制度真正发挥效用?这涉及地方政府、环保部门、企事业单位各个方面。首先,地方政府能否依法停产、关闭逾期未完成限期治理任务的单位是检验限期治理制度执行情况的试金石。地方政府应向社会公布列入限期治理的单位名单,实行挂牌督办,责任到人,增加透明度,接受社会监督。同时,地方政府还应支持环保部门依法行政,对逾期不能实现治理达标的,坚决依法关闭。其次,被限期治理的单位应积极执行政府和环保部门作出的限期治理决定,采取有效措施,建设或改造污染处理设施,按期完成治理任务。第三,环保部门必须加强队伍作风建设,不断提高政治业务素质。对限期治理单位既要严格执法,又要热情服务。统筹掌握辖区环境污染情况,做好调查研究,及时向政府提出限期治理建议,主动帮助企业优化选择治理方案和治理设施,提供必要的治污资金支持,定期检查治理工程进展,协调有关部门督促企业完成治理工作。对完成治理的,实事求是地组织达标验收和公示,并加强达标后日常监督;对逾期未完成的单位依法做出处罚决定或申请政府予以停业、关闭。

〔理论分析〕①

1. 新修订的《大气污染防治法》对限期治理的规定有新的突破

2000 年 4 月九届全国人大常委会修订的《大气污染防治法》对限期治理作出了新的规定。该法第 48 条规定:"违反本法规定,向大气排放污染物超过国家和地方规定排放标准的,应当限期治理,并由所在地县级以上地方人民政府环境保护行政主管部门处一万元以上十万元以下罚款。"引人注目的是,该

---

① 朱丘祥:《完善限期治理亟待立法》,载于《中国环境报》2001 年 12 月 1 日、12 月 15 日、12 月 24 日。

法是把限期治理作为一种行政处罚的特殊方式规定在法律责任部分，与环境保护基本法和旧的《大气污染防治法》相比，显然，限期治理的性质已经发生了变化，并体现出如下特点：

(1)限期治理的起因不同，限期治理的范围大为扩展。《环境保护法》和旧的《大气污染防治法》规定，责令限期治理的对象有两种：一是造成严重污染的污染源；二是位于特别保护区域内的超标排污的污染源，而不论是污染严重，还是超标排污，旧法中都没有将它们定性为违法行为。新的《大气污染防治法》第 13 条作出了新的规定："向大气排放污物的，其污染排放浓度不得超过国家和地方规定的排放标准。"即规定超标排污属于违法行为，应予行政处罚。该法确立的"排污收费，超标处罚"的新原则对从严防治环境污染具有重要的意义，它继 1999 年 12 月修订的《海洋环境保护法》之后，赋予了环境标准强制的法律执行力，排放标准成了界定违法与否的界限，从而与《标准化法》的规定相一致。意味着我国的环保思路和环保手段方式必将迎来革命性的突破。因此，新《大气污染防治法》中规定的限期治理，其必要前提是行为违法，即超过国家和地方规定的排放标准向大气排放了污染物。这与旧法有显著区别，其现实意义在于：只要超标排污就属违法行为，就应当限期治理，这意味着限期治理的范围将大为扩展。新《大气污染防治法》规定的限期治理的对象包括如下三类：①向大气排放污染物超过排放标准的。②"两控区"已建企业超过规定的排放标准的。③在风景名胜区、自然保护区、文物保护单位附近地区和其他需要保护的区域内，已建设施其污染物排放超过规定的排放标准的。

(2)限期治理的性质不同，其强制执行力大为加强。如前所述，《环境保护法》和原《大气污染防治法》中规定的限期治理是一项环境行政管理措施，它所针对的对象是企业的严重排污行为，但这种严重排污行为并没有违法。因此，尽管它是一项严厉的行政命令，但并不具有法律制裁的性质。而新《大气污染防治法》中规定的限期治理所针对的超标排污行为，已被定性为一种违法行为，限期治理是针对这种违法行为首先采取的处罚手段，因此，它具有法律制裁的性质。根据《环境保护法》的规定，相对人对属于行政处罚性质的限期治理决定不服的，其申请复议的时效为 15 天，其提起行政诉讼的起诉时效也是 15 天，但按照《行政复议法》、《行政诉讼法》的规定，相对人对属于行政命令性质的限期治理决定不服的，其申请复议的时效为 60 天，提起行政诉讼的起诉时效为 3 个月。显然，作为行政处罚手段的限期治理其严厉性大于作为一项具体行政管理手段的限期治理，直接体现了法律对违法行为的惩罚性要求。

(3)限期治理与罚款并处，对超标排污企业加大了处罚力度。新《大气污染防治法》规定在对超标污染源实施限期治理的同时，并由所在地县级以上地方政府环保主管部门处1万元以上10万元以下的罚款，这相对于旧法来说，显然加强了对超标排污企事业单位的惩治力度，只给予罚款，不足以扭转超标排污的现状，仅要求限期治理，不足以惩戒违法者，只有二者同步进行，才能够最终达到环境行政监管的目的。

2. 新法中对限期治理的规定尚待完善

如前所述，新《大气污染防治法》把限期治理规定为一项行政处罚的特殊形式，扩大了限期治理的范围，加大了对超标排污企事业单位的惩治力度，体现了国家环境监督管理正日趋强化，也反映了社会对环境质量有更高的要求。修改的重要意义毋庸置疑。但如何保证在环保实践中具体适用这一新的规定，使其效力得到充分发挥，尚待有相关法律、法规作出配套和补充规定。

(1)亟盼在环保基本法和其他单项污染防治法中对限期治理作出同样的规定，使所有的污染防治领域按照同样的标准和要求作出限期治理的决定，以确保法制的统一性。如前所述，在《环境保护法》和水、固体废物、噪声等单项污染防治法中仍然是把限期治理当作一种行政措施加以规定的。新《大气污染防治法》有关限期治理的规定与作为环境保护基本法的《环境保护法》的相关规定明显相左，势必造成法律具体适用上的矛盾。尽管由于二者的立法主体都是全国人大常委会，法律效力等级相同，根据新法优于旧法，特殊法优于普通法的适用原则，在大气污染防治领域，完全可以适用限期治理的新规定，而在其他污染防治领域中却仍然只能把它作为一项行政措施加以适用，在同一部门法内部对同一法律概念存在两种性质完全不同的规定，这是不正常的，明显违反法制统一原则和有碍法律实效的发挥。

(2)新法的实施细则尚未出台，限期治理实际操作困难。新《大气污染防治法》第48条最后规定："限期治理的决定权限和违反限期治理要求的行政处罚由国务院规定。"现在的问题是，国务院迟迟未就此作出规定，造成限期治理适用的困难。到底限期治理的决定权是赋予县级以上各级人民政府合理，还是赋予各级环保行政主管部门合理呢？纵观旧法和环保基本法，限期治理的决定权赋予了各级人民政府，环保主管部门只有很少范围的限期治理建议权和较低层次的限期治理的决定权。这样规定的背景在于，改革开放初期，经济的发展基本上是建立在牺牲环境的基础上的，属于超标排污的企业占相当比例。而这个时期的环保法制也处于创建时期尚显稚嫩，环保方法、手段的采用一方面不能有碍经济发展的大局，另一方面还要考虑到转型时期社会的承受力。作为强制力度较大的限期治理，就不能只看到环保方面的效能，更要顾及限期治理面过广给社会和经济发展所带来的负面效应。正是在这个意义上，在平衡协调各种利益和矛盾的基础上，选择性地对超标排污的重点企业责令限期治理，这由各级政府来决定，相对于环保主管部门来说，要更加稳妥一些。但这样做其弊端显而易见，主要是地方政府不经常从事对环境的监督管理，不直接了解企业的排污情况，不能迅速及时地作出限期治理的决定。更为严重的是，它们出于保护其地方经济、地方税源的考虑，对污染严重企业有意偏袒保护之嫌。为了求得地方局部的既得利益，它们宁愿牺牲环境。而在目前的环境行政监督管理体制下，地方政府的上一级环境主管部门也无权干涉过问下级政府的行政决定，更不论同级政府的环保职能部门了。这样，致使大量早就应该关停的企业或者不能被及时责令限期治理，或者治理后依然如故，甚至被关停后死灰复燃。这也正是我国环境污染破坏的严峻局面长期以来不能根本扭转的重要原因之一。

为了扭转这一消极被动局面，笔者认为，应该赋予各级环境行政主管部门限期治理的决定权。其理由在于：①从经济和社会的发展来看，改革开放发展到21世纪，国力日渐雄厚，社会生产力水平大幅度提高，为企业实现达标排污提供了坚实的经济和技术支持。据1998年环境统计表明，全国工业锅炉烟尘排放达标率为79.5%，同时，我国控制污染的投入比例是各单位所能承受的，新、改、扩建单位基本都能达到国家污染物排放标准。由此可见，要求企事业单位实现污染物达标排放是可行的。并且，近年来我国相继参加了《保护臭氧层维也纳公约》、《关于消耗臭氧层物质的蒙特利尔议定书》以及《气候变化框架公约》等保护全球大气环境的国际公约，随着履行国际公约期限的临近，国际社会要求我国采取行动的压力也在不断加大。同时我国公民的环境意识普遍提高，他们对环境质量有更高的要求，而我国环境所受的压力丝毫没有减少，迫使国家的环保策略和手段不断升级和强化，因此对超标排污企业的限期治理，关停并转，已没有多少回旋余地。2000年国家环保总局在全国范围内开展的“一控双达标”活动，要求“两控区”的所有企业在2000年12月31日前实现达标排放，就是一个有力的例证。②从我国民主和法制的发展来看，改革开放20多年来，我国民主和法制建设力度加强，成效显著，《行政复议法》、《行政诉讼法》、《国家赔偿法》等保护公民，法人合法权益，监督行政机关依法行政的法律、法规相继颁布实施。过去，公民、法人的合法权益受到行政机关的侵犯没有公正有效的救济途径。如今，在环保领域，如果排污企业认为环保主管部门作出的限期治理决定违法或不当，侵犯了其合法权益，既可以向上级环保主管部门申请复议，也可以向人民法院提起行政诉讼。这样，既保护了自己的合法权益，又可以对环保主管部门行使职权的行为进行有效的督促，促其依法行政。因此，为了法制的健全及保障，完全可以放心地让环保主管部门行使限期治理的决定权。③从行政管理职能化和权责一致的角度考虑，作为专司环境保护职能的环保主管部门理应能充分运用限期治理这一处罚手段，及时果断地惩处超标排污的违法企业。新《大气污染防治法》中规定的限期治理已不再具有自由裁量的性质，而是一种约束性行为，只要是超标排污，就必须限期治理，排除了决定机关平衡、取舍的可能性。④从限期治理具有即时性的特点来看，限期治理实效的发挥，一定程度上依赖于决定的迅速和及时，如果错过了时机，往往造成更大的损害甚至使治理成为不可能，而环保主管部门是从事污染防治的专职日常监管部门，完全可能比其同级政府更迅速果断地作出限期治理的决定，避免"知情者无权，有权者无暇"的被动局面。⑤赋予环保主管部门限期治理的决定权，更有利于上级环保部门在限期治理领域加强对下级环保部门的监督和指导，从而也有利于减少同级政府的干扰和阻力。总之，把限期治理的决定权赋予各级环保部门，能更直接、充分地发挥其效能。

(3)对违反限期治理要求的超标排污企业，如何实施行政处罚呢？新《大气污染防治法》授权国务院作出规定。这涉及两个方面的问题，一是应实施什么种类的行政处罚，二是由哪个行政机关来实施处罚。《环境保护法》规定：对经限期治理逾期未完成治理任务的企事业单位，除依照国家规定加收超标准排污费外，可以根据所造成的危害后果由环境保护行政主管部门处以罚款，或者由人民政府责令停业、关闭。是否可以在新《大气污染防治法》中适用这一规定呢？笔者认为，在国务院的规定出台之前，在执法实践中可以适用《环境保护法》的这一规定。但在国务院的新规定中，却只规定对违反限期治理要求的超标排污企业责令停业、关闭，并且决定机关应是各级环保主管部门。其理由如下：①新法中已确立"排污收费"的新原则，废除了原法中的缴纳超标排污费的规定，因此，《排污费管理条例》通过以后，加征超标准排污费已不可行。②鉴于对超标排污企业责令限期治理的同时，已并处了罚款。如果对逾期未完成治理任务者仍然是处以罚款的话，这一方面有违于"一事不再罚"的行政处罚原则，另一方面与作为行政处罚特殊形式的限期治理的宗旨和目的大相径庭。③新《大气污染防治法》将超标排污定性为违法行为，对超标排污单位罚款的同时，令其限期治理，限期治理实际上是对违法排污单位作出关闭决定之前的一个“宽限期”，在宽限期之内实现达标排放，可以继续正常生产，否则，就只能是关、停、并、转。非如此不能促使超标排污企业在政府的帮助下通过重组或合并的形式，加大环保投入，更新环保技术设备，尽最大努力在规定期限内实现达标排放。如前所述，既然限期治理的决定由环保主管部门作出更为合理，那么违反限期治理要求的行政处罚决定权也应授予各环保主管部门。

第五节　环境污染与破坏事故的报告及处理制度

一、环境污染与破坏事故的报告及处理制度的概念和意义

【案例】 重庆市开县的天然气井井喷事故的反思[①]

〔案情〕　2003年岁末，发生在重庆市开县的天然气井井喷事故是世界天然气开采史上一次惨重的事故，200多个无辜村民命丧黄泉。

从环境保护的角度来说，这起令人揪心的事故至少有两点令人生疑：一是井喷为什么会造成如此重大的人员伤亡？二是富含有毒气体的天然气田开采时为什么没有采取相应的事故应急和污染防范措施？

《中华人民共和国大气污染防治法》第20条规定：“单位因发生事故或者其他突然性事件，排放和泄漏有毒有害气体和放射性物质，造成或者可能造成大气污染事故、危害人体健康的，必须立即采取防治大气污染危害的应急措施，通报可能受到大气污染危害的单位和居民，并报告当地环境保护行政主管部门，接受调查处理。”

令人遗憾的是，事故发生后，钻井公司并没有“立即”，也就是在第一时间里通知当地政府，井喷发生在12月23日晚上9点55分，但开县政府接到钻井队的报告已经是当日晚上11点25分，延误了一个半小时。井喷之后，当地空气中的硫化氢浓度是逐渐上升的，很多人是在井喷发生几个小时之后才中毒死去的。如果当地政府能及时接到报告，有组织地疏散撤离群众，使他们能够及时逃离污染事故现场，也许有些死亡就可以避免，也许这次事故就不会造

① 王娅：《一场灾难的反思》，《中国环境报》2004年1月19日。

成这么多人罹难。

天然气开采是高危险的行业，其对突发事故的应急手段是必不可少的。尤其是在四川，80%的天然气井都富含硫化氢，此外，井口附近的居民往往很密集，此次出事的罗家16号井周围1平方公里的山坡上居住着两个村的2400多人，离井口最近的住户距出事地点还不到50米。选择在这样一个人烟稠密的地方开采硫化氢气井，企业对当地居民的安全和环境保护便负有不可推卸的责任，最起码应该对居民进行防范硫化氢的安全教育，以及制定和落实意外事故发生时的应急方案。可是，在这方面，我们看到的却是一片空白。

“12·23”事故是一个血的教训，它所暴露出来的安全生产和环境污染应急措施的重大失误值得人们深深反思。但愿这200多条流逝的生命能够为我们敲响警钟。

〔思考题〕

(1)环境事故报告制度有哪些方面的内容？

(2)本案中有哪些环节不符合环境事故的报告制度？

【案例】 塑料毒桶惊现汉川　环保部门迅速处置①

〔案情〕 某年4月13日早晨，汉川市环保局接到群众投诉，反映田家村一塑料厂4月11日收购的废旧塑料桶在加工过程中产生大量有毒刺激性气体。市环保局迅速派人进行现场调查。监察人员刚到田家村口，刺鼻气味扑面而来，在厂房处更加浓烈，早已等在路旁的村民们纷纷诉说闻过刺鼻气味出现了头晕、呕吐等症状。监察人员还看到，接触过厂内碎塑废水的村民身上出现红斑点，废水流入鱼塘后死鱼浮出水面。监察人员对业主进行了询问，而业主仅知供货人为李某，货重两吨，对塑料桶来源及盛装的化学品品名竟不知情，而绝大多数塑料桶的标识全无。

为防止事态扩大，同时为消除污染争取时间，监察人员果断采取应急措施，迅速督促生产人员全部撤离，划定警戒区域，设立警示标志，并对塑料桶进行密封包装。经过两个多小时的紧张搜寻，终于弄清桶内化学品为邻甲基苯腈，来源厂家为武汉有机实业有限公司。邻甲基苯腈为无色透明液体，遇明

① 叶俊杰：《塑料毒桶惊现汉川，环保部门迅速处置》，《中国环境报》2004年4月27日。

火、高热、氧化剂能燃烧，并散发有毒气体。武汉有机实业股份有限公司具有独立销毁塑料毒桶的能力。

汉川市环保局迅速按规定向汉川市人民政府和孝感市环保局汇报了情况；并向武汉市环保局求援，在武汉市环保局敦促下，武汉市有机实业股份有限公司主动配合，派出车辆，回收处理全部毒桶。汉川市环保局还将进一步追查业主的法律责任，加强了该厂现场环境监察力度。

在湖北省汉川市环保局的监督下，严重威胁该市城关镇田家村村民身体健康的塑料毒桶悉数启运到武汉市销毁。而环保人员从接到电话到妥善处理完毕仅仅用了 28 个小时。

〔思考题〕

本案反映了环境法的什么制度？这一制度有何特点？

〔法律分析〕

1. 环境污染与破坏事故的报告及处理制度的概念

环境污染与破坏事故，是指由于违反环境保护法律、法规的经济、社会活动与行为，以及意外因素的影响或者不可抗拒的自然灾害等原因，致使环境受到污染，国家重点保护的野生动植物、自然保护区受到破坏，人体健康受到危害，社会经济与人民财产受到损失，造成不良社会影响的突发性事件。环境污染与破坏事故一般都具有突发性、蔓延性和危害性极大等特点。如 1986 年苏联切尔诺贝利核电站放射性物质泄漏事件就是如此。环境污染与破坏事故，根据类型可以分为水污染、大气污染、噪声与振动危害、固体废物污染、农药与有毒化学品污染、放射性污染事故和国家重点保护的野生动植物及自然保护区破坏事故等。根据事故危害程度，又可以分为一般、较大、重大、特大污染与破坏事故。

环境污染与破坏事故的报告及处理制度，是指因发生事故或者其他突然性事件，造成或者可能造成环境污染与破坏事故的单位，必须立即采取措施处理，及时通报可能受到污染与破坏危害的单位和居民，并向当地环境保护行政主管部门和有关部门报告，接受调查处理的规定的总称。

2. 环境污染与破坏事故报告及处理制度的意义

(1)可以使环境保护监督管理部门和人民政府及时掌握污染与破坏事故情况，便于采取有效措施，防止事故的蔓延和扩大。

(2)可以使受到污染、破坏威胁的单位和居民提前采取防范措施,避免或减少对于人体健康、生命安全的危害和经济损失。

二、环境污染与破坏事故报告及处理制度的建立和发展

1982 年颁布的《海洋环境保护法》,首次规定了这一制度。该法第 17 条规定,发生井喷、漏油事故的,应当立即向国家海洋管理部门报告,并采取有效措施,控制和消除油污染,接受国家海洋管理部门的调查处理。该法第 34 条至第 37 条对船舶非正常排放油类等、船舶发生海损事故的报告和处理作了规定。《水污染防治法》、《大气污染防治法》、《固体废物污染环境防治法》也对这一制度作了明确的规定。1987 年,国家环保局发布的《报告环境污染与破坏事故的暂行办法》,对这一制度作了具体的规定。1989 年颁布的《环境保护法》确认了这一制度。该法第 31 条规定:"因发生事故或者其他突然性事件,造成或者可能造成污染事故的单位,必须立即采取措施处理,及时通报可能受到污染危害的单位和居民,并向当地环境保护行政主管部门和有关部门报告,接受调查处理。可能发生重大污染事故的企业事业单位,应当采取措施,加强防范。"第 32 条还规定:"县级以上地方人民政府环境保护行政主管部门,在环境受到严重污染威胁居民生命财产安全时,必须立即向当地人民政府报告,由人民政府采取有效措施,解除或者减轻危害。"

三、环境污染与破坏事故报告及处理制度的主要内容

(一)环境污染与破坏事故的报告

1. 造成环境污染与破坏事故的单位,必须在事故发生后 48 小时内,向当地环境保护部门报告,事故查清后,还应向其作书面报告,并附有关证明文件。

2. 事故发生后,当地环境保护部门应当立即赴现场调查,并对事故的性质和危害作出恰当的认定。一般或较大事故,由县级以上环境保护部门确认;重大或特大事故,由地、市级以上环境保护部门确认。

3. 凡属重大环境污染与破坏事故,地、市级环境保护部门除应及时报告同级人民政府外,还应同时报告省级环境保护部门;凡属特大环境污染与破坏事故,地、市级环境保护部门除应及时报告同级人民政府和省级环境保护部门外,还应同时报告国家环境保护总局。

4. 重大或特大环境污染与破坏事故的报告,分为速报、确报和处理结果

报告三类。速报从发现事故后起，48 小时以内上报；确报在查清有关基本情况后立即上报；处理结果报告在事故处理完后立即上报。

(二)环境污染与破坏事故的处理

环境保护行政主管部门在收到事故(或事件)报告，并经调查弄清其性质和危害之后，可对违法者依法给予行政处罚。

在环境受到严重污染与破坏，威胁居民生命安全时，县级以上环境保护部门必须立即向本级人民政府报告，由人民政府采取有效措施，解除或者减轻危害。

第六节　许可证制度

【案例】　自然资源采集许可证

〔案情〕　“218”国道在新疆维吾尔自治区塔里木河下游尉犁县以下 100 余公里道路两旁，有大量外来人员在这里肆无忌惮地采伐甘草。刚刚显露生机的塔里木河下游生态再遭涂炭。

这些人据说执有某县林业部门颁发的“采伐证”，因此敢在光天化日之下成群结队，在道路两旁大肆破坏野生植被。所到之处，甘草被采挖一空，甘草四周植被被连根拔起。沿途农场的农田田埂、渠道也因挖甘草被毁。

甘草是塔里木河下游荒漠地主要植被之一，具有极高的药用、食用价值。20 世纪六七十年代，这里建有多个甘草膏厂，就地熬制甘草膏。过度开发，已使当地甘草资源几乎枯竭。特别是 20 世纪末，塔里木河下游长期断流，给甘草带来灭顶之灾，荒漠地带的甘草已十分稀少。近年来，塔里木河综合治理工程启动，塔河下游地下水位逐渐上升，野生植被开始复苏。加之农二师沿途各农牧场多年禁采禁伐，甘草迅速增多。而“执证”滥采滥伐，无疑将给刚刚起死回生的甘草再度带来灭顶之灾。①

① 钱水法:《甘草采伐证不该发》,《中国环境报》2004 年 3 月 18 日。

【案例】 进口废物批准证书

〔案情〕 国家环保总局近日作出决定，从2003年12月30日起暂停违反国家规定倒卖进口废物的上海长愿再生有色金属有限公司进口废物的资格，并将处理决定通报全国。

2003年3月，上海长愿再生有色金属有限公司持国家环保总局核发的第3358号、第3359号、第16184—2号三份“进口废物批准证书”（证书确定废物利用单位为上海长愿再生有色金属有限公司），从美国进口了内部混装废铝、废铜、废五金杂件等17897公斤废物的集装箱。同年5月20日，该公司与翁永明签订购销合同，将该集装箱货物转卖给翁永明，并于同年6月1日完成全部通关手续。同年6月5日，该批废物被运至翁永明在江苏省苏州市的废物加工场地。

国家环保总局认为，该公司使用国家环保总局核发的第3358号、第3359号、第16184—2号三份进口废物批准证书进口废物后，擅自变更了三份进口废物批准证书载明的废物利用单位。该公司的行为违反了国家环保总局1998年11月2日在致最高人民法院《关于废物进口单位变更进口废物利用单位有关问题的复函》（环函〔1998〕25号）中关于“未经我局同意，不允许变更《进口废物批准证书》载明的进口废物利用单位”，“擅自变更《进口废物批准证书》载明的废物利用单位，并将进口废物转让或倒卖给未经批准的单位利用的，应当认定为转让或者倒卖《进口废物批准证书》的行为”的规定，属于违反国家规定擅自转卖进口废物。

鉴于上海长愿再生有色金属有限公司违反国家规定擅自转卖进口废物的行为事实清楚，根据《关于废物进口环境保护管理暂行规定的补充规定》（环控〔1996〕629号）第11条规定：“转让或者倒卖国家环境保护局《进口废物批准证书》的，由国家环境保护局吊销《进口废物批准证书》，并暂停或取消其废物进口、加工利用的资格。”国家环保总局作出处理决定，从2003年12月30日起，暂停上海长愿再生有色金属有限公司进口废物的资格，并将处理决定通知海关。

〔法律分析〕

1. 许可证制度的概念和意义①

(1)许可证制度的含义

凡是对环境有不良影响的各种规划、开发、建设项目、排污设施或经营活动,其建设者或经营者,需要事先提出申请,经主管部门审查批准,颁发许可证后才能从事该项活动,这就是许可证制度。在环境管理中使用的许可证种类繁多,使用最广泛的是排污许可证。

(2)许可证制度的意义

许可证制度是污染控制法律规范的支柱,它有下列优点而在环境管理中发挥重要作用:

一是便于把影响环境的各种开发、建设、排污活动,纳入国家统一管理的轨道,把各种影响环境的排污活动严格限制在国家规定的范围内,使国家能够有效地进行环境管理。

二是便于主管机关针对不同情况,采取灵活的管理办法,规定具体的限制条件和特殊要求。

三是便于主管机关及时掌握各方面的情况,及时制止不当规划、开发,及各种损害环境的活动,及时发现违法者,从而加强国家环境行政主管部门的监督职能的行使,保障法律、法规的有效实施。

四是促进企业加强环境管理,进行技术改造和工艺改造,采用无污染、少污染工艺。

五是便于群众参与环境管理,特别是对损害环境活动的监督。

2. 我国有关环境保护法律中规定的具体许可证制度

我国有关环境保护法律中规定的具体许可证制度主要包括:

(1)海洋倾倒许可证——《海洋环境保护法》规定,向海洋倾倒废弃物,必须向国家海洋行政主管部门提出申请,经批准发给许可证后,方可按许可证规定的期限、条件和指定的区域进行倾倒。

(2)陆地水体排污许可证——《水污染防治法》规定,直接或者间接向水体排放污染物的企业事业单位,应当按照国务院环境保护部门的规定,向所在地的环境保护部门申报登记拥有的污染物排放设施、处理设施和在正常作业条

① www.ndcnc.gov.cn/datalib/2002。

件下排放污染物的种类、数量和浓度，并提供防治水污染方面的有关技术资料。环境保护部门收到《排污申报登记表》后，经调查核实，对不超过国家和地方规定的污染物排放标准及国家规定的企业事业单位污染物排放总量指标的，发给排污许可证。国务院制定发布的《淮河流域水污染防治暂行条例》也明确规定，在淮河流域排污总量控制计划确定的重点排污控制区域内的排污单位和重点排污控制区域外的重点排污单位，必须按照国家有关规定申请领取排污许可证，并在排污口安装污水排放计量器。

(3)《固体废物污染环境防治法》对许可证制度作了多处规定：

①转移固体废物许可证——转移固体废物出省、自治区、直辖市行政区域贮存、处置的，应当向固体废物移出地的省级人民政府环境保护行政主管部门报告，并经固体废物接受地的省级人民政府环境保护行政主管部门许可。

②进口固体废物许可证——国家禁止进口不能用作原料的固体废物；限制进口可以用作原料的固体废物。确有必要进口固体废物用作原料的，必须经国务院环境保护行政主管部门会同国务院对外经济贸易主管部门审查许可，方可进口。

③经营固体废物许可证——从事收集、贮存、处置危险废物经营活动的单位，必须向县级以上人民政府环境保护行政主管部门申请领取经营许可证。禁止无经营许可证或者不按照经营许可证规定从事危险废物收集、贮存、处置的经营活动。禁止将危险废物提供或者委托给无经营许可证的单位从事收集、贮存、处置的经营活动。

(4)偶发性环境噪声排放许可证——《环境噪声污染防治法》规定，在城市范围内从事生产活动确需排放偶发性强烈噪声的，必须事先向当地公安机关提出申请，经批准后方可进行。当地公安机关应当向社会公告。因特殊需要必须夜间进行施工作业的，也要公告附近居民。

第七节　公众参与制度

【案例】 杭、嘉、湖发动公众突击治理白色污染

〔案情〕　白色污染即塑料污染，在杭州、嘉兴、湖州三市十分突出，为了把白色污染控制在一定限度之内，杭、嘉、湖三地，决定实施突击治理，发动全民

参与。杭州市采取了“全民动员、分工负责、突出重点、注意源头”的措施，使白色污染得到了有效控制。铁路沿线、旅客主要集散地、风景区以及一些“窗口”单位，都能比较自觉地遵守规定。嘉兴市以宣传为先导，以治理主要交通干线的白色污染、改善市容市貌为重点，引导市民从旁观到参与，从事不关己到“你丢我捡”。湖州市结合1999年5月的中日摩托艇对抗赛和7月的全国极限运动会两大赛事，以“爱国卫生活动月”、“99城市形象建设年”为契机，开展了全方位的治理，效果显著。通过宣传，杭、嘉、湖地区对白色污染问题，基本上已形成了共识，白色污染的治理在三地也取得了明显的成效。

〔法律分析〕

像白色污染这样常见于公众日常生活且处处存在的环境问题，光靠政府的指令和环保部门的治理是远远不够的，必须发动公众自觉地参与，方可使之彻底解决。杭、嘉、湖三地在治理白色污染上的措施与成效，说明了在环境保护的问题上，遵循公众参与原则是十分重要的。

一、公众参与的含义①

所谓公众，指的是政府为之服务的主体群众；所谓公众参与，是指群众参与政府公共政策的权利。我们提倡公众参与，是因为中国发展观与执政观的伟大进步，是因为中国民主法制与政治文明的逐步成熟。

在市场经济条件下，企业追求的是资本高收益率，其主体是实实在在的企业股东。而政府追求的是公共事务的综合发展成果，其主体是抽象的全社会公众。谁来代表公众？当然是政府。随着改革的不断深化，政府的职能定位也由过去热衷于抓经济管企业，逐渐向主要抓公共事务管理过渡。公共事务，包括人口与就业、教育与文化、资源与土地、环保与生态、治安与稳定、医疗与交通等各个领域。过去为做好这些工作，我们一向提倡走群众路线，一向发动群众出主意想办法。“走群众路线”与我们现在提倡的“公众参与”有何区别呢？区别在于，走群众路线强调的是政府的领导方法与群众的义务，而公众参与强调的是群众的权利与政府对此权利的保护。就是说，前者属于义务本位，后者属于权利本位。这种权利本位的转变，正是革命党转向执政党后的一种观念转变，也是执政党合法性重要的政治基础。群众有权利理直气壮地参与

① http://www.stdaily.com/gb/stdaily/ 2004－05/29。

关系自己切身利益的公共事务，有权利对公共事务过问、咨询、提意见，政府部门不必担心自己的权力会被削弱被监督，不必将这些权力当成禁区而不准群众过问。说到底，官员的权力只是义务，而群众拥有的是权利。因为公共事务是为群众服务的，群众是公共事务的真正主人。

二、环保公众参与

中国对环保的重视始于1978年，小平同志首先提出中国应制定环境保护法；1982年，中国将“国家保护和改善生活环境和生态环境，防治污染和其他公害”写入了《宪法》；1984年，中央将环保提到了“基本国策”的地位；1994年，中国确立“可持续发展战略”；1997年，《刑法》增加了“破坏环境资源保护罪”；2003年，中央提出以人为本，全面、协调、可持续的科学发展观，提出城乡、区域、经济社会、人与自然和谐、国内发展和对外开放五个统筹发展，环保越来越占有重要的战略地位。环保工作之所以越来越重要，是由于中国的环境污染和生态破坏愈来愈严重，是由于群众对此愈来愈不满，是由于我们治理的速度似乎愈来愈赶不上环境污染与破坏的速度。为什么？是因为人口过多、资源匮乏、环境容量太小、生产方式与消费方式太落后等多种原因。但从更深层次上看，还有一个重要原因，就是公众参与程度太低。

世界环保事业的最初推动力量来自于公众，没有公众参与就没有环保运动。

1962年美国海洋生物学家卡逊发表了著名的《寂静的春天》一书，指出过量使用农药对环境和生物具有巨大破坏作用，这是现代环保思想的开端。1970年4月22日，美国2000万群众参加了环保游行，这一天被称为“地球日”而得到永久性纪念，这是现代环保运动的开端。

单举一下日本的例子。日本相对于中国，人口资源压力更大，但却是世界上环保搞得极好的国家。凡近年到过日本的人，都对日本的环保赞叹不已。但日本在上世纪中叶工业化进程中，也曾经历过一系列严重的环境污染公害事件。从60年代起，日本的环境污染受害市民进行了大规模的法律诉讼，媒体也参加进来追踪报导有关污染事故，日本许多地区还成立了反对环境污染的民间组织对污染企业展开了斗争。1970年，日本反对只发展经济不考虑环境保护的市民人数第一次以45%对33%的比例占据社会主流。自民党的选票为此从58%降至48%。公众对环境保护的广泛参与，使自民党与日本国会也开始专门讨论环境公害问题（史称“公害国会”）。1967年日本颁布《公害对策基本法》,1974年颁布《公害健康赔偿法》,以后更陆续颁布了一系列环保法规。特别是《循环型社会形成推进基本法》,用环境文化理念去促进国民自觉的环保意识与道德素质;用强制性手段推进新能源的使用,控制自然资源的消耗;既要降低废弃物的产生,也要提高废弃物的循环利用,还要对无法再利用的废弃物进行安全处置。经过10年努力,使日本形成了一个人口、资源、环境、文化相互协调的循环型社会,实现了环境与经济的"双赢"。这个例子说明,真正治理好环境污染,不仅要靠政府的高效率,也不仅要靠国民的高素质,公众参与的民主法制机制更为重要。

中国环境保护有法不依,执法不严,公众参与的民主法治机制不足是重要原因。中央早在1978年就明确规定:对于那些严重污染环境,长期不改的,要停产治理,并追究领导责任,实行经济处罚,严重的给予法律制裁。但20多年下来,有多少官员因污染环境而受到法律制裁了呢?又有多少因发展不当而破坏生态的错误政策得以根本性纠正呢?可持续发展战略,中央从1994年就开始提出,我们究竟做到了没有?在传统的发展思路引导下,政府要财政收入,企业要短期利润,官员要靠单纯的GDP增长来反映业绩,他们不会将主要精力放在环保。经常有人说,中国人生活水平太低,当务之急是先集中力量搞好经济,环保是下一步的事。其实,任何国家都可以这么说,唯独中国不成。因为中国的人口太多、资源太少、环境容量太小,可持续发展模式已变成中国人不得不选择的唯一发展模式。要实现"让人民喝上干净的水、呼吸清洁的空气、吃上放心的食物,在良好的环境中生产生活",要实现整个社会"走上生产发展、生活富裕、生态良好的文明发展道路",就必须出台一系列切实可行的政策法规,动员全社会各界人士扩大环保的公众参与,强化民主法治的监督约束机制。否则,可持续发展的理念将会被淡化成单纯的口号。

三、如何推进环保公众参与①

与西方国家不同,中国的环境保护是由政府首先推动的。上世纪70年代初,周恩来总理就注意到了日本环境公害的惨痛教训,要求我们重视环境问题。30多年来,从"基本国策"到"科学发展观",充分显示了历代领导人为中华民族高度负责的历史责任感。好的政治理念必须依靠公众来响应,必须依靠公众参与来落实,必须依靠一套完善的监督机制来贯彻。以人为本,全面、

① http://www.stdaily.com/gb/stdaily/ 2004-05/29。

协调、可持续的发展观不仅把环境保护摆上了更加突出的位置，而且为公众参与提供了政治保障。

第一要转变思想观念。要明确认识到公众参与环保是群众的权利，而这样的权利和权益是国家法律赋予的，政府和部门有义务来回应和保护。公众参与不是施舍，也不是过去那种以政府为主体动员组织群众运动的老观念。在战争时期，我们是革命党，需要动员组织群众通过斗争去争取权利，而现在我们是执政党，要依法治国，而任何法治国家的政府，都要承认和保护群众的权利。这种在环保方面保护群众参与公共事务权利的新观念，是我们立党为公、执政为民、以人为本的新政绩观，是我们社会主义民主建设的有益尝试，是我们社会主义制度优越性的重要体现。

第二要环境信息公开化。环境信息公开又称环境信息披露，是一种全新的环境管理手段。它承认公众的环境知情权和批评权，通过公布相关信息，借用公众舆论和公众监督，对环境污染和生态破坏的制造者施加压力。1998年，35个来自欧洲和中亚的国家在丹麦签署了《奥胡斯公约》。核心内容是强调公众的环境信息知情权，随后又有39个国家也加入了该公约。我国政府为推进环境信息公开已做了诸多努力，如每年公布环境公报，每月公布大江大河水质状况，每天公布城市空气质量，各传媒都在广泛地报导环境事件。但存在的问题是，公众个人要求政府和企业提供环境方面的相关资料，相当困难。公众向谁要？谁会给？谁应该给？我们缺少公众与政府部门间的信息互动。公众的知情权关键在于要实行信息法治，我们应开始研究保障环境信息透明化的相关法规。

第三是环境决策民主化。1979年的《环境保护法(试行)》规定："一切单位和个人，都有保护环境的义务，并有权对污染和破坏环境的单位和个人进行检举和控告。"2003年9月1日开始实施的《环境影响评价法》意义十分深远，它规定政府机关要对可能造成不良环境影响并直接涉及公众环境权益的专项规划，应当在该规划审批前，举行论证会、听证会等形式，征求有关单位、专家和公众对环境影响报告书的意见。中国公民的"环境权益"首次写入国家法律，它意味着群众有权知道、了解、监督那些关系自身环境的公共决策；它意味着谁不让群众参与公共决策就是违法。存在的问题是，虽然公众参与环境监督的权利在法律上得到肯定，但在"参与"的具体条件、具体方式、具体程序上还缺少明确细致的法律规定。就是说，公众一旦遇到具体的环境问题，不知道如何参与。例如，最近一些计划启动的水坝项目受到公众关注，但这种关注更多只表现在网上发发文章，专家们开几个会。热心的公众找不到参与决策的渠道，最后满肚子的疑惑便会选择激烈的诉求方式。因此，为公众参与影响环境的重大项目决策而制定明晰的程序与权利，是我们的义务。

第四是环境公益诉讼。所谓环境公益诉讼，是指任何公民、社会团体、国家机关为了社会公共利益，都可以以自己的名义，向国家司法机关提起诉讼。而我国现行的环境诉讼法律规定中，唯有直接受害人才有权提起民事诉讼，最后被归于民事法律管辖范畴。由于环境权益不仅仅属于私人权益，更属于社会公益，所以在欧美各国的环境法中，都普遍采用了环境公益诉讼制度。由于环境诉讼涉及许多十分专业的技术问题，为减轻公众在环境诉讼中的成本，弥补其专业知识，各国都为公众环境诉讼创造了便利的司法条件。在我国，为加大对环境污染和生态破坏的惩治力度，司法应当逐步扩大环境诉讼的主体范围，从环境问题的直接受害者扩大到政府环境保护部门，扩大到具有专业资质的其他环保组织，再扩大到更广阔的公众主体，将公众日趋增长的环境权益要求，纳入规范有序的管理。

第五是加强与民间环保组织的关系。各类民间环保组织，除极少数不顾中国国情、生搬西方模式的极端环保主义者外，大多数都是积极健康的主体。特别是那些广大青少年的环保志愿者组织，他们热爱祖国、激情奉献、关注环境、倡导节俭。作为政府机关，要对大部分民间环保组织予以支持引导。如对各类环保组织进行专业培训；如多层次地搭建政府与公众座谈与对话的平台；如联合民间环保组织和各界人士共同合作社会公益行动；如就重要的公共政策进行专门的解释与沟通等等。

我国公众，特别是广大青少年的环境权益意识日趋增强，反映了我国社会主义民主与政治文明的进步，反映了可持续的科学发展观深入人心，反映了中华民族未来的希望。这就要求我们在环保方面承认和支持人民群众的环境信息知情权、环境信息传播权、环境决策参与权和环境政策监督权，一切有责任心的中国人，都有义务来积极推动和参与环保事业。环保事业，是最无私的人所从事的最无私的事业，需要更多无私的人做出更多无私的奉献。

第二编 环境法律责任

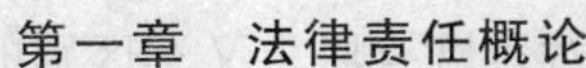

第一章
法律责任概论

环境法中的法律责任是指违反环境法，破坏或者污染环境的单位或者个人所应当承担的责任。一般而言，环境法律责任可以分为环境行政责任，环境民事责任和环境刑事责任三种。

环境法中的法律制裁，是指国家对承担法律责任的单位或个人依法实施的惩罚措施。与法律责任相对应，法律制裁也分为行政制裁、民事制裁和刑事制裁三种。

法律责任和法律制裁是既有联系又有区别的两个概念。环境违法行为往往导致法律责任的承担，而法律责任的承担，一般又导致法律制裁。但是对于承担某一法律责任者，可以根据违法行为的性质、情节，给予多种法律制裁；从重、从轻、减轻甚至免于法律制裁。法律责任和法律制裁不应混淆。

一定的环境法律事实是环境法律责任发生的基础。所以，环境法律责任的判断和分析都是以事实为依据，以法律为准绳；结合案情，适用法律分析法理。一般而言，环境法律责任的分析可以依据以下几个原则进行分析：

1. 公法责任和私法责任分别追究的原则。有关环境法的诸多案例中，可能出现在同一案例里同时存在环境民事责任和环境行政责任；环境民事责任和环境刑事责任；或三种责任同时并存，这时要公法责任和私法责任同时追究，那种认为一种责任的承担是对另一种法律责任的免除的观点是错误的。《民法通则》第 110 条规定："承担民事责任的公民、法人需要追究行政责任的，应当追究行政责任；构成犯罪的，公民、法人的法定代表人应当依法追究刑事责任。"由此可知，我国法律不存在"罚了就不打、打了就不罚"的原则，任何单位或者个人，如果其行为触犯了几个部门法，就要相应的承担几种法律责任，受到几种不同的法律制裁。①

2. 不重复追究的原则。该原则是指性质、内容相同的具有可替代性的数种法律责任不可重复追究。如对同一个行政违法行为，不得就同一相对人处

① 韩德培：《环境保护法教程》，法律出版社 2003 年版，第 330 页。

以两次以上的罚款。再如，如果违法行为人被判处刑事责任中的附加刑罚金，而在行政责任中又被处以行政处罚的形式之一——罚款，那么，应当在罚金的数额中减去罚款的数额，剩余的部分由违法行为人补缴。

3. 私法责任主体唯一的原则。在民事责任承担中，民事权利能力和民事行为能力是当事人承担民事责任的充分必要条件，只有同时具备上述条件的自然人和单位才能承担民事责任。该原则是针对法人的民事责任来说的，法人的民事责任只能由具备法人资格的主体承担，仅以法人名义但不具有法人资格而从事民事活动的主体，倘若造成他人环境民事权利和利益的损害的，民事责任应当还是由法人直接承担。

4. 公法责任中个人和单位分别追究的原则。在环境刑事责任和环境行政责任的承担上，对个人和单位分别追究。在对单位追究环境刑事责任和行政责任的同时，还要对单位主要负责人和直接责任人员追究公法责任。

此外，还应当注意环境法责任条款的适用规则：

1. 依法律规范的效力依次适用；
2. 新法优于旧法；
3. 特别法优于一般法；
4. 例外规定优于一般规定。

【案例】 万吨石料填入红枫湖①

〔案情〕 红枫湖是国家级风景名胜区，也是贵阳市修建的日供水40万吨的西郊水厂的水源地。由于红枫湖下游百花湖沿岸企业密布、网箱养殖日渐增多，从20世纪90年代开始，两湖已经出现了较为严重的富营养化的现象。贵州省人大从1996年起就明确规定，在两湖水资源环境保护范围内，新建建设项目必须严格执行环境影响报告书制度，禁止围湖造田、围湖养殖、倾倒煤灰、缩小两湖库容的行为。在各级政府和环保部门的严格管理和监督下，两湖保护工作稍有成效时，投资3500万的321国道清镇路段改造工程上马了，并且为了对绕湖公路"裁弯取直"，竟然将约万吨石料填入湖区。清镇市环保局多次对这项违反国家、地方环境保护法规的项目展开调查，严令施工单位立即停止填湖行为并且补办手续，但是该单位却以如下理由加以拒绝：填湖地段为红枫湖蓄水淹没前的321国道老路线，是先有路后有湖的；在工程动工前施工

① 彭滨：《万吨石料填入红枫湖》，《中国环境报》1999年1月26日第3版。

单位曾经咨询过红枫湖风景区管理处某位领导的意见，该领导以工程侵占库容量不大为由同意填湖方案；改建公路是贵州省重点工程，工期很紧不能停工。此事件引起贵州省人大、政府领导的重视。

〔思考题〕

公路改建的行为如何适用法律？

〔法律分析〕

1. 法律的时间效力

此案是一典型的建设工程改建项目的案例，涉及的是有关建设项目的环境影响评价制度。环境影响评价是我国环境法的一项基本制度。在一定的区域内进行开发建设活动，事先对拟建项目可能对环境带来的影响进行调查预测和评定，并提出防治对策和措施，为项目决策提供科学的依据。

我国的对环境影响评价制度的规定经历了一个建立和发展的过程。1979 年颁布的《环境保护法(试行)》对这项制度作了原则性的规定。1989 年颁布的《环境保护法》第 13 条规定，建设项目的环境影响报告书，必须对建设项目产生的污染和对环境的影响作出评价，规定防治措施，经项目主管机关部门预审并依照规定的程序报送环境保护行政主管部门批准。

1981 年，国家计划委员会、国家经委和国务院环境保护领导小组联合发布的《基本建设项目环境保护管理办法》，对该项制度作了具体的规定。1989 年，国家环境保护局发布了《建设项目环境影响评价证书管理办法》，对申请评价证书的条件和程序，评价证书管理和考核以及罚则作了具体的规定。1996 年，国务院发布的《关于环境保护若干问题的决定》将我国环境影响评价从微观环境影响评价向中观、宏观评价发展。评价范围也从环境污染扩大到环境破坏。1998 年《建设项目环境保护办法》修改后，由国务院发布的《建设项目环境保护管理条例》，对环境影响评价的范围、内容、管理程序和法律责任等作了相应的修改、补充和更明确的规定，从而在我国确立了比较完整的环境影响评价制度。此外，《水污染防治法》、《大气污染防治法》、《海洋环境保护法》、《水土保持法》和《野生动物保护法》等单行法中，对环境影响评价制度作了规定。2002 年 10 月 28 日，《中华人民共和国环境影响评价法》颁布，这是我国环境影响评价的法律规定的一个新的里程碑，该法不仅专章规定了建设项目的环境影响评价制度，还对区域开发项目和规划的环境影响评价作出规定。

从上述环境影响评价制度的法律规定的发展过程可以看出，对于建设项目的环境影响评价，不同的时期，对类似的法律问题，法律规定是有差别的，适用法律尤其应当注意环境违法事件的时间、空间等各个要素，考虑当时的立法实际情况。

本案发生在 1999 年 1 月 26 日，应当适用 1998 年由国务院发布的《建设项目环境保护管理条例》。依照该条例第 25 条规定，建设项目环境影响报告书、报告表或者环境影响登记表未经原审批机关重新审核同意，擅自开工建设的，由负责审批该建设项目环境影响报告书、环境影响报告表或者环境影响登记表的环境保护行政主管部门责令停止建设，限期恢复原状，可以处以 10 万元以下的罚款。依照 1999 年 5 月 18 日，国家环境保护总局《关于执行〈建设项目环境保护管理条例〉有关问题的复函》之规定，“未经批准”包括两种情况：一是建设单位已经报送，但是环境保护部门尚未作出是否同意的审批的决定；二是环保部门已经作出不同意的审批决定，属于上述两种情况之一的，就可以依据《建设项目环境保护管理条例》第 24 条的规定给予相应的行政处罚。

对建设单位未向环保部门报送环境影响报告书、报告表或者环境影响登记表，擅自开工建设的，环保部门可以依照《建设项目环境保护管理条例》第 24 条之规定给予相应的处罚。

2. 特别法优于一般法、例外规定优于一般规定

本案发生之时，除《建设项目环境保护管理条例》外，尚有《水污染防治法》、《大气污染防治法》、《海洋环境保护法》、《水土保持法》和《野生动物保护法》等单行法中，对环境影响评价制度作了规定。但是，基于《建设项目环境保护管理条例》是专门规定建设环境影响评价的法规，故优先于一般法适用于该案例。

3. 在环境法律案例中，尤其应当注意案件的具体情况和当时的法律规定，一方面，这是和我国环境法律溯及力的从旧兼从轻的原则一致的；另一方面，是与我国环境法的立法的快速发展直接联系的。我国环境法自 20 世纪 80 年代以来进入了快速发展的轨道，尤其是 1992 年联合国环境与发展大会以后，我国环境法的制定更是迅速发展，包括很多单行法都经过再次甚至两次以上的修改，如 1982 年颁布的《海洋环境保护法》于 1999 年 12 月 25 日由九届全国人大常委会第 13 次会议修订；1987 年颁布的《大气污染防治法》分别于 1995 年 8 月 29 日和 2000 年 4 月 29 日进行了修订以及 1985 年颁布、2003 年修订的《草原法》。2000 年后，我国几乎每年都有至少一部环境保护方面的

单行法出台,如2001年的《防沙治沙法》,2002年的《环境影响评价法》、《清洁生产促进法》,2003年的《放射性污染防治法》等。环境法律的迅速发展决定了环境法案例中适用法律的复杂性。

环境法律责任的各个部分不论是在实体法还是程序法当中都有相对于其他法律部门的案例不同的适用要件。环境民事责任、环境行政责任、环境刑事责任互相之间又有明显的不同。具体内容见分述。

作为环境法律体系的重要组成部分,环境法律责任是环境法运行的保障机制。由于环境法律责任及其执行涉及环境法主体的人体健康和经济发展,具有直接的司法意义,因此,深入研究其属性、特征和归属等问题具有深刻的理论意义和现实性。①

目前,对于法律责任的界定法学界主要采取了三种方案:(1)把法律责任界定为法律的否定性评价;(2)把法律责任界定为法律上的不利后果;(3)把法律责任界定为特殊意义上的义务,即第二性义务。相应地,环境法律责任也基本上可以通过上述的三种方式来界定。学界当前对于环境法律责任问题论述的方式大体也有三种:其一,依据环境基本法的规定作一个简单的定义,如"环境法律责任是指造成或可能造成环境污染和破坏的当事人依法所应承担的法律后果"。其二,回避对环境法律责任作出明确的定义,仅从责任设定的意义,责任的特点以及具体的责任方式角度加以阐释,如"环境法律责任制度是一种综合法律责任制度。除环境法本身对法律责任作出规定外,还涉及其他相关部门法,如民法、刑法、行政法等等。因此,国家整个法律责任制度适用的原则、条件、形式、程序,一般地说,也适用于环境法。但环境法又有许多区别于一般法律责任制度的特殊规定。这些特殊规范,既体现在环境法中,也体现于其他部门法中。"其三,完全回避对环境法律责任下定义,只分别讨论环境行政责任,环境民事责任和环境刑事责任这三种责任方式。

上述三种方式均有其合理性,又都无法对环境法律责任的本质属性作出清晰的阐释。理解环境法律责任概念的如下两层含义最为重要:②第一,环境法律责任表现为一种责任关系。传统法理学认为,法律责任仅指因违反法律所带来的法律后果,即具体的法律责任方式。如行政法中的罚款、刑法中的刑罚、民法中的赔偿等法律责任方式。近年来我国法理学对法律责任的认识比

① 吴继刚:《论环境法律责任》,《学术交流》2004年第2期。

② 同①。

以前有所发展，认为法律责任包含两层语义，即法律责任关系和法律责任方式。法律责任首先表示一种因违反法律上的义务而形成的责任关系，即主体A对主体B的责任关系；从社会学上看，责任反映个人同其他人和社会的联系。环境法律责任关系就是以环境要素为内容的环境法律主体间关系，是环境法律关系主体。因违反环境法的规定，或违反环境行政和民事合同的约定，而形成的法律上的道义关系或功利关系。需要在此说明的是，目前，有关环境权主体，特别是自然体能否成为法律主体的问题尚在热烈的讨论中，但是，环境法律责任的主体问题则是明确的，是指违反了法律、法规规定的事由而承担法律责任的自然人、法人或其他社会组织，而不能是其他没有意志的事物。

环境法律责任关系表现在两方面①，首先，它表现为一种道义关系，即损害环境的主体基于违法行为而要承担的另一主体对其作出的道义上的责难；其次，环境法律责任关系也表现为一种功利关系，主要表现为受到法律的否定性评价的环境法主体要承担财产上或人身上的具有强制性的不利法律后果。

第二，环境法律责任表现为一种责任形式。具体而言，环境法律责任表现为环境民事责任、环境刑事责任和环境行政责任三种形式。这三种责任形式和法律责任的实现方式密切相关。通常认为，法律责任的实现，即承担或追究法律责任的具体形式包括惩罚、强制和补偿。民事法律责任实现的目的在于补偿，行政法律责任实现的目的在于强制，而刑事法律责任实现的目的则是惩罚，所以，学理上往往不自觉地将三种法律责任形式等同于法律责任的实现方式，从而形成存在着三种环境法律责任的印象。实际上，在任何一个部门法体系内，法律责任的实现都会表现为惩罚、强制和补偿，只是环境法律规范的分散性使得它给人的这一印象尤为强烈。

环境法律规范的分散性是由环境问题的复杂性决定的。环境法无法从任何一个传统法律部门派生或演绎出来，它只能是一种综合性的法律规范。环境法的产生是各个传统部门法为应对解决环境问题而积极作出回应，把“环境”概念引入本部门，将“环境”作为本部门法的新客体而加以规范，从而确立了新的法律规则。因此，广义上的环境法乃是所有这些新规范的重新整合而形成的全新的法律部门。所以，这样一个综合性的法律部门必然无法用传统的部门法理论统辖，不能简单地认为环境法就是民法或行政法等，它是包含着多部门法性质规范的独立综合法律部门，其法律责任的表现形式也给人以分

① 吴继刚：《论环境法律责任》，《学术交流》2004年第2期。

散和综合的印象。①

需要说明的是,我国法学界目前存在一种倾向,即认为有没有自己独特的法律责任形式是确定独立法律部门的重要标志,这在环境法学界和经济法学界都是热烈探讨的问题。还有学者从现有的环境法律中各种法律责任规范的比重入手,认为环境行政责任在环境法律规范中占最大的比重,从而提出环境法律法是行政法。本书认为,法律责任存在的目的是为了使正常的法律权利义务安排得以实现,它并没有自己独立的目的。法律责任的最基本的功能在于通过对违法行为设立否定性负担而确保被侵害的权利的回复和正常秩序的维持。也就是说,法律责任本身并不具备确定其所属法律性质的作用。因而,不能认为环境法就是行政法。而且,在西方国家,运用综合法律手段解决环境问题已渐成趋势,比如,欧盟经济社会委员会在 1995 年的立法规划中特别提出要将确立环境民事责任框架作为讨论解决环境法律问题的基础。②

作为环境法律体系的一个重要组成部分,环境法律责任带着鲜明的环境法烙印。环境法系统的开放性,规范协调性和部门边界模糊性的特点决定了环境法律责任的实现方式只能是采取综合手段。作为一种综合法律责任,环境法律责任的具体的形式包括环境民事责任,环境行政责任和环境刑事责任,多样的责任形式决定了环境法律责任的归结无法适用统一的原则,而只能依据三种法律责任方式各自的特点适用不同的归责原则。③

环境民事责任主要表现为环境侵权责任,其归责原则为无过错责任原则,即一切污染环境的单位和个人,只要其污染损害环境的行为给他人造成财产或人身损害,无论其主观上有无故意或过失,都要对其所造成的损害承担赔偿责任。对于环境民事责任的认定适用无过错责任原则是各国环境法的通例,其根据在于:第一,环境侵权是通过环境要素为中介发生的间接损害,其过程具有长久性、累加性和复杂性,因而使处于弱势的环境损害受害人难以找出足够的证据证实加害人是否具有主观上的过错;第二,即使加害人主观上确实不具有过错,但由于环境污染事件往往会对受害人造成巨大的人身和财产损害,如果仅因为加害人没有主观过错就不追究其责任,对于无辜的受害人而言显然有失公平;第三,采用无过错责任原则,科学地分配了环境民事诉讼的举证

① 吴继刚:《论环境法律责任》,《学术交流》2004 年第 2 期。
② 同①。
③ 同①。

责任负担，有利于迅速确定环境污染加害人的法律责任并对受害者进行及时有效地法律救济；第四，采用无过错责任原则也有利于推动排污单位积极防治环境污染，尽最大的努力避免环境污染事件的发生。

环境行政责任的归责适用何种原则，学说上大体有三种观点。第一，适用过错责任原则，即将环境污染施害者主观过错作为确定是否构成环境行政责任的重要标准。第二，适用违法责任原则，即环境污染行为人是否承担环境行政责任以其行为是否构成行政违法为条件，其中，行为违法包括形式上违反法律明示性规定和实质上违反法律的基本原则和立法精神。第三，适用混合原则，即将行为违法与主观过错同时确定为行为人承担环境行政责任的必要条件。由于环境行政法律责任设定的基本目的是通过行政责任的承担，如行政处罚、行政强制等去督促主体履行或者尽快履行环境行政法上的义务，实现国家对环境保护的管理职能，其重点在于迅速有效地解决环境污染问题，恢复良好的环境质量，至于环境污染行为人是否有主观上的错误，则非行政法律责任所关注。而且，现代环境污染事件往往会导致严重的环境损害和大规模的生态灾难，同时给国家和社会造成重大经济损失，如果按照过错原则进行归责，就难以对许多履行了必要注意义务但仍然造成严重污染事故的行为人追究行政责任，这显然不符合社会公平原则。在实践中，如何判定造成环境污染损害的行为人是否具有主观过错也是一个复杂的工程，通常要考虑到行为人的预见能力，包括行为人的年龄、受教育程度、环境保护的专业知识、工作经验和技术水平以及国家对该项污染有无提出预防的要求，行为人在客观上是否做了预防的努力等，会大大增加环境行政责任归责的难度，不利于环境行政责任的确定。而违法归责原则是依据污染者的行为是否违反相关环境保护法律这一客观事实来确定其责任的有无，具有客观主义归责原则统一、明确和操作性强的优点，而且，违法责任原则也是目前行政执法工作中所普遍采用的归责原则。因此，环境行政责任的归结不宜适用过错责任和混合责任原则，而应适用违法责任原则。

世界各国在刑事立法上一般采用过错责任原则，我国的刑事立法也一直严格遵守“无犯意则无犯罪”的古训，采用过错责任原则。作为解决我国环境资源问题最严厉的刑事法律也是如此，但在司法实践中却自觉或不自觉地采用了无过错原则和因果关系推定原则。因果关系推定原则是指在没有排污行为与环境危害后果存在因果关系的直接证据的情况下，如果该排污行为先于环境危害后果存在，且危害的严重程度与污染排放的数量与浓度在统计上呈正相关关系，统计结果与试验和医学上的结论也不矛盾，被告又不能证明环境危害结果并非由其排污行为所致的，即可推定排污行为与环境损害后果存在因果关系。目前，因果关系推定原则已为一些国家的环境立法所采纳。我国《刑法》第 336 条规定，只要造成了重大环境污染事故就应追究污染者的刑事责任，1997 年的《刑法》规定了对环境资源犯罪的刑罚，却没有规定追究污染者的刑事责任可以适用因果关系推定原则，结果，使许多严重的破坏环境资源的犯罪由于难以证明行为和损害结果之间的因果关系和行为人的主观过错而逃脱了刑罚的制裁。因此，我国的环境刑事法律应确立以过错责任为主，无过错责任为辅的归责原则以及适用严格因果关系原则为主，推定因果关系原则为辅的因果关系原则。

环境法多样的责任形式不仅决定了它只能按法律责任的不同性质分别适用归责原则，同时也使得环境法律规范的适用必然产生大量的责任竞合问题。同一事实符合数个规范要件，致该数个规范皆得适用的现象，即为规范竞合。规范竞合既可以产生于同一法律部门，也可以发生在不同法律部门之间。责任竞合是规范竞合的一种，是同一行为违反了数个法条的规定，符合多种责任构成要件，导致了多种责任并存和冲突的现象。传统的竞合理论认为，责任竞合特指发生于同一部门法的责任并存和冲突。在一般规范竞合的场合，同一行为违反了数个法条的规定，导致多种部门法责任的并存，这些责任由于性质不同可以分别适用，互无影响，如刑事责任和民事责任可以同时适用于同一法律主体。但是，如果一个行为引起了数个同一部门法性质的法律责任，如民法中的合同责任和侵权责任或者是刑法中的数个罪名，即产生了冲突性责任竞合，不能够同时适用。环境法是整合了多个部门法规范的综合法律部门，其责任规范分别具有行政法、民法和刑法性质，因此就出现了在同一法律部门内部非冲突性法律责任的并存，法律责任竞合现象更为复杂。虽然出于周密保护环境和充分救济环境侵害受害人的目的，分别执行这些交叉规定的不同部门法性质的环境法律责任时会使相关的环境权利救济的可能性大大增加，但同时，这也可能使不法行为人承担多重责任，受到多种惩罚，显然也是同法律的公平和正义理念相悖的。因此，如何协调适用三种环境法律责任形式，更好解决环境法律责任竞合问题，建立系统性的环境损害责任机制是当前我国环境法学界亟待解决的课题。①

---

① 吴继刚：《论环境法律责任》，《学术交流》2004 年第 2 期。

第二章 环境民事责任

民事责任是民事法律责任的总称。是指当事人在民事活动中违反民事法律规定的义务而承担的民事法律后果。我国的民事责任基本上可以分为违反合同的民事责任和侵权的民事责任。侵权的民事责任又可以分为有过错的民事责任和无过错的民事责任。环境法中的民事责任分为破坏环境者的民事责任和环境污染的民事责任两大类。其中,破坏环境者的民事责任属于有过错的民事责任;环境污染的民事责任,又称公害民事责任,属于无过错的民事责任。下面重点研究公害民事责任。

第一节 公害民事责任的部门法适用

【案例】 超标排污侵权,公堂对簿理亏,武胜县冷冻厂被判赔偿损失案①

〔案情〕 1996年四川省武胜县张明学自筹资金购买了100吨铁船1只,船内设养鱼舱5个,养鱼水面积93.5万平方米,于同年5月投入嘉陵江养鱼,船体距上游武胜县冷冻厂排污口100米左右。1997年10月17日上午9时许,县冷冻厂检修机器,清洗高压储液氨桶,清洗的污水直接流入嘉陵江,进入张明学的养鱼舱内。10时左右,鱼开始跳动、死亡。12时许,舱内鱼大部分死亡,共约5570斤。张明学获知情况,立即请县环保局、卫生防疫站、公安局派员现场察看,经环保监测人员采集水样化验:县冷冻厂排污口处污水每升含氨氮1737.374毫克,张明学船舱内养鱼水每升含氨氮129.30毫克,其中,非离子氨浓度每升水1.62毫克,超过国家《地面水环境质量标准》规定的非离子氨浓度应当小于每升水0.02毫克的80倍。

① 文达成、焦艳:《武胜县冷冻厂被判赔偿损失》,《中国环境报》1998年9月19日第3版。

武胜县法院审理认为：县冷冻厂超标排污使部分江水变质，变质江水进入养鱼舱内，是张明学饲养的鱼类死亡的直接原因，应当依法赔偿张明学的经济损失。为此，依照《环境保护法》、《水污染防治法》和《民法通则》等有关法律之规定，作出前述判决。

〔思考题〕

(1)作出此判决的法律依据是什么？

(2)我国环境法律体系的构成是什么？

〔法律分析〕

本案是一起典型的由水污染引起的公害民事责任案件。因此在本案中，直接涉及了《环境保护法》第37条、第41条和《水污染防治法》第四章"防止地表水污染"的相关规定。在本案中，依照《环境保护法》第41条、第42条之规定，造成环境污染损害的，有责任排除危害，并对直接受到损害的单位或个人赔偿损失。

环境民事责任的追究，往往多法并用。一般会涉及《环境保护法》、《民事诉讼法》、相应的环境保护或污染防治单行法，有地方法规的还要参照地方法规。

第二节　公害民事责任的承担要件

【案例】　平湖蝌蚪索赔案之评析①

——举证责任倒置，因果关系推定

〔案情〕　浙江省平湖师范农场特种养殖场（以下简称"养殖场"）位于平湖市钟埭镇西，原属校办企业，1991年4月，经批准成立独立法人企业。同年，该养殖场建成1万平方米的养殖场，并且申领了河道取水证，开始了该场两年试养成功的美国青蛙的养殖与育种。至1993年春，该养殖场被中国特种经济

① 杨索娟：《"举证责任倒置"与因果关系推定》，《中国环境报》2002年6月14日第3版。

动植物协会定为全国美国青蛙育种基地，面向全国供种，当年养蛙净收入25万元。

但是，从1993年冬季开始，该养殖场发现，取水河道被工业废水污染，而且，污染状况越来越严重。后经嘉兴市环保局监测查明：该养殖场取水河道的污染物来自位于取水河道上游的嘉兴市步云染化厂、步云染料厂、步云印染厂、向阳化工厂和高联丝绸印染厂5家企业（以下简称"5企业"），该5企业将含有有毒有害物质的染化废水不经处理，直接排入河道，特别是1993年和1994年的染化废水比上年增加1万吨，导致下游7个乡约135平方公里的水域受到污染，水质由我国《地面水环境质量标准》(GB 3838－88)中的II—III类下降为V类；其中，约53平方公里的水域受到严重污染，水质远远劣于V类。因此，该重污染区域内的河道水体，已因该河COD严重超标而丧失了工业用水、养殖用水和村民生活用水的功能，并对农田灌溉用水构成威胁。

1994年春，处于严重污染水域内的养殖场和其他受害人，开始到处上访，数十次的向有关部门反映情况，强烈要求5企业尽快治理，停止肆意排放。但是由于5企业一直没有停止污染物排放行为，1994年4月，养殖场存育的美国青蛙蝌蚪和正在变形的幼蛙（计270多万尾）开始出现死亡，同年7—8月间大量死亡，至同年9月，几乎全部死亡。按当时的市场价计算，养殖场因此而遭受的直接经济损失为48.3万元。事后，司法部门的司法鉴定科学技术研究所在其针对本事件所作的微量物证鉴定中表明，养殖场饲养的蝌蚪死亡与步云染化厂等排放的废水造成的附近水域水质污染有直接的不可推卸的因果关系。

鉴于此，1995年4月，嘉兴市环保局对5企业的超标排污行为各作出罚款5000元的行政处罚决定，同时，试图对养殖场与5企业之间的环境污染损害赔偿纠纷进行协调。但是，最终仅就"5企业在污染排放未达标之前，应补给养殖场6万元，用于1995年生产自救用水费"达成调解，却未能解决养殖场1994年的污染损害赔偿问题。

1995年12月，养殖场以5企业为被告，向平湖市人民法院提起民事诉讼，请求判令被告养殖场经济损失48.3万元，并排除污染危害，停止侵权。

1997年7月27日，平湖市人民法院作出一审判决。认为：五被告（5企业）在生产过程中所产生的废水严重超标，并且直接排放或者渗入河道污染水域，以及原告（养殖场）所饲养的青蛙蝌蚪死亡，造成经济损失均是事实。但现有证据不能证实青蛙、蝌蚪即死于水污染，故无法确定原告损害事实与被告环境行为之间存在必然的因果关系。据此，驳回原告的诉讼请求。

原告（养殖场）对此判决不服，向平湖市人民法院提出申诉。1998 年 6 月 30 日，嘉兴市人民检察院在平湖市人民检察院的提请下，就本案向嘉兴市中级人民法院提起抗诉。

1998 年 10 月 29，嘉兴市中级人民法院作出终审判决：本案是原告主张水污染致害责任的赔偿权利，水污染致害责任属于特殊侵权责任，在举证责任上虽然适用于举证责任倒置的原则，但举证责任倒置只是在证明过错责任上的倒置，有关水污染违法行为及水污染造成青蛙蝌蚪死亡的损害事实的证据，须由原告举证。关于原审五被告超标违法排污的行为，原审原告已充分举证证实，而构成青蛙蝌蚪的死因及青蛙蝌蚪体内含致死物质化学成分与原审五被告排放的污水所含成分相符合的鉴定结论，原审原告不能举证，故本案因青蛙蝌蚪死因不明，死亡的数量不清，无法判定五被告的违法行为与养殖场主张的损害事实之间存在必然的因果关系。据此，驳回抗诉，维持原判。

2001 年 3 月 10 日，浙江省高级人民检察院以本案终审判决“在认定事实和适用法律上存在错误”为由，再提抗诉。浙江省高级人民法院受理后，对本案进行了再审。浙江省高级人民法院在再审过程中，采取了举证责任倒置和因果关系推定的原则审理了此案。判定被告赔偿原告经济损失。

〔思考题〕

(1)公害民事责任的构成要件是什么？

(2)公害民事责任的无过错责任原则的含义是什么？

(3)公害民事责任的因果关系具有什么特点？这一特点是由什么因素决定的？

〔法律分析〕①

(一)证据是核心，举证是关键

由于排污造成环境污染，并进而引起污染损害赔偿纠纷，这是排污企业、

① 别涛：《举证责任倒置：环境污染纠纷的举证规则》，载于《中国环境报》2002 年 5 月 4 日第 3 版。

环保部门和人民法院经常遇到的问题。发生污染后，受害人如何索赔？环保部门和人民法院如何处理？“以事实为依据，以法律为准绳”固然是基本原则，但是在适用法律之前，必须首先证明争议的事实；而要证明争议事实的真相，证据就是核心，举证则是关键。因此，树立牢固的证据意识，并善于及时搜集和保全有关证据，对于受害人的有效自我保护，对于企业澄清污染事实，对于国家机关正确处理污染纠纷，都至关重要。

（二）处理污染纠纷的法律规则

我国有关法律、法规和有关法律解释，对处理环境污染损害赔偿纠纷的实体规则和程序规则，均作了比较全面的规定。

1. 实体规则

《民法通则》第 124 条规定：“违反国家保护环境防止污染的规定，污染环境造成他人损害的，应当依法承担民事责任”。根据第 134 条的规定，承担民事责任主要有停止侵害、排除妨碍、消除危险、恢复原状、赔偿损失等 10 种方式，这些方式可以单独适用，也可以合并适用。

《环境保护法》第 41 条第 1 款规定：“造成环境污染损害的，有责任排除危害，并对直接受到损害的单位或者个人赔偿损失。”其他环保单行法，如《水污染防治法》第 55 条、《大气污染防治法》第 45 条、《固体废弃物噪声污染防治法》第 71 条、《海洋环境保护法》第 90 条都有相关的规定。本判决是依照《环境保护法》、《水污染防治法》和《民法通则》的相关规定作出的。

关于环境污染损害赔偿的要件，国家环境保护局 1991 年 10 月 10 日曾以《关于确定环境污染损害赔偿问题的复函》（[91]环法函字第 104 号）专门作出执法解释。该解释明确指出：根据《环境保护法》第 41 条和其他有关污染防治的法律规定，“承担污染损害的条件，就是排污单位造成环境污染危害，并使其他单位或者个人遭受损害。现有有关法律、法规并未将有过错以及污染物的排放是否超过标准，作为确定排污单位是否承担赔偿责任的条件。”

2. 程序规则

《环境保护法》第 41 条第 2 款规定，环境污染损害赔偿责任和赔偿金额的纠纷，可以根据当事人的请求，由环保部门处理；当事人对处理决定不服的，可以向人民法院起诉；当事人也可以直接向人民法院起诉。关于环保部门“处理”污染纠纷的性质，全国人大常委会近年来通过有关固体废物、噪声、大气和海洋等环境法律的制定和修订，已将这种“行政处理”程序进一步明确为“调解处理”。也就是说，环保部门的处理是居间调解，当事人对调解决定不服的，可以提起民事诉讼；不得以环保部门为被告，提起行政诉讼。本案中，1995年嘉兴市环保局对5企业的超标排污行为各作出罚款5000元的行政处罚决定，同时，试图对养殖场与5企业之间的环境污染损害赔偿纠纷进行协调。但是，最终仅就“5企业在污染排放未达标之前，应补给养殖场6万元，用于1995年生产自救用水费”达成调解，却未能解决养殖场1994年的污染损害赔偿问题。1995年12月，养殖场以5企业为被告，向平湖市人民法院提起民事诉讼，是合乎法律规定的。

3. 证据规则

《民事诉讼法》(1991年)第64条规定：“当事人对自己的主张，有责任提供证据”，此即所谓“谁主张，谁举证”。

最高人民法院《关于适用〈民事诉讼法〉若干问题的意见》(1992年)第74条规定：“对原告提出的侵权事实，被告否认的，由被告负责举证。”

最高人民法院《关于民事诉讼程序的若干规定》(2002年)第4条进一步规定：“在因环境污染引起的损害赔偿诉讼，由加害人就法律规定的免责事由及其行为与损害之间不存在因果关系承担举证责任。”一般情况下实行原告举证，即受害人若索取损害赔偿，就应提供相应证据。根据最高人民法院的司法解释，在污染损害赔偿纠纷中，部分举证责任由原告转移到被告承担，此即所谓“举证责任倒置”。

为什么污染纠纷实行举证责任倒置呢？首先，这符合纠纷当事人的实际举证能力。作为加害方的排污企业对自身生产工艺和所排放污染物的种类、数量及特征最为了解，相对于作为局外人的受害方而言，它具有完全的举证能力和举证条件。其次，这体现了法律的公平正义。如果在环境污染纠纷中实行一般的“谁主张谁举证”原则，将使污染受害人因不具备举证能力而得不到赔偿；而实行特殊的举证责任倒置规则，则有利于充分保护处理弱势群体地位的污染受害人。第三，举证责任倒置有利于强化企业的环境责任意识，客观上将促使企业加强环境管理，从而防止和减少环境污染和污染赔偿纠纷。

(三)准确理解举证责任倒置规则

根据有关法律和解释文件，污染纠纷的受害方和加害方都必须承担相应的举证责任，只不过相比一般侵权纠纷而言，污染纠纷加害方举证责任更重一些。污染赔偿纠纷实行举证责任倒置，实质上属于举证责任的“部分转移”，即某些举证责任从受害人转移由加害人承担，并不意味着受害人不需要举证，这是需要澄清的误区。相反，证据越充分则索赔越主动，举证越全面则胜算越大。

1. 污染损害赔偿纠纷中的证明对象

构成一般损害赔偿责任，必须具备4个要件：(1)侵害行为；(2)损害结果；(3)行为人的过错；(4)侵害行为和损害结果之间的因果关系。这四大要件就是需要通过举证加以证明的对象。我国自然破坏的损害赔偿的民事责任的承担就应当遵循这4个要件。

公害民事责任则可以不考虑第(3)个要件。在这四个要件中，关于行为人的过错问题，由于我国环境法律对污染损害责任实行无过错责任原则，即不以过错为承担责任的必备条件，有过错固然应当承担责任，没有过错也应承担责任。因此，行为人的过错无需特别证明，需要证明的对象主要集中在另外三个要件上，即行为、结果以及二者之间的关系。

2. 污染受害人的举证责任

举证责任倒置在某些方面(特别是因果关系)减轻了污染受害人的举证责任，但并未完全免除受害人的举证责任。根据现有规定，污染受害人仍然必须就以下事项举证：(1)自身遭受了污染损害，并因此承受了直接损失。“直接损失”应当包括已经遭受的实际损失和必然遭受的损失，如合理预期收益的丧失。(2)存在污染损害行为，而且该污染损害行为是其指控的加害人实施的。这些事项都需要受害人提供充分的人证、物证、书证等证据加以证明。本案一审中，原告有义务证明直接排放或者渗入河道污染水域，以及原告(养殖场)所饲养的青蛙蝌蚪死亡，造成经济损失均是事实。

3. 污染加害人的举证责任

依据最高人民法院新的《关于民事诉讼证据若干规定》第4条第3款，污染赔偿纠纷的加害人应就两方面的事项承担举证责任：(1)法律规定的免责事由；(2)其行为与损害后果之间不存在因果关系。本案中，加害人应当就上述两个方面进行举证。

关于污染损害的免责事由，我国环境法已有明确而严格的规定，综合起来主要有以下情形：(1)不可抗力，即完全由于不可抗拒的自然灾害，并经及时采取合理措施，仍然不能避免造成环境污染损害的，免于承担责任；(2)污染损失由第三人故意或者过失所引起的，由第三人承担责任；(3)污染损失由受害者自身的责任所引起的，排污单位不承担责任；(4)由于负责灯塔或者其他助航设备的主管部门在执行职责时的疏忽或者其他过失行为，造成海洋环境污染损失的，有关责任者依法免于承担责任。

关于行为与损害后果之间的因果关系，排污企业最具有举证能力加以证明。如果其明确承认因果关系，当然不需要举证；如果其意图否认因果关系，则应提供足以反驳的相反证据。若加害人没有证据或者证据不足以证明不存在因果关系，则加害人应承担“举证不能”的后果。在这种情况下，将推定存在因果关系。

因此，如果被指控的加害人(通常是排污企业)既不能证明自己具备法定的免责事由，又不能否认行为与损害后果之间因果关系的存在，那么排污企业就必须承担污染损害的赔偿责任。本案当中，因果关系的举证应当由加害人承担，加害人不能举证的，应当遵循因果关系推定原则，视为因果关系的存在。

应当强调的是，举证责任倒置≠袖手旁观[①]。我国《民事诉讼法》规定“谁主张，谁举证”，即当事人要让法院支持自己的诉讼主张，必须拿出相应的证据。但是，在环境侵权案件的举证责任中，一味坚持“谁主张，谁举证”是不公平的。因为受害人的受害原因往往是在污染者控制下的，受害者无法知道在污染者控制领域内所发生的事件的经过，因而一般处于无证据的状态。而污染者对自己所控制的危险领域内发生的侵权行为，比较了解其真相。为了维护受害者的合法权益，我国在环境侵权诉讼中适用的是“举证责任倒置”原则。

“举证责任倒置”是从司法公正的原则考虑，改由被告方承担举证责任。如果被告方拿不出证明自己“清白”的证据，就要承担败诉责任。通俗地讲，就是在诉讼中将由原告承担的举证责任改为由被告承担。在环境侵权诉讼中，被告必须举出证据证明原告受到的损失与自己无关，否则就要受到法律的追究。

但是，在环境侵权诉讼中，很多受害者过分依赖举证责任倒置，对自行采集支持自己主张的证据表现为消极的态度。他们以为，既然举证责任倒置，自己就可以袖手旁观，只等法律还自己一个公道。因此，当被告一旦提出对他们自己有利的证据时，原告往往无法作出有力的反驳，从而败诉。

实行举证责任倒置，原告并非完全不负举证责任，其须负证明初始事实的责任。而被告举证证明的事实范围，亦并非整个案件的事实，而只是因实行无过错责任原则和过错责任推定原则而免除原告举证责任的那一部分事实。如

① 李剑:《举证责任倒置≠袖手旁观》,《中国环境报》2004年1月29日。

因环境污染提起的侵权诉讼，由于一般污染行为与损害之间的因果关系具有特殊的性质，原告都不具备相应的科技专业知识。因此，原告只对自己受到损害的事实和被告排放了可能危及人身健康或造成财产损害的污染事实负举证责任，至于这种污染和损害之间究竟有没有关系，原告无需证明。被告如果主张排污行为不是损害的原因，则应举出科学的鉴定结论支持自己的主张。

在现实生活中，由于环境污染损害都是在污染发生一段时间后才显现的，废水、废气和噪声的污染情况都是迅速变化的，等到事后取证时都已时过境迁，所采的样品与污染发生时已相去甚远。由于受害者缺乏证据保全意识，等到取证时，往往为时过晚。如企业大量排放含有毒物质的废水造成鱼死亡，如果当时不注意取证，以后企业排放污水又变为不含有毒物质的了，受害者就有口难辩了。

所以，发生污染事故后，原告作为现场第一知情人，要立即依照法定程序向有关方面申请，尽一切可能做好取证工作。取证应由环境监测或其他有关专业机构的技术人员按规定进行，最好是申请公证，由公证人员到场，对现场取样、送样、封存和鉴定的全过程进行法律监督。这样，公证人员所出具的公证文书在以后的诉讼中具有法律效力，法庭就会支持你的主张。

最高人民法院在《关于民事诉讼证据的若干规定》中明确作出审理环境民事纠纷中的举证责任倒置的规定。但是，目前有关规定仍较为原则，在实际操作中还存在困难。根据环境污染致害事件具有证据极易灭失的特点，原告切勿有依赖举证倒置规定的思想。

我国现在还没有证据法，现行《民事诉讼法》的规定有限，可操作性不强，法官没有可供遵循的具体证据规则，往往靠经验分配举证责任、判断证据。如果被告提出证据，原告不能做出反驳，就很有可能败诉。

【案例】 电磁辐射污染赔偿案件的评介①

〔案情〕 杨家资、王馨荷（杨家资之妻）、杨之辉（杨家资之子）、杨之雄（杨家资之女）住在长沙市雨花区雨花亭乡自然村。1989 年，长沙电业局经政府有关部门批准向杨家所在村委会征用土地，村委会和电业局达成征用土地协议。电业局按照协议履行乙方义务。杨家住宅外部分庭院土地被划入征地范围。电业局在杨家已被征用的庭院内施工建设高压输电工程 482 号铁塔时，

① 胡静：《电磁辐射污染赔偿案件的评介》，《中国环境报》2002 年 5 月 25 日。

遭到杨家阻挠，杨家要求电业局另选地建塔或将住宅土地全部征用，另行安置宅基地建房。电业局要求原长沙市郊区国土局解决。郊区国土局于1990年发出“限期腾地通知书”，并对杨家的损失作出一定补偿。在杨家未履行的情况下，由原长沙市郊区法院强制执行。

1996年7月17日，杨之辉以电业局侵占土地使用权为由向长沙市天心区法院起诉，被驳回诉讼请求。原告不服，向长沙市中级人民法院提起上诉。在上诉审理中，上诉人就482号铁塔附近及高压输电线路电磁辐射引发疾病向被上诉人索赔，经长沙中级人民法院司法技术鉴定中心鉴定：杨家资患脑梗塞症、王馨荷患老年痴呆症、杨之雄患心肌炎。杨之辉被某医院诊断为心肌炎。为证明上诉人所患疾病是否因被上诉人架设的高压线电磁辐射造成，电业局委托湖南省环境科学研究所测试，测试结果为电场强度、磁场强度、功率强度均远低于国家《电磁辐射防护规定》(GB 8702——88)和《环境卫生电磁波卫生标准》(GB 8175——88)允许的限值或强度。1998年4月，国家环保总局办公厅在《关于高压送变电电磁辐射污染问题的复函》中建议：采用工频电磁辐射仪，比照本地水平和国际有关标准进行测试鉴定。电业局委托国家电力公司电力科学研究院进行工频电磁场模拟测试，测试结果低于美国、德国等的限值。1999年6月23日，长沙中级人民法院将该案发回重审，天心区法院在重审期间追加杨家资、王馨荷、杨之雄为原告，追加村委会为第三人，后因王馨荷死亡，由其女杨之英参加诉讼。天心区法院认为，电业局征地架设高压线手续完备合法，原告称被告侵犯其土地使用权于法无据。针对原告所称电业局架设高压线跨越其房屋，水平距离为零，违反了《电力设施保护条例》的规定，法院认为被告架设高压线虽然跨越被告房屋，但属于有关规定和技术规程规定的可以跨越房屋的“特殊情况”，并不违法。根据法院的观点，原告住宅周围的电磁场强度和辐射小于国内和国际限值标准，因此，原告所患疾病与被告架设高压线的行为间因果关系不成立，原告要求的人身伤害损失和精神损失的诉讼请求也不予支持。于是，天心区法院于2000年8月24日，判决驳回原告要求被告长沙电业局为其重新安置补偿、赔偿人身伤害和精神损失的诉讼请求。原告不服，又提起上诉，长沙中级人民法院认为原判认定事实清楚，适用法律正确，于2000年12月14日判决驳回上诉，维持原判。

〔法律分析〕

从法院的判决书中发现，导致原告污染损害赔偿部分败诉的根本原因在于两点，一是高压线的架设符合技术规程，二是测试结果符合国家和国际的释放标准。

下面就本案关于环境污染部分所涉及的法律问题进行分析。

根据我国的法律规定和法学理论解释，环境民事侵权的构成有四要素：(1)行为人主观上实行无过错责任；(2)行为人有排污行为；(3)污染后果存在；(4)排污行为与污染后果之间存在因果关系。对第2个和第3个构成要件含义上容易理解，实践上也易于操作，而对无过错责任原则和因果关系的认识在理论和实践中存在诸多误区。

无过错责任原则要求是：即使行为人的行为符合行政法律规范，如果造成污染损害后果的也要承担民事责任。当然，如果行为人违反行政法律规范造成民事损害的，也应负民事责任，从这个意义上讲，无过错责任表述为不问过错责任更为确切，在这种情形下，行为人必须既承担民事责任，又负相应的行政责任。行政法是以国家利益为本位，民法则以个人利益为本位，行政法律规范是以保护公共利益为出发点，行为人的行为符合行政法律规范，是对国家承担的义务，对国家的义务不能取代对私的主体即个人和单位的义务，因为对公共利益的满足并不意味着当然符合个人利益，所以，排污者不能以遵守国家的行政法律规范为由抗辩污染受害者。我国许多污染赔偿案件的判决将行为人的达标排放作为免责的理由。上述案件的一审法院将原告住宅周围的电磁场强度和辐射小于国内和国际限值标准作为否定疾病和高压线电磁辐射间因果关系的理由，可以从中推出以下命题：标准限值以下的电磁辐射不会对人体有任何损害，标准限值以上的电磁辐射才有损害，经过标准设定的临界值会在人体内产生一个从完全没有损害到损害的突变。这个命题显然是违反科学的。高压线的架设所必须遵循的规定和规程属于行政法律规范，违法架设的后果是由行政机关追究行政责任，与民事责任无关。

因果关系的认定在环境侵权中有自己的特点：在污染行为和损害后果之间只要有间接的因果关系即可推定因果关系的成立。推定因果关系成为各国司法实践广泛适用的做法，尤其在人身损害案件中。在这类案件中，污染行为侵犯的客体是人身权，一般认为人身权在权利序列中优先于财产权，反映在立法和实践中，对保护人身权的制度设计上向人身权的受害者倾斜。传统的法律和理论要求侵权行为和损害后果间必须具有直接的必然的因果关系。按照这种因果关系说，环境侵权的因果关系链由以下4个环节组成：行为者排放污染物，污染物在环境要素中迁移转化的过程，污染物到达人的身体，污染物在人体内经过生理生化反应引起病变。这么苛刻的要求无异于剥夺污染受害者的人身权获得法律救济的权利。

环境侵权的构成要件是实体法的要求,责任成立与否最终取决于当事人的举证。举证责任承担是当事人直接关心的事项,也是直接影响判决的关键因素。举证责任的分配必须符合法律的规定,法律的规定将对每类案件的举证责任进行基本、大致的分配,并且由于个案的千差万别,法官也享有在符合法律规定前提下分配举证责任的权力。根据我国《民事诉讼法》的司法解释,被告即排污者承担主要的举证责任,原告对侵权的事实举证。侵权的事实指人身权和财产权遭受损害的情况。因此,如果排污者不能证明自己的行为与损害后果无关并且没有法定的 3 种免责事由即不可抗力、受害人自我致害、第三人过错,法官应推定因果关系成立,由排污者承担民事责任。我国许多污染损害案件的审理并没有贯彻"举证责任倒置"的法律原则,也就是说法官超越自由裁量权擅自改变法律确立的原则。在上述案件中,一审法院注意到该案适用举证责任倒置,因此,两次测试都是由被告电业局委托,由于电磁辐射的监测对设备、技术要求较高,费用不菲,一般作为自然人的原告难以承受。应该说,一审法院在形式上维持了因果关系的举证责任倒置,否则不会将原告住宅周围的电磁场强度和辐射小于国内和国际限值标准作为否定疾病和高压线电磁辐射间因果关系的理由,在法院看来,既然被告委托进行的测试结果否定了因果关系,当然否定因果关系的举证责任也就由被告承担了。上述案件中,被告要想否认因果关系,必须提出存在法定免责的 3 种事由,如果不能提出,则必须举出证据击断因果关系链条:高压线不会产生电磁辐射,或者即使产生电磁辐射也不会有任何电磁辐射进入原告居住的房屋,或者即使电磁辐射进入房屋也不会达到原告的身体,或者即使电磁辐射进入原告身体也不会引起心肌炎、脑梗塞和老年痴呆中的任何一种疾病。否则,被告就应该承担败诉的法律后果。

环境污染损害案件在很大程度上是技术裁判,监测和鉴定结论往往对案件的判决有决定性的影响。在很多案件中,排污者在接受监测时,往往使排污设施在低于正常水平下运行,如本来平时两台设备同时运行,在进行监测时,只运行一台设备,这样得到的监测结论当然不能反映污染状况,排污方本来正常运行状态下排污超过国家和地方标准,通过这种方式获得的监测结论很可能是达标,这种现象与法院"超标排放才承担民事责任"的做法相吻合,污染受害者的环境权益当然不会获得法律的保障。事实上,在本案审理过程中,原告曾提出电业局委托进行的测试时间是在产生电磁污染较少的干燥的秋季的晴天，并且测试时将设计运行的600A的电流强度降到90A，但法院并不采信，也没有对此进行调查核实，这不能不说是另一个遗憾。

【案例】 九湾养殖场诉胜利造纸厂水污染案①

〔案情〕 1995年甲市九湾养殖场承包了水库200亩水面养殖淡水鱼。甲市B区胜利造纸厂位于距水库1500米处，自1996年初投产后，该厂每年都有一定数量的污水沿着河道排入水库。1996年8月，九湾养殖场工作人员发现水面漂浮着许多死鱼，经打捞共有1000多条。九湾养殖场立刻通知胜利造纸厂，并要求其赔偿损失。胜利造纸厂认为其排污水量未超过国家规定的标准，且已经缴纳排污费，于是拒不承担责任。九湾养殖场诉至环保局，环保局经过调查确认鱼死之原因是造纸厂排污所致，但是，胜利造纸厂排污水量的确没有超过国家规定的标准。养殖场多次找到环保局要求解决，但是，始终没有结果。此间，水库所养的鱼陆续又有大量死亡。1998年11月，九湾养殖场向人民法院提起诉讼，要求胜利造纸厂承担赔偿责任。

〔思考题〕

(1)胜利造纸厂是否要承担责任?

(2)合法排污是否是污染损害赔偿的免责条件?

〔法律分析〕②

依据《环境保护法》之规定，公害民事责任构成要件为：(1)须有损害事实存在；(2)须有损害行为存在；(3)损害环境的行为与损害后果事实之间须有因果关系；(4)不可抗力、第三人的过错、受害人自身的过错等为法定的免责事由。

本案中，养殖场的淡水鱼是由于水质受到污染而死亡，此损害的发生是由胜利造纸厂排污行为造成的，胜利造纸厂既无法定的免责事由，又不能证明养殖场的鱼死亡与其排污行为没有因果关系，应承担损害赔偿责任。法院认为，

---

① 李丕赋：《排污水量未超标也要承担赔偿责任》，《中国环境报》1999年10月16日第3版。

② 李丕赋：《排污水量未超标也要承担赔偿责任》，《中国环境报》1999年10月16日第3版。

胜利造纸厂以排污水量没有超标为由作为抗辩理由不是法定理由，不予采纳。九湾养殖场所养的淡水鱼因胜利造纸厂的排污行为而造成损失，依法支持九湾养殖场的诉讼请求，判决胜利造纸厂承担赔偿责任。

值得注意的是，依照《环保法》第 42 条之规定，环境污染损害赔偿的诉讼时效为 3 年，从当事人知道或者应当知道污染损害起计算。假设本案中，九湾养殖场直至 1998 年未向人民法院起诉，会因超过时效而丧失胜诉权。

按照《水污染防治法》第 55 条规定："造成水污染危害的单位，有责任排除危害，并对直接受到损失的单位或者个人赔偿损失。"这里水污染指的是水体因某种物质的介入，而导致其化学、物理、生物或者放射性等方面特性的改变，从而影响水的有效利用，危害人体健康或者破坏生态环境，造成水质恶化的现象。由此可见，衡量企事业单位是否造成水污染危害的标准，不能仅考虑污染物是否超过国家和地方污染物排放的标准，而且要考虑是否形成危害的事实与实际后果。①

国家和地方制定的污染物排放标准，是根据我国各地的实际情况、污染治理的实际能力和环境的自净能力等多方面因素综合考虑制定的，主要目的是为了把企业排污量控制在排放标准以内。而且，这个标准并未对企业所排放的各种污染物全都作出规定和限制，只是对常见的主要污染物进行了必要的规定和限制。另外，国家和地方性标准具有"通用性"，而各地的环境容量和自净能力又不完全相同。在厂矿企业密集、环境容量小、环境自净能力差的地方，则可能由于污染物排放总量大而造成严重的污染；而布局分散、环境容量大的地方虽有一定的污染物排放，但仍有可能保持较好环境质量。再则，有些污染物具有累积性，如氟化物、三氯乙醛等能被某些植物、农物、蔬菜吸收并不断累积，一些重金属如镉、汞等能在环境中不断累积。当这些污染物累积达到一定程度，即可造成污染公害。

如山东省某地有一铝锭生产企业，虽然氟污染防治措施非常完备，在对该企业的多次监测中，氟化物排放也都在国家规定的标准范围内，但其周围地区农作物有的叶片变黄减产、有的枯萎，给农业生产造成了损失。经对受害作物化验检测，氟的含量是空气中含量的数百倍，有的甚至达到数千倍。这就是农作物把空气中微量的氟富集的结果。因此，虽然有些单位的污染物排放未超

① 李丕赋：《排污水量未超标也要承担赔偿责任》，《中国环境报》1999 年 10 月 16 日第 3 版。

过国家规定的排放标准，但也可能造成环境污染。

有人认为，发生这类污染，造成损害，应当由国家承担赔偿责任，不应该由企业负责。试想如果由国家大包大揽地承担其环境赔偿责任，就等于把污染企业造成的损失转嫁到每一个公民身上，造成不合理的社会负担。这既不利于环保部门监督管理，也不利于企业的污染治理。

《环境保护法》第41条第1款规定："造成环境污染危害的，有责任排除危害，并对直接受到损害的单位和个人赔偿损失。"其中"污染者负责"的原则非常明确。《环境保护法》第41条第3款也明确规定："完全由于不可抗拒的自然灾害，并经及时采取合理措施，仍然不能避免造成环境污染损害的，免予承担责任。"

综上所述，当发生这类污染纠纷时，企业不能以"污染物排放不超标，不承担污染赔偿责任"为由拒绝承担赔偿责任，而只能在当地环保部门的监督下，配合有关部门会同受害者对污染事实及原因进行调查核实，本着实事求是的原则，合理、准确地解决问题。同时，企业也应进一步加大防治措施，努力实现污染物更少排放，争取达到"零排放"，避免污染纠纷的发生。

第三节　公害民事责任的主体取舍

【案例】 第三人造成了污染损失该如何处理?[①]

〔案情〕某市甲公司在建筑施工中挖开了某矿山公司（以下简称乙公司）的选矿废水排水渠（废水通过该排水渠送到尾矿坝进行处理），导致选矿废水全部外排，造成下游养殖渔场（以下简称丙渔场）污染。甲公司既未向乙矿通报，也未向当地环保部门报告，只是在当地环保部门发现后才责令甲公司修复了废水排水渠。

〔思考题〕

(1)环保部门能否对甲公司给予行政处罚?

① 严律师:《第三人造成了污染损失应当怎样处理》,《中国环境报》1997年10月4日第3版。

(2)应当如何处理丙渔场提出的赔偿污染损失要求?

〔法律分析〕①

本案是一个典型的第三人造成水污染损害的案例。

在处理这一事件时,环保部门能否对甲公司给予行政处罚,需要根据这一事件的性质和有无法律规定来决定。如果这一污染事件不构成污染事故,环保部门肯定不能对甲公司给予行政处罚,因为无论是《环境保护法》还是《水污染防治法》都没有关于第三人造成污染损失承担行政处罚责任的规定。如果这一污染事件构成了污染事故,按照《环境保护法》第 31 条关于"因发生事故或者其他突然性事故,造成或者可能造成污染事故的单位,必须立即采取措施处理,及时通报可能受到污染损害的单位和居民,并向当地环境保护主管行政部门和有关部门报告,接受调查处理"的规定,甲公司挖开了废水排水渠,既不向乙矿通报,也不向环保部门报告,造成了污染损失,显然应当受到该法第 38 条规定的罚款处罚。然而,《水污染防治法》第 28 条第 1 款却规定"排污单位发生事故或者其他事件,排放污染物超过正常排放量,造成或者可能造成水污染事故的,必须立即采取应急措施,通报可能受到水污染危害的损害单位,并向当地环境保护部门报告。"这里的责任主体明确为排污单位,如果非排污单位违反了这一规定,严格说来,不一致的情况下,能否就依照《环境保护法》对甲公司进行处罚呢?从理论上来说也是不行的。因为法律效力的大小原则是:特别法的效力高于普通法的效力,新法的效力高于旧法的效力。《水污染防治法》相对于《环境保护法》来说,既是特别法,又是新法(《环境保护法》颁布于 1989 年,《水污染防治法》颁布于 1984 年,于 1996 年重新颁布),所以应当执行《水污染防治法》的规定(尽管从实践上来说《环境保护法》关于环境污染事故的规定更加合理)。

不能对甲公司进行行政处罚,并不等于不让其承担污染损害赔偿责任。按照《水污染防治法》第 55 条第 3 款关于"水污染损失由第三者故意或者过失所引起的,第三者应当承担责任"的规定,丙渔场可以请求对赔偿责任和赔偿金额纠纷进行处理,当事人也可以不请求处理而直接向人民法院起诉。

---

① 严律师:《第三人造成了污染损失应当怎样处理》,《中国环境报》1997 年 10 月 4 日第 3 版。

【案例】 这起乌油污染事故该由谁赔偿[1]

〔案情〕 林某多年从事乌油生意。1997 年 7 月某晚，林某的油罐被人打开阀门，导致乌油流失殆尽而污染了下游的农田、鱼塘，造成损失数千元。

第二天林某发现后立即向公安机关派出所报案，但至 1998 年 1 月 24 日还没有破案。被污染的受害者向环保部门投诉，要求林某赔偿损失，林某则以乌油是因被第三人故意打开而造成他人污染，并以本人也同样损失了五六千元为由拒绝赔偿。环保部门对林某是否要承担赔偿责任存在两种不同的意见：

第一种意见：林某不承担赔偿责任。理由是《水污染防治法》第 55 条第 3 款规定："水污染损失由第三者故意或者过失引起的，第三者应当承担责任。"这次污染事故是由第三人故意所为引起的，按照《水污染防治法》的规定，应当由第三人承担责任。受害者只有等到公安机关破案后，再向作案者要求赔偿损失。

第二种意见：林某应当赔偿损失。理由是虽然油罐是被第三人打开，但是林某也有过错，其一，林某的油罐存放点未经环保部门审批，违反了国家关于建设项目环境管理的有关规定。其二，林某存放油罐时应当预计可能会出现各种情况而造成泄漏，故其必须在存放油罐时配套做好泄漏事故池，防止出现各种意外。

《民法通则》规定：违反国家环境保护防止污染规定的，污染环境造成他人损害的，应当依法承担民事责任。由此可知林某应承担赔偿。

〔法律分析〕

这是一起曾经引起全国范围内讨论的案例。本案的焦点在于水污染的损害赔偿民事责任的构成要件以及林某是否存在过错，是否承担连带责任。

一部分观点赞同林某应当承担赔偿责任。[2] 认为林某是本案的民事责任主体，应当先承担赔偿责任。待查明第三人并证实本案系第三人的故意或者过失行为造成的损失后，再由林某依法向第三人索赔。这一观点基于以下理由：

---

① 施德国：《林某应负赔偿责任》，《中国环境报》1998 年 2 月 28 日。

② 施德国：《林某应负赔偿责任》，《中国环境报》1998 年 2 月 28 日第 3 版。

1.1992 年 7 月 14 日最高人民法院审判委员会讨论通过的《关于适用〈民事诉讼法〉若干问题的意见》第 74 条规定，因环境污染引起的损害赔偿诉讼的，对原告提出的侵权事实被告否认的，由被告举证。即在环境侵权赔偿诉讼案中实行举证责任转移。因此，本案中林某就否认自己的侵权行为负有举证责任，很显然，在未查明第三人之前，林某很难举出否认自己环境侵权的证据，因此必须承担相应的赔偿责任。

2. 林某作为本案的当事人之一，是环保部门行政管理的相对人。因为林某从事对环境有影响的乌油生意，所以必须遵守环境保护的法律、法规，如申请办理环保审批手续、对可能发生的环境污染事故应当采取措施，加强防范等。事实上，林某未能做到这些，存在违法行为。所以林某不仅要负民事赔偿责任，还应当负相应的行政责任(虽然民事责任有可能转给第三人)。

3.《民法通则》第 5 条规定："公民、法人的合法权益受法律保护，任何组织和个人不得侵犯。"本案中受害者无端损失数千元，在林某有明显过错而第三人又未能查明的情况下，如果机械地套用《水污染防治法》第 55 条第 3 款之规定，坚持要等到查明第三人，再由第三人承担赔偿责任，不仅受害人的合法收入得不到及时的赔偿，不利于维护受害者的合法权益，打击各种环境保护的违法行为，而且也违背了环境保护的立法精神。

4. 我国环境立法对免除民事赔偿责任的规定是非常严格的，《水污染防治法》第 55 条第 3 款的应用必须同时具备：明确的第三者；水污染损害是由第三者的故意或者过失所引起。本案中第三人未能及时确认，更无法证实水污染系第三人的故意或者过失所致。因此，上述两个条件都不具备，就不能免除林某的民事赔偿责任。

一部分意见认为，林某不承担民事责任，环境法中对法律责任规定了行政责任、民事责任和刑事责任三种形式。其中行政责任、民事责任是使用得最广的制裁方式。根据民法的传统构成要件，承担民事责任的具体要件是：(1)行为者行为的违法性；(2)发生了损害事实；(3)行为与损害后果之间有因果关系；(4)行为人主观上有过错。按照这一传统的构成要件，虽然乌油泄漏造成了损害事实，但林某没有任何违法行为，且主观上没有过错，故不应当承担污染损害的民事责任。

该观点认为，虽然环境法中追究民事责任实行的是无过错责任制，但第二种观点显然忽视了无过错责任的免责条件。根据法律规定，免除民事责任的条件有 4 种：(1)因不可抗拒的原因造成他人损害的；(2)因受害人自身的责任引起的；(3)由第三人故意或者过失引起的；(4)因正当防卫或紧急避险而造成损害的。本案中的情况正好符合免责条件第3款所列的内容，当事人林某理应不负赔偿之责任。待公安机关破案后，不仅应依法追究行为人的刑事法律责任，在民事法律中，应当视行为人经济承受能力，除了赔偿污染所造成的损害，还应赔偿林某所流失乌油的经济损失。林某至多承担行政责任，而决不应该承担民事责任①。本书认为，这一观点将自然资源保护的过错原则和公害民事责任的无过错责任原则相混淆，本书不赞同此观点。

本书观点认为，林某应当对这起污染事故承担赔偿责任。确切地讲林某应当对这起污染事故承担连带赔偿责任。②

就本案而言，判断林某是否是承担这起污染损害事故赔偿责任的主体，除了考虑依照国家环境保护的法律规定以外，还应当按照民法有关侵权行为的一般规定结合如下案情来考虑：第一，林某经营油类生意的行为是否合法；第二，林某是否依法履行了作为油类经营者所应当履行的义务；第三，林某是否在保管乌油上存在过失，并且油罐是否会因为林某的过失而存在漏油的危险；第四，林某的行为与第三人之间，特别是与损害之间存在什么联系。

在我国，原油和成品油是关系到国计民生的战略性物质和特殊商品，对成品油的储运国家一直都有着严格的管理标准及其规定。随着社会主义市场经济的发展，过去一直由国家统一经营的油类物质也在有限的范围内开放经营，但是国家对油类物质的经营管理标准在执行上却一直是非常严格的。油类本身属于易燃易爆物，一旦泄漏即会造成环境污染的化学危险品，因此对建设储存油类设施及其项目，应当按照《环境保护法》和《建设项目环境保护管理办法》的规定，依法严格履行建设项目环境影响报告与评价程序。对于经批准建设的项目，还应当根据国家《化学危险品安全管理条例》的规定，严格履行对危险化学品的储存、经营与保管的特殊的安全管理义务。

因此，作为乌油的经营者，林某应当知道经营油类物质所发生的各种危险而必须履行的法定义务。因此，林某不履行法定义务的行为属于重大过失，除了应当承担行政责任外，还应当承担由此所带来的污染损害的民事责任。

那么，林某的有过错的行为是否要依照《水污染防治法》第55条第3款的规定免除责任的承担呢？该款的运用是以加害人对水污染无过错为要件的，

---

① 《中国环境报》1998年3月21日第3版。

② 汪劲：《林某应承担连带赔偿责任》，《中国环境报》1998年4月21日第3版。

但是在本案中，由于林某的过失、违法以及行为存在着发生损害的危险性，因此就失去了适用《水污染防治法》第 55 条第 3 款的前提。

就林某与第三人的行为关系而言，林某与第三人之间在主观上应当是无直接联络的，他们不存在民法上的"有意思联络的共同过错"，但是，民法上的共同过错还包括损害发生虽与数人的行为有关，但不知何为加害人的共同危险行为(或称准共同侵权行为)，即一是由数人实施了在客观上都可能危及他人权利或利益侵害的行为；二是数人的危险行为均可能造成损害；三是实际损害已经发生。林某与第三人的行为恰好就符合共同危险行为的特征。在林某与第三人的行为关系以及损害后果方面，林某的行为所可能发生的危险是存在的。虽然林某的危险行为并不是以发生水污染损害的后果为指向，但林某懈怠法定义务的行为却为第三人打开阀门提供了便利条件，而林某未就安全管理采取措施又使得乌油泄漏后得以直接流入河流造成水污染损害的发生。此时林某有过错的行为依然要依照公害民事责任的"无过错责任原则"承担损害赔偿责任，因为无过错原则意在不问是否有过错，换句话说，即不考虑过错形式。

当然，如果公安机关能够查找到第三人，那么林某与第三人之间还存在着他们内部的责任负担问题。但是，所有的这一些，并不影响他们对外(即对污染事故的受害人)依法应当承担的连带赔偿责任。如果本案根本就无第三人，那么林某则应当对本案承担全部赔偿责任。

第四节　环境污染损害的赔偿范围

【案例】 江浙边界的重大水污染损害赔偿案①

〔案情〕 浙江嘉兴市北部水域曾多年受到来自上游的江苏盛泽方面一些印染企业排放废水而造成污染。上世纪 90 年代中期，嘉兴渔民因遭受盛泽印染废水污染而蒙受重大经济损失。党中央、国务院对此予以高度重视，经国家环保总局等部委的多次协调和江、浙两省的共同努力，盛泽方面的污染治理工

① 黄裕侃、徐建平：《跨省污染案二审落锤，浙江省高院终审判决赔偿 789 万元》，《中国环境报》2003 年 8 月 30 日。

作取得较好进展,但污染损害的赔偿问题一直不尽如人意,难以通过协调解决。2001年,嘉兴方面又一次蒙受重大经济损失,结果引发了当地渔民自发的“筑坝拦污”事件。

由于江苏盛泽方面相关企业拒绝赔偿2001年因其污染造成的重大直接经济损失,浙江嘉兴渔民依据《民事诉讼法》和《环境保护法》的有关规定,于2002年初依法向浙江嘉兴市中级人民法院提起民事诉讼,要求江苏盛泽翔龙公司等20家印染企业赔偿因其污染在2001年间造成的直接经济损失共计789.1017万元。

2002年12月10日,浙江嘉兴市中级人民法院一审判决吴江翔龙丝绸印染有限责任公司等20家被告共同赔偿吴鸿祥等30名原告639.05万元,吉祥元等17名原告150.0517万元。被告方不服,遂向浙江省高级人民法院提起上诉。今年6月17日,此案由浙江省高级人民法院开庭审理。双方进行了3个多小时的法庭辩论,拒绝法庭调解。7月3日,浙江省高级人民法院作出终审判决:驳回上诉,维持原判;两案两审案件受理费计人民币59472元由翔龙公司等20家企业共同承担。

浙江省高级人民法院判决称:2001年3月至10月间,吴鸿祥等在嘉兴市秀洲区的北官荡、东西千亩荡、长荡养殖的鱼类、珍珠蚌等因遭受来自上游翔龙公司等及春联公司排放的印染污水侵害而大量死亡,确系事实。翔龙公司等上诉称其排污已达标,盛泽与王江泾2001年没有污染事故发生,显然与江苏省环境信息中心的《突击检查盛泽镇污染企业跟踪报道》等证据不符。翔龙公司等虽在二审期间向法院提供了嘉兴15家印染企业的《企业法人营业执照》,但未能提供这些企业列为本案当事人的理由,本院不予支持。翔龙公司等认为对吴鸿祥等没有损害后果的上诉理由不成立。翔龙公司等上诉称各企业生产能力不一样,排污数量也不一样,原审判决翔龙公司等及春联公司平均承担赔偿责任显失公正,由于翔龙公司等未能提供各企业排污多少的相关证据,故原审法院判决翔龙公司等及春联公司平均承担赔偿责任于法相符。吉祥元等在嘉善县蒋家漾养殖的鱼类、珍珠蚌等因遭受来自翔龙公司等及春联公司排放的污水侵害而大量死亡,确系事实。浙江省高级人民法院认为,两案原审判决认定事实清楚,实体处理正确,遂作出上述判决。一起发生在江浙边界的重大水污染损害赔偿案,经过1年多时间审理,以事实清楚、证据确凿、实体处理正确、维持一审原判的定论告终。

〔法律分析〕

1. 赔偿范围和原则①

(1)赔偿损失的概念

我国的公害民事责任分为赔偿损失和排除危害两种形式。

赔偿损失是指国家强令污染危害环境的公民和法人,以自己的财产弥补对国家或者他人所造成的财产损失的民事责任形式。与财产损失相关的概念,环境法将其分为直接损失和间接损失,物质损害和精神损害等。

直接损失是指受环境污染危害而导致法律所保护的现有财产的减少或者丧失的实际价值,也即受害人的权利客体的缩减或者灭失,也称实际损失;间接损失是指由直接损失引起和牵连的其他损失,也即在正常条件下可以得到,但因环境污染危害而未能得到的那部分合法收入,也称可得利益损失。

直接受到损害者,是指环境污染危害行为直接指向的公民、法人或者其他组织。间接受到侵害者是指环境污染危害行为非直接造成的受害者。我国环境保护法只对直接受害人负赔偿责任。

物质损失与精神损害。前者是指受害人因受环境污染危害所导致的财产上的损失。精神损害是指侵害行为所造成的人格伤害。

(2)赔偿损失的原则

①财产损失全部赔偿原则。损失多少赔多少,包括直接损失和间接损失。这与行政侵权的范围不同,后者只赔偿直接损失部分。

②对人体健康、生命的伤害,赔偿由此引起财产损失的原则。排污者必须承担由于污染危害环境行为造成他人身体伤残或者死亡导致财产损失的全部赔偿责任,而不是人体伤亡本身。因为,我国法律认为,人的健康和生命,特别是人的生命,是《宪法》所保护的人身权中最重要的部分,因污染危害环境造成他人人身伤亡的,须追究其刑事责任。民事责任所要解决的,只是因环境污染危害造成人身伤亡所导致的财产损失。

③考虑当事人状况的原则。在确定赔偿金额时,应当考虑当事人(主要是指致害者)的经济状况。因为赔偿的目的是使受害者得到经济上的补偿,并使致害者得到必要的教育,促使其积极治理污染。但是必须以承担赔偿责任为前提,赔偿金的减少甚至免于赔偿并不意味着赔偿责任的减轻或者免除。所

① 韩德培:《环境保护法》,法律出版社 2003 年版,第 341 页。

以，必须根据损失的有无确定损害赔偿责任，再在此基础上根据损失的大小确定赔偿额的多少（同时酌情考虑支付能力），对赔偿金的减免必须以受害者的同意为条件。

2. 排除危害与损害赔偿

排除危害是指国家强令造成或者可能造成环境污染损害者，排除可能发生的环境污染危害，或者停止已经发生并予以消除继续发生环境污染危害这样一种民事责任形式。它和损害赔偿构成我国环境民事责任的两种主要形式。

【案例】 张保华等状告汝南县油脂厂环境污染财产损害赔偿案①

——污染致损索赔应适当

〔案情〕 张保华等12位原告合伙承包汝南县城南护城河75.38亩水面用于养鱼。1995年6月投放3寸规格草鱼1万尾、鲢鱼6万尾、2寸规格鲤鱼3万尾，当年未捕捞。1996年4月又投放了2.5寸规格草鱼1.2万尾，3寸鲢鱼5万尾、两寸规格鲤鱼4万尾，养殖方式为半精养。

自1996年8月18日起，被告生产菜料油18天，工业废水和油流入原告承包的护城河，造成河水严重污染，致使鱼大量死亡，仅仅剩少量鲤鱼。经过淡水养殖专家估算，原告所承包的水面亩产鱼应当在300千克～350千克之间，按照当地市场鱼类平均批发价格为每千克5元左右计算，据此，原告要求被告赔偿经济损失12万元。被告以持有《排污证》为由拒赔。

汝南县人民法院经审理认为，被告未对工业废水采取必要的净化措施而直接流入原告承包的护城河，造成水质污染，致使原告养殖的鱼大量死亡，依法应当承担赔偿责任。但鉴于原告养殖的水面内尚残活少量鱼，且污染时原告养殖的鱼尚未长成，故不应当以成鱼的产量请求赔偿，原告的请求过高，法院依照《民法通则》第124条和《环境保护法》第41条之规定，判决汝南县油脂厂赔偿张保华等12名原告经济损失人民7.538万元。

〔思考题〕

(1)本案中的赔偿包括了哪些部分？

① 施文峰、张红伟：《污染致损索赔应适当》，《中国环境报》1998年8月15日第3版。

(2)本案赔偿的判决有哪些可取之处?

〔法律分析〕

本案属于环境污染损害案件,环境污染损害是我国《民法通则》规定的几种特殊侵权损害之一,其承担责任的原则是无过错责任原则;该原则免责条件有三个:一是不可抗力,二是受害人有过错,三是第三人行为所造成的损失。本案不具备免责条件,被告应当承担赔偿责任。但是,原告损失的鱼为非成品鱼,有一部分是当年投放的鱼苗,其投入的饲料、劳动力和其他成本比养成品鱼要低得多,且油脂污染并非是需要特殊治理的污染,所以不能按照成品鱼折算损失,其损失只能按照《民法通则》总则规定的公平原则确认。汝南县人民法院按照每亩250千克的产量为标准核算损失判决被告赔偿原告7.538万元,符合我国《民法通则》的基本原则,也体现了"损害之所在,赔偿之所归"以及损赔相当的理念。①

【案例】 龙潭村部分村民要求云南大东产业股份有限公司提高环境污染赔偿额纠纷案

——污染赔偿制度有待完善②

〔案情〕 2000年12月,云南省昆明市东川区龙潭村部分村民冲进云南大东产业股份有限公司职工食堂,要求公司提高环境污染赔偿金额,本已经由有关部门多年协调解决的环境污染纠纷再次激化。

面对龙潭村村民提出的定期进行健康检查,提高污染赔偿金额等要求,云南省大东产业股份有限公司(以下简称大东公司)认为,该公司从1993年起就开始对公司所在的地周围的龙潭村、新街村等4个村庄进行了污染赔偿,每年的赔偿费用高达几十万甚至上百万元。近几年来,公司投入大量资金用于环境治理,仅去年投入的环境治理资金便高达350万元,并于年底通过了国家有关部门的验收。大东各年度财务报表显示,大东公司从1995—2001年给付的污染赔偿总额已接近400万元,其中1996年的赔偿额就达123万余元。而大东公司的污染赔偿总额已占整个碧谷镇的70%左右,另外两家小企业承担了30%的费用。

---

① 施文峰、张红伟:《污染致损索赔应适当》,《中国环境报》1998年8月15日。

② 黄勇:《污染赔偿制度尚待完善》,《中国环境报》2001年3月9日第3版。

村民们认为碧谷镇的粮食每亩产量已经从六七十年代的亩产量750公斤左右下降到450公斤上下;蔬菜也没有以前长得好,产量急剧下降。严重的影响了农民的生活。村民们对当地有关部门的赔偿标准有疑问,为什么同样是污染赔偿,离他们不远,人口数量、田地数量近似的另一个村子得到的赔偿费比本村多得多?村民出于对自己今后生活前景的担忧,作出了一些过激行为。

据东川区环境监测站介绍,从1993年开始,他们就陆续接到有关要求环境污染赔偿的投诉,1995年,原东川市政府作出决定,农作物所受到污染的测产工作由市农科所负责,环保监测数据以及污染定性由市环境监测站负责,受污染的农作物赔偿的标准及价格由市物价局提供,污染区域范围由环保部门界定,并会同污染企业、受损村民代表一起,对受损害的农田面积进行测定,并在此基础上,确定具体的赔偿金额。双方还约定:企业将赔偿资金直接给付碧谷镇政府,再由镇政府根据实际受损害的情况,将赔偿金下发给各村、社,最后分到各农户手中。

〔思考题〕

(1)本案体现了什么法律问题?如何解决这一问题?

(2)本案中村民的过激行为是否要承担法律责任?

〔法律分析〕

虽然原市政府及其有关部门非常重视,并且共同协商确定了污染赔偿金额的办法,解决了不少污染纠纷,取得了一定的效果,但是也暴露了不少问题。比如说在具体赔付问题上,由于各种人为因素,以及乡镇基层单位工作透明度不够,都可能导致不公平的现象,这些问题今后都是可以避免的。

更重要的问题在于,国家目前还没有一个明确的、操作性强的污染赔付标准,这也给地方具体工作带来不少困难。目前,我国对污染损害赔偿都只有一个原则性的规定,《环境保护法》、《水污染防治法》、《固体废物污染环境防治法》、《环境噪声污染防治法》等法律、法规作了相应的原则性的规定,但污染情况千差万别,在具体的赔付标准问题上,就难免出现各执一词,谁也说服不了谁的局面,造成污染损害赔偿的判决、处理决定执行难。

至于公民的过激行为的法律承担,在环境法界曾经引起争论,笔者认为,要视具体的情况而定,一般情况下,公民的过激行为不承担法律责任,而以解决问题,教育为主。

【案例】 刘露等407名学生诉某化工公司环境污染精神赔偿案①

——全国第一起因环境污染承担精神损害赔偿责任的司法判决评析

〔案情〕 本案原告刘露等407人均为某小学学生，该校东南面是被告某化工公司。2001年4月4日，该公司反应釜车间因职工违章操作，发生苯乙烯泄漏事故，散发的气体影响到该小学，导致本案原告刘露等407人出现头昏、头痛、恶心、腹痛、咳嗽等症状。

事故发生后，当地环保、卫生、教育等部门迅速组织检查，责令被告公司立即停产，并且将部分有明显反应的学生送到医院检查。部分家长对医院的检查结果持怀疑态度，随后自发带学生到其他医院检查，几家医院诊断结果不一。4月12日，某省、市两级疾病预防中心等劳动卫生和职业病防治专家组一致认为：本次小学师生出现的头昏头痛、恶心、腹痛、咳嗽等症状，系由学校邻近的某化工公司苯乙烯泄漏引起的一次刺激反应，但没有苯乙烯的急、慢性中毒诊断的依据。

4月13日，市政府召集有关部门进行了行政处理，被告公司根据市政府的处理意见，分两批共支付了医疗等费用132406.80元，医疗费用已经基本兑现。但原告刘露等407人认为被告公司的行为已经严重侵害并且继续威胁其人身及财产权益，遂诉至法院要求被告公司停止排放废水，并赔偿经济损失及精神损害，合计人民币766万元。

法院查明，1999年4月29日，当地环保部门颁发给被告公司[第0064号]排污许可证，准予该公司废水排放每月876吨。2001年2月12日，环境监测站对被告公司的工业废水经现场突击检查，并取样分析，废水达标排放。

〔思考题〕

(1)本案是否可以适用无过错责任原则？

(2)本案中，该公司的达标排放是否可以作为公司不承担赔偿责任的抗辩理由？

(3)污染损害是否要进行精神赔偿？

(4)行政机关民事赔偿纠纷的行政处理是否具有强制力，当事人若不服，

① 别涛：《污染损害也要进行精神赔偿》，《中国环境报》2002年8月3日第3版。

是否可以以行政机关为被告,提起诉讼?

〔法律分析〕①

1. 法院认定的事实和判决结果

(1)被告公司的环境侵权行为成立

法院认为,保护环境是我国一项基本国策,我国《宪法》第 26 条第 1 款明确规定:"国家保护和改善生活环境和生态环境,防治污染和其他公害。"本案被告公司因职工违章操作,发生苯乙烯泄漏事故,所散发的气体使周围的环境受到危害,应属于违反环境保护法律的污染行为。该行为导致本案原告刘露等 407 人出现头痛、头晕、恶心、腹痛、咳嗽等一系列的刺激反应,对原告身体造成一定程度的损害。故本案的事故,已经符合构成环境污染损害赔偿责任所应具备的有违反环保法律的污染环境行为、客观的损害事实及两者之间有因果关系等要件。被告公司对原告刘露等 407 人的环境侵权成立,并应依法承担侵权赔偿责任。

(2)关于经济损失

法院认为,原告刘露等 407 人在起诉前,已就污染损害赔偿向当地政府及行政主管部门要求行政处理,被告公司为此已经承担了包括检查费、医疗费、车费等原告所称损失 132406.08 元。被告公司所承担的该部分责任形式,与其在本案应承担的民事责任的形式完全相同。因此,可以认定原告的该部分经济损失已通过行政处理途径获得救济。本案中,原告刘露等 407 人还主张其他损失,但除去被告已经支付的医疗费用 132406.80 元,均无具体的事实依据,法院对此无法认定。

(3)关于精神损害

法院认为,尽管本案被告公司的环境侵权行为尚未对原告的身体健康造成严重损害,但考虑到其污染环境的行为侵害的对象人数众多,并在一定程度上,其侵权行为已构成较为严重的损害后果。因此,被告公司应承担相应的精神损害赔偿责任。综合当地的平均生活水平、被告公司侵权的具体情节、过错程度及其承担责任的经济能力,对原告刘露等 407 人诉请的精神损失赔偿费,法院予以部分支持。

(4)关于企业的环境义务

① 别涛:《污染损害也要进行精神赔偿》,《中国环境报》2002 年 8 月 3 日第 3 版。

法院认为，鉴于被告公司排放的工业废水已经当地环保部门的检测属于达标排放，并有环保部门颁发的排污许可证，符合环境保护监督管理制度。所以，对原告刘露等407人要求被告公司立即停止排放含热废水的请求，法院不予支持。但被告公司仍然应继续严格遵守环境保护的法律规定，加强完善对工业废水净化处理，控制和减少排放工业废水。

(5)判决结果

2001年12月24日，杭州市中级人民法院依照《民法通则》第124条、《环境保护法》第41条第1款、最高人民法院《关于确定民事侵权精神损害赔偿责任若干问题的解释》第8条第2款、第9条第3项、第10条第1款之规定，判决如下：

①被告某化学公司应赔偿原告刘露等407人精神损害抚慰金，合计203500元(每人的精神抚慰金为500元)，于判决生效之日起10日内付费。②驳回原告刘露等407人的其他诉讼请求。

2. 法律适用

(1)本案是一起典型的恶臭气体污染环境案

大气污染，是指因自然现象或人为活动使某种物质进入大气而导致其化学、物理、生物或者放射性等方面的特性改变，使人们的生产、生活、工作、身体健康和精神状态、设备及财产等直接或间接遭受破坏或者受到恶劣影响的现象。我国对大气污染防治工作实行人民政府领导，政府各行政主管部门按职权划分，实行统一监督管理与部门分工负责的行政管理体制。

《大气污染防治法》第2条、第3条规定的国务院、各级地方政府的职责是：制定大气环境保护计划、防治大气污染计划和有利于大气污染防治的经济、技术政策，决定企事业单位的限期治理，在大气受到严重污染，危害人体健康和安全的紧急情况下，采取强制性应急措施。《大气污染防治法》第5条规定，任何单位和个人都有保护大气环境的义务，并有权对污染大气环境的单位和个人进行检举和控告。

各级人民政府的环境保护部门是对大气污染防治实施统一监督管理的机关。在实践中，由各地的环保局负责处理环境污染纠纷和污染环境的行为的查处工作。《大气污染防治法》规定，环境保护部门和其他监督管理部门有权对管辖区范围内的排污单位进行现场检查，对违反《大气污染防治法》的行为有权给予行政处罚。该法第47条规定，建设项目的大气污染防治设施没有建成或者没有达到国家有关建设项目环境保护管理的规定的要求，投入生产或者使用的，由审批该建设项目环境影响报告书的环境保护行政主管部门责令停止生产或者使用，可以并处1万元以上10万元以下的罚款。

(2)环境影响评价制度

环境影响评价制度是我国环境保护基本法律制度之一，它是指在从事工程建设、开发行为或政府制定规划、政策等时，应当于计划阶段或正式实施前，就其对环境(包括生活环境、自然环境、自然景观、文化遗产乃至社会环境、经济环境等)可能产生影响的范围和程度，事前加以科学、客观、综合地调查、预测、分析和评定，提出环境影响和相应防治计划的报告，并公开说明和审查，作为决定该项目或规划、政策是否值得实施的一个依据的有关事项和程序的法律制度。有关环境影响评价制度的详细介绍参看本书第一编第三章第一节的内容。

(3)恶臭气体的防治

恶臭气体的排放是污染大气环境的一种常见方式。恶臭气体的排放不仅使人难以忍受，而且因其含有有害物质，常常引发呼吸道病、皮肤病及神经性功能障碍。《大气污染防治法》第36条、第38条都作了禁止性、限制性规定。特别是在第40条中强调，向大气排放恶臭气体的排污单位，必须采取措施防止周围居民区受到污染。

3. 本案的若干特点及其借鉴意义

(1)法院适用了严格的无过错责任原则

法院判决书认为，被告公司实施了因生产事故污染环境的行为，该行为造成了客观的损害事实，而且污染行为与损害后果之间存在因果关系，符合环境污染损害赔偿责任的3个构成要件，故判决被告公司承担侵权赔偿责任。排污单位就算无过错也要承担赔偿责任。

(2)达标排放不构成企业免责的理由

法院在判决前已经查明，本案被告公司在事故前已经获得排污许可证，并经多次检测废水达标排放。即使如此，法院仍然判决该公司承担污染赔偿责任。因为，《环境保护法》第41条第1款并未将排污单位是否超标排放或者是否获得排污许可证作为其承担污染损害赔偿责任的条件。它意味着，排污单位超标排放或者未经许可排放固然应承担责任，但即使达标排放或经许可排放，只要造成污染损害仍应承担民事责任。

(3)行政处理与司法判决相互衔接

本案所涉及的污染事故发生后，当地政府和劳动、环保、卫生、教育等部门及时组织行政调查和处理，并由肇事公司承担了医疗费等经济赔偿。该案进入司法程序后，经过行政处理确定的损失支付安排被法院的判决所肯定。法院认定经过行政处理后由被告承担的该部分赔偿损失责任形式，与被告在本案中所应承担的民事责任的形式相同，故法院予以认可。

(4)本案属于典型的集团诉讼

本案原告为407名小学生，均为污染事故的受害人。这些共同原告由其法定代理人推举出4名诉讼代表人，并且就同一污染侵权事故，向同一肇事公司索取污染赔偿。这类纠纷在行政处理过程中也经常出现，即众多污染受害人推举代表，向同一排污企业索取赔偿。人民法院处理集团诉讼的程序对环保部门按行政处理类似污染纠纷，也具有借鉴意义。

(5)污染损害的赔偿范围，过去主要集中在直接损失，即“对直接受到损害的单位或者个人赔偿损失”(见《环境保护法》第41条第1款)。实践中，直接损失大多限于经济损失。

最高人民法院2001年发布了《关于确定民事侵权精神损害赔偿责任若干问题的解释》(法释[2001]7号)。该解释第8条规定：“因侵权致人精神损害，造成严重后果的，人民法院除判令侵权人承担停止侵害、恢复原状、消除影响、赔礼道歉等民事责任外，可以根据受害人一方的请求判令其赔偿相应的精神损害抚慰金。”另据该《解释》第9条，精神抚慰金的方式除残废赔偿金、死亡赔偿金外，还包括“其他情形的精神抚慰金”。

本案中，杭州市中级人民法院不仅认定被告公司应当承担医疗费等经济损失，同时还认定，“考虑到其污染环境的行为侵害的对象人数众多，并在一定程度上，其侵权行为已影响了原告刘露等407人正常的学习、生活秩序，故应视为其侵权行为已经构成较为严重的损害后果。因此，被告公司应当承担相应的精神损害赔偿责任。”原告刘露等407人作为小学生和独生子女，由于污染，不仅身体受到损害，而且妨碍了正常的学习和生活秩序，并因此给本人及其家庭带来严重精神焦虑。因此，法院综合有关因素，判令被告公司赔偿原告精神抚慰金203500元。

由此可见，司法机关已通过判决认定，环境污染不仅可能造成经济损失，还可能导致精神损害；污染单位不仅应赔偿经济损失，还可能被判令赔偿因污染造成的精神损害。本案被告某化工公司正是由于环境污染损害，除赔偿13余万元经济损失外，还被判令赔偿受害人20余万元精神抚慰金，这正是本案最为特殊之处。

造成环境污染应当赔偿精神损害,此案当为其他排污者戒。

4. 环境损害赔偿该不该立法①

环境损害赔偿不仅是维护受害人的权益、维护公平与正义的需要,也是保护环境、恢复环境的需要,而且还有防止污染的作用。然而,我国目前的法律、法规对于环境损害赔偿只有一些零散的规定,对于解决现实环境问题存在"供给不足"的问题。

2004年,在北京举办的环境损害赔偿立法国际研讨会上,数十位专家、学者、官员、律师就我国环境损害赔偿专门立法的必要性、如何促进环境纠纷解决机制的形成等问题进行了深入交流与探讨,来自日本、美国等国的专家也介绍了各国的经验。

有的学者认为,长期以来,我国解决环境问题主要依靠行政手段,即行政处罚。行政手段会带来很大的经济和社会成本,而且作用有限。例如尽管目前罚款额一涨再涨,但对于环境污染有时仍然显得无能为力。实践证明,仅依靠行政罚款不足以改变企业的行为,无法达到我们所希望的管理效果。相反,企业往往会设法逃避政府监督。造成这些问题的原因之一就是民事法律手段的缺乏和软弱,没有找到解决环境损害赔偿的适当途径、方法和制度,使得污染受害者常常感到无助。没有法律的约束,排污企业自然就没有压力约束自己的行为。为此,我们一直主张在民事框架下制定一部专门的《环境损害赔偿法》。但是,在法律框架和具体内容方面存在不少分歧,有关制度的建立也需要很多的前提条件,在相关领域还有很多内容需要研究。环境损害赔偿制度要得到不断加强和完善,可能等到实践发展到一定程度,立法才会起步。

有的学者认为,现行法律对解决环境损害赔偿案件问题的缺失,造成了目前环境赔偿难以解决的局面。从立法方面考虑,产生问题的原因主要包括:

(1)没有完整的环境损害赔偿政策和立法。自20世纪70年代末以来,国务院通过了4个与环境保护有关的决定,其中均未提出环境纠纷处理和环境损害赔偿的问题,在立法上没有专门处理环境纠纷的立法。日本、瑞典和我国台湾地区都有相关立法。

(2)现有立法规定不具体、不全面。《民法通则》的规定与《环境保护法》的规定相矛盾。《环境保护法》中有为数不多的规定,但《民事诉讼法》中没有专门的规定,只有在最高人民法院的司法解释和证据规则中有所涉及。《仲裁

① 《环境损害该不该立法》,《中国环境报》2004年9月23日。

法》中也没有明确提出环境损害的仲裁问题。

(3)没有针对环境案件的特点作出规定。我国《民法通则》、《民事诉讼法》和《仲裁法》都是按照一般的情况作出的程序规定,有些不符合环境案件的特点。

要解决这一问题,应当针对环境损害赔偿案件的特点专门立法,该立法应采取实体与程序相结合的方式,确立不同于一般侵权的处理原则和制度。有的学者认为,到目前为止,最高人民法院仅审理了一起环境污染损害赔偿案件。从下级法院审理的情况看,此类案件更多的是通过行政程序(包括行政复议、行政诉讼)解决。在下级法院受理的各类民事案件总数中,环境污染损害赔偿作为一种新类型案件的数量虽然不大,但是有逐年上升的趋势。针对环境污染损害赔偿案件面临形势的严峻性以及审判实践中存在的问题,建议国家立法部门从程序到实体制定出台完备的法律、法规,以适应我国经济发展和加入世贸组织的需要。

有的学者认为环境损害赔偿法律体系应该是一个综合的法律体系,应该把民事的、行政的、刑事的等各种有效的法律手段和规范综合到一起,形成一个完善的环境侵权的法律体系。这个法律体系对我们的立法最大意义在于:环境法必须有自己的目的功能性,即解决污染损害问题;其二,具有抽象性和独立性,将传统部门法划分的各个部分中与环境保护有关的内容综合起来,形成一个综合协调的系统。

有的学者认为,关于损害赔偿方面的立法空白较多,像损害的范围、赔偿的范围、赔偿责任的承担方式、责任的社会化、举证责任倒置等一系列的问题在立法上基本上都是空白;立法过于原则,现在法律规定的基本模式就是造成环境污染危害的要排除危害,并赔偿损失。这样的规定在原则上没有问题,但在实际操作中却会带来很多问题,甚至有时让人无所适从。

【案例】 印度博帕尔毒气泄漏案件①

〔案情〕 1984 年 12 月 3 日,位于博帕尔的美国联合碳化物公司发生 45 吨有毒气体泄漏事件,直接致使 3150 人死亡,5 万多人失明,2 万多人受到严重毒害,近 8 万人终身残疾,15 万人接受治疗,受这起事件影响的人口多达 150 余万,约占博帕尔市总人口的一半。目前许多人仍然有呼吸系统及其他

---

① 摘自自然之友编:《20 世纪环境警示录》,转引自 http://www.people.com.cn/GB/huanbao/20011224/633744.html。

疾病。美国联合碳化物公司说,根据1989年与印度政府达成的协议,公司已经支付了4.7亿美元的赔偿金,并且在1985年到1994年花费了200多万美元清理现场。但是只有部分受害者得到了这笔赔偿金。联合碳化物公司在1989年了结这起官司以后,这家工厂现在由玛达雅·普拉迪什邦地方政府拥有和管理。

博帕尔农药厂是美国联合碳化物公司于1969年在印度博帕尔市建起来的,用于生产西维因、滴灭威等农药。制造这些农药的原料是一种叫做异氰酸甲酯(MIC)的剧毒气体。这种气体只要有极少量短时间停留在空气中,就会使人感到眼睛疼痛,若浓度稍大,就会使人窒息。二战期间德国法西斯正是用这种毒气杀害过大批关在集中营的犹太人。在博帕尔农药厂,这种令人毛骨悚然的剧毒化合物被冷却成液态后,贮存在一个地下不锈钢储藏罐里,达45吨之多。

12月2日晚,博帕尔农药厂工人发现异氰酸甲酯的储槽压力上升,午夜零时56分,液态异氰酸甲酯以气态从出现漏缝的保安阀中溢出,并迅速向四周扩散。毒气的泄漏犹如打开了潘多拉的魔盒。虽然农药厂在毒气泄漏后几分钟就关闭了设备,但已有30吨毒气化作浓重的烟雾以5千米/小时的速度迅速四处弥漫,很快就笼罩了25平方公里的地区,数百人在睡梦中就被悄然夺走了性命,几天之内有2500多人毙命。当毒气泄漏的消息传开后,农药厂附近的人们纷纷逃离家园。他们利用各种交通工具向四处奔逃,只希望能走到没有受污染的空气中去。很多人被毒气弄瞎了眼睛,只能一路上摸索着前行。一些人在逃命的途中死去,尸体堆积在路旁。至1984年底,该地区有2万多人死亡,20万人受到波及,附近的3000头牲畜也未能幸免于难。在侥幸逃生的受害者中,孕妇大多流产或产下死婴,有5万人可能永久失明或终生残疾,余生将苦日无尽。

〔法律分析〕[①]

博帕尔事件是发达国家将高污染及高危险企业向发展中国家转移的一个典型恶果。事故发生后,美印双方就谁是主要责任者问题展开了唇枪舌剑的争论。最后,这桩案子以美国的巨额赔款了结。其实,无论双方怎样争辩,人们只要把博帕尔农药厂的安全装置和美国本土上类似工厂的安全装置做一个

① 摘自自然之友编:《20世纪环境警示录》,转引自 http://www.people.com.cn/GB/huanbao/20011224/633744.html。

对比，就会对此问题一目了然。美国本土的这类工厂都设有先进的电脑报警装置，并大都远离人口稠密区，而博帕尔农药厂只有一般性的安全措施，周围还有成千上万的居民。

20 世纪后半叶，公害问题在发达国家得到广泛关注，人们对此谈虎色变，十分敏感。由于对此制定的环境标准越来越高，致使很多企业都把目标转向了环境标准相对不高的发展中国家。这些企业利用一些发展中国家为获取较大的经济利益热衷于吸引外资，重视技术和设备，忽视安全和环境保护，把一些发达国家几乎不允许设立的产业转移到发展中国家。这就是所谓的"工业的重新布局"——把污染企业从受控制区域向不受控制区域转移，被称为"污染天堂"理论。这种理论认为：贫困、工业缺乏和对环境服务要求不高，表现为倾废设施经济价格不高。一个国家如有丰富的"自净"能力的资源，有足够的自净潜力，"清洁"工业就会相对不发达；如果"自净"能力枯竭，则"肮脏"工业衰竭，而"清洁"工业发达。目前，这种"污染天堂"战略正受到越来越多的发展中国家和环保组织的尖锐批评。

第五节　环境污染民事责任的诉讼

【案例】　税西化工厂污染赔偿案①

〔案情〕　河北省唐山市开平区越河乡税西化工厂（简称化工厂）于 1989 年春建厂，1990 年投产，从粗苯中提炼精苯并生产邻、间、对二甲苯。由于该化工厂没有环境保护设施，就向该厂西北角落处的渗坑（砖厂取土后留下的大坑）内及坑西垃圾场倾倒污染物（废渣、污水）达 1 年之久，致使距离化工厂东 300 米处的越河乡罗各庄的农田灌溉井、生活饮用井水被苯、酚等污染。村民饮用被污染的水后，出现了头昏、恶心等症状。1992 年 5 月，村民向唐山市有关部门反映了地下水被污染的情况，得到上级领导的重视，责令有关部门取水检验。1993 年 7 月 25 日经过化验罗各庄村委会的生活饮用水超过国家规定的水质标准，不能饮用，认可了罗各庄地下水污染的事实。1992 年 7 月 29

① 解振华主编：《中国环境典型案件与执法提要》，中国环境科学出版社 1994 年版，转引自《中国环境报》1994 年 6 月 7 日第 3 版。

日，有关部门从唐山市区接通临时自来水管道为村民送水，并派出医务人员为村民检查身体，发药治病。此后，村民患病情况得到缓解。化工厂于1992年同罗各庄村委会签订《税西化工厂停产协议》。

但是，时隔不久，在对污染的井水未采取任何治理措施的情况下，有关领导于1992年9月书面向罗各庄村民公布："罗各庄村西三眼水井灌溉达标，已符合农业使用。""罗各庄村内两眼机井已符合国家饮水质标准，可以饮用。"1992年11月2日拆除了临时自来水管道。于是罗各庄村民又饮用上了村内被污染的机井水，数日后，村民中再度出现恶心、头昏、出疹等症状。无奈，大部分村民只好从唐山市区运取饮用水。由于洗浴等仍需使用本村井水，1993年村民发病率较1992年有增无减。

1993年8月6日，黄必等人代表罗各庄的1260位村民，向唐山市开平区人民法院提起诉讼，请求：(1)判令化工厂清除污染源并治理由其污染的农田灌溉和生活饮用机井水；(2)判令由化工厂负责村民饮用污染水所致头昏、恶心、出疹等治疗的费用。①

〔思考题〕

本案是否属于法院民事诉讼受理范围？为什么？

〔法律分析〕②

1. 本案处理结果

开平区人民法院经过审查认为，原告之诉讼请求，非人民法院审理民事诉讼主管范围，根据《水污染防治法》第16条、第17条的规定，起诉人应向环保部门申请解决。

根据《民事诉讼法》第112条的规定，开平区人民法院于1993年8月14日作出民事裁决书，裁定对黄必等人的起诉不予受理。黄必等人不服该裁定，上诉至唐山市中级人民法院。

2. 法律分析

本案是一个涉及环境民事诉讼程序的案件，同时又与实体环境法的规定

---

① 解振华主编：《中国环境典型案件与执法提要》，中国环境科学出版社1994年版，转引自《中国环境报》1994年6月7日第3版。

② 同①。

关系密切。在本案的一审程序中，法院裁定不予受理，本书认为，一审法院的做法欠妥，它对有关法律规定的理解偏颇，根据有关法律规定及一般法制原则，此案应立案受理为宜。

法院裁定不予受理的理由是原告之诉讼请求非人民法院审理民事诉讼主管范围。那么法院对民事诉讼的主管范围是什么呢？对此，《民事诉讼法》第3条有原则性的规定，即"人民法院受理公民之间、法人之间、其他组织之间以及他们相互之间因财产和人身关系提起的民事诉讼，适用本法的规定。"此条规定的是对民事争议的适用范围，即人民法院审理哪些民事案件时应当适用民事诉讼法律的规定。据此规定，人民法院主管的案件是因财产和人身关系提起的民事诉讼。这实质上从诉讼解决的实体问题上确定了《民事诉讼法》的适用范围。所谓财产关系，是当事人之间基于财产权所形成的社会关系；人身关系则是指基于人身权所形成的社会关系。而财产权、人身权由《民法通则》和其他法律所调整。抽象而论，黄必等人诉税西化工厂水污染侵权案，既涉及人身关系又涉及财产关系。具体而言，税西化工厂的非法排污行为致使罗各庄村许多村民发生头昏、恶心和出疹等疾患，使患者身心和心理受到损害，其行为违反《民法通则》第98条关于"公民享有生命健康权"的规定，同时因此侵权行为，在化工厂与受害人之间形成侵权之债，产生财产关系。因此，在一般原则上，黄必等人诉税西化工厂地下水污染侵权属于人民法院主管的范围。

黄必等人提出的具体请求是否属于人民法院主管范围？这必须考虑有关民法、环境法的规定才能得出结论。黄必等人提出诉讼请求主要基于两点，第一，判令被告化工厂清除污染源，治理污染；第二，判令被告为受害人治病。根据法律规定，此诉讼请求显然属于民事诉讼主管范围，理由有二：(1)黄必等人是基于自己依法享有的环境权利提出追究污染者民事责任的法律请求，对此请求，依法可以通过民事诉讼程序解决。《水污染防治法》第5条第2款规定："因水污染直接受到损失的单位和个人，有权要求致害者排除危害和赔偿损失。"排除危害在《民法通则》中已经作了规定，包括停止侵害、排除妨碍、消除危险等承担民事责任的方式。而清除污染源、治理污染则是其在环境污染纠纷中停止侵害案中的具体做法。根据这种看法，黄必等人的诉讼请求是就人身、财产关系提出的民事责任方面的要求，应予受理。(2)有关环境法律制度并未对环境民事纠纷的司法解决作排除性规定。法院在其不受理的裁决书中指出，根据《水污染防治法》第16条、第17条之规定，起诉人应当向环境保护机关申请解决。《水污染防治法》第16条规定的是限期治理制度，第17条规定的是强制执行措施制度，这两项规定都是行政法律手段，旨在加强水污染防治的监督管理，它们并不排斥污染者与受害者之间民事关系的司法管辖。而且，就本案来说，法院显然误解了起诉人诉讼请求的实质内涵，误以为起诉人请求法院限期治理。

综上所述，我们认为法院应立案受理起诉人的起诉为宜。

【案例】 跨地区的法院管辖权问题

〔案情〕 1991年10月26日，位于甲县境内的宏大化工厂排放的废水的管线因年久失修而破裂，废水流入附近的工农河。工农河是一条跨境河，流经甲乙两县。乙县广源水产养殖场在工农河下游河段网箱养鱼，当日所养鱼开始大量死亡。经乙县环境监测站于次日下午取样分析，河水中硫化物高达0.4毫克/升（国家渔业水质标准规定硫化物不得高于0.2毫克/升），宏大化工厂排放的废水中硫化物高达34.2毫克/升，经乙县淡水养殖管理站同时鉴定，死鱼确系硫化物污染所致，并核定直接经济损失74560元。广源水产养殖场在直接与宏大化工厂协商有关事宜未果的情况下，向乙县人民法院提起诉讼。乙县法院立案受理后，遂将起诉书副本送达宏大化工厂，并要求宏大化工厂于15日内提出答辩状。

宏大化工厂认为，本案应由该厂所在地的甲县人民法院管辖，乙县人民法院对此案无管辖权。故宏大化工厂致函乙县人民法院，拒绝提交答辩状并拒绝到庭应诉。①

〔思考题〕

(1)乙县人民法院对这起案件有无管辖权？

(2)本案应当由哪个法院管辖审理？

(3)如何处理交界地带的环境问题？

〔法律分析〕②

本案属于一起跨县的环境侵权赔偿纠纷。在此类案件中，当事人往往出

---

① 解振华主编：《中国环境典型案件与执法提要》，中国环境科学出版社1994年版，转引自《中国环境报》1994年5月21日第3版。

② 解振华主编：《中国环境典型案件与执法提要》，中国环境科学出版社1994年版，转引自《中国环境报》1994年5月21日第3版。

于各种考虑，而对案件的管辖有不同意见，对此类案件的管辖，法律已经作出明确的规定。

本案是民事案件，其诉讼程序应当按照《民事诉讼法》及有关民事法规进行。

关于地域管辖，《民事诉讼法》规定有一般地域管辖和特殊地域管辖。我国《民事诉讼法》中规定的“对法人或者其他组织提起的民事诉讼，由被告住所地人民法院管辖”。但原告就被告只是一般原则，对某些特定的民事案件，如果原告就被告成为不可能或不利于案件的审理，法律也作了例外的规定，即关于特殊地域管辖的规定。侵权行为的发生和处理有其特殊要求。《民事诉讼法》对侵权行为案件的管辖采用了一般地域管辖和特殊地域管辖，两者兼用的原则。该法第 29 条规定：“因侵权行为提起的诉讼，由侵权行为地或者被告住所地人民法院管辖。”法律作此规定，使侵权行为案件可以依原告意志选择人民法院，这样有利于保护侵权案件中受害人的利益。侵权行为地是指侵权行为的法律事实所在地。按照最高人民法院的司法解释，侵权行为地包括侵权行为实施地和侵权结果发生地。本案中位于甲县的宏大化工厂发生污染事故，甲县是侵权行为实施地，而位于乙县的广源水产养殖场受害，因而乙县是侵权结果发生地。依照《民事诉讼法》的规定，乙县人民法院有权管辖此案，对宏大化工厂拒绝应诉的行为，乙县人民法院可依照法律规定办理。当然，甲县作为被告住所地和侵权行为实施地，甲县人民法院对此案也依法享有管辖权。此案最终由哪个法院管辖，取决于原告起诉时的选择。如果原告向两个有管辖权的人民法院起诉，则应由先立案的法院管辖。

交界地带环境问题是环境纠纷的重要发生地。根治交界地带污染需要新思维，交界地带情况复杂，污染企业能带来税收和就业机会，加之各地治污行动的力度有所差别，因而地方政府甚至部分群众对待污染企业的心态难免有些摇摆。①

【案例】 对行政处理不服是否可以提起行政诉讼？

〔案情〕 1991 年 8 月初，浙江省临安县临天乡平山村农民史晓泉向县环保局反映，他种植的两亩葡萄园受到同村农民卞贤海的铸造厂排放的含氟废气污染，造成叶片脱落或果实脱落，要求县环保局调查处理。县环保局先后派人员前去现场调查、采样。现场调查、采样化验结果表明，氟污染明显。县环保局根据农技站、乡政府等方面提供的情况及往年卞贤海的铸造厂曾对该村

① 惠小勇、任会斌：《污染企业缘何偏爱交界地带》，《中国环境报》2004 年 12 月 6 日。

水稻、竹园造成污染危害而做过经济赔偿的事实，又在排除气候、病虫害等因素的情况下，认定史晓泉的葡萄园严重减产，是卞贤海的铸造厂生产过程中排放含氟废气造成的。

为此，临安县环保局先后3次会同包括县人民法院在内的有关部门、单位，召集双方当事人协商解决污染赔偿问题，但均因卞贤海不肯到场或者中途退场而使协调会告吹。临安县环保局最后依照我国《大气污染防治法》第36条之规定，作出处理决定：由卞贤海一次赔偿史晓泉1991年葡萄园减产损失3920元。

卞贤海不服，向县人民法院提起诉讼，请求撤销县环保局的上述处理决定。县法院受理后于1992年9月21日开庭审理，在县环保局未到庭应诉的情况下，依照我国《行政诉讼法》第48条、第54条第2项之规定，作出了撤销县环保局"处理决定"的判决。

〔思考题〕

法院的判决是否妥当？

〔法律分析〕

对处理环境纠纷的决定不服而提起的诉讼，其性质是民事诉讼还是行政诉讼，法学理论上曾有分歧，司法实践中也有矛盾。

临安县法院之所以将该案作为行政案件受理，依据对法院系统有约束力的司法解释，县法院有关人员认为，经过行政处理后的纠纷，其性质已经变为行政纠纷，行政机关——环保局应该作为被告。

县环保局认为：上述处理决定是应污染受害者史晓泉的请求，在有关部门、单位参与多次协商未获得成功的情况下，根据环保法规赋予的职权作出的，性质上属于行政机关居间对当事人民事权益争议的调解处理，不能提起行政诉讼。县环保局由此认为，县法院把此案作为行政案件受理，依据不足，适用法律不当。

县环保局上述看法，与全国人大常委会法工委1992年1月31日就如何理解和执行我国《环境保护法》第41条第2款给国家环保局的答复是吻合一致的。在该前提下，县环保局法定代表人拒绝应诉。

这是一起不应有的环境"行政诉讼"的法律思考。[①]

---

① 张孝烈：《一起不应有的环境"行政诉讼"的法律思考》，载于《重庆环境科学》1992第2期，第28～31页。

【案例】 焦化厂拒不执行环保处理决定案[①]

〔案情〕 某市环保局接到辖区内一果农状告某焦化厂超标排放大气污染物,使其果树减产,请求该局进行调查勘验,并由地区农业环境监测站出具了"对×苹果园内烟尘污染并使苹果受污染的调查报告"。该局根据《环境保护法》第41条第1款、第2款和《大气污染防治法》第36条之规定,于1996年3月21日下发行政处罚决定书,责令该焦化厂赔偿该果园损失5000元整。时间已经过去1个月,当事人未申请复议,但又不执行行政处罚决定。

〔思考题〕

(1)作出该项决定的环保部门能否申请人民法院强制执行?

(2)环保局的决定有何不妥?

〔法律分析〕[②]

1. 环保局的决定有不妥之处

(1)环保局应当事人之请求处理环境污染纠纷时,依照《环境保护法》第41条第1款和第2款作出的决定,不应当叫"处罚决定",而应当叫"处理决定"。

(2)《环境保护法》、《大气污染防治法》均未规定"责令赔偿损失"的行政处罚形式。

(3)1996年3月11日下发的决定书,应引用修改后的《大气污染防治法》第45条,而不是第36条,因为《大气污染防治法》已于1995年8月29日修改公布,并于公布之日起施行。

2. 关于强制执行的问题

按照我国《环境保护法》第41条和《大气污染防治法》第45条的规定,环境保护行政主管部门可以根据当事人的请求进行处理。这种处理,是一种居间调解性质的处理,而不是强制性的处理。

---

① 严律师:《对拒不执行环保处理决定能否申请法院强制执行》,《中国环境报》1996年6月22日第3版"律师信箱"。

② 严律师:《对拒不执行环保处理决定能否申请法院强制执行》,《中国环境报》1996年6月22日第3版"律师信箱"。

首先，在处理纠纷前必须征得双方当事人的同意。如果一方当事人不同意由环保部门处理，环保部门便不得处理，而应当告诉另一方当事人向人民法院起诉。

其次，在处理过程中，环保部门主要是查清事实，分清是非，促使当事人达成协议。如果当事人达不成协议环保部门可以作出处理决定。然而这种处理决定不应责令一方当事人作出什么行为，而是应提出一种对纠纷的处理意见，供当事人执行。

最后，如果当事人一方或双方不执行处理决定，环保部门无权直接强制执行，也无权申请人民法院强制执行，而只能由当事人向人民法院提起环境民事诉讼。这是因为，在法律中没有赋予这种对环境纠纷的处理决定以强制执行的效力。关于这一点，1991 年 6 月 3 日国家环保局在给湖北省武汉市环保局《关于环保部门能否就污染赔偿处理决定中申请人民法院强制执行问题的复函》中说得十分清楚："根据《环境保护法》第 41 条及其他环境保护法律、法规的有关规定，环境保护行政主管部门和其他依法行使环境监督管理权的部门，可以根据当事人的请求处理环境污染赔偿责任和赔偿金额纠纷。如果当事人一方或者双方对环保部门的赔偿处理决定不服，既不履行环保部门所作的赔偿处理决定，也不向人民法院起诉，环保部门不能向人民法院申请强制执行。而应当明确告知当事人就原污染赔偿纠纷向人民法院提起诉讼。"①

第六节　环境民事公益诉讼

环境民事公诉作为一种新的诉讼形式，必须逐步完善。为此，有必要对其法律依据和基本特征进行分析，并为完善有关环境民事公诉的立法提出建议。②

① 严律师：《对拒不执行环保处理决定能否申请法院强制执行》，《中国环境报》1996 年 6 月 22 日第 3 版"律师信箱"。

② 别涛：《民事公诉亟待完善立法》，《中国环境报》2004 年 8 月 30 日。

【案例】 陈法庆为环境公益诉讼立法建言①

〔案情〕 陈法庆是一位普通农民。2004年5月21日，他以挂号信函的方式向全国人大常委会法制工作委员会、最高人民法院、最高人民检察院、国务院法制办和国家环保总局5个部门各寄出了一封内容相同的建议书。陈法庆以一个关心环保的农民的身份，要向这些部门提个建议，建议对环境公益诉讼进行立法和立案审理。他的想法源于一场因石矿污染提起的公益行政诉讼。此次向5个国家相关部门提出环境公益诉讼立法建议的想法正是源于他2002年打过的一场官司。

2002年6月14日，陈法庆第一次因环境保护与有关部门对簿公堂，以未履行法定职责为由，将杭州市余杭区环保局告上法庭。这是陈法庆开打环境公益诉讼的开始。

诉讼的起因在于陈法庆居住的余杭区仁和镇境内的11家石矿的粉尘和噪声污染。这些石矿生产车间均为露天或半敞开式，产生的噪声和粉尘使居住在周围的居民生活受到很大影响。从2001年4月17日开始，陈法庆先后10次向余杭区环保局投诉该镇石矿的粉尘、噪声污染问题。余杭区环保局也曾多次对仁和镇境内的石矿进行了查处，要求其限期整改，并处以行政罚款。但陈法庆认为余杭区环保局的整改措施和行政处罚软弱不到位，以致污染问题未能得到解决。于是，他将余杭区环保局告上法庭。

2002年8月21日，余杭区人民法院经审理认定，被告余杭区环保局在接到陈法庆的多次举报、投诉后，对存在粉尘和噪声污染的石矿进行了查处，已经履行了法定职责，驳回了陈法庆的诉讼请求。

他建议道，与己无关也可以打环境官司。他发现，尽管《宪法》、《环境保护法》和国家有关污染防治专项立法中都规定了公民对环境违法行为有检举、控告的权利，但对如何行使这些权利规定得很不明确，特别是对环境公益诉讼方面更是缺乏相关的规定。也就是说，当一个地方发生了污染，检察机关和与污染无关的人能不能告污染企业，或者告政府及相关部门不作为或者失职，在法律上没有明确规定。而《民事诉讼法》等程序法要求原告必须是与本案有直接利害关系的公民、法人或其他组织，因此，很多法院在实践中并不受理这种公

---

① 黄冀军:《陈法庆以一个农民的身份为环境公益诉讼立法建言》,《中国环境报》2004年6月14日。

益诉讼。他认为打公益诉讼,受益的不只是个人,而且这种官司对国家依法治国是一种推动。

在与环境污染行为做斗争的路上走了这么多年,尽管曾面临各种各样的困难,陈法庆觉得自己还会坚持走下去,因为环境是大家的,是每一个生活在其中的人的,青山绿水需要每个人的努力。

〔思考题〕

(1)本案反映的是什么类型的诉讼?

(2)环境民事公益诉讼和一般的民事诉讼有何不同?

(3)确立此类诉讼有何意义?

〔法律分析〕

1. 环境民事公诉并非于法无据

现阶段,提起和审理民事公诉案件的主要法律依据是《宪法》第 12 条规定:"国家保护社会主义的公共财产,禁止任何组织或者个人用任何手段侵占或者破坏国家和集体的财产";第 15 条规定:"禁止任何组织或者个人扰乱社会经济秩序"。

除此之外,以下法律、法规对此亦有规定:《民法通则》第 5 条规定:"公民、法人的合法民事权益受法律保护,任何组织和个人不得侵犯";第 73 条规定:"国家财产属于全民所有。国家财产神圣不可侵犯,禁止任何组织或个人侵占、哄抢、私分、截留、破坏"。《环境保护法》第 6 条规定:"一切单位和个人都有保护环境的义务,并有权对污染和破坏环境的单位和个人进行检举和控告。"显然,作为专司国家公诉职能的检察院,完全可以据此"对污染和破坏环境的单位和个人进行检举和控告",即提起民事公诉。《民事诉讼法》第 15 条规定:"机关、团体、企业事业单位对损害国家、集体或者个人民事权益的行为,可以支持受损害的单位或个人向人民法院起诉"。《人民检察院组织法》第 4 条规定,人民检察院通过行使检察权,保护社会主义的全民所有的财产和劳动群众集体的财产,保护公民的人身权利、民主权利和其他权利。

如果回顾历史,民事公诉在我国早有实践。1949 年 12 月颁发的《最高人民检察署试行组织条例》规定,检察机关有权参与涉及全国社会与劳动人民利益有关之民事案件以及涉及全国社会与劳动人民有关的一切行政诉讼;1954 年的《检察院组织法》第 4 条规定,地方各级检察机关对于有关国家和人民利益的重要民事案件有权提起诉讼或参加诉讼;1957 年最高人民法院制定的《民事案件审判程序(草稿)》第 1 条也有类似规定,允许检察院对"有关国家和人民利益的重要民事案件"提起诉讼;1979 年 2 月 2 日最高人民法院在《人民法院审判民事案件程序制度的规定(试行)》中对民事公诉制度再次确认。只是 1979 年 7 月 1 日通过的《人民检察院组织法》对民事公诉制度未作规定。

2. 环境民事公诉不同于行政诉讼和刑事诉讼的特征

(1)就适用情形而言,它是在公共环境利益遭受环境违法行为的现实侵害,而受害人在起诉方面存在障碍,环保部门的行政管理受到实际限制的情况下,由检察院作为公诉人,向法院提起诉讼,要求法院依法追究环境违法行为人法律责任的诉讼行为。它不同于环境刑事公诉,因为环境违法行为尚未构成环境犯罪。如果环境违法行为涉嫌环境犯罪被提起公诉,即属于环境刑事附带民事公诉。

(2)就诉讼目的而言,它以排除污染危害和赔偿污染损失为基本诉求,主要是通过追究造成环境污染破坏行为人的民事责任,实现对国家和公众利益的保护和救济。这使其与环境行政诉讼(目的主要在于撤销或变更环保部门的具体行政行为)和环境刑事诉讼(目的在于确定被告人是否犯罪和刑罚)相区别。

(3)就当事人而言,检察机关作为环境民事公诉人,除了国家和公共利益,它并不谋求任何自身的私利,因此它既是原告,也是法律监督者。被告则是造成环境污染破坏的行为人。

(4)就案件来源而言,它有多种来源,如群众举报、专门机关移送、自己发现等。作为公力救济途径,环境民事公诉一般应当在受害人和环保行政部门试图制止环境违法而不能之后,作为一种后置的司法救济程序而提起。因此,受害人举报和环保部门移送应当成为主要案件线索。

5. 就起诉条件而言,它应当有明确的环境违法行为人作为被告,有经过调查的环境污染破坏事实和证据,并有具体的诉讼主张(如停止排污行为、排除污染危害、赔偿污染损失)。

3. 加强行政配合,完善诉讼规则

(1)作为一种正在出现的诉讼形式,环境民事公诉可以因为国家公诉机关的介入而产生特殊的环境执法效果。它不仅可以成为环保部门行政执法的重要支持和补充,而且可以为环境污染损害的受害人提供更具强制力的司法保护和救济。因此,环保部门应当积极配合和支持检察院提起环境民事公诉。

特别是应通过参加调查和提供环境技术监测数据等方式,有力地支持检察院的环境公诉。

(2)为了充分发挥民事公诉在维护国家和公共利益方面的积极作用,规范包括环境民事公诉在内的民事公诉行为,国家立法机关和司法机关应当研究制定相关规则。笔者认为,可以考虑适时修订《民事诉讼法》,或者通过修订《环境保护法》,或者通过制定专门司法解释,明确赋予检察院以环境民事公诉权,并规定具体的诉讼程序和规则。

【案例】 环境执法新举措:公诉机关首次单独介入环境民事违法案件[①]

〔案情〕 2004年2月,四川省资阳市雁江区检察院了解到当地清水河因石材加工厂造成生态环境严重破坏的情况后,与雁江区环保局共同调查,并于5月12日对污染问题严重的8家石材厂分别下达了检察建议书,要求企业对治污设施进行整改,并将整改情况报送该院。作为国家公诉机关,检察院还告诫企业,如果不积极治理污染,将对其提起民事公诉。检察院准备单独提起环境民事公诉——这是国家公诉机关首次单独介入环境民事违法案件。这是强化环境执法的新举措,也是环境司法的新实践,值得环保部门称道和关注。

检察院提起民事公诉,已经不乏先例。全国首例民事公诉案发生在1997年。河南省方城县工商局将一处国有房产违规低价出售。方城县检察院为阻止国有资产流失,以原告身份于1997年7月1日起诉,请求法院确认国有资产买卖合同无效;1997年12月3日县人民法院判决,支持检察院诉讼请求,并确认两被告间的买卖合同违法无效。这次诉讼引起最高人民检察院的重视,也为日后各地检察机关参与民事诉讼提供了范例。在近年发生的民事公诉案中,各检察机关的诉讼活动大都采用了方城检察院的模式。据不完全统计,自1997年河南省方城县检察院就国有资产流失提起公诉以来,全国各地检察机关至今提起的类似的民事诉讼已有近200起。

其实,自1997年《刑法》修订以来,为了制裁破坏环境资源的行为,地方检察院已经提起部分环境民事公诉,只不过是以刑事附带民事的形式提起的。例如:

1998年山西省运城市检察院在对天马造纸厂厂长杨军武重大环境污染

---

① 刘德华、蒋敏、禹智:《雁江检察机关向污染企业发出检察建议书》,《中国环境报》2004年5月17日。

行为提起刑事公诉的同时，就公众饮用水源遭受污染附带提起民事公诉。当年9月17日，运城市法院除以重大环境污染事故罪判处杨军武有期徒刑两年，并处罚金5万元外，同时判处杨军武赔偿民事损失36万元；同年12月7日，运城地区中级法院裁定维持原判。

1999年，四川省名山县检察院在针对恒达化工厂重大环境污染行为提起刑事公诉的同时，也就公共水源遭受污染附带提起民事公诉。当年9月1日，名山县法院以重大环境污染事故罪判处恒达化工厂罚金5万元；厂长林卿书因同罪被判有期徒刑3年，并处罚金2万元，操作工刘安华因同罪被判有期徒刑3年，并处罚金2000元；法院还同时判处化工厂赔偿国家、集体和个人经济损失34万元。

2002年，四川省泸州市检察机关在全省首次提起刑事附带环境民事公诉案件，并获法院支持：古蔺县石宝镇重大森林火灾肇事者黎伯伦被判有期徒刑1年，并处在2002年10月至2007年8月期间补种林木29848株。

〔法律分析〕①

环境形势呼唤环境公诉。根据我国现有执法体制，行政机关虽然承担了国家机器运转的绝大部分职能，但法律赋予行政机关的强制执法手段极其有限，手段与职能之间距离很大，这种现象在环境管理领域更是突出。从目前实际情况来看，检察院以公诉人身份介入环境保护十分必要。

现行《民事诉讼法》第108条规定，起诉的原告“是与本案有直接利害关系的公民、法人和其他组织”。《环境保护法》第41条规定，造成环境污染者“有责任排除危害，并对直接受到损害的单位或者个人赔偿损失”。如果国家公共环境和资源受到直接损害，也需要有适当的国家机关作为利害关系人代为诉讼。《海洋环境保护法》第90条规定，破坏海洋环境并“给国家造成损失的”，由有关部门“代表国家对责任者提出损害赔偿要求”。

在现实生活中，许多环境污染行为没有直接侵犯特定的公民、法人或组织的权益，限于“直接利害关系”或者“直接受到损害”的条件，往往造成无人享有诉权。即使法律赋予公民起诉权，也常会因个人不知、不能或不敢等种种原因而不起诉。环境保护行政部门又因缺乏强有力的执行手段，加之行政体制方面的限制，心有余而力不足，致使许多环境违法行为长期得不到有效制止。

---

① 别涛：《亟待建立环境公诉制度》，《中国环境报》2004年6月24日。

从起诉条件上看，原告须与案件有利害关系。检察院虽然不会涉及到当事人之间的民事权益，但从维护国家利益、公共利益来看，是符合起诉条件的。因为环境污染行为往往侵害的是不特定的对象，没有明确的受害人或合格的原告，又不能形成集团诉讼。保护公共环境利益是国家的责任，检察院作为国家的法律监督机关，以保护国家、集体利益为职责，依法承担着国家的公诉职能，在存在诉讼障碍的情况下，检察院从保护国家公共环境利益和制止不法行为的目的出发，运用公力救济的司法手段提起民事公益诉讼，应当视为与本案诉讼标的有特殊的直接利害关系。由其代表国家为公共环境利益提起环境民事公诉，不仅是必要的，也是符合法治原理的。

检察院作为环境公益诉讼的原告，还可结合我国宪法规定的国体和政体性质分析。我国是以公有制为主体的社会主义国家，同时又是人民当家作主的国家。国家的人民性，决定了国家利益和公共利益维护者的广泛性，反映在环境法律关系上，就使各社会主体相互之间在环境利益关系上具有广泛的共同性和关联性。在环境法律关系中，表面上的非"直接利害关系人"，在一定意义上也可能具有"直接利害关系"。因而，我国国家机关、企事业组织和公民个人，特别是作为公诉机关的检察院，对损害国家和公共环境利益的行为，不但具有一般"检举控告"的权利，而且应当享有环境民事公诉权。[①]

参考题

【案例】 惠家园噪声污染案[②]

〔案情〕 北京市朝阳区人民法院将通惠家园噪声污染纠纷案的庭审过程在互联网上进行了直播。据悉，这是全国首次对案件庭审情况进行网上直播。

这起噪声污染纠纷案的原告为居住在北京市通惠家园的 16 位业主。他们委托北京市劳保所噪声与震动检测中心对该小区环境噪声情况进行了检测，结果显示该小区昼夜噪声均超过了国家相关标准。他们分别将小区的开发商、高速路经营者、地铁公司告上了法庭，要求被告立即消除环境噪声污染，并对每户原告进行 5 万元赔偿(《中国环境报》曾于 2004 年 4 月 12 日进行报道)。

---

① 别涛:《亟待建立环境公诉制度》,《中国环境报》2004 年 6 月 24 日。

② 张俊、李思:《噪声污染案成网上庭审直播第一案》,《中国环境报》2004 年 12 月 6 日。

该小区业主认为，开发商——城市开发集团交付的房屋不能满足人们居住所需的安静、安宁，应承担主要责任；作为京通快速路和辅路以及地铁的运营者、管理者——北京首创股份有限公司、北京市路政局和北京地铁运营有限责任公司应当承担连带责任。

城市开发集团辩称，该小区已通过各项验收，均属合格，该小区作为经济适用房项目，在规划选址上更多考虑的是交通便利和提高土地利用率，而不是居住环境的舒适度；首创公司称，京通快速路在通惠家园建成前已建设完毕，公司对噪声污染没有责任；地铁运营公司认为，污染源是公路而非地铁。法院没有当庭宣判。

据统计，在庭审的两个小时里，共有 270 余人次登录该法院网站观看庭审直播。该法院有关人员表示，进行庭审直播是为了提高审判工作的透明度，进一步开展法制宣传教育。今后该院每周将至少会进行一次庭审直播。

〔思考题〕

本案件的被告是否应当承担赔偿责任？为什么？

【案例】 北京蓝天建筑工程公司噪声、震动污染

〔案情〕 北京蓝天建筑工程公司在施工运输过程中产生的强大噪声、震动致使养殖户刘某种虾受惊扰异常死亡。原被告双方经当庭举证、质证，在天津海事法院一审审结，经调解，由制造噪声的施工单位补偿养殖户损失费 8 万元。据悉，这是我国第一起因噪声、震动污染致生物受到侵害的案件。

原告刘某在河北省唐山市乐亭县港口海挡南侧的育苗室从事日本对虾养殖，生产状况一直良好。但从 2003 年 3 月底开始，他发现种虾不断出现死亡、流产、早产等现象，并且产卵量急剧下降，孵化的幼体虾苗也不能正常发育。在对照对虾养殖的技术要求和养殖规范后，他断定自己没做错什么，后来他发现，对虾育苗室的墙体出现了裂纹。分析各种原因，他想到了周边环境的变化。因为种虾育苗室附近正在筹建电厂，许多大型施工车辆频繁地从育苗室旁通过，产生巨大的噪声，地面也因此产生剧烈震动，同时扬起大量灰尘。他推断由于以上原因致使苗室的墙体被震裂，种虾受惊扰而异常死亡。

在这种情况下，刘某多次找到电厂的建设和施工单位，要求他们的车辆绕道而行，停止侵害，但均没有结果。迫于无奈，刘某向天津海事法院秦皇岛审判庭起诉了电厂筹建处和施工单位——北京蓝天建筑工程公司，请求法院

依法判令两被告赔偿其经济损失37余万元。

为确定损失原因，刘某申请唐山市水产局渔政处对事故及损失予以调查鉴定。有关水产养殖专家组成专家组，对日本对虾在产卵期间性腺退化、产卵量急剧下降的原因进行了现场调查评估。专家认为现场温度、盐度、pH值、光照、诱饵及技术数据均符合日本对虾育苗技术操作的规范。通过采样观测及对周围环境因子的综合评估，专家一致认为，大量重载车辆长时间通行产生的震动惊扰是使部分种虾非正常死亡、性腺退化、产卵量骤然下降的直接原因。

经法庭开庭审理，此案属于侵权损害赔偿案件。据天津海事法院有关人士透露，因噪声、震动等污染形式致使生物受到侵害，造成经济损失，该案在国内尚属首例。虽然噪声、震动造成种虾死亡、减产、发育异常的情况比较罕见，但在此案中因果关系经专家评定还是比较明确的。在事实认定的基础上，双方最终达成调解协议：被告北京蓝天建筑工程公司同意补偿原告刘某人民币8万元整。

养殖户刘某通过法律维护了自己的合法权益。该案的审结对今后因噪声污染致使生物养殖受损事件具有一定的借鉴价值。

〔思考题〕

试分析本案中民事责任的构成要件。

【案例】 沱江污染首例赔偿诉讼提起　一受害市民状告川化集团[1]

〔案情〕　一名沱江特大污染事故中受害的四川省内江市市民段正银正式向成都市青白江区人民法院提起诉讼，要求责令川化集团有限责任公司赔偿其经济损失26元人民币。这也是事故发生以来的第一起受害群众起诉川化集团案件。

段正银诉称，川化集团的行为系非法排污，严重损害了原告及广大群众的身体健康，造成了一定的经济损失，要求法院判令被告赔偿原告经济损失26元。

段正银表示，他所要求的只是象征性赔偿，按每天损失1元计，污染长达26天，共计26元。他说："我的目的是抛砖引玉，希望借此提高人们的法律意识，引导或启示人们勇于维权、善于维权，为沱江沿岸受害群众伸张正义，为大

① 据新华社：《沱江污染首例赔偿诉讼提起，一受害市民状告川化集团》，《中国环境报》2004年4月15日。

家讨回公道。”

今年2—3月，位于成都市青白江区的四川省大型化工企业川化集团控股的川化股份有限公司第二化肥厂，违规技改并试生产，设备出现故障，氨氮含量超标几十倍的废水随滚滚江水倾泻而下，导致沱江流域严重污染，沿岸百万群众生活饮用水被迫中断20余天，直接经济损失超过1亿元。

段正银说，他亲历了“水荒”，目睹了人们缺水时的景况，看到了党和政府为战胜“水荒”所作出的努力。但是，至今为止，还未出现一例受害单位或个人提出索赔的情况。为数众多的受害单位和个人，明知自己的权益受到非法侵害，却不懂得维权或不善于运用法律武器维权，从而有可能使违法者逍遥法外。为此，他以个人名义向排污责任者提出诉讼。

〔思考题〕

(1)原告是否适格?

(2)本案赔偿的范围是哪些?

【案例】 公交车站进社区引来噪声官司①

〔案情〕 家住北京市朝阳区利泽西园小区的刘女士搬入新居已经两年，也烦了两年，因为离家仅数米的地方就是公交车队，每天都有五六十辆车进进出出。从清晨5点至深夜一二点，该车队汽车鸣笛、大脚轰油门、修车作业、司乘人员的喧哗等噪声不绝于耳。刘女士和同样饱受其苦的100多户居民这两年可没少找有关部门，还是没能解决问题。迫于无奈，刘女士和19位邻居一起将北京市公共交通总公司第七客运分公司告上了法庭。北京市朝阳区人民法院望京法庭开庭审理了这起案件。

在法庭上原告举证称，北京市环境保护监测中心于2002年12月28日对被告所属的第十八运营车队产生的环境噪声进行了24小时监测，监测结果为昼间65.3分贝(平均值)，夜间65.5分贝(平均值)，均严重超标。北京市环保局下发通知，要求被告于2003年4月1日前治理达标。但2003年4月14日再次监测，结果为昼间63分贝，夜间55.5分贝，噪声排放仍然超标。因其噪声严重影响了居民的正常工作、生活与休息，所以请求被告立即排除危害，使其排放的噪声达到国家标准，赔偿每位原告1000元，并请求被告承担全部诉讼费用。

---

① 张俊:《公交车站进社区引来噪声官司》,《中国环境报》2004年4月1日。

而被告认为，停车厂有规划许可证、用地许可证，厂地建设也无须环保部门审批，所以是合法建设项目；自己规划在前，原告住房建设在后；该区域应适用二类和四类地区的混合标准。被告还认为该区域噪声来源多，故对两次监测结果均有异议。而自己从事的公交事业是公益事业，为市民的出行提供了方便，若要求其承担民事责任既不合理也不合法。

审判员宣读了对北京市环保局及监测大队相关人员的走访笔录，证明该区域属二类区域，被告所排放噪声超过了二类标准；虽然可要求被告建隔音板或隔音墙，但又会影响低层住户的采光与通风。法庭建议双方和解。原告在商量后同意和解，被告却拒绝了和解要求。法庭宣布择日再审。

〔思考题〕

(1)公交车站能否建在社区？

(2)城市区域及功能划分要考虑哪些因素？

(3)公益事业出现扰民问题时该怎样解决？

【案例】 状告船厂噪声扰民　原告遭遇举证难题①

〔案情〕江苏省南通市中级人民法院开庭审理了中远小区部分居民诉南通中远船务工程有限公司的环境污染损害案。经过原、被告双方的激烈辩论和举证，法庭决定对这起棘手案件择日宣判。

位于南通市中远路北首的南通中远船务工程有限公司与一墙之隔的中远小区部分居民的环境污染纠纷始于2000年。以修船为主业的中远船务工程有限公司(前身为中远船厂)，成立于1977年，而与厂区毗邻的中远居民小区建设于1997年。

据中远小区的部分居民反映，他们刚搬到新居时，中远船务公司订单较少，夜间基本不生产，所以当时该公司对小区的环境污染并不明显。但从2000年以来，中远船务公司接到的修船订单日趋增多，白天夜晚都在施工。敲打船体产生的噪声和利用高压喷枪进行钢板除锈产生的粉尘对中远小区部分住户产生了不同程度的污染，尤其是其夜间产生的噪声，使部分居民无法睡眠、烦躁不安。2000年，中远小区30余户居民联名向南通市环保局投诉中远船务公司污染扰民。

① 高杰:《状告船厂噪声扰民　原告遭遇举证难题》,《中国环境报》2004年3月18日。

南通市环保局对此投诉高度重视。2000 年 9 月和 2002 年 9 月，南通市环境监测中心在晚间 10 点左右，分别对中远小区的噪声状况进行了实地监测。监测结果表明，该小区噪声分别超过有关噪声标准的 4.4～19.2 分贝和 8.2～16.6 分贝。因此，南通市环保局于 2002 年 9 月下发了限期治理通知书，要求中远船务公司在 2002 年年底完成噪声扰民污染源治理，并对该公司下达了行政处罚书。

中远船务公司不服，向南通市政府法制办申请行政复议。市政府法制办复议时撤销了南通市环保局的处罚决定。同时，该市法制办还对市环保局下达限期治理通知书的权限提出了异议。南通市环保局又于 2003 年 9 月 20 日向市政府呈报了《关于对南通中远船务有限公司下达限期治理的请示》，但应由市政府下达的限期治理决定没有及时下达。中远船务公司没有如期完成治理任务，向有关部门呈报了延期治理申请报告。

由于噪声扰民问题迟迟得不到解决，使该小区部分居民上访投诉不断，造成厂群关系紧张。尽管南通市环保局多次进行协调，督促该公司采取治理措施，仍无结果。

2003 年 6 月，中远小区 30 余户居民一纸诉状递到南通市崇川区人民法院，请求法院判令被告中远船务公司停止噪声和粉尘侵害，并赔偿原告精神损害每人 3500 元。2003 年 11 月 18 日，崇川区人民法院对这起案件进行了公开审理。

庭审中，原告提交了南通市环境监测中心的两份《监测报告》、南通市环保局对中远船务公司的处罚通知书、限期治理决定书，以及中远船务公司安全环保部向市环保局提出的延期治理的申请报告，以证明被告产生的噪声超标，构成了侵权损害。同时，原告还向法庭递交了一份《职业卫生手册》，证明被告产生的噪声对人体健康和生活的损害。

而被告中远船务公司在答辩时认为，根据南通市城市环境噪声标准适用区域划分，证明原告所在地区建设居住小区违反了城市规划；根据 2003 年南通市政府分别下发给市环保局的答复通知书和下发给被告的行政复议延长审查期限通知书，证明原告提供的市环保局下达的行政处罚决定书尚未生效；同时，中远小区平面图显示，小区部分住户不直接面对被告。

崇川区人民法院一审认为，对环境污染侵权案件，虽然我国法律规定适用无过错责任原则及其举证责任倒置规则，但对于侵权与损害事实的举证责任不倒置，依然适用“谁主张谁举证”，仍应由受害人(即原告)举证。原告提供的

《监测报告》中的数据，是各种声源形成的噪声总和，没有扣除背景噪声，不能准确地反映出被告对原告噪声干扰程度，对本案缺乏证明力；监测地点在住户窗外1米和厂外1米处，而不是在原告室内，不能准确地反映原告室内的噪声程度；同时，中远小区的环境适用标准应当考虑包括中远小区、被告厂区以及相邻单位在内的区域特点，而不能仅以小区或厂区本身为独立单位予以划分。法院认为监测方法也存在问题。

对原告在听证过程中提供的两份证据，即被告向环保局的申请报告及环保局要求被告抓紧治理的通知，崇川区人民法院以超过举证期限等由未予认定。

崇川区人民法院还认为原告提供的证据不足以证实噪声污染与损害健康事实的成立，驳回了原告要求被告中远船务公司停止噪声和粉尘侵害、赔偿原告精神损害费每人3500元的诉讼请求。

崇川区人民法院一审判决后，中远小区部分居民不服判决，又向南通市中级人民法院递交了上诉状。

〔思考题〕

(1)噪声污染赔偿责任的构成要件是什么？

(2)其免责条件有哪些？

【案例】 屋顶上架设高压线　村民状告华北电网①

〔案情〕 因住宅离高压线过近，致使单姓村民一家9年不能正常生活，2004年12月，单某将华北电网有限公司和华北电网有限公司北京超高压公司告上法庭。北京市宣武区人民法院已受理此案。

原告单某现年61岁，系河北省香河县淑阳镇大王庄村的村民，该村166号院私产属于原告所有。1995年，被告华北电网有限公司在河北省香河县淑阳镇架设500千伏的高压线路，其中120号至121号电塔区间的高压线经过原告所有的宅院上方，最低处距原告房屋仅有3米，最高处也不足10米。原告认为，该高压线的架设严重影响了他们的日常生活，原告一家长期处于高压线的强烈电磁辐射环境，遇有阴天下雨，家人经常触电，家用电器不能正常使

① 韩晓冬、陈静：《屋顶上架设高压线　村民状告华北电网》，《中国环境报》2004年12月2日。

用。9 年来，原告一家的生命安全和身体健康完全没有保障。此外，原告投资兴建的鱼塘和果园也因此荒废。原告向被告反映情况多年，但被告始终不予解决。目前，原告家大部分人为了安全只得搬出世代居住的宅院，另寻住处。原告认为，两被告违反了《电力设施保护条例》中关于"500 千伏高压电线不得少于 20 米保护区的安全距离"规定，并且违反了《民法通则》中的相关规定，侵害了原告的合法民事权益。原告诉至法院，要求两被告拆除位于原告宅院上方的高压电线，消除危险、排除妨碍。原告没有提出索赔要求。

〔思考题〕

(1)本案应当如何适用现行的环境法律、法规？

(2)可否适用 2003 年 10 月 1 日起施行的《放射性污染防治法》？

【案例】 辽阳放射案一审判赔 9 万，受害警员不服判决提起上诉[①]

〔案情〕 2001 年，犯罪嫌疑人张某与女青年王某恋爱关系破裂后蓄谋报复，通过熟人从大连锅炉检验所技术服务公司借出同位素铱－192 放射源。同年 4 月 18 日，张某赶到灯塔市某村王某新恋人家中持刀行凶，由于出警迅速，未能得逞。办案人员灯塔市铧子乡公安分局值班民警高博、赵宏伟和协勤人员李晓福在案发现场发现一条长约 20 厘米的银白色金属"手链"，作为物证带回所里。赵宏伟将其放在办公室值班床下的柜子上，之后，3 人均出现呕吐、脱发、溃烂等奇怪症状，并于同年 5 月下旬确诊是受同位素铱－192 放射源辐射所致。3 名警员不仅基本丧失工作能力，还饱受各种病症折磨和经济方面的困扰。3 人向法院提起诉讼，要求"银手链"所有者辽宁省劳动安全无损检测有限公司辽阳分公司和借出"银手链"的大连锅炉检验所技术服务公司及其主管部门大连市锅炉压力容器检验研究所赔偿共计 780 余万元。期间，犯罪嫌疑人张某因长时间过度辐射病死狱中。

法院经审理认为，辽宁省劳动安全无损检测有限公司辽阳分公司明知放射源为危险品，违反危险品管理规定，不经有关部门备案就将放射源借出，应承担 10％的责任；大连市锅炉检验所技术服务公司在借用放射源后，未能妥善保管并将其借给没有使用资格的张某，应承担 30％的责任；张某将放射源

---

① 丁冬：《辽阳放射案一审判赔 9 万，受害警员不服判决提起上诉》，《中国环境报》2005 年 4 月 2 日。

扔在现场是故意行为，应承担50%的责任；3名警员未能按照有关规定将放射源在内的涉案物品进行妥善处理，应承担10%的责任。根据相关法规，分别判赔3名警员医疗费、交通费等98102.79元。3名警员认为，法院判决应承担50%责任的张某早已死亡，承担不了任何实质性责任。另外，不到10万元的赔偿连医疗费用都不够。3名受害警员均不服判决提起上诉。

〔思考题〕

本案体现了何种民事责任的承担原则？

【案例】 认定炼油区污染生活环境　患病少女告石化索赔百万[①]

〔案情〕 南京市金陵石油化工设计院工程师方英翰一家三口平静而快乐的日子，在2004年大年三十被彻底打破。这天，方英翰年仅16岁的女儿方圆被确诊为急性淋巴细胞白血病(以下简称为“白血病”)。主治医生问起方圆的居住和生活环境，方英翰说方圆是在金陵石化炼油厂生活区长大的，医生“哦”了一声。就是这意味深长的一声感叹，成为日后方英翰对金陵石化公司等3家企业提起诉讼的最初原因。

2004年9月，方圆及其父母以环境污染造成损害为由，将中国石化集团金陵石油化工有限责任公司炼油厂(以下简称为“炼油厂”)、中国石化集团金陵石油化工有限责任公司(以下简称为“金陵石化”)和中国石油化工股份有限公司金陵分公司告上了法庭，要求法院判令被告赔偿其已花费的医疗费54万元及可预见必须的后续医疗费15万元，精神抚慰金26万元，交通费、住宿费等5万元，共计人民币100万元。

方英翰诉称，自方圆出生的1988年至其10岁的1997年，自己一家一直居住在炼油厂生活区，而生活区遭3被告的各个生产企业包围，炼油厂的生产原料、产品大多含有毒物质，且被告未能依法采取有效的环保措施，严重污染了原告生活环境，造成了方圆身患白血病，故要求3被告承担损害赔偿责任。

3被告未提交答辩状，选择了当庭答辩。3被告认为，方圆所患白血病与其所居住的环境有关的说法是缺乏科学和事实依据的，其病因不明，没有医疗或研究机构能够证明其疾病是污染所致；同时，被告公司严格执行了各项环境

① 张俊：《认定炼油区污染生活环境　患病少女告石化索赔百万》，《中国环境报》2005年7月14日。

法律、法规,废弃物排放符合国家规定的标准。

针对被告的答辩,原告代理律师南京利德丰律师事务所的李宏志律师说,化工产业属于重污染行业,被告所举的证据中,只有其1997年后进行整改、更换设备等的资料,但是,对于方圆来说,在被告没有举出证据的1988—1997年这长达10年的时间里,损害早已发生,只是潜伏着未发作出来。另外,环境状况达到国家规定的标准仅能证明原告排放的污染是控制在一个合法的尺度,但是,国家制订的排放标准只是针对大多数成年人可以承受的程度,当污染对象是一个处于生长期的、免疫机能尚未发育成熟的儿童,其造成的损害后果将极为严重。

〔思考题〕

符合标准排污导致的损害是否要承担民事责任?为什么?

【案例】 致残疑因磁辐射　母女索赔10万元[1]

〔案情〕 刘小姐一出生就被确诊为发育不良,8岁时右肾又被切除。其母亲沙女士认为,女儿的不幸全是原单位的高电磁辐射设备造成的。北京市宣武区法院依法受理了这起母女作为共同原告的人身损害赔偿案。

原告沙女士今年47岁。1983年10月,沙女士的原单位北京检测仪器有限公司因工作需要,将3台具有高电磁辐射的设备放置于原告办公室隔壁和门口使用,使原告怀孕期间在高电磁辐射环境下工作,致使其女儿(1984年9月出生,即刘小姐)出生后体质极差,被确诊为发育不良。1992年7月,原告刘小姐进行了右肾切除手术。

原告认为,被告北京检测仪器有限公司侵犯了原告的生命健康权。为此,原告起诉要求被告为刘小姐进行伤残鉴定、支付残疾赔偿金(数额待定),并要求被告支付刘小姐的医疗费、营养费、继续治疗费、其他经济损失及精神损害抚慰金10万元。

〔思考题〕

本案应当如何适用现行法律?

---

① 韩晓冬:《致残疑因磁辐射　母女索赔10万元》,《中国环境报》2004年11月22日。

【案例】 浙江省临安市西天目乡雷竹园因受废气污染遭损失①

〔案情〕 浙江省临安市西天目乡鲍家村一农户的雷竹园因受临安市三力电池有限公司的废气污染而蒙受经济损失，近日得到1.4万元的补偿。

农户陶锡荣的1.7亩雷竹园坐落于临安市三力电池有限公司北面，距该公司数十米。2003年9月以后，该公司的煤烟和熔化沥青废气污染越来越严重，导致附近的雷竹园竹叶逐渐变黄脱落，出笋产量下降，竹笋收入仅2000元，经济收入比原来减少80%以上。

陶锡荣把这些情况向临安市环保局反映以后，市环保局会同林业竹笋研究所、农业部门的专家一同前往现场勘查，经分析和监测，确认该农户雷竹园竹笋减产是临安市三力电池有限公司排放的废气污染所致，排除了病虫害危害和管理方面的原因。上述有关部门还为该农户出具了书面证明。农户拿着书面证明和该公司理论，该公司却一拖再拖。

2004年6月，陶锡荣一纸诉状将该公司告上法院，该公司老板才觉醒过来，主动找陶锡荣商量，表示愿意补偿。9月中旬，在乡政府的协调下，双方达成协议，临安三力电池有限公司给陶锡荣的雷竹园补偿经济损失1.4万元。陶锡荣随之到法院撤了诉。

〔思考题〕

环境民事权益的维权途径有哪些？

---

① 黄裕侃、周玉龙：《废气侵竹园，农产获赔偿》，《中国环境报》2004年9月27日。

第三章
环境行政责任

第一节　环境行政责任概述

一、环境行政责任的概念

【案例】 山东省淄博市淄川区两企业违法排污不服环保行政处罚将环保部门告上法庭①

〔案情〕 2004年1月,淄川区环保分局的环境监察人员发现岭子镇兴达耐火材料厂和山东淄川鑫达耐火材料厂不正常使用煤气发生炉,造成对大气环境的污染。环境监察人员当场制止了两企业的违法行为,并按相关执法程序制作调查询问笔录,两企业承认违法行为属实。淄川区环保分局遂分别向两企业送达行政处罚事先告知书和行政处罚听证告知书,两企业在法定期限内均未提出申辩或要求听证,环保部门随后又向两企业送达行政处罚决定书。随后,两违法排污企业以"事实不清,证据不足"为由向淄川区人民法院提起诉讼。环保部门自查整个执法过程事实清楚、证据充分、程序合法,遂积极应诉。而两企业却在开庭之时提出撤诉,表示服从行政处罚。

据悉,两违法企业在撤诉后的3天内,已先后缴纳行政罚款共计4万元。

〔思考题〕

(1)什么是环境行政责任?环境行政责任有哪些特点?

(2)环境行政责任的构成要件是什么?

所谓环境行政责任,是指违反环境法,实施了破坏或者污染环境行为的单

① 余景煌、田明湖:《淄川了结两起环保官司》,《中国环境报》2004年5月17日。

位或者个人所应承担的行政方面的法律责任。

上述定义中的"单位"是指法人和其他组织。法人是指具有民事权利能力和民事行为能力,依法独立享有民事权利和承担民事义务的组织。具备的条件是:依法成立,有自己的名称、组织机构和场所,有必要的财产或者经费,并可以自己单位的名义承担民事责任的社会组织。根据《民法通则》的规定,法人分为企业法人和非企业法人,后者包括国家机关、企事业单位和社会团体法人和在我国境内的外国法人以及港、澳、台地区法人。"其他组织"是指未取得法人资格的社会组织。"个人"是指到达法定年龄并具有民事行为能力的自然人,包括我国公民和在我国境内的外国人以及无国籍人。

承担环境行政责任者(以至民事责任、刑事责任者)还包括在履行环境保护监督管理职责的环境保护监督管理机构工作人员中的滥用职权、玩忽职守或者徇私舞弊而触犯法律者。

追究环境行政责任者的法律依据,如前所述,包括一切环境法律、法规、规章和具有普遍约束力的决定、命令。

二、环境行政责任的构成要件[①]

(一)环境行政责任构成要件的含义

环境行政责任的构成要件是指承担环境行政责任者所必须具备的法定条件。就是指依法追究环境行政责任时,违法者所必须具备的主、客观条件,这些条件是由《环境保护法》所规定的。

环境行政责任的构成要件与环境行政违法行为不同。前者是确定行为者承担环境行政责任的规格、标准,后者则是环境行政责任构成要件的重要组成部分和基础;没有破坏或者污染环境的违法行为,就谈不上确定行为者是否存在环境行政责任构成要件的问题。但是,要确定行为者的环境行政责任,仅仅存在环境违法行为是不够的,还必须查清行为者是否有过错、违法行为是否造成危害结果等。

(二)环境行政责任的4个构成要件

【案例】 1. 云南省鑫裕集团股份公司先后非法占用林地9.4公顷。目

① 韩德培:《环境保护法教程》,法律出版社2003年版,第292~293页。

前已被责令补办相关手续。

2. 四川省成都铁路局桐子林采石场违法占用盐边县林地 6.4 公顷,无证采伐林木 335 立方米。当地林业部门已对责任单位进行了行政处罚。

〔思考题〕

分析上述案件中环境行政责任的构成要件。

根据环境法的规定,环境行政责任的构成要件包括:行为违法,行为有危害后果、违法行为与危害后果之间有因果关系和行为者有过错等 4 个要件。

1. 行为违法

行为违法指行为人(包括单位和自然人,下同)实施了破坏或者污染环境的行为因而违反了环境法。这是环境保护领域中行为者承担环境行政责任的第一个必要条件。这些违法行为,如《环境保护法》第 35 条的规定:拒绝环境保护监督管理部门现场检查、拒报或者谎报污染物排放申报事项、不按照国家规定缴纳超标排污费等。

关于排污单位超过国家或者地方规定标准排放污染物是否属于违法行为的问题,在 1999 年底以前,应当认为一般不属于违法行为,因而也不应承担行政责任。只有在一定条件下,即排污单位擅自拆除或者闲置防治污染设施,所排放的污染物又超过规定标准时,才算违法,并要承担相应的环境行政责任。如前所述,1999 年 12 月 25 日和 2000 年 4 月 29 日,经修订后的《海洋环境保护法》和《大气污染防治法》则明文规定,超过规定标准向海洋或者大气环境排放污染物者,属于违法行为。不过,在其他领域中,即在陆地水体、固体废物、环境噪声等,只有在相关的法律作了同样的修改之后,才能对超标排污者的行为界定为违法。

2. 行为有危害后果

行为有危害后果指违法行为造成了破坏或者污染环境的后果,例如采伐林木者未按照规定完成更新造林任务,造成水土流失者;排污单位擅自闲置或者拆除防治污染设施致使排放的污染物超标,致使农作物或鱼类死亡等。

值得注意的是,《环境保护法》和环境保护单行法的许多环境行政责任规范中,并未将危害后果规定为承担环境行政责任的必要条件。如《环境保护法》第 35 条、第 36 条和第 37 条的规定等。这体现了《环境保护法》"预防为主"的基本原则,行为只要实施了破坏或者污染环境的行为,即使未造成危害后果，也应追究其环境行政责任，给予相应的行政制裁。但是，在另一些场合，《环境保护法》却明文规定，只有在具备危害后果时才承担环境行政责任。例如《环境保护法》第38条的规定，该条款并规定："情节较重的"还要追究有关责任人员的环境行政责任。

可见，"危害后果"的法律意义不尽相同。在一些场合，即在法律明文规定的情况下，它是承担环境行政责任的构成要件；在另一些场合，它不是承担环境行政责任的构成要件，只是对违法者给予行政制裁的从重情节；还在一些场合，只有在情节严重时，危害后果才成为追究有关责任人员环境行政责任的构成要件。

3. 违法行为与危害后果有因果关系

违法行为与危害后果有因果关系指违法行为与该行为所造成的破坏或者污染环境后果之间存在着内在的、必然的联系，而不是表面的、偶然的联系。例如某鱼塘鱼类的大批死亡，经环境监测确认系由附近某化工厂因发生事故大量超标排放污染物所致，而不是其他单位的排污行为或者其他行为（如投毒）所造成。这时，才可认定该化工厂的排污行为是造成鱼类大批死亡的原因，该鱼塘的鱼类死亡便成为化工厂排污行为造成的危害后果。它们之间存在着必然的因果关系。

但是，现实生活中的因果关系往往比较复杂，多因一果、多因多果的情况比较常见。因此，必须坚持从客观事物的内在、必然联系出发，排除非人为（如自然灾害）的因素，正确区分因果关系锁链中的主、次环节（即主因与次因）、原因与条件（如鱼塘内的污染物种类、浓度与当时气候异常）的界限。

确定环境行政责任构成要件中的因果关系，必须坚持直接因果关系，而不适用污染损害赔偿的"因果关系推定"原则。在不以危害后果为环境行政责任构成要件的场合，则不需要确认因果关系的问题。

4. 行为者有过错

行为者有过错指行为者实施破坏或者污染环境违法行为时的心理状态，分为故意与过失两种，行政法律责任中过错的概念，一般参照《刑法》的规定。"故意"是指行为者明知自己的行为会造成破坏或者污染环境的危害后果，并且希望或者放任这种危害后果的发生。从上述定义可知，故意分直接故意和间接故意两种：如果行为者希望危害后果发生，称直接故意；如果放任其发生，则称间接故意。"过失"是指行为者应当预见自己的行为可能发生破坏或者污染环境的危害后果，因为疏忽大意而没有预见，或者已经预见而轻信可以避免，以致发生这种危害后果的心理状态。从上述定义可知，过失也分疏忽大意过失与过于自信过失两种。因疏忽大意本应预见而没有预见致使危害后果发生的，称疏忽大意过失；因轻信可以避免而未能避免致使危害后果发生的，称过于自信过失。

我国现行环境保护法，对故意实施破坏或者污染环境行为，一般都规定应当追究其环境行政责任。对过失行为，在一定条件下则规定不予追究。例如《环境保护法》第35条第1款中的“一”和“二”，如果不是拒绝、拒报、弄虚作假，而是因疏忽大意而忘却或者计算错误，就不应追究其环境行政责任。需要注意的是，一些违法行为既可以是故意也可以是过失造成的。区分故意与过失心理状态的意义在于：过错的形式不同，对其惩罚的程度也应有区别。故意表明行为者“明知故犯”，比过失行为的社会危害性大。在同等损害后果的场合，对其处罚应比过失的重。过错形式影响处罚程度这一情况，是环境行政责任与环境污染赔偿责任的重要区别之一。

实践中，间接故意与过于自信过失这两种心理状态容易混淆。因为两者对危害后果都有一定程度的预见，并都不希望危害后果发生。但是，只要仔细分析就可看出，两者在希望和预见程度上是有差别的，因而在行为上也不同。间接故意对危害后果的发生表现为有意放任，且不采取任何防止危害后果发生的行为；过于自信过失只是过高地估计了自己的经验、技术能力等认为可以避免危害后果的发生，并在危害后果发生之前一般都采取了避免其发生的措施。

从上述可知，行为违法和有过错，是承担环境行政责任的必备条件；危害后果和违法行为与危害后果的因果关系，则只有在法律明文规定的场合才成为行为者承担环境行政责任的必要条件。故可将前者称为承担环境行政责任的“必要条件”，后者则称为“选择条件”。

三、行政制裁的概念[①]

（一）行政制裁的定义

行政制裁是指环境保护监督管理部门对违反环境法而承担行政责任者，依法实施的惩罚措施。

对环境保护监督管理相对人（以下简称“相对人”）的行政制裁，是为了申

① 韩德培：《环境保护法教程》，法律出版社2003年版，第296页。

明环境保护义务的严肃性,惩罚恣意破坏或者污染环境者,教育人们自觉地保护和改善环境,恢复受到违法行为侵害的环境保护权益和监督管理秩序;对于环境保护监督管理机关及其人员的行政制裁,则是惩罚那些滥用职权、玩忽职守或者徇私舞弊者,防止渎职,以教育环境保护监督管理人员忠于职责,公正实施环境保护监督管理权,依法办事。

环境保护法中的行政制裁,分为行政处罚和行政处分两大类。它们均属于行政惩罚的性质,但与行政强制执行不同。行政制裁与行政强制执行都是行政机关的具体行政行为,但两者存在着明显的区别:前者是行政机关对承担环境行政责任者的惩罚措施,其形式如警告、罚款、责令停业等;后者是对不履行行政惩罚措施者依法强制其履行所采取的一系列措施。如当相对人受到罚款的行政处罚,在法定期限内不申请复议,也不提起行政诉讼,又不缴纳罚款时,环境保护监督管理部门可依法向人民法院申请强制执行,人民法院经受理并作出通知银行协助其从账单上划拨、或者变卖其财产以抵缴罚款等;前者属于行政惩罚的性质,后者则是为了使行政机关作出的惩罚措施得以落实,是实现行政制裁的手段,而不是行政制裁本身。此外,在两者的救济程序、时效期限以至实施主体也有不同。在环境保护领域中,行政机关大都不具备实施强制执行的权力,而必须依法向人民法院提出申请,由其实施。

(二)行政制裁的特点①

环境保护法中的行政制裁,与其他部门法的行政制裁具有许多共同点,如遵循"责任法定"原则;"责任的大小与制裁的轻重相当"原则;实施制裁的目的具有"惩罚与教育相结合"的双重性;都必须由特定的行政机关并依照法定的程序实施等。但也具有自身的一些特点:

1. 行政制裁必须体现环境保护法的立法目的。如前所述,保障人体健康,促进经济、社会的可持续发展,是环境保护法的目的。毫无疑问,它也必然是行政制裁的目的,就是说,行政制裁不仅是为了惩罚和教育违法者,还要通过制裁来保障人体健康、促进经济、社会持续发展。这需要通过"利益衡量"来处理好保障人体健康、促进经济、社会持续发展与行政制裁的关系,务必使行政制裁有利于环境保护法目标的实现。尤其在具体适用行政制裁的形式时,更是如此。

2. 行政制裁必须体现可持续发展的指导思想。可持续发展要求环境保

① 韩德培:《环境保护法教程》,法律出版社 2003 年版,第 296 页。

护监督管理部门在依法实施行政制裁时必须做到：凡是破坏环境而依法应令其恢复时，坚决不能只罚款了事。例如《森林法》对盗伐、滥伐林木尚未构成犯罪者，除规定了没收、罚款、赔偿损失等制裁措施之外，还规定由林业主管部门责令限期补种盗伐、滥伐株数若干倍的树林。这时，执法部门必须依法责令其补种，以恢复被破坏的植被；又如，凡是污染严重的单位依法应当关闭的，就必须坚决关闭，决不手软；再如，经修改后施行的《水污染防治法》、《大气污染防治法》和《海洋环境保护法》都增设了责令改正、责令限期改正的制裁形式，这些规定连同原规定中的责令恢复正常使用或者限期重新安装使用等，都体现了可持续发展的指导思想。

3. 行政制裁必须严格区分制裁的主体和对象。众所周知，环境保护法规定实施行政制裁的主体因制裁的种类而别。行政处罚由环境保护监督管理部门实施；行政处分则由受处分者的单位或者上级行政机关、监察部门实施；行政制裁的对象包括相对人和环境保护监督管理者。前者如破坏或者污染环境的单位和个人，后者则是履行环境保护职责的公职人员。环境保护法规定对他们的行政制裁种类也是不同的。对单位和非履行环境保护职责的个人是行政处罚，对履行环境保护职责的公职人员则是行政处分。两种制裁种类在指导思想、目的、作用，制裁的形式、情节、程序以至制裁的救济措施、时效期限等，都有严格的区别，不应混淆。在环境保护实践中，因未严格区分行政制裁对象致使制裁决定被人民法院判决撤销的案例时有发生，值得吸收教训。

第二节　环境行政处罚

一、环境行政处罚的概念[①]

（一）环境行政处罚的定义

【案例】 神木县环境行政处罚案[②]

〔案情〕 2004年10月10日早晨，神木县城区饮用水出现了焦油味，部

① 韩德培：《环境保护法教程》，法律出版社2003年版，第297～300页。

② 王安、王世焕：《神木水污染事件责任者受处罚》，《中国环境报》2004年12月6日。

分居民饮用后出现头晕、恶心、呕吐等症状。10月12日，神木县自来水公司将污染水排放到窟野河，造成窟野河下游再度污染。10月13日，榆林市环保等部门发现神木县燕家塔龙华煤化工有限责任公司的储藏罐在排放焦油。据调查，由于这家公司职工季某、蒋某、沈某3人将储藏罐上的1个器件拆走，使得含酚的废油流入乌兰木伦河，污染水流经窟野河后，经渗渠渗入到水井，最后到达自来水供应终端家庭。11月26日，榆林市环保局决定对龙华煤化工有限责任公司处以15万元的罚款；神木县卫生局决定对县自来水公司处以5000元罚款；神木县公安局决定对直接责任人季某、蒋某、沈某3人立案查处。神木县监察部门将按有关程序对龙华煤化工有限责任公司和神木县自来水公司的有关责任人进行严肃处理。

〔思考题〕

(1)本案中环境行政处罚机关和对象分别是什么?

(2)有哪些环境行政处罚形式?

(3)环境行政处罚有哪些特点?

〔法律分析〕

1. 环境行政处罚的概念

环境行政处罚是指环境保护监督管理部门对违反环境法而破坏或者污染环境，但又不够刑事惩罚的单位或者个人实施的一种行政惩罚措施。

“环境保护监督管理部门”是指《环境保护法》第7条所规定的县级以上人民政府环境保护行政主管部门和其他依照法律规定行使环境保护监督管理权的部门。其中，对环境污染防治实行监督管理的有海洋、海事、港监、公安、交通、铁道、民航管理部门；对自然资源保护实施监督管理的有县级以上人民政府的土地、矿产、林业、农业、渔业、水利行政主管部门。根据《环境保护法》第39条第2款的规定，在某些环境违法行为中，县级以上人民政府也行使环境行政处罚权。例如，对经限期治理逾期未完成治理任务的企业事业单位，可由作出限期治理决定的人民政府责令其停业、关闭。

从上述定义可知，受到环境行政处罚的行为，是属于违反环境法中的行政规范的行为，而不是属于违反环境保护法中的刑事规范，即“不够刑事惩罚”的行为，就是说，与犯罪行为相比较，环境行政处罚是对违法情节或者危害后果较轻的行为实施，但是，如果情节或者后果较重，其行为具备了犯罪构成的诸要件，则必须由司法机关追究其刑事责任，而“不得以行政处罚代替刑事处罚”。

从上述定义还可知，环境行政处罚的对象是实施了破坏或者污染环境的行为，而违反了环境法的单位和个人，但不应包括正在履行环境保护公职的国家机关、企业事业单位中的工作人员。因为，根据环境法的规定，这些工作人员造成环境破坏或者污染事故，情节较重的，将受到行政处分，而不是环境行政处罚。

2. 环境行政处罚的特点

指环境行政处罚与其他法律制裁或者其他具体行政行为的不同点，即环境行政处罚所固有的属性，它们是：

(1)环境行政处罚的主体是国家特定的行政机关和法律、法规授权的组织。“特定的行政机关”是指在环境保护领域中依法享有环境行政处罚权的行政机关，而不是任何国家行政机关，更不是任何国家机关(如权力机关、审判机关等)；享有环境保护行政处罚权的行政机关也只能在法定监督管理范围内实施环境行政处罚，否则，就是违法，其环境行政处罚决定无效。《行政处罚法》规定，环境保护监督管理机关可以依据法律、法规或者规章的规定，授权给具有管理公共事务职能的组织，或者委托给符合法定条件的组织实施行政处罚权，被授权或者受委托的组织必须在法定范围内实施行政处罚，否则属于违法。我国环境保护法中尚未设置有关授权的条款，但“委托”则在《环境监理工作暂行办法》中早已有规定，国家环境保护总局于1999年5月31日《关于委托环境监理机构实施行政处罚有关问题的复函》中，也重申了环境保护行政主管部门可以委托符合法定条件的组织行使环境行政处罚权。受委托的环境监督管理机构只能依委托机关即环境保护行政主管部门的名义作出环境行政处罚，否则也属于违法。

(2)环境行政处罚的对象是相对人中的违法者。即因破坏或者污染环境而违反了环境法应受到环境行政处罚的单位或者个人，他们与监督管理部门之间存在着被监督管理与监督管理的行政法律关系。民事争议的对象是平等民事法律关系主体的一方。环境行政处罚对象与民事对象的这种不同，决定了对环境行政处罚决定不服与对民事争议调解处理不成向人民法院起诉程序上的区别，前者属于解决行政机关与相对人行政争议的行政诉讼，后者属于解决平等当事人民事纠纷的民事诉讼。

(3)环境行政处罚的性质是行政制裁。它不仅与民事制裁、刑事制裁的性质不同,也与环境保护监督管理部门的其他具体行政行为有别。这些具体行政行为如审批环境影响报告书(含报告表、登记表)、环境保护设施竣工验收、现场检查、征收排污费等。这些行为虽与环境行政处罚同属于行政部门的具体行政行为,但在行为的性质、作用、对象、内容以至程序、时效等,都有明显的区别:①性质不同。环境行政处罚具有行政惩罚的性质;其他具体行政行为则不具备这种性质。②对象不同。环境行政处罚的对象是违反环境法而依法承担环境行政责任的单位和个人;其他具体行政行为的对象并不具备违法性的相对人,他们只有在不履行法定义务(如不按时缴纳排污费)或者实施了法律所禁止的行为(如在申报登记中弄虚作假、拒绝环境保护部门现场检查等)而成为违法者时,才成为环境行政处罚的对象。③内容不同。环境行政处罚的形式包括警告、罚款等;其他具体行政行为除前面列举之外,还包括接受申报登记、发放排污或者采伐许可证、申请强制执行等。④程序不同。环境行政处罚依照《行政处罚法》和各行政部门发布的行政规章(如国家环境保护总局发布的《环境保护行政处罚办法》等),这种程序一般比较严格;其他具体行政行为则依照有关的行政法规、规章规定的程序。如《建设项目环境保护管理条例》、《取水许可制度实施办法》、《征收排污费暂行办法》等规定的程序。⑤时效不同。不服环境行政处罚决定和不服其他具体行政行为,都可以向人民法院提起行政诉讼,但前者的时效一般为 15 天,后者一般为 3 个月。

(4)环境行政处罚是行政机关单方性强制性行为。环境行政处罚是环境保护监督管理部门对于承担环境行政责任者给予惩罚的单方行动,不依相对人的意志为转移。倘若当事人不履行处罚决定,又不申请复议,也不向人民法院起诉,行政机关可在时效期限内申请人民法院强制其履行。这与环境污染民事赔偿纠纷的调解处理不同,后者经行政部门调解,当事人可凭自己的意愿达成协议,如果调解不成或者达成调解协议之后一方不履行,行政机关无权向人民法院申请强制执行。

(5)环境行政处罚具有时效性,环境保护领域中行政处罚的时效,是指环境保护监督管理部门对承担环境行政责任者给予行政处罚的有效期限。超过此期限,则不得给予环境行政处罚。《行政处罚法》第 29 条规定:“违法行为在 2 年内未被发现的,不再给予行政处罚。法律另有规定的除外。前款规定的期限,从违法行为发生之日起计算;违法行为有连续或者继续状态的,从行为终了之日起计算”。

从上述规定可知,环境保护监督管理部门在 2 年内未发现违法行为,超过此期限之后无论何时发现，均不得给予行政处罚；法律另有规定的除外。其中的“行为有连续或者继续状态”，是指行为人连续实施同一违法行为，例如排污单位擅自拆除或者闲置水污染物防治设施并连续超过规定标准排放污染物的，这种行为便属于“连续”或者“继续”状态，对其环境行政处罚时效的计算，应从其最后一次超标排污行为起算。

法律关于环境行政处罚时效的设置，体现了行政执法的严肃性，它要求行政机关提高责任心，认真行使环境保护监督管理权，及时发现并依法对违法者实施环境行政处罚；对违法者企图逃避环境行政处罚的侥幸心理也是一种警诫。只要未超过此期限而被查获的，就一定要受到环境行政处罚；该项规定也体现了处罚与教育相结合原则，只要违法者未继续违法，知错就改，而以前的违法行为又超过处罚时效期限，就可不必给予环境行政处罚。

从上述规定还可知，环境行政处罚的时效是我国环境行政处罚领域中一项新规定，这与《民法通则》和《刑法》关于时效的规定不同，具有自身的特点。此外，环境行政处罚还具有行政制裁的共同特点。

二、环境行政处罚的原则①

环境行政处罚原则，是指立法机关设置环境行政处罚规范和执法、司法部门实施环境行政处罚时必须遵循的指导思想。它贯穿于整个环境行政处罚过程，是具有约束力必须普遍遵守的法律规范，也是使行政机关的环境行政处罚决定合法和适当的法律保障。

根据《行政处罚法》和《环境保护行政处罚办法》等的规定精神，可将行政处罚原则概括为：依法实施行政处罚原则，公正、公开原则，行政处罚轻重与环境行政责任大小相当原则，处罚与教育相结合原则，受行政处罚不免除民事责任原则等。

【案例】 兴宁市某水泥厂对环境行政处罚不服行政复议案②

〔案情〕 梅州市政府审结自《行政复议法》实施以来的首宗环保行政复议案件，就兴宁市某水泥厂不服梅州市环保局行政处罚提出的行政复议案作出复议决定，维持梅州市环保局对该厂作出的环境行政处罚决定。

---

① 韩德培：《环境保护法教程》，法律出版社 2003 年版，第 301～303 页。

② 徐建全：《梅州审结首宗环保行政复议案》，《中国环境报》2004 年 9 月 2 日。

为确保重点工业污染源全面达标排放，梅州市政府于2003年3月发出《关于对水泥立窑生产企业下达限期治理任务的通知》，依法对兴宁市某水泥厂下达限期治理，明确要求该厂在2003年12月完成立窑窑尾粉尘的治理任务，但该厂逾期没有完成任务，梅州市环保局于2004年6月依法对该厂作出了罚款5万元的行政处罚决定。该厂不服，向梅州市政府申请行政复议，请求撤销市环保局作出的行政处罚决定。

梅州市政府依法对该厂提出的行政复议进行了受理，并对梅州市环保局作出的行政处罚决定进行了严格审查，认为梅州市环保局作出的行政处罚事实清楚、程序合法、证据充分、适用法律依据正确，自由裁量适当，决定维持梅州市环保局作出的《行政处罚决定书》。

〔思考题〕

本案中体现了环境行政处罚的哪些原则？

〔法律分析〕

(一)依法实施环境行政处罚原则

也称环境行政处罚法定或者合法性原则。是指环境保护监督管理部门必须严格依照环境法规定的处罚依据、形式、幅度和程序对承担环境行政责任者实施环境行政处罚。

该项原则包含以下三方面的内容：

1. 环境行政处罚必须有法定的依据。第一，实施环境行政处罚的机关必须依法享有环境行政处罚权(包括对该违法行为的管辖权)；第二，法有明文规定方可给予环境行政处罚。即该违法行为依照环境法的规定应当给予环境行政处罚，而不是给予其他法律制裁。如前所述，环境法规定，造成环境破坏或者污染事故的单位，情节较重的，对有关责任人员应由有关部门给予行政处分，而不是环境行政处罚。

2. 必须严格依照环境法规定的形式与幅度给予环境行政处罚。例如，违反了《大气污染防治法》，未采取有效污染防治措施向大气排放粉尘等含有毒物气体的，由环境保护监督管理部门责令停止违法行为，限期改正，可以并处五千元以下罚款。执法机关不得任意处以其他环境行政处罚形式；又如，环境法在一些场合授权执法机关可以自由裁量，确定处罚形式和幅度。这时，也必须根据违法者的情节在法定的形式和幅度内给予环境行政处罚。避免畸轻畸重、显失公正。

3. 必须依照法定程序实施环境行政处罚。《行政处罚法》规定了简易程序和一般的处罚程序，并规定了管辖、立案调查、检查、回避、听证、审查、决定、告知权等具体制度和程序，以保证环境行政处罚程序的合法、公正，环境保护监督管理机关及其执法人员如若违反，例如作出处罚决定之前依法需要举行听证而当事人又要求听证，执法机关无正当理由不予采纳的，环境行政处罚决定无效。

【案例】 某县化肥厂水污染事故案①

〔案情〕 江苏省苏北地区某县化肥厂尿素车间在开车投料过程中，因吸收塔视镜被刺伤，紧急停车后致使大量液氨通过排污口未经处理直接外排水域，时间长达 1 小时，造成鱼、虾大面积死亡的水污染事故，直接损失 20 万元。事故发生后不久，环保部门、渔业部门即先后赶赴现场进行勘察，调查取证，几天后，渔业部门率先作出了对该厂罚款 2000 元的行政处罚决定。

该县环保部门的执法办案人员，在研究此案时，发生了很大的争议。

争议一，环保部门就此突发性事故是否可以依法处罚。意见一，该厂客观上已形成了水污染事故，造成一定水域内鱼、虾死亡，可以直接依据《水污染防治法》第 6 章第 53 条之规定，予以处罚。意见二，当时该厂在十分危急的情况下，从人身安全角度出发，卸掉塔内压力系统，致使氨水直接外排，依据法学“紧急避险”的理论，不宜进行处罚。况且鱼、虾死亡并不可以完全认定是该厂污水造成，不排除有上游水域污染的可能性。

本书同意意见一，即事故发生后，从环保监理、监测人员沿该厂附近水域勘察现场，以及布点采样、水质分析的结果来看，离该厂排污口越近的水域，河水含氨浓度递增，鱼、虾死亡现象越严重。因此，该厂对于这起污染事故的责任主体和因果关系是非常明确的。意见二中的“紧急避险”概念，只运用于刑法，本案中该厂客观上已造成水污染事故，同时在主观上也存在过失。如自身设备维修管理不善问题，没有考虑到紧急停车后，应当配建的氨水应急排放贮储池等。据了解，该厂历史上也曾出现过类似情况，已有过先期同类违法行为，不过没有造成大的后果，厂方也就没有引起足够重视。因此，无论从该厂

---

① 陈清:《一起环保行政执法案件的探讨》,《中国环境报》2001 年 4 月 21 日。

行为的主观上还是客观上分析，环保部门都应当依法予以处罚。

争议二，在渔业部门作出处罚后，环保部门是否可再依法作出行政处罚。意见一，渔业部门处罚后，本着“一事不再罚”的原则，环保部门已失去处罚权。意见二，环保部门仍可依法行使处罚权，并不违背“一事不再罚”的原则。

“一事不再罚”作为现代法治社会的一个重要原则，其基本含义为：对同一违法行为，依据同一事实和理由，不得处以两次以上罚款的处罚，“同一事实和同一理由”是限制性条件，只有在具备这个条件的情况下，才不得作出两次以上罚款处罚。意见二的支持者认为，水污染与渔业污染是两个不同的概念（参见《水污染防治法》第 7 章第 60 条(1)、(5)），渔业部门依据渔业水体污染事故予以处罚；环保部门依据水污染事故予以处罚，二者处罚理由并不等同，从法理上分析，两个执法部门依据不同理由作出的处罚决定，并不违背“一事不再罚”的原则，意见一的支持者认为，如果严格按照《行政处罚法》有关规定：“当事人的同一违法行为不得给予两次以上的罚款的行政处罚。”环保部门再行处罚，就可能有不当之嫌。但仅仅从字面上理解，在实践中机械地运用这一原则，在执法工作时就会留下漏洞，有可能放纵违法行为或违法行为人，从而违反立法的目的和精神。对待这种情况，必须还要运用法学上的一个重要原则，即“过罚相当”原则，对于是否可以给予其他种类的行政处罚不可一概而论，需要根据实际情况区别对待。如果一个机关给予的处罚不足以纠正违法行为或没有使违法人受到应有的、足够的惩戒，就有可能使违法者逃避或减轻法律责任，这就违背了“过罚相当”的原则。

本案中渔业部门对责任主体化肥厂罚款 2000 元，对比于该厂所造成的污染事故的严重后果，显然属于轻罚，本着重罚吸收轻罚的原则，在较轻的罚款处罚后，较重的处罚仍然可以进行，不过是要将较轻的罚款数额吸收到较重的罚款数额中。这样，即可以不违背“一事不再罚”的基本原则精神，又能够对当事人的违法行为实施与其过错给予相应的处罚。因此，环保部门完全可以依据《水污染防治法实施细则》第 5 章第 43 条(1)项之规定，按直接经济损失 20 万元的 20%计算罚款，作出罚款 4 万元的行政处罚。

〔思考题〕

本案主要体现了环境行政处罚的哪个原则？

〔法律分析〕

(二)环境行政处罚轻重与环境行政责任大小相当原则

环境行政处罚轻重与环境行政责任大小相当原则也称过罚相当原则。是指设定或者实施环境行政处罚,必须根据破坏或者污染环境行为的事实、性质、情节以及社会危害程度决定给予行政处罚轻重的程度。

该项原则包含以下三方面的内容:

1. 设定的环境行政处罚规范必须与义务规范相当。这是对立法机关的要求。立法机关在设定这类规范时,必须使违法者所应承担的法定义务大小与违反该义务性规范并应受到环境行政处罚的轻重相一致,既不能疏漏,也不应前后不配套。

2. 必须全面认定事实和正确适用法律。这是对执法、司法者而言的。违法事实包括违法行为的性质、违法行为造成或者可能造成的危害后果、违法者的心理状态、违法后的表现等。这些都需要全面收集、仔细分析和判断证据,避免"先入为主",偏听偏信。这样才能正确适用法律。实践中存在将损害后果的大小作为处罚轻重的主要甚至是唯一依据,而不问违法者的心理状态如何的做法。这是不正确的。因为,如前所述,在同等损害后果的情况下,故意行为要比过失的社会危害性大,在某些情况下,过失不负环境行政责任。

3. 环境行政处罚的轻重必须在法定的处罚形式和幅度之内。环境保护法根据不同违法行为的危害程度,规定了相应的不同处罚形式与罚款的幅度。其中也有规定对同一违法行为可以根据不同情节在几种处罚形式中确定其中的一种,任凭执法人员自由裁量。在这种场合,应当依照法律的精神,正确地把握事实,准确量罚。有些地方对不同情节的违法行为一律给予罚款的做法不妥。这是对自由裁量权的滥用,忽视了不同的处罚形式的不同作用。

(三)公正、公开原则①

公正、公开原则指环境保护监督管理部门在对违法者提起环境行政处罚程序,确认其承担环境行政责任的要件和情节,以至决定环境行政处罚时,必须客观、平等、不偏不倚、不隐瞒,达到公平和有透明度。

---

① 陈汉光:《环境法基础》,中国环境科学出版社 2004 年版,第 199 页。

该项原则包含以下几个方面的内容：

1. 作为环境行政处罚依据的法律、法规和规章必须公布，让群众了解，避免“不教而诛”。

2. 作出环境行政处罚之前，应当将作出处罚决定的事实、理由和法律依据告知相对人，并告知依法享有的各种权利。

3. 进行检查、调查时，执法人员不得少于两人，并应主动向相对人或相关人员出示有效证件。

4. 为避免“先入为主”和个人独断，案件调查人员与环境行政处罚决定人应当分开；对情节复杂或者重大违法行为需要给予较重环境行政处罚时，行政机关负责人应当集体讨论决定。

5. 与当事人有直接利害关系的执法人员应当回避。

6. 听证应当由行政机关指定的非本案调查人员主持。

7. 要客观的听取当事人、证人的陈述和辩解，并认真制作笔录。笔录应当交当事人、证人查核无误后签字或者盖章。

8. 执法人员当场作出环境行政处罚决定的，应当向受处罚人或者有关人员出示有效执法证件。

除了上述三项原则之外，还有不得以环境行政处罚代替刑事处罚；对同一违法行为不得给予两次以上罚款；不得因当事人的申辩而加重处罚；以事实为依据和以法律为准绳等原则。

三、环境行政处罚的情节①

(一)环境行政处罚情节的含义和作用

环境行政处罚情节，是指环境保护监督管理部门对污染或者破坏环境者实施环境行政处罚时，作为处罚轻、重或者免于处罚的各种情况。这些情况概况起来可分为从轻、减轻或者免于处罚情节和从重处罚情节两大类。

1. 环境行政处罚情节是区别环境行政处罚与行政处分，以至其他法律制裁的事实依据。因为，情节可以表明行为的危害程度(量)，也可以表明行为的性质(量变引起质变)。例如，对一般的环境破坏或者污染行为，其危害性达到违法的程度(即属于一般情节的违法行为)，就应当追究其环境行政责任，给予

① 陈汉光:《环境法基础》，中国环境科学出版社 2004 年版，第 200 页。

环境行政处罚;如果造成环境破坏或污染事故危害越大,对其处罚就越重;如果达到了"情节较重"的程度,就不仅要处罚单位,还应由其所在单位或者政府主管机关对有关责任人员给予行政处分;如果"情节特别严重"致使公私财产遭受重大损失或者人身伤亡的严重后果,则应由司法机关追究其刑事责任并给予相应的刑罚。

2. 环境行政处罚的情节是决定对违法者实施何种环境行政处罚形式的标准。如前所述,环境法往往对同一违法行为规定了几种环境行政处罚形式。有的还规定只能单处其中一种,有的则规定可以并处。这时,究竟给予何种环境行政处罚,是否还应"并处"(在法律规定可以并处的场合),显然决定于行为者的情节。例如《环境保护法》第 35 条规定"警告或者处以罚款"、第 36 条规定"责令停止生产或使用,可以并处罚款"。

3. 环境行政处罚情节是确定罚款数额大小的尺度。环境单行法及其实施细则、条例,对应着不同的违法行为规定了不同的罚款额,有的还具体规定了罚款的幅度,如《大气污染防治法》第 48 条规定,对向大气超过标准排放污染物,应当限期治理,并"处一万元以上十万元以下罚款"。又如,该法第 57 条规定,在人口集中等地区露天焚烧秸秆等产生烟尘污染物情节严重的,"可处以二百元以下罚款"。可见,确定对不同违法行为的不同罚款数额和同一违法行为的不同罚款数,主要还是要根据违法者的不同情节。

环境法的上述规定,可使执法部门根据不同的违法情节确定环境行政处罚形式、罚款金额,以至作出不予处罚的决定,做到原则性与灵活性相统一,这样,可使所作出的环境行政处罚决定既合法,又适当,避免不法行政。

(二)环境行政处罚情节的种类①

《环境行政处罚法》和《治安管理处罚条例》,对环境行政处罚情节作了一些规定,现归纳于下。环境保护监督管理部门在作出环境行政处罚时可以综合加以考虑:

1. 从轻、减轻或者免予处罚情节

"从轻"处罚情节,是指在法定限度内适用较轻的处罚形式或者较小的罚款的环境行政处罚情节,"减轻"处罚情节是指在法定的限度下适用较轻的处罚形式或者较小的金额的情节,《行政处罚法》第 27 条对从轻或者减轻处罚情

① 韩德培:《环境保护法教程》,法律出版社 2003 年版,第 306～310 页。

节，作了如下的规定：当事人有下列情形之一的，应当依法从轻或者减轻环境行政处罚：

(1)主动消除或者减轻违法行为危害后果的；

(2)受他人的胁迫有违法行为的；

(3)配合行政机关查处违法行为有立功表现的；

(4)其他依法从轻或者减轻环境行政处罚的。

这里的"其他依法"是指《行政处罚法》以外，其他法律、法规、规章所规定的从轻或者减轻处罚的情节。《行政处罚法》第 25 条还规定："已满 14 周岁不满 18 周岁的人有违法行为的，从轻或者减轻行政处罚"。

对于免予行政处罚的情节，《行政处罚法》第 27 条第 2 款规定："违法行为轻微并及时纠正，没有造成危害后果的，不予行政处罚。"该法第 25 条还规定："不满十四周岁的人有违法行为的，不予行政处罚，责令监护人加以管教。"

2. 从重处罚情节

是指在法定限度内，给予违法者适用较重的处罚形式或者较大数额罚款的情节。《行政处罚法》对从重处罚情节未作规定，但根据《治安管理处罚条例》和一些部门依法颁布的环境保护行政规章的规定，可以认为，违法者具有下列情形之一的，应当依法从重处罚：

(1)造成较为严重危害后果的；

(2)威胁、诱骗他人或者教唆不满 18 周岁的人污染环境的；

(3)妨碍环境保护监督管理人员现场检查或者其他执法活动的；

(4)对检举人、证人打击报复的；

(5)多次违法不改的。

由于情节在确定环境行政责任、环境行政处罚形式和幅度等方面的重要作用，因此，如何正确把握和运用情节便成为环境保护监督管理部门能否合法、适当行使环境行政处罚权的重要课题。

1. 应当严格依照法律的规定把握和运用环境行政处罚情节。就是说，必须根据法律规定的情节来确定是否给予环境行政处罚，给予哪一种或者哪几种环境行政处罚或者免予处罚；还必须在法定的限度内从重、从轻或者减轻、免于处罚。

2. 必须在确定行为性质的基础上把握和运用幅度情节。就是说，在认定一行为是否应给予环境行政处罚时，首先必须根据案件，依照有关法律、法规或者规章的规定确认行为是否具备承担环境行政责任的构成要件，再根据违法行为所具备的情节确定给予何种环境行政处罚形式和多大数额的罚款金额。如果不具备承担环境行政责任的构成要件,就谈不上从重或者从轻处罚。

3. 必须全面审度,综合认定和运用情节。这是正确行使环境行政处罚权的重要方法。一个违法者,往往同时存在多种情节。这时,执法人员应当具体分析各个情节的作用,弄清哪些是从重情节,哪些是从轻、减轻或者免予处罚的情节;它们之间哪些是属于相互加强的情节,哪些是属于相互减弱的情节;要把各种情节联系起来加以分析,对具有相反作用的情节要在确定相互抵消的程度之后,再去确定是否应当给予环境行政处罚和给予环境行政处罚的形式与幅度;对于任何一种情节都不得任意抛弃,因为有时起作用的情节就是一个。

四、环境行政处罚的种类①

(一)环境行政处罚种类的含义

【案例】 温岭重罚环境违法行为②

〔案情〕 2001年11月浙江省温岭市环保局对屡罚、拒罚的3家纸厂进行重罚,责令停止生产并各处罚款5万元。该市恒昌纸品厂、泽国永光纸品厂、泽国永金卫生纸厂未经环保行政主管部门批准,分别擅自于1997年2月、1997年12月、1998年4月生产瓦楞纸,该行为违反了环境保护法有关规定。该市环保局分别于1999年6月28日、1999年9月13日对3家纸厂作出处罚,责令停止生产。这3家纸厂我行我素,拒不履行处罚,该市人民法院依据有关法规于2000年11月分别对3家纸厂的设备予以查封。但当事人无视法规,撕毁封条继续生产。为严肃法纪,2001年4月23日该市人民法院对3家纸厂的当事人进行司法拘留15天。但3家纸厂仍置若罔闻,又继续生产。该市环保局于2001年6月对3家纸厂的部分设备予以拆除,更为严重的是这3家纸厂又重新买回部分设备,再次继续生产。鉴于这3家纸厂屡罚、拒罚,日前该市环保局再次作出行政处罚,责令停止生产,各处罚款5万元。

---

① 韩德培:《环境保护法教程》,法律出版社2003年版,第306~313页。

② 朱锭舫:《温岭重罚环境违法行为》,《中国环境报》2001年11月10日。

〔思考题〕

(1)环境行政处罚的含义及其特点是什么?

(2)本案涉及哪些形式的环境行政处罚?

〔法律分析〕

环境行政处罚的种类是指环境保护监督管理部门对破坏或者污染环境者实施环境行政处罚的类别或者形式,是环境行政处罚的外在表现,并且是由环境法明文规定的。

对应着破坏或者污染环境的两类违法行为,环境法规定了两类环境行政处罚形式,即对破坏环境者与对污染环境者的行政处罚形式。《环境保护法》第35条至第39条规定的行政处罚形式,包括警告、罚款、责令重新安装使用、责令停止生产或者使用和责令停业、关闭5种。由《环境保护法》是属于环境保护综合性基本法地位的法律可知,上述5种处罚形式实际上是我国对污染环境者实施行政处罚的基本处罚形式。此外,在《大气污染防治法》、《水污染防治法》、《海洋环境保护法》和《固体废物污染环境防治法》中,还分别规定了责令限期改正,责令停止违法行为,责令停止施工,责令限期拆除,责令停业整顿,责令非法运输危险废物船舶退出我国管辖海域,限期治理,暂扣或吊销许可证,取消受委托资格生产、进口配额,没收(如没收违法所得,没收违法使用设施,没收非法进口、生产、销售的含铅汽油),销毁未达到规定污染物排放标准的机动车船等。根据单行法的地位和适用范围,可将上述的处罚形式称为对污染环境者给予行政处罚的特殊形式。所谓"特殊形式"是指它们只能在特定的环境污染防治领域和由特定的环境污染监督管理机关适用,否则就是越权,该环境行政处罚决定无效。

从《环境保护法》第44条的规定可知,对破坏环境者的行政处罚形式,必须分别根据《水法》、《土地管理法》、《森林法》、《草原法》、《矿产资源法》、《渔业法》、《野生动物保护法》、《水土保持法》、《防沙治沙法》和《野生植物保护条例》等法律、法规的规定。这些处罚形式,除罚款之外,还有责令退还非法占用的土地,限期拆除非法转让的土地与新建的建筑物和其他设施,责令限期改正或者治理,责令限期开发利用,责令限期拆除养殖设施,责令缴纳复垦费,责令补种被盗伐、滥伐的林木,责令停止开垦,责令停业治理,责令采取补救措施,责令收回非法批准、使用的土地，没收（包括没收违法所得，没收违法买卖的证件、文件，没收在非法转让的土地上新建的建筑物和其他设施，没收苗种），责令非法进入我国管辖海域从事渔业生产或者渔业资源调查的外国人、外国渔船离开或者将其驱逐等。这些处罚形式同样只能在特定的自然资源保护领域和由特定的自然资源保护监督管理部门适用。

（二）环境行政处罚种类的特点

我国环境法规定的环境行政处罚形式，具有如下两大特点：

1. 多为预防性环境行政处罚形式。根据环境破坏或者污染容易，治理和恢复难的特点，以及环境保护法“预防为主”的基本原则，环境法所规定的环境行政处罚形式特别突出其预防性功能，而不是为惩罚而惩罚。例如责令重新安装使用、责令停止生产或者使用，责令停业或者关闭，责令停止开垦，责令补种被盗伐、滥伐林木等。这些处罚形式，大都是为了预防环境破坏或者污染的发生，或者是为了制止已经发生的环境破坏或者污染的继续加重。

2. 多为行为罚。依照环境行政处罚所涉及的对象和作用，人们将环境行政处罚形式分为精神罚（如警告）、财产罚（如罚款）、人身罚（如拘留）和行为罚4种。行为罚是指行政机关依法责令违法者实施（如责令重新安装使用、责令补种等），禁止实施（如责令停止开垦、责令停止生产）和限期实施（如责令限期改正、责令限期治理等）某一或某些违法行为。这类行为罚几乎占了环境行政处罚形式的绝大多数，体现了保障人体健康，维持生态平衡，促进经济、社会、环保持续发展的精神。

环境法行政处罚的上述特点，要求环境保护监督管理部门在法律规定处以自由裁量的场合，应多选用预防性、行为性的处罚形式，而不应以罚款代替一切。

【案例】 杀鸡污染被处罚　拒不履行遭拘留[①]

〔案情〕　2004年11月，姜某、金某在未经环保部门审批的情况下，擅自于村民居住区建办杀鸡场。每天大量杀鸡产生的污水未经任何处理就直排，污染附近泥沟。此外，杀鸡产生的臭气、噪声扰民现象也让周边群众苦不堪

① 李洁：《杀鸡污染被处罚　拒不履行遭拘留》，《中国环境报》2005年7月7日。

言，举报不断。

海门市环保局于2004年12月经过现场调查、勘验取证后依法对两家杀鸡场分别作出责令停止经营杀鸡和罚款5000元的处罚决定。两家杀鸡场在法定期限内既未提出行政复议又不履行处罚决定，海门市环保局于今年3月依法申请市法院强制执行。在执行过程中，两家单位虽然缴纳了罚款，并保证不再杀鸡，但过后，两杀鸡场仍我行我素，周边群众反响强烈。为严肃环境法律、法规，海门市环保局再次向法院申请强制执行。海门市人民法院根据两家杀鸡场拒不履行生效法律文书的情况，作出了司法拘留15天，并处罚款1000元的决定。

〔思考题〕

分析本案中环境行政处罚的形式。

(三)对污染环境者给予行政处罚的基本形式①

1. 警告

警告是指环境保护监督管理部门依法给行政违法者的谴责和警示。它的作用主要是促使其注意和警惕，并认识到即使违法程度较轻，也会受到社会的否定评价；对其他人则能起到一定的警诫作用，教育其不要以身试法。

警告是最轻的环境行政处罚形式，只能单独适用。但不应因此而忽视其功能；因为在市场经济条件下，企业在社会上的良好现象对其发展关系极大；对情节较轻的违法行为给予警告，也是过罚相当原则的要求和体现。

2. 罚款

【案例】 "非典"不是借口不申报就该罚②

〔案情〕 金太阳大酒店从1997年起开始营业，在经营过程中产生废气、废水和废渣。2003年4月17日，常德市环保局监察大队依法对该酒店下达《排污申报通知单》和《排污申报表》，要求该酒店在2003年4月28日前履行污染物排放申报登记手续。金太阳大酒店经营业主彭四华在规定期限拒不申报。常德市环保局遂按相关法律规定，下达"常环罚字[2003]07号"行政处罚

---

① 韩德培：《环境保护法教程》，法律出版社2003年版，第306～312页。

② 黄道兵、燕孙：《常德环保局赢了首例行政官司》，《中国环境报》2004年4月5日。

决定书，对金太阳大酒店处以罚款1万元。

2003年9月25日，彭四华向常德市人民政府提出行政复议申请，以“非典”影响了申报登记为由，请求市人民政府撤销环保局处罚决定。常德市环保局在复议答辩书中以事实说明“非典”影响申报只是申请人拒报的一个借口。2003年11月18日，常德市人民政府作出“维持被申请人具体行政行为”的复议决定。彭四华仍不服，一纸诉状将常德市环保局推上被告席。

湖南省常德市金太阳大酒店不服常德市环保局行政处罚一案在常德市武陵区人民法院公开审理并宣判，法院维持常德市环保局的行政处罚决定，此案诉讼费由原告金太阳大酒店承担。此案是该市首例环保行政诉讼案。

通过法庭调查、审查和辩论，常德市武陵区人民法院确认了金太阳大酒店拒报的案件事实。法院认为，被告所作“常环罚字[2003]07号”行政处罚决定书证据确凿，适用法律、法规正确，且符合法定程序，应予维持。

〔思考题〕

(1)本案体现了环境行政处罚的哪种处罚形式?

(2)这种处罚形式有何特点和意义?

〔法律分析〕

(1)罚款的概念

罚款是指环境保护监督管理部门依法强令违法者向国家缴纳一定数额的金钱。其作用在于强制剥夺违法者一定的财产权，促使其悔改，不再破坏或者污染环境，履行法律规定的保护和改善环境的义务。对单位的罚款，企业不能摊入成本，其他法人在预算外资金或者包干结余的经费中支付；个人在本人的财产中支付，单位不得给予报销。

(2)罚款的收缴

罚款一律上缴国库，任何单位和个人不得截留。作出罚款决定的行政机关应当与收缴罚款的机构分离，以利于保证国库的收入和行政机关的廉政建设。执法人员依照简易程序当场收缴罚款的，必须向当事人出具省级财政部门统一制发的罚款收据，并在2日内将罚款交付行政机关，行政机关也应当在收到罚款后2日内缴付指定的银行。

罚款只对单位和非履行环境保护公职的个人适用。我国环境法对此已经作了明确的规定。“当事人到期不缴纳罚款的，作出罚款决定的行政机关可对当事人每日按罚款数额的3%加处罚款。缴纳罚款的单位并不免除缴纳排污费、赔偿金等法律所规定的义务。”

(3)罚款的权限和批准

罚款的权限和批准是指哪一级环境保护监督管理部门可以作出多大数额罚款决定的权限，若超过则须报批的法律规定。《环境保护行政处罚办法》第17条对此作了如下的规定：县级环境保护行政主管部门可处以1万元以下的罚款，超过1万元的罚款，报上级环境保护行政主管部门批准。省辖市级环境保护行政主管部门可以处以5万元以下的罚款，超过5万元的，报上一级环境保护行政主管部门批准。省级环境保护行政主管部门可处以20万元以下罚款。国家环境保护局实施罚款处罚的权限适用环境保护法律、行政法规的规定。罚款权限和报批的规定，有利于及时纠正不当处罚和越权行为；可使执法部门慎重从事，减少行政复议和行政诉讼的累赘。

3. 责令重新安装使用

(1)责令重新安装使用的含义

责令重新安装是指环境保护监督管理部门对未经同意而擅自拆除或者闲置防治污染设施，污染物又超过规定排放标准的单位，强令其重新安装使用，对闲置者，则强令其重新使用。

经修订后施行的《水污染防治法》对该项处罚的构成作了新的规定，即包括故意不正常使用的行为，处罚形式则增设了限期重新安装使用的期限。经修订后施行的《大气污染防治法》对此作了严格的规定：排污单位不正常使用大气污染物处理设施，或者未经环境保护行政管理部门批准，擅自拆除或者闲置大气污染物处理设施的，即使排放的污染物未超过规定标准，也应给予“责令停止违法行为，限期改正，给予警告或者处以五万元以下罚款”。

(2)责令重新安装使用的特点

第一，适用条件因各单行法具体规定而异。根据《环境保护法》第37条的规定，对擅自拆除或者闲置污染物防治设施，所排放的污染物因而超过规定标准的，才认定为违法并可给予行政处罚。《水污染防治法》和《环境噪声污染防治法》也作了同样的规定。但是，如前所述，《大气污染防治法》和《海洋环境保护法》、《固体废物污染环境防治法》却未将超过规定标准作为认定擅自拆除或者闲置污染物防治(处理)设施行为违法的必要条件，并规定了较重的行政处罚，体现了国家对控制环境污染采取更加严厉的法律措施的立法精神。

第二，与其他环境行政处罚形式一并适用。从《环境保护法》和各项环境污染防治单行法的规定可知，对擅自拆除或者闲置污染物防治(处理)设施者的环境行政处罚，除责令重新安装使用外，还责令其停止违法行为，限期改正，并处罚款，而不仅仅是责令重新安装使用。因为，如果不同时对该违法者给予并处其他环境行政处罚，显然偏轻，不能起到遏制违法行为的作用。

4. 责令停止生产或者使用

【案例】 发电机组验收不合格仍生产总局责令湖南一电厂停产并处罚款①

〔案情〕 该发电厂一期工程投资26.7亿元。1996年2月28日，原国家环保局批复该项目的环境影响报告书，要求该项目必须采用高效静电除尘器，除尘效率不低于99%。1998年12月26日，该项目正式开工，其1号机组和2号机组分别于2000年5月25日和2001年12月24日投入试生产。

2003年10月14—19日，中国环境监测总站对该项目进行了验收监测。监测结论表明，该项目1号机组电除尘器发生故障无法运行，锅炉烟尘排放浓度超过《火电厂大气污染物排放标准》第Ⅱ时段标准限值。该项目1号机组除尘效率未达到原国家环保局关于环境影响评价报告书的批复要求，环境保护设施经验收不合格，但该发电机组仍处于生产状态。

根据《环境保护法》和《建设项目环境保护管理条例》，国家环保总局作出了一期工程(2×300 MW机组)1号机组停止生产并处10万元罚款的行政处罚决定。

〔思考题〕

(1)什么是责令停止生产?

(2)它在何种情况下适用?

(3)它与责令重新安装使用有何不同?

〔法律分析〕

(1)责令停止生产或者使用的含义

是指环境保护行政主管部门对建设项目防治污染设施没有建成，或者虽已建成但未经验收或者验收不合格而投入生产或者使用的单位，强令其停止生产或者使用。其中，对生产部门的建设项目责令其停止生产，对非生产部门

① 苑萱:《总局责令湖南一电厂停产并处罚案》,《中国环境报》2004年4月29日。

的建设项目则责令其停止使用。这种环境行政处罚形式主要是为了保证“三同时”制度落实，防止发生新的环境污染危害。

(2)责令停止生产或者使用的特点

第一，必须由特定的主体实施。即由审批该建设项目环境影响报告书(含报告表和登记表)的环境保护行政主管部门科处。而不是由其他环境保护监督管理部门实施。这是由于原审批机关对该建设项目比较熟识，可以尽快作出行政处罚决定，以及时制止新的环境污染危害。

第二，必须对特定的对象科处。即只能对污染防治设施没有建成或者虽然已建成但未经验收，或者经验收不合格便投入生产或者使用的建设项目所在单位科处。对不具备上述违法行为的建设项目，不能任意责令其停止生产或者使用。

第三，不以造成环境污染危害后果为科处的条件。只要防治污染设施没有建成或者建成后未经验收，或者经验收不合格便投入生产或者使用的，就可以处以这种行政处罚。

第四，属于临时性的行政处罚形式。只要建设项目防治污染设施建成并经验收已达到国家规定要求，或原已建成但未经验收而现已验收合格，或者虽已建成但验收不合格，经过努力达到国家规定要求，经环境保护行政主管部门验收合格后投入生产或者使用。

责令停止生产或者使用的同时，是否需要并处罚款，由执法机关依照违法的情节自由裁量。[①]

《建设项目环境保护管理条例》第 28 条规定了“责令停止生产或者使用”，这一行为是行政处罚还是责令改正？目前存在两种意见：第一种意见认为属于责令改正，理由是《建设项目环境保护管理条例》第 23 条规定：“建设项目需要配套建设的环境保护设施经验收合格，该建设项目方可正式投入生产或者使用。”在实际工作中，环境保护设施验收被列为一种审批项目，是一种行政许可行为。环境保护设施未经验收，主体工程正式投入生产或使用，属于未经行政许可而为的行为，其行为本身属于一种违法行为，此时的责令停止生产或使用应属于责令改正违法行为，是对违法行为的纠正和制止。而行政处罚是以惩罚为特征的，责令停止生产或使用谈不上损害违法者的利益，因此不属于行

① 王灿发：《“责令停止生产或者使用”是行政处罚吗》，《中国环境报》2004 年 4 月 19 日。

政处罚。第二种意见认为,"责令停止生产或者使用"属于行政处罚。因为《国务院关于环境保护若干问题的决定》中规定,对没有执行环境影响评价制度,擅自建设或投产使用的新建项目,责令其停止建设或停止投产使用,须报县级以上人民政府批准,而一般责令改正违法行为是不需要政府批准的。据此认定《建设项目环境保护管理条例》中的责令停止生产或使用属于重大行政处罚。

"责令停止生产或者使用"在性质上应当属于环境行政处罚中的行为罚,也就是责令违法者为或不为一定行为。根据这一标准,"责令改正"实际上也是一种行为罚。判定行政机关对违法者作出的具体行政行为是否属于环境行政处罚,关键要看该行为是否能够对违法者起到制裁作用。违法者从事某种违法行为,并从这种违法行为中得到利益。行政机关命令违法者停止这种违法行为,显然会使违法者的利益受到影响,这本身就是一种制裁。比如,建设项目需要配套建设的环境保护设施未建成、未经验收或者经验收不合格,主体工程正式投入生产或者使用,违法者肯定会从这种违法行为中得到很大利益。责令其停止生产或者使用,不仅使其无法再获得利益,而且原有的投资也可能会成为无效投资。这无疑是一种很重的制裁。因此它应当属于一种环境行政处罚。

之所以会出现"责令停止生产或者使用"性质的争论,一是因为《环境保护行政处罚办法》第 32 条规定,作出"责令停止生产或使用"的行政处罚决定之前应当进行听证。因此,一些地方的环保部门就想把《建设项目环境保护管理条例》第 28 条规定的"责令停止生产或者使用"排除在行政处罚之外,以避免适用听证程序。这显然是不正确的。因为《环境保护行政处罚办法》已经明确"责令停止生产或使用"是重大行政处罚,应当适用听证程序。这里的"责令停止生产或使用"包括了各种环境保护法律、法规、规章中作出的规定,《建设项目环境保护管理条例》的规定当然也不能例外。二是因为担心"责令停止生产或者使用"的处罚决定需要报县级以上人民政府作出。确实,1996 年 8 月发布的《国务院关于环境保护若干问题的决定》中有关于"自本决定发布之日起,对没有执行环境影响评价制度,擅自建设或投产使用的新建项目,由县级以上环境保护行政主管部门提出处理意见,报县级以上人民政府责令其停止建设或停止投产使用"的规定。根据这一规定,环保部门对"责令停止生产或者使用"的处罚没有决定权。这一规定与国务院发布的行政法规《建设项目环境保护管理条例》第 28 条的规定是不一致的。《条例》规定审批环境影响报告书

(表)的环境保护行政主管部门有权“责令停止生产或者使用”,不需要报人民政府批准。当这两个规定不一致时,应当执行《条例》的规定。因为《条例》发布于1998年11月,晚于1996年发布的《决定》,新法优于旧法适用。而且《决定》只是一项规范性文件,其效力不能与正式的行政法规相比。另外,从现有的环境法律来看,也都是规定“责令停止生产或者使用”的处罚由环境保护行政主管部门作出,而没有规定由县级以上人民政府决定。因此,第二个担心完全可以消除。①

5. 责令停业、关闭

(1)责令停业、关闭的含义

责令停业、关闭是指作出限期治理决定的人民政府,对逾期未完成治理任务的单位强令其停业或者关闭。其中,对生产单位是强令其停业,对非生产单位则强令其关闭。

(2)责令停业、关闭的特点

第一,是一种最严厉的行政处罚形式。这是与上述四种行政处罚形式相比较而言的。因为这种处罚形式,意味着受处罚者将不能继续从事原来的生产、经营活动。所以只能对污染危害特别严重,靠一般技术治理不能奏效,经济效益又差的单位科处。

第二,只能由特定的主体科处。即由作出限期治理决定的人民政府科处,责令中央直接管辖的企业、事业单位停业、关闭时,还须报国务院批准。之所以只能由特定的主体科处,如前所述,是因为这种处罚的后果严重,当地人民政府作为地方的最高行政机关,可以更全面地权衡利弊,所作出的处罚决定的负面影响会较小。但是也应防止一些地方政府因“保护主义”作怪放任其继续生产、经营而污染环境。

第三,只能对特定的对象实施,即只能对经人民政府限期治理而逾期未完成治理任务的单位科处。其他未经限期治理的单位,即使污染危害严重,也不能采取这种处罚形式。

例外的情况是,生产、销售、进口或者使用禁止生产、销售、进口、使用设备,或者采用禁止采用的生产工艺造成大气污染情节严重的,可由人民政府作出责令停业、关闭的决定。

---

① 王灿发:《“责令停止生产或者使用”是行政处罚吗》,《中国环境报》2004年4月19日。

(3)责令停业、关闭与责令停止生产或者使用的区别

第一,科处的机关不同。作出停业、关闭决定的行政机关是对该单位已作过限期治理的人民政府,有的还由国务院决定;作出责令停止生产或者使用的行政机关,则是原批准该建设项目环境影响报告书(含报告表、登记表)的环境保护行政主管部门。

第二,科处的对象不同。前者是经限期治理逾期未完成治理任务或者是在大气污染防治中违反淘汰制度的单位;后者则是防治污染设施没有建成、未验收或者经验收不合格的建设项目。

第三,科处的内容和力度不同。前者不得再从事严重污染环境的原生产、经营活动,其所受的处罚是长期的、永久性的;后者只要建成防治污染设施,经验收合格便可再投入生产或者使用,其所受的处罚是短期的、暂时性的。前者是国家对污染环境的单位所采取的最严厉的惩罚措施;后者则较轻。

6. 对污染环境者实施行政处罚的特殊形式

关于对污染环境者实施行政处罚的特殊形式,因篇幅所限,只对"限期治理"作些介绍。如前所述,"限期治理"是我国环境保护法的一项基本制度。经修订后颁布施行的《大气污染防治法》则将其规定为一种行政处罚形式。而作为基本制度与作为处罚形式的"限期治理"在性质、适用主体、适用对象、适用程序、救济措施等方面却存在许多区别,现分述于下:

(1)性质不同。作为一项基本法律制度的限期治理,实际上是国家对污染环境者的管理手段,不具有法律的惩罚性;而作为行政处罚形式的限期治理,则具有行政惩罚的性质。

(2)适用主体不同。前者由人民政府作出决定;后者由环境保护行政主管部门适用。

(3)适用对象不同。前者是对在需要特殊保护的地区可能造成环境污染和在其他地区已造成严重污染的单位实施;后者是对超过规定标准向大气排放污染物的单位科处。

(4)程序不同。前者由人民政府依照行政管理程序作出;后者由环境保护主管部门根据行政处罚程序作出。

(5)救济机关不同。不服限期治理决定的单位,可在法定期限内依照行政程序申请人民政府复议或者向人民法院起诉;不服限期治理处罚的单位,则可以在法定期限内依照行政复议程序申请作出该项行政处罚的环境保护行政主管部门复议,或者向人民法院起诉。

关于作为环境法基本制度的限期治理决定权，我国《环境保护法》和各种环境污染防治单行法，都规定由当地县级以上人民政府行使。对此，不少学者和环境保护工作者早就提出，由于国家先后颁布了《行政诉讼法》、《行政复议法》、《国家赔偿法》等，相对人完全可以根据上述法律的规定，对不恰当或者违法的限期治理决定获得可靠的救济途径；法律应该改变原来的规定，将限期治理决定权下放，由县级以上环境保护行政主管部门作出即可。《大气污染防治法》将限期治理规定为一种行政处罚形式，应当认为是一种具有开创性的改革。

(四)对破坏环境者实施的行政处罚形式①

如前所述，我国至今未制定自然资源保护综合性的法律，对破坏环境者的行政处罚形式，因各自然资源保护单行法的规定而异，但归纳起来，除了警告、罚款与环境污染防治单行法类似之外，还有以下几种：

1. 责令停止破坏行为

责令停止破坏行为是指对违反环境法而破坏环境与自然资源者，由自然资源保护监督管理部门强令其停止破坏行为这样一种行政处罚形式。包括责令停止违法行为，责令停止开垦，责令退还非法占用的土地，责令限期拆除非法转让或者非法占用的土地上新建的建筑物及其他设施，责令停止破坏水土保持行为，责令停止开采矿产资源活动，责令停止破坏重点保护野生动物主要生息繁衍场所行为，吊销许可证(如吊销特许猎捕证、狩猎证、驯养繁殖许可证或者允许进出口证明书，吊销捕捞许可证、采矿许可证等)。

责令停止破坏行为的目的，是为了制止不法行为对生态环境和自然资源的破坏，以便为恢复其生态功能和自然资源的增殖、合理利用以至永续利用创造条件。

需要注意的是，执法部门在责令其停止破坏行为的同时，必须依法给予其他形式的行政处罚。如责令其恢复原状、责令限期治理，并视其情节轻重处以罚款；对于造成损失的，还应当依法赔偿损失；构成犯罪的，依法移送司法机关追究其刑事责任。这样才能有效地制止破坏行为。

2. 责令恢复被破坏的生态环境和自然资源

是指违反环境法而破坏环境和自然资源者，由环境保护监督管理部门强

① 韩德培：《环境保护法教程》，法律出版社2003年版，第312页。

令其在一定期限内恢复被破坏的生态功能、资源数量或者使生物繁衍、生存或者持续发展这样一种行政处罚形式，包括责令补种，责令恢复植被，责令恢复原状，责令停业治理，责令限期改正等。

3. 没收

(1)没收的概念

没收是指县级以上环境保护监督管理部门，强制将违反环境保护，破坏环境和自然资源的单位或者个人的部分或者全部违法所得的财物收归国库这样一种行政处罚形式。其中的“违法所得的财物”包括非法猎取的猎获物、渔获物，倒卖采伐许可证、允许进出口证明或者出售、收购、运输、携带国家或者地方重点保护野生动物及其产品，或者非法转让土地的违法所得，没收在非法占用、转让的土地上新建的建筑物及其他设施，或者非法所得的木材、矿产资源，或者非法使用的猎捕工具、渔具等。

“没收”可视违法者的情节决定部分或者全部没收。没收的金钱或者其他财物应如数收归国库，属于他人的财物应经查证之后归还原主。对没收的重点保护野生动物应妥善处理，如放生、交国家或者地方动物园驯养等；对伤病的野生动物应交兽医部门精心治疗，不得任意处置或者杀害。

近年经修订后颁布施行的《大气污染防治法》、《海洋环境保护法》中，也设有“没收”这种行政处罚形式。如没收转让被淘汰设备者的非法所得，没收制造、销售或者进口超过污染物排放标准机动车、船者的违法所得，没收非法生产、进口销售含铅汽油的违法所得，没收因开发、利用海洋资源造成珊瑚礁、红树林等遭受破坏的违法所得等。可见“没收”已逐步成为从自然资源保护到污染防治领域所普遍采用的一种行政处罚形式。

(2)没收的特点和作用

第一，没收的对象是违法所得或者使用的财物。它与罚款从本质上来说都是对违法者财产权的剥夺。但没收的对象只能是违法者破坏或者污染环境过程中的非法所得或者非法使用的财物；罚款交纳的金钱一般为违法者在违法前所拥有的财产。如果违法者将违法所得的物品变卖，其获得的金钱仍属违法所得，也应予以没收。

第二，没收的作用在于既剥夺违法者的违法所得，也剥夺其已使用和今后可能继续使用的从事破坏或者污染环境的手段。为此，执法部门一方面对被处以没收的违法者要仔细查清所违法获取的财物，防止被隐瞒、毁坏、变卖或者杀害；另一方面要严格区分违法所得与正当收入，从事正当生产、经营、进口、驯养、繁殖活动所获得的收入和所使用的工具、物品与非法活动的收入和工具、物品的界限。

五、环境行政处罚的程序[①]

【案例】 个体工商户王中杰诉内乡县环保局行政处罚案[②]

〔案情〕 个体工商户王中杰经营小型农具加工和销售，在加工过程中使用了钻床、车床和切割机等产生环境噪声的设备。依据国家排污申报登记的有关法律、法规及规章的规定，内乡县环保局于2003年8月5日向王中杰下达了排污申报登记通知书，要求其限期办理排污申报登记手续。但是王中杰对此通知置之不理，在规定的期限内，虽经环境执法人员多次对其进行说服解释工作，仍置若罔闻，拒不办理。针对王中杰的环境违法行为，该局在经过了立案登记、调查取证、告知申辩、集体审议等行政处罚程序后，依法向其下达了行政处罚决定书。王中杰在接到处罚决定书后，认为其不排水、不排气，不属于排污者，并称该局行政处罚程序违法，遂向内乡县人民法院提起行政诉讼。

内乡县人民法院受理后，依法组成了合议庭，公开审理了此案。经审理查明：原告王中杰在加工小型农具过程中产生了环境噪声，经内乡县环境监测站监测，其厂界噪声值超过了GB 12348—90规定的排放标准，并且处于居民区内。根据《环境噪声污染防治法》第2条第2款之规定，所产生的噪声为环境噪声污染，属于排污单位，应依法按时申报。原告的行为构成了拒报，内乡县环保局的行政处罚程序合法、适法正确、量罚得当，故维持内乡县环保局作出的内环罚字[2003]第061号行政处罚决定。

王中杰接到判决书后，不服一审判决，上诉至南阳市中级人民法院。南阳市中级人民法院公开开庭审理后，依法驳回王中杰的上诉，维持原判。

〔思考题〕

(1)本案中环境行政处罚的程序是什么？

(2)本案应当如何适用法律法规？

---

① 韩德培：《环境保护法教程》，法律出版社2003年版，第314～316页。

② 陈东升：《噪声污染理应申报法院维持环保处罚》，《中国环境报》2004年9月23日。

〔法律分析〕

(一)环境行政处罚程序的概念

环境行政处罚程序指享有环境行政处罚权的环境保护监督管理部门,依法对破坏或者污染环境而应承担环境行政责任的单位或者个人,提起、认定并给予环境行政处罚必须遵循的法定方法和步骤的总称。

根据《行政处罚法》、《环境保护行政处罚办法》和其他环境保护监督管理部门发布的行政处罚规章的规定,行政处罚程序可分为简易程序和一般程序。

(二)环境行政处罚案件的管辖

环境行政处罚案件的管辖指环境保护监督管理部门查处行政处罚案件的权限和分工。以环境保护行政主管部门为例,即是指该部门内部对属于其管辖的某一具体行政处罚案件由哪一级环境保护局行使行政处罚权。

行政处罚权与行政案件管辖权的关系非常密切。行政处罚权是环境保护监督管理部门行使行政执法权的重要组成部分。《环境保护法》第7条关于环境保护监督管理体制的规定,实际上就已经规定了哪一种或者哪几种环境污染或者破坏案件,由哪一类环境保护监督管理部门行使行政处罚权。在此基础上还需要解决每一类环境保护监督管理部门内部上、下级以至同级之间,如何划分行政处罚的权限和范围,这就是行政处罚案件的管辖,而且是一种特殊的管辖,可见,行政处罚权是行政管辖权的基础,行政管辖权是行政处罚权得以实施的条件。

1. 划分环境行政处罚案件管辖的原则

(1)依法行使管辖权原则。指必须依照《行政处罚法》、《环境保护法》和环境保护行政规章有关管辖权的规定行使管辖权,任何单位和个人不得违反,否则会因违反管辖权的规定而使环境行政处罚决定无效。

(2)均衡负担原则。指在划分级别管辖的范围时,必须根据各类环境保护监督管理部门的职责权限、人员数量和业务能力、工作量大小、监测仪器配备等因素,使各级之间均衡负担,以发挥各自的优势,提高效率,减少失误,保证办案质量和便于行使行政处罚权。

(3)便利相对人原则。即便利相对人在整个环境行政处罚程序中行使各种权利和履行各种义务,减轻不必要的负担和免受长途跋涉之苦。

(4)不得重叠提起行政处罚程序原则。指不得以同一事实、理由,由两个或者两个以上环境保护监督管理部门同时提起行政处罚程序,重复给予同一相对人以罚款。否则将违背“过罚相当”原则。管辖的这种排他性与《行政处罚法》规定“同一违法行为不得给予两次以上罚款的行政处罚”原则是一致的。

(5)级别原则。指对提起环境行政处罚程序的同一类环境保护监督管理部门的上、下级权限的划分。级别不同,其权力、管辖范围也不一样。

2. 管辖的种类

可分为地域管辖、级别管辖、指定管辖、交办管辖和移送管辖五种。

(1)地域管辖。《行政处罚法》第 20 条规定:“行政处罚由违法行为发生地的县级以上人民政府具有行政处罚权的行政机关管辖。”

(2)级别管辖。指各类环境保护监督管理部门依法对本系统内部上、下级管辖权的划分。违反级别管辖的行政处罚无效。

(3)交办管辖。指上级环境保护监督管理部门将某种行政处罚案件交由同一系统的下级办理。不同系统环境保护监督管理部门之间无权实施交办管辖。

(4)指定管辖。指上级环境保护监督管理部门可对某一行政处罚案件,指定由下级有行政处罚权的同一系统环境保护监督管理部门办理。指定管辖发生的原因有二:一是因特殊原因(如自然灾害)使原具有对该案件管辖权的行政部门不能行使行政处罚权;二是同系统的行政部门对某一案件管辖发生争执,经协商未达成协议。这时,可由共同的上级部门指定其中某一行政部门管辖。

(5)移送管辖。指已提起环境行政处罚程序的行政部门,发现不属于自己管辖的,将案件移送有管辖权的部门处理。移送管辖是对某一具体案件管辖的移送,非指该行政部门整个管辖权的移送。

3. 环境保护行政处罚案件管辖的具体规定

《环境保护行政处罚办法》第二章,具体规定了环境保护行政主管部门对于行政处罚案件的管辖如下:

(1)县级以上地方环境保护行政主管部门管辖本行政区域的环境保护行政处罚案件。

(2)对违反环境影响评价、“三同时”制度案件的行政处罚。由负责审批该建设项目环境影响报告书(表)或者环境影响登记表的环境保护行政主管部门决定。

(3)对违反限期治理制度案件的罚款处罚。由作出限期治理决定的人民政府所属环境保护行政主管部门决定。

(4)对违反许可证制度的行政处罚。由负责发证的环境保护行政主管部门决定。

(5)对跨行政区域污染的行政处罚案件管辖。由污染行为发生地和污染结果发生地的环境保护行政主管部门协商;协商不成的,报请共同的上一级环境保护行政主管部门指定管辖。

(6)对管辖发生争议的行政处罚案件。由争议双方报请共同的上一级环境保护行政主管部门指定管辖。

(7)对实施行政处罚有困难的案件的管辖。下级环境保护行政主管部门在其管辖范围内的行政处罚案件实施处罚有困难的,可报请上级环境保护行政主管部门指定管辖。

上级环境保护行政主管部门认为下级环境保护行政主管部门实施行政处罚确有困难或者不能独立行使处罚权的,经通知下级环境保护行政主管部门和当事人,可对下级环境保护行政主管部门管辖范围内的案件直接实施行政处罚,上级环境保护行政主管部门也可将其管辖的案件交由具有行政处罚权的下级环境保护行政主管部门直接实施行政处罚。

(三)环境行政处罚的一般程序

适用一般程序的环境行政处罚案件的条件是:情节较复杂、需要给予较重处罚的案件,也即对公民处以 50 元以上,对法人或者其他组织处以 1000 元以上罚款或者处以警告以外的行政处罚形式的行政处罚案件。其程序可分为以下几个阶段:

1. 调查取证阶段

调查取证指环境保护监督管理部门对行政处罚案件开展收集证据和对证据进行核实活动的总称。当环境保护监督管理部门发现或者接受举报以及移送的有关污染或者破坏环境的行为或者事件,并经初步审查,认为需要予以追究又属于本行政部门管辖作出立案的决定之后,便可开展调查取证工作。

(1)立案的条件:有环境违法行为或者危害后果;依法需要追究其环境行政责任并应给予行政处罚的;属于该行政部门管辖。环境保护监督管理部门经过初步审查,认为具备上述条件的,应当作出立案的决定;认为不具备立案条件的,应当作出不予立案的决定,并记录在案或者填入有关表格。对于交办、移送的，应当告知有关单位；属于举报的也应告知举报人并说明理由。

(2)立案登记的具体内容。应写明立案的时间、材料来源，违法行为或事件发生的时间、地点、违法者的姓名、单位名称、地址、案情简介、承办人的意见等。

(3)成立调查小组。应在作出立案决定之后成立查处该案的调查小组，人数视案情简、繁程序而定。调查组由一名成员担任负责人，以便率领小组开展工作。

(4)开展调查、检查工作。“调查”是指调查小组开展收集证据、询问证人、现场勘查、专业鉴定、听取相对人、证人陈述等活动的总称。其任务是全面收集证据，为客观分析判断证据、弄清案情打下基础。“检查”是指“对于违法行为、违禁物品予以查处以及保全证据采取的一种行政措施”。包括对“证据的鉴定、对物证的抽样取证和上面所述的对证据的登记保存措施(也称证据的保全措施)等”。

证据的种类包括：书证、物证、视听材料、证人证言、相对人陈述、鉴定结论勘验笔录和现场笔录等。证据的收集是指将存在于实际生活中的与案件有关事物加以提取、收存。在证据可能灭失或者以后难以取得的情况下，经行政负责人批准，可先行登记保存，并应在七日内作出处理决定。这种证据登记措施是一种带有强制性的行政措施，应当严格依法实施。一方面，对需要的物证当场登记造册，暂时先予封存固定，责令当事人妥善保管，不得转移或者隐匿；另一方面，必须有当事人和见证人在场并在登记保存笔录上签字盖章。行政机关逾期(超过七日)未作出处理决定，证据登记保存措施自行解除。

【案例】 环境影响评价听证制度①

〔案情〕 浙江省海宁市环保局召开首次环保行政许可听证会，就位于硖石西山路850号开设金都阳光酒店是否造成环境污染举行听证。

参加听证会的除酒店业主外，位于酒店附近的海宁市幸福花园的9位代表、海宁街道及梨园社区居委会有关负责人和环评单位负责人出席了会议，市人大办公室、市政府法制办等部门的有关领导列席了会议，另有16位公众代表旁听了听证会全过程。

行政许可审查人员首先就受理金都阳光酒店设立的环境问题提出了初步

① 朱财宝：《海宁就开设酒店召开听证会》，《中国环境报》2004年11月4日。

审查意见理由和依据；酒店业主乔伟民就设立酒店存在的油烟、噪声、污水等环境问题陈述了改进的措施和意见；参加听证会的9位利害关系人代表依次做了陈述，并就酒店设立存在的环境问题相继提出了自己的意见；环评单位嘉兴市环境科学研究所负责人就该酒店的环境影响依据国家现行有关标准进行的评价作了介绍。

会后，共收到参加听证会代表填写的"公众调查表"29份。此次听证会将对各方陈述的意见进一步汇总形成听证报告，作为环保部门作出行政许可决定的重要评定依据。

〔思考题〕

(1)本案体现了环境影响评价的什么具体环节？

(2)是否所有的行政许可行为都要进行听证？

(3)进行听证有何意义？

〔法律分析〕

2. 申辩和听证阶段

在作出环境行政处罚之前，环境保护行政主管部门必须充分听取当事人的陈述和申辩，符合法定条件的，还必须组织听证，以核定事实，为公正打好基础。

(1)当事人的陈述和申辩。这是当事人的法定权利。即依法享有陈述事实、理由和申辩，证明自己有无违法行为、危害后果轻重等权利。环境保护行政主管部门在作出行政处罚决定之前，应当告知当事人享有上述的权利；如若要给予环境行政处罚，还应当告知有要求听证的权利，受环境行政处罚决定的事实、理由和法律依据，让其申辩，提出对自己有利的证据等。否则环境行政处罚决定不能成立；当事人放弃陈述和申辩的除外。当事人提出的陈述和申辩，环境保护行政主管部门应当认真进行核实，提出的事实、理由和证据成立的，应当采纳；行政机关不得阻挠或者禁止当事人的陈述、申辩，《行政处罚法》第32条第2款明确规定："不得因当事人申辩而加重处罚"。

(2)听证程序

①含义。指环境保护行政主管部门对重大案件作出处罚决定之前，由该行政机关的非本案调查人员主持，当事人参加对案件进行指控与申辩，以查证和获取证据的过程。其中的申辩，与前面所说的"申辩"不同，是听证程序中当

事人被指控的辩白，而前面的“申辩”是指当事人在整个行政处罚程序中的申辩，当然，它们均属于当事人的权利。

《行政处罚法》第 42 条规定了听证程序的适用范围：“行政机关作出责令停产停业、吊销许可证或者执照、较大数额罚款等行政处罚决定之前，应当告知当事人有要求听证的权利；当事人要求听证的，行政机关应当组织听证。”对其他行政处罚案件，行政机关认为有必要组织听证的，征得当事人同意之后，也可以组织听证。当事人不承担行政机关组织听证的费用。

行政机关必须组织听证，这是法定的必经程序。而前面的“申辩”是指对各种行政处罚案件(不论轻重案件或者简易、一般程序的案件)，当事人在整个行政处罚程序中所享有的权利。但对非重大行政处罚案件或者当事人放弃要求听证的，行政机关不必组织听证。

②听证程序的适用范围。《行政处罚法》第 42 条规定：“行政机关作出责令停业、吊销许可证或者执照、较大数额罚款等行政处罚决定之前，应当告知当事人有要求举行听证的权利；当事人要求听证的，行政机关应当组织听证。”由此可知，需要组织听证的案件限定在上述比较重的 3 种行政处罚案件。此外，对于其他行政处罚案件，行政机关认为有必要组织听证的，征得当事人的同意，也可以组织听证。当事人不承担行政机关组织听证的费用。

③听证的具体程序。(a)请求的提出和答复。当事人要求听证，应当在受到环保行政机关告知(有要求听证的权利)之后 3 日内提出；行政机关应当在举行听证的 7 日前通知当事人，并由当事人在送达回执上签名。(b)听证的形式。除涉及国家机密、商业秘密或者个人隐私外，听证公开举行；当事人可以亲自参加听证，也可以委托一至二人代理。(c)听证的具体步骤。听证由行政机关法制工作机构的非本案调查人员主持；当事人认为主持人与本案有直接利害关系的，有权申请回避。举行听证时，先由调查人员提出当事人的违法事实、证据和行政处罚意见，再由当事人进行申辩和质证。即由行政机关与当事人分别出示证据，申明理由，陈述意见，相互辩论。辩论后，当事人有权作最后陈述。听证应当制作笔录，最后交当事人(或其代理人)查核并签字、盖章。主持人也应同时签名、盖章。之后，听证便告结束。

3. 作出处罚决定阶段

环境保护监督管理部门的负责人对调查结果(包括对举行听证获得的证据)进行审查核实，并根据不同情况作出决定；对重大环境行政处罚案件，还应当由行政机关的负责人集体讨论决定。

(1)六种不同的决定

①对确有应受行政处罚的违法行为，根据情节轻重及具体情况作出行政处罚决定，并由本部门法定代表人签发《环境保护行政处罚决定书》。

②对违法行为轻微，依法可以不给予行政处罚的，作出不予行政处罚决定。

③违法事实不能成立的，作出不予行政处罚的决定。

④法律、法规或者规章规定行政处罚必须报上级环境保护监督管理部门批准的，应以书面形式上报，经批准后方可作出行政处罚决定。

⑤法律、法规或者规章规定由人民政府实施处罚的，应在提出处罚意见后，连同全部案件材料报人民政府决定。

⑥违法行为触犯《刑法》，涉嫌构成犯罪的，将案件移送司法机关追究其刑事责任。

(2)制作行政处罚决定书。环境保护监督管理部门依法作出行政处罚决定之后，由其法制工作机构负责制作行政处罚决定书。该决定书应载明：当事人的姓名或者名称、地址；违反法律、法规或者规章的事实和证据；给予行政处罚的种类和依据；不服行政处罚决定申请行政复议或者提起行政诉讼的途径和期限，作出行政处罚决定的环境保护监督管理部门的名称和作出决定的日期。行政处罚决定书必须盖有作出处罚决定的行政机关的印章。罚款的行政处罚决定还须载明具体的数额、缴纳罚款的方法和期限，逾期不缴纳的法律后果等。

(3)行政处罚案件的处理期限。为了及时查处违法行为，避免因拖延而使证据灭失，适时制止危害环境行为，《环境保护行政处罚办法》第 30 条规定："环境保护行政处罚案件自立案之日起，应当在 3 个月内作出处理决定。特殊情况需要延长时间的，环境保护行政主管部门应当书面告知案件当事人，并说明理由。"

(4)处罚决定书的交付和送达。作出行政处罚决定书的环境保护监督管理部门，应当在 7 日内将处罚决定书送达被处罚人，并根据需要将副本抄送与案件有关的单位。

受送达人在收到行政处罚决定书时，应当在回执上记明收到日期，并签名或者盖章。受送达人在送达回执上的签收日期即为送达日期。送达日期的法律意义在于，若当事人不履行又不申请复议或者提起诉讼，期限届满之日就是行政机关可以申请强制执行的起算日期。

受送达人拒绝签收的，送达人应当邀请有关人员到场见证，说明情况，并在送达回执上记明拒收理由和日期，把处罚决定书留置送达人处，即视为送达。受送达人不在，可由其所在单位领导或者成年人家属代为签收。邮寄送达以挂号回执上注明的日期为送达日期。

4. 执行阶段

指行政处罚决定的实现阶段。环境保护行政处罚决定一经作出，即产生法律效力，当事人如若不履行，又不申请行政复议也不提起诉讼，环境保护监督管理部门可以通过执行措施（即申请人民法院强制执行）强制其履行。可见，行政处罚程序的执行阶段是保证环境保护监督管理部门实现环境保护监督管理任务的重要阶段。

(1)当事人应当自觉履行处罚决定。行政处罚决定书依法作出并经送达当事人之后，当事人应当在处罚决定书确定的期限和方式内，自觉履行行政处罚决定规定的义务。

(2)当事人有申请行政复议或者提起行政诉讼的权利。当事人对行政处罚决定不服可以在行政复议时效期限（60 天）内申请行政复议，也可以在行政诉讼时效期限（15 天）内提起行政诉讼。

(3)申请复议或者提起诉讼期间行政处罚决定不停止执行。《行政处罚法》第 45 条规定："当事人对行政处罚决定不服申请行政复议或者提起行政诉讼的，行政处罚不停止执行，法律另有规定的除外"。这是由于行政处罚决定是行政机关代表国家行使环境保护监督管理权，具有强制力和执行力。在复议机关或者人民法院未确定其违法之前不得停止执行或者任意变更；这项规定也是行政监督管理职能稳定性的要求，如果行政处罚决定因当事人申请复议或者提起诉讼而间断，会造成社会无序，环境保护监督管理工作将无法正常运行，对国家、社会以致个人的环境保护事业都是不利的。

"法律另有规定的除外"是指具备了《行政复议法》第 21 条或者《行政诉讼法》第 44 条规定的情形之一的，行政处罚决定才可以停止执行。

(4)环境保护监督管理部门的执行措施。当事人逾期不申请复议，也不提起诉讼，又不履行处罚决定时，环境保护监督管理部门可以采取下列执行措施：

①当事人到期不缴纳罚款的，作出处罚决定的行政机关可依照《行政处罚法》第 51 条的规定，对当事人每日按罚款数额百分之三加处罚款。当事人对加处罚款有异议的，应当先缴纳罚款和因逾期缴纳罚款所加处的罚款，再依法

申请复议或者提起诉讼。

②根据法律规定，将查封、扣押的财物拍卖或者将冻结的存款划拨抵缴罚款。

③申请人民法院强制执行。环境保护监督管理部门应当在行政复议或者行政诉讼时效届满之后，再向人民法院申请强制执行。

行政处罚决定经当事人自觉履行，或者逾期不履行又不申请复议也不提起诉讼，经人民法院强制执行之后，整个行政处罚程序便告终了。

第三节 环境行政处分

一、环境行政处分的概念①

（一）环境行政处分的定义

环境行政处分指国家机关、企业事业单位按照行政隶属关系，依法对在保护和改善生活环境和生态环境，防治污染和其他公害中违法失职，但又不够刑事惩罚的所属人员的一种行政惩罚措施。

（二）环境行政处分的对象

【案例】 山西查处17起毁林占地大案②

〔案情〕 山西省林业厅日前通报了对绵山风景区开发建设违法占地等17起严重毁林占地案件的查处结果，相关责任单位已按照要求恢复林区植被、赔偿损失，相关责任人也受到了党纪政纪处分。

介休市绵山风景区是山西省重点名胜风景区，属于太岳山国家森林公园和绵山自然保护区的管辖范围。1998年，介休市授权民营企业"三佳煤化有限责任公司"（以下简称"三佳公司"）独资开发绵山风景区。开发过程中，介休市政府和三佳公司未经林业主管部门同意，未办理征用林地手续，违法占用国有、集体林地34.44公顷。国家林业局和山西省政府对这起案件进行调查后，

① 陈汉光：《环境法基础》，中国环境科学出版社2004年版，第213～214页。

② 据新华社：《山西查处17起毁林占地大案》，《中国环境报》2004年5月17日。

作出了处理意见。

2004年3月，介休市政府向山西省政府作出深刻检查；三佳公司出资补办了占用林地手续，并补交林地占用费76万余元；两年内共植树71万株，培育花卉和种植草坪160余亩，引进新品种乔灌苗木61万株，出资绿化荒山700余亩，并在进山公路两侧栽植树木10万余株，景区植被基本得到恢复。该案件有关责任人受到党纪政纪处分。绵山风景区开发建设工程部部长王某受到党内警告处分，绵山风景处管理局局长陈某受到行政记大过处分，原太岳山森林经营局绵山林场场长白某受到行政警告处分。

〔思考题〕

本案中的环境行政处分对象是什么？它有何特点？

〔法律分析〕[①]

环境保护领域中，环境行政处分的对象有二：一是单位实施了破坏或者污染环境的行为，情节较重但又不够刑事惩罚的有关责任人员；二是环境保护监督管理部门的工作人员在执法活动中滥用职权、玩忽职守、徇私舞弊但又不够刑事惩罚的违法行为。现分述如下：

1. 破坏或者污染环境的有关责任人员。其违法行为表现为：

(1)采伐林木的单位没有按照规定完成更新造林任务，情节严重的直接责任人员；

(2)未经批准或者采取欺骗手段骗取批准，非法占用土地的单位直接负责的主管人员和其他责任人员；

(3)擅自修建水工程或者整治河道、航道的单位的有关责任人员或者擅自向下游增大排泄洪涝流量或者阻碍上游洪涝下泄的单位的有关责任人员；

(4)企业事业单位在建设和生产过程中造成水土流失不治理的有关责任人员；

(5)发现土地发生沙化或者沙化程度加重不及时报告或者在报告后不责成有关行政主管部门采取措施的单位的直接主管人员和其他责任人员；

(6)沙化土地所在地区批准采伐防风固沙林网、林带的直接负责的主管人员和其他责任人员；

---

① 陈汉光:《环境法基础》，中国环境科学出版社2004年版，第213～214页。

(7)沙化土地所在地区批准在沙漠边缘地带和林地、草原开垦耕地的直接负责的主管人员和其他责任人员；

(8)在沙化土地封禁保护区范围内安置移民的直接负责的主管人员和其他责任人员；

(9)未经批准在沙化封禁保护区范围内进行修建铁路、公路等建设活动的单位的直接负责的主管人员和其他责任人员；

(10)截留，挪用防沙治沙资金未构成犯罪的单位直接负责的主管人员和其他责任人员；

(11)造成环境污染事故的企业事业单位，情节较严重的责任人员；

(12)铁路机车不按照规定使用声响装置的有关责任人员。

2. 环境保护监督管理人员滥用职权、玩忽职守、徇私舞弊的有关责任人员。其违法行为表现为：

(1)没有法定依据给予行政处罚的；

(2)擅自改变行政处罚种类、幅度的；

(3)违反法定程序给予行政处罚的；

(4)违反委托处罚规定给予行政处罚的；

(5)对当事人进行罚、没使用非法单据的；

(6)将罚、没财物截留、私分或者变相私分尚未构成犯罪的；

(7)使用或者损毁扣押财物对当事人造成损害的；

(8)违法实行检查、执行措施使当事人人身、财产造成损害(失)的；

(9)利用职务上的便利索取或者收受他人财物、收缴罚款据为已有尚未构成犯罪的；

(10)为牟取单位私利以行政处罚代替刑罚又拒不纠正的；

(11)对应当制止和处罚的违法行为不予制止、处罚，致使当事人合法权益、公共利益和社会秩序遭受损失尚未构成犯罪的；

(12)法律、法规或者规章规定给予环境行政处分的其他违法行为。

从上述的分析可知，受到环境行政处分的人应具备的条件，与前面介绍的行政处罚的条件大体相同，即行为违法、造成或者可能造成破坏或者污染环境的危害后果、违法行为与危害后果之间存在因果关系、行为人有过错(包括故意和过失)。与受到环境行政处罚的条件不同的是，行为者都具有一定的身份：或者是企业单位的有关责任人员，或者是环境保护监督管理人员，而且是在履行公职时实施了违法行为。因此，可将这类环境行政责任称为身份责任，以便与一般公民破坏或者污染环境因而应受到行政处罚区别开来。

(三)环境行政处分的种类

《国家公务员暂行条例》规定:对国家公务员的行政处分形式包括警告、记过、记大过、降级、撤职和开除6种。《企业职工奖惩条例》规定,对企业职工的行政处分形式包括警告、记过、记大过、降级、撤职、留用察看和开除7种。

对于违法失职而不够刑事惩罚的事业单位工作人员,一般将受到事业单位内部或者其上级主管机关的纪律处分,其形式与国家公务员的行政处分大体相同,但名称上谓之"纪律处分"。

二、环境行政处分的程序①

现行《国家公务员暂行条例》对行政处分的程序未作具体的规定,但根据过去施行的《国家行政机关工作人员奖惩暂行规定》和实践中的做法,可将行政处分程序概括为:立案、调查、申辩、报批、决定、备案6个阶段。现分述于下:

(一)立案

行政机关或者上级行政主管部门(包括企业事业单位的领导机构及其主管部门)发现所属人员有违法行为依法需要给予行政处分的,按照管理权限或者管理范围作出立案的决定。

(二)调查

行政机关或者上级主管部门有关人员(多为纪检部门或者单位的人事管理部门的工作人员),本着实事求是、严肃认真的态度,对违法行为进行调查,弄清违法的时间、地点、情节、违法行为造成的后果,以至违法的主、客观原因,违法时的心理状态(包括故意和过失)等违法者的基本情况。在环境保护领域中,受到环境行政处分的人员一般都是因所在单位违反环境保护法而对环境造成危害,情节较重的直接负责的主管人员或者其他责任人员;而在环境保护监督管理机构中,受到环境行政处分的则是滥用职权、玩忽职守、徇私舞弊者,一般都伴有贪图私利的动机或者是极端不负责任的心理状态。这些,都需要

① 陈汉光:《环境法基础》,中国环境科学出版社2004年版,第215页。

在调查阶段通过事实证据加以确认，才能为行政机关作出处分决定打下坚实的基础。

(三)申辩

调查的结论应公开告知将受到处分者，在作出处分决定之前，应当召开会议，通知当事人参加，让其提出申辩和有关证据材料。申辩可以是口头的，也可以用书面材料或者请人代为申辩。

(四)报批

行政机关在充分听取当事人的申辩和审查有关调查材料、证据(包括当事人提出的证据)之后，经过领导层的集体讨论，作出给予行政处分(包括处分形式)决定的意见书。在处分决定意见书上应有受处分人签字或者签署保留意见，然后将处分决定意见书报上级主管部门或者本部的审批机关审批。

在讨论过程中若发现某些证据需要进一步查证的，应在查证属实之后再作决定；如果认为情节轻微不符合行政处分条件，应作出不给予处分的决定，并告知其本人。

(五)决定

上级主管部门或者本部门的审批机关经过审查处分决定意见，认为，违法事实清楚、证据充分、处分形式恰当，可予批准处分决定意见书，并通知受处分人，同时告知其享有的申诉权。

(六)备案

依法需要备案的，报有关机关备案。如若受处分人不服，可依照《监察机关处理不服行政处分申诉的办法》，在收到处分决定后15日内提出复审申请；复审之后，如若再不服，还可向作出复审决定的上一级监察机关申请复核。

在现实生活中，一些单位由于法治观念淡薄、本位主义严重，往往对本单位的违法失职人员不依法给予行政处分，值得有关部门注意和纠正，严重的还应依法追究其法律责任。

第四节　环境行政诉讼

一、环境行政诉讼类别

（一）依法履行法定职责之诉

【案例】 家传枣树因施工受损，管护人状告区林业局①

〔案情〕 因认为林业部门未认真履行古树名木保护法定职责，家住北京市丰台区的张老汉将丰台区林业局告上法庭。北京市第二中级人民法院对这起北京市首例市民状告林业部门护树不力的行政诉讼案作出终审判决，维持了一审丰台区人民法院驳回其诉讼请求的判决。

张老汉原来居住的院内有一棵其家历经9代人精心养护的老枣树，属于二级古树名木，张老汉被确定为该古树的管护责任人。2002年10月16日、12月14日，张家人突然发现枣树下距离树干1.5米处有3个钻洞，洞口处有杯口粗的断根，施工方在古树北侧进行破坏性挖土施工，于是两次打电话向市林业局举报。同年12月15日，丰台区林业局工作人员到现场口头责令施工方停止施工、整改。去年3月，林业局验收后认为符合要求，同意施工单位恢复施工，后对该单位作出罚款1000元的行政处罚。

但张老汉认为林业局未及时制止施工行为，致使古树保护范围内的土层全部被挖掉，家传枣树日渐凋零，于是以“行政不作为”为由将丰台区林业局告上了法庭。

2003年7月，丰台区人民法院一审判决认为，根据调查的事实，丰台区林业局作为林业行政主管机关，已经履行了保护古树的法定职责。张老汉认为该局不作为，没有事实根据。对此，张老汉不服并上诉到北京市第二中级人民法院。北京市第二中级人民法院审理后认为，一审判决认定事实清楚，适用法律正确，审判程序合法，应予维持。

① 据新华社电：《家传枣树因施工受损管护人状告区林业局》，《中国环境报》2004年5月13日。

〔思考题〕

(1)本案中张老汉提起的诉讼属于何种性质?

(2)本案判决的法律依据是什么?

【案例】 于峰元状告环保局行政不作为败诉[①]

〔案情〕 天津市宝坻区农民于峰元,因其住宅附近宝坻宏源地毯厂任意排放工业废水,污染其生活环境的问题,于 2002 年 5 月 27 日,举报到天津市环保局。该局执法部门接到举报后与宝坻区环保局一起对该厂进行检查和监测,环保部门在检查中发现,该厂确有超标排放污染物行为。为此,环保部门依据有关法律、法规,对该厂作出加倍征收超标排污费人民币 10 万元,责令停止超标排污,保障治理设施正常运行的处理意见,并将该意见告知了于峰元。

2002 年 11 月 18 日,经当地环保部门监测,该厂排放的废水已实现达标排放。

2003 年 2 月 24 日,于峰元再次以宝坻宏源地毯厂排放污水超标为由到天津市环保局进行举报。天津市环保局将于峰元的第二次举报移交宝坻区环保局处理。2003 年 2 月 27 日,宝坻区环保局依法对该厂进行了现场检查,发现该厂未使用污水处理设施,废水排放超标,即对该厂依法作出罚款人民币 2 万元,责令其必须恢复污水处理设施的正常使用,并将处理结果当面告知于峰元。

2003 年 3 月 26 日,经监测,该厂排放的废水再次实现达标排放。

1. 争论

于峰元认为,天津市环保局没有采取实质措施,解决宏源地毯厂的工业废水超标排放问题,属行政不作为的行为,并以此为由向天津市第一中级人民法院提起行政诉讼。

一审法院受理此案后,经过调查取证认定,天津市环保局依据《环境保护法》、《水污染防治法》之规定,依法对宝坻宏源地毯厂进行了现场检查、监测,并在依法对该厂作出了行政处罚后,将处罚结果告知了于峰元,天津市环保局的行为已履行了法定职责。故此,一审法院判决驳回了于峰元的诉讼请求。

于峰元不服,向二审法院提出上诉。二审中于峰元称:一审法院认定被上

① 郭文生:《一农民状告环保局行政不作为败诉》,《中国环境报》2003 年 9 月 6 日。

诉人(以下称天津市环保局)已履行了法定职责的判决与事实不符。其一,由于宏源地毯厂建设的染纱车间为高度污染环境的项目,依据环境保护法等有关法律的规定,天津市环保局未对宏源地毯厂2000年4月建设的染纱车间污染设施进行与其主体工程同时验收。一审庭审中,天津市环保局没有提供事实证据,也没出示该厂染纱车间环境影响报告书,因此,自宏源地毯厂染纱车间建设时起就存在行政不作为违法行为;其二,环境保护法规定,天津市环保局收取的排污费应当全部用于环境污染防治,而该局依职权收取的排污费用,没有用于对地毯厂附近区域性的环境污染防治;其三,天津市环保局对宏源地毯厂的处理,确是作了一些行政行为,但没有达到治理污染的目的,所以此行为不能称之为合法的行政行为。综上,请求法院依法撤销原审判决;确认天津市环保局的行为属行政不作为的违法行为;判令其作出具体行政行为。

天津市环保局答辩称,关于上诉人所称宏源地毯厂在建设染纱车间时,未经本局审批,与事实不符。2001年初,宝坻区环保局在环境监督管理中,发现宏源地毯厂的染纱车间建设项目未经环保部门审批,但该车间当时采取了相应的环境保护措施。依据法律有关规定,责令该厂补办了环境保护设施竣工验收手续,并于同年5月通过验收。关于未提供环境影响报告书问题,依据法律、法规的规定,本局依法具有对建设项目产生的污染和对环境的影响作出评价的审批职权,但该审批职权须以建设单位向本局申请为前提。关于环境保护补助资金问题,该资金收取的排污费全部按月上缴市财政,且主要用于重点排污单位及综合治理项目,各单位治理排污设施应根据自己的财力,提出所需资金帮助,并依法提出申请,本局无权自行支配环境保护补助资金。综上,本局已依法履行了环境保护行政监管的职责,请求二审法院依法驳回上诉人的诉讼请求,维持原审判决。

二审法院合议庭经审理后认为,根据最高人民法院《关于执行〈行政诉讼法〉若干问题的解释》第27条第(2)项规定,"在起诉被告不作为的案件中,证明其提出申请的事实"应由原审原告承担举证责任。上诉人向天津市环保局的两次举报,证明了上诉人要求该局履行法定职责的法律行为是客观存在的。根据《环境保护法》第7条第2款,《水污染防治法》第4条第1款规定,天津市环保局具有对环境保护、水污染防治实施监督管理的主体资格和法定职权。根据国家环境保护局第19号令《环境信访办法》的规定,上诉人两次以举报形式反映宏源地毯厂有排污超标问题,天津市环保局在规定的期限内,履行了办结信访举报事项的处理并将处罚结果告知上诉人的职责。上诉人认为该局对宏源地毯厂建设染纱车间时没有进行审查,也没有出示环境影响报告书及防治污染专项资金未用于污染防治等问题,不属于履行法定职责之诉的审查内容。天津市环保局认为本案涉及社会公益事业,上诉人不具备原告主体资格。

法院认为:随着法制的发展,公民、法人或者其他组织认为环境保护行政机关不履行法定职责的行为侵害了社会公共利益,在环境保护法律规范赋予诉权的情况下,无论是否涉及自身利益,都可以自己的名义提起行政诉讼。因此,上诉人具备本案要求天津市环保局履行法定职责行政诉讼的原告主体资格。

2. 审判

二审法院认定,原审判决认定事实清楚,证据充分,适用法律、法规正确,审判程序合法,故判决驳回上诉,维持原判。

天津市高级人民法院终审判决:驳回上诉人于峰元诉天津市环保局不履行法定职责的主张不能成立,其诉讼请求不予支持,维持原审法院判决。至此,天津市宝坻区农民于峰元状告天津市环保局"行政不作为"案以败诉告终。

〔思考题〕

(1)本案属于环境行政诉讼的哪一类别?

(2)这类诉讼有何特点?

〔法律分析〕

履行之诉,是指原告公民、法人或者其他组织认为特定的行政机关对其负有特定的法定职责,要求人民法院判决特定行政机关履行法定职责的诉讼。履行之诉往往以确认判决作为前提,只有确定特定的行政机关对原告负有特定的法定职责,才能作出命令履行的判决。[①]

(二)不服环境行政处罚之诉

【案例】 山东荣成海达造船有限公司不服国家海洋局行政处罚决定案[②]

〔案情〕 2000 年 11 月 18 日,山东荣成海达造船有限公司(以下简称海达公司)向荣成市海洋与水产局提出申请,要求在该公司西北侧新建用于制造

① 应松年:《行政诉讼法学》,中国政法大学出版社 1999 年版,第 191 页。

② 张俊:《国家海洋局直面首宗行政诉讼》,《中国环境报》2004 年 2 月 12 日。

和修理船舶用的两条承重3000吨的滑道，需填海18700平方米。荣成市海洋与水产局受理后，在海达公司的请示报告上签署了“经初审同意使用该水域”意见。

但海达公司与所申请使用海域相毗邻的荣成市海兴水产有限公司在海域使用上存在纠纷。按照当时《山东省海域使用管理规定》的要求，对有争议的海域，争议未解决前，维持海域原状，该工程一直未能获取海洋主管部门的批准。海达公司在未获得海域使用证的前提下，便于2001年6月开工填海。

2003年6月4日，中国海监山东省总队执法检查时发现，海达公司未取得海域使用证，在该公司厂房西北侧进行填海施工，山东省总队予以立案调查。2003年8月18日，中国海监北海总队在专项执法检查中查获海达公司用海行为仍在继续。

2003年11月28日，国家海洋局对海达公司下发“海监北法字〔2003〕第012号”《行政处罚决定书》，称海达公司非法占用海域57.02亩，违反了《海域使用管理办法》及《国家海域使用暂行规定》相关规定，责令海达公司退还非法占用的海域，恢复海域原状，并处513180元罚款。

〔争论〕

交锋一：填海是否合法？

海达公司指出，他们于2000年11月向荣成市海洋与水产局报送了《关于建造2条承重3000吨级坞台使用海域的请示》，荣成市海洋与水产局将该请示转报荣成市政府后，荣成市计划委员会于2001年3月下达了《关于海达造船有限公司新建船坞项目的批复》。所以，他们是在依法取得政府的批准文件后才开始实施填海工程的。

国家海洋局辩称，无论是2002年1月1日生效的《海域使用管理办法》，还是1993年发布的《国家海域使用管理暂行规定》，都强调持有海域使用证才能合法用海。只要未取得海域使用权证书，都属于未经批准的违法用海。

海达公司填海57.02亩，在《海域使用管理办法》施行前，按照《山东省海域使用管理规定》，应由威海市人民政府批准；在《海域使用管理办法》施行后，按照《国务院办公厅关于沿海省、自治区、直辖市审批项目用海有关问题的通知》要求，应由山东省人民政府批准。荣成市计划委员会于2001年3月下达的《关于海达造船有限公司新建船坞项目的批复》，是计划部门的工程立项批准，而不是人民政府颁发的法定海域使用权证。所以，原告的行为属于未经批准擅自用海。

交锋二:适用法律是否正确?

海达公司认为自身的填海行为发生在2001年3月至12月间,而国家海洋局对其下发行政处罚所依据的《海域使用管理办法》从2002年1月1日才生效,所以国家海洋局不能依据后生效的法律对法律生效前的行为进行处罚。

关于适用法律是否正确问题,国家海洋局辩称,海达公司的非法填海占用海域虽然开始于《海域使用管理办法》施行之前,但其非法用海行为在《海域使用管理办法》实施之后仍在继续。按法律不溯及既往的原则,他们并未对海达公司在《海域使用管理办法》施行前的非法用海行为进行处罚。其所下发的《行政处罚决定书》是对其《海域使用管理办法》施行后行为的处罚,处罚的非法占用海域时间为两年,计算期自2002年1月1日《海域使用管理办法》生效施行起,至2003年11月28日作出行政处罚决定时止。《海域使用管理办法》第42条规定,未经批准或者骗取批准,非法占用海域的,责令退还非法占用的海域,恢复海域原状。国家海洋局认为其对海达公司下达的处罚类型和处罚额度都在法律规定的幅度之内,符合法律规定。而国家海洋局在法庭上出示的照片及录像证明,直到2003年8月被查处时,海达公司还在进行填海的后续工程。国家海洋局还出示了海达公司所占海域面积在持续扩大的鉴定报告,2003年6月对海达公司船坞填海面积实测为39亩,同年8月却增长到57.02亩。

交锋三:能否恢复原状

海达公司称,他们在填海后,已在新生成的土地上建造了船台,前后共投资了3000余万元。若要执行行政处罚决定,还要付出3000多万元。且该海域根本无法恢复原状,拆除现有设施还会造成对周边海域大面积的污染。

国家海洋局认为,原告仅从自身利益出发,没有考虑到国家的根本利益、法律的尊严和海洋管理秩序。

〔思考题〕

(1)本案属于哪一类行政诉讼?

(2)此类行政诉讼有何特点?

〔法律分析〕

本案属于撤销之诉。

撤销之诉，是指原告对具体行政行为不服，请求人民法院撤销该具体行政行为的请求。撤销之诉以该具体行政行为的违法为要件。在具体行政行为不符合法定成立要件，或者主要证据不足，适用法律、法规错误等情况时，公民、法人或者其他组织均可以提起撤销之诉。具体行政行为被撤销即意味着该行为自始至终都无效。对于已经执行终了的非要式具体行政行为均可以适用撤销之诉，并可以同时提起行政赔偿之诉。①

（三）确认之诉

确认之诉是原告要求人民法院确认被诉行政机关与原告之间存在或不存在某种行政法律关系的诉讼。任何一种法律关系的成立都要有一定的事实和条件，有些是法律规定的条件，有些是法律认可的事件，公民、法人或者其他组织与行政机关对某种行政法律关系是否成立，现在是否存在或不存在的状况发生争议，诉诸人民法院并要求作出确认，就是确认之诉；要求确认某种行政法律关系存在的为积极的确认之诉；要求确认某种行政法律关系不存在的为消极的确认之诉。比如，公民、法人或者其他组织认为某种行政机关要求对其履行某种义务是违法的，他们之间并不存在履行这种义务的行政法律关系，诉诸人民法院要求否认这种行政机关要求履行义务的，就是消极的确认之诉。公民、法人或者其他组织要求确认某种法律关系不存在，旨在肯定某种义务不应由其自己承担。公民、法人或者其他组织要求行政机关履行保护人身权、财产权的法定职责，行政机关拒不履行时，公民、法人或其他组织诉诸人民法院确认行政机关具有履行该职责的行政法律关系的，就是积极的确认之诉。公民、法人或者其他组织要求确认某种行政法律关系存在，旨在肯定自己享有某种实体权利，如请求行政机关作为的权利。

确认之诉通常是其他诉的前提和基础，并且对其他诉具有决定的作用。在实践中，确认之诉很少单独提起，而常常是伴随着其他诉同时提出。从本质上讲，单纯的确认判决只宣告某种行政法律关系是否存在，对公民、法人或者其他组织的权利义务内容并不直接产生影响。但是，确认判决虽然不能作为行政强制执行的依据，但是具有既判的效力。公民、法人或其他组织之间的法律关系由于确认判决而得到确认。通常请求确认判决并不是当事人的最终目的，公民、法人或者其他组织为了维护自己的权益，在请求确认判决时，往往请

---

① 应松年：《行政诉讼法学》，中国政法大学出版社 1998 年版，第 190 页。

求其他补救手段,例如,同时提出撤销之诉、赔偿之诉、履行之诉。①

【案例】 公民刘工超诉北京市环保局案②

〔案情〕 2000 年 11 月 15 日,北京市海淀区人民法院开庭,公开审理公民刘工超诉北京市环保局一案。围绕上述实质问题,原、被告双方以平等当事人的身份对簿公堂,对事实和证据展开长达 5 个多小时的质证和辩论。众多媒体记者和数百名听众,全神贯注地旁听了本案庭审的全过程。

〔争论〕

1. 被告是否存在拒绝原告汽车尾气检测的行政行为?

原告在起诉状中称,其于 1998 年 2 月购买了一台化油器捷达轿车。1998 年 12 月,他为了响应北京市人民政府治理汽车尾气污染、改善大气质量的号召,自费安装了韩国生产的"马哥马—3000"尾气净化器。经检测,其尾气排放明显低于北京市技术监督局发布的 DB 11/044—1999《汽油双怠速污染物排放标准》(以下简称 044 标准)。但北京市环保局、市交通局、公安交通管理局联合发布《关于对具备治理条件的轻型小客车执行新的尾气排放标准的通告》规定:1995 年 1 月 1 日以后领取牌照的桑塔纳、富康、捷达等小客车必须安装电控补气和三元催化器,经验收达标并取得绿色环保标志后,方准予年检。显然,原告私车如未安装通告指定的产品,无论采取何种尾气治理措施、无论治理是否达标,市环保局都不予尾气复检,也不准许参加年检。这种滥用行政权力、限定他人购买其指定商品的政府垄断行为,阻碍了市场公平竞争,侵犯了消费者的合法权益。

自 1998 年 8 月起,原告就上述通告相关规定的合法性,向北京市环保局提出质疑,并多次与其联系参加当年年检事宜。该局答复:不安装电控补气和三元催化器就不能年检。原告不服,于同年 12 月 24 日依法申请行政复议。国家环保总局于 2000 年 2 月对本案作出行政复议决定后,原告对其有关内容仍不服,故向法院起诉。

关于被告发布通告的合法性,被告委托律师王灿发辩称,《北京市人民政府关于发布本市第二阶段控制大气污染措施的通告》(京政发[1999]8 号)明

---

① 应松年:《行政诉讼法学》,中国政法大学出版社 1998 年版,第 189~190 页。

② 丁品:《依法行政还是滥用职权》,《中国环境报》2000 年 11 月 28 日。

确要求,"对 1995 年以后领取牌照并具备治理条件的轻型轿车进行治理。安装电喷或电控补气加三元催化转换装置并达到新的排放标准的,发给'绿色环保标志';未进行治理或不能达到新的排放标准的,到 2000 年一律不予年检。"被告市环保局根据市政府通告的要求,发布具体检测程序,认定有资格进行机动车排放检测的检测厂。因此,被告依照市政府规章行事,其合法性无可置疑。

被告人北京市环保局委托代理人、大气处处长冯玉桥出示并宣读国家环保总局、科技部、国家机械局《关于发布〈机动车排放污染技术政策〉的通知》(环发[1999]134 号)文件:"在用车排放检测方法及要求应该与新车排放标准相对应。除采用的怠速法或自由加速法控制外,对安装了闭环控制和三元催化净化系统,达到更加严格的排放标准的车辆,应采取双怠速法控制,并逐步以简易工况法(如 ASM 加速模拟工况法)代替。""有排放性能耐久性要求的车型,在规定的耐久性期限内,应以工况法排放检测结果作为是否达标的最终判定依据。""针对要改造的车型,必须进行系统的匹配研究和一定规模的改造示范,并经整车工况法检测确可达到明显的有效性或更严格的排放标准,经国家环境行政主管部门会同有关部门进行技术认证后,方可由该车型的原生产厂或其指定的代表,进行一定规模的推广改造。"因此,市环保局与有关部门联合发文与国家有关汽车排污技术改造规范性文件是一致的,因而是合法有效的。

针对原告提出其被拒绝参加尾气检测的指控,冯玉桥辩称,我局在任何时候都没有针对原告的汽车作出拒绝其尾气检测和年检的决定这种具体行政行为,也没有让任何机动车尾气限期治理复检点和机动车检测厂拒绝对其汽车进行检测。相反,被告曾多次告诉原告,可以在任何时间到任何经确认的机动车尾气限期治理复检点和机动车检测厂,按规定的程序和标准接受检测。检测厂按规定的程序曾对原告的汽车进行了检测,但其未通过外观检测程序,从而属于检测不合格。因此,原告所诉被告拒绝检测的具体行政行为根本就不存在。

原告刘工超肯定冯所述是事实,他说:"我买的净化器是当时最贵最好的产品。现在他们提出让我作工况法试验,我认为我无此义务。为何别人的车都不做,就让我做?"

审判长提问:"韩国生产马哥马产品是否达标?"冯玉桥又特别说明,至今没有其厂家前来申报产品,为对原告负责,我们委托有关方面对马哥马产品进行了工况法试验，结果是不达标。

2. 两个《标准》：适用一个，禁止另一个？

原告刘工超诉讼请求的另一个内容是，准许其汽车按照044标准到本市一机动车检测厂，参加机动车年度检验；同时禁止北京市环保局将达到DB 11/105——1998《轻型汽车排气污染物排放标准》（以下简称105标准），作为准许原告之车年检的前提条件。

针对此，被告委托辩护律师王灿发引用044标准前言："本标准对达到DB 11/105——1998《标准》的车辆及其他车辆确定了双怠速排气污染物不同的排放限值。"据此，只有先达到105标准，才能适用044标准，二者不可割裂。

两《标准》起草人、清华大学工学博士、大气污染控制研究所所长傅立新出庭作证：105标准采用工况法，即模拟汽车在道路上不同的行驶状况，检测其污染物排放系统控制及排放状况。由于试验要将被试车辆放在底盘测功机上进行测试，所需设备复杂、试验时间长（一般需一昼夜）、费用贵（5000元乃至上万元），通常汽车生产厂家在为车型作认证试验采取此方法。044标准是为汽车用户测试车况提供的。即以在理论上汽车出厂时已装备达105标准的污染物排放装置，检测人员可在汽车简单的怠速情况下，进行初步尾气排放浓度检测。105标准测试污染物排放多少，044标准测试汽车的技术状况是否正常；因此，适用044标准，应以105标准为前提，否则没有意义。新老车都是一样的。

审判长提问："105标准是否与国家排放标准一致？"傅立新回答，105标准与国家有关排放标准一致，但严于国家标准。

工学博士、北京市科学技术研究院副研究员姜鹏明出庭作证：达到044标准，并不一定能达到105标准。反之，能达到105标准，就能够达到044标准规定的排放值。全球汽油车都是安装三元催化反应器，才能达到105标准。有人怀疑三元催化器是否有效，说其降低汽车发动机的性能、影响安全。应说明的是，三元催化反应技术加闭环控制产生电补气，以及无铅汽油，是达到105标准的唯一有效技术路线，这在中外没有争议。问题复杂在在用车的改造上。各车起点不同，发动机、供油、供气系统状态不同，造成情况的千差万别。

装甲兵工程学院教授、硕士张一南作证认为：化油器加三元催化器和电控补气并非成熟的技术路线，只有电喷加补气才能达105标准，即欧洲1号标准。长期稳定达标不等于试验室里的达标，至少应跑完相应的公里数。在用车改造，电控技术只是其中一种。化油器工艺已走到了头。在国外，采取三元催化器加电控补气技术，降低污染物排放有限，费用比换电喷技术要高，又不上档次，老车应采取老办法治理。

3.“外观检测”，是否合理、合法？

姜鹏明作证说，外观检测合理、合法。外观检测是形式，其实质是为正确选择产品，意义重大。如尾气控制，没有装三元催化反应器，就达不到105标准。因此它是汽车生产厂家经严格工况法试验达标后，报政府登记注册的合法产品。所以，环保部门规定的程序和标准，有外观检测这一必经环节。其他国家也有这一程序。如在美国，规定外观检测，发现三元催化器被拆掉了，要处以罚款，无须再测试尾气排放合格与否。

被告委托律师王灿发教授辩称，汽车尾气中主要污染物是氮氧化物、碳氢化物和一氧化碳。双怠速检测只能检测一氧化碳和碳氢化物。由于怠速状态下产生不了高温，当然也就极少产生氮氧化物，而它恰恰是汽车尾气主要污染物，对其只能用工况法检测。而该方法检测时间长、费用高，不适合大批量机动车检测。为保护消费者利益，行政管理机关依法要求汽车厂家对其生产的机动车所匹配的尾气净化装置进行工况试验，挑选出最适合其车型的尾气净化装置并在行政管理机关备案。以后检测人员只要通过外观察看有无与之被检测机动车型号相匹配并经备案的净化装置就可初步判定尾气排放是否达标。此后的双怠速测试，仅是检测机动车尾气净化装置工作是否正常。国家环保总局等三部委联合发布《机动车排放污染物防治技术政策》明确规定：“怠速法和自由加速法检测只能作为在用车检查/维护(I/M)制度的检测手段，不能作为判定排放控制装置实际削减效果的依据。”原告的汽车即属于没有安装捷达汽车生产厂家经工况法试验所匹配并在北京市环保局备案的尾气净化系统，所以没有通过第一道外观检验程序。

原告律师夏军还对一汽大众集团提交的测试报告的测试单位北京市汽车研究所是否为有权检测机构提出疑义，报告提交时间在本案受理之后，按有关诉讼规定，案件审理期间，不能提出新的证据；冯玉桥反驳，该单位持有市技术监督局颁发的合格证；依最高人民法院解释，法院要求提交，可以提出新的证据。

4. 被告是否有滥用职权，指定产品行为？

针对原告在诉状中的“限定他人购买其指定产品的政府垄断行为，阻碍了市场公平竞争，侵犯了消费者的合法权益”指控，王灿发辩称，这里的三元催化器是一种技术路线，并非某一经营生产单位经营的产品名称或品牌。这种技术路线可以由任何厂商去生产各种品牌的汽车尾气净化产品，汽车生产厂商可以根据本厂匹配的情况自行选择符合治理要求的任何品牌的净化产品。因此，也就不存在原告所指控的“购买指定产品”的政府垄断行为。这正如国家强制燃气热水器生产厂家必须采取强排式的技术路线，不得采用直排式技术路线，并强制更换消费者在用直排热水器是同样的道理。而且，电控补气加三元催化器经过国内外广泛调查和国内汽车专家反复论证，认为该技术路线“是目前能大幅度削减化油器在用车 3 种污染物排放的唯一技术措施”。这也是各汽车生产厂家经匹配试验自行选用、并有效对在用车进行改造的技术路线；到目前为止，没有发生影响汽车安全和严重影响汽车性能的问题；也就不存在侵害消费者利益的问题。

在最后陈述阶段，原告及其律师坚持其诉讼请求；被告委托律师针对原告要求法院作出确认北京市环保局等 3 被告联合发布的通告有关内容违法的请求，指出该通告不针对特定对象，而且能够反复适用，是具有普遍约束力的抽象行政行为。依照《行政诉讼法》第 12 条规定，原告该请求没有法律根据。他特别提请法庭关注，北京连续数年被列入世界 10 个大气污染最严重的城市之一，汽车尾气已成为主要污染源。北京目前已成功地对 18 万辆在用小型客车进行改造，有效地削减了尾气污染的排放量，明显改善了北京的环境。北京正在申奥，大气质量要求只能更严格，机动车防治决不能在原有基础上后退。

〔思考题〕

(1)什么是依法行政？什么是滥用职权？

(2)环保局如何履行法定职责？

(3)公民对抽象行政行为能否提起确认之诉？

(四)变更之诉

变更之诉是指原告认为环境行政处罚显失公正，而要求人民法院变更环境行政处罚决定的诉讼。由于行政诉讼以合法性审查为原则，以合理性审查为特殊例外。在行政诉讼中，原告能以具体的行政行为不合理作为诉讼理由，仅此一项。在我国，变更之诉的范围十分狭窄，实际上仅适用于环境行政处罚显失公正一种情况。因此,对其他行政行为不能提起变更之诉。[①]

(五)行政赔偿之诉

行政赔偿之诉是指原告要求人民法院判决行政机关赔偿因具体行政行为违法对其合法权益造成的损失的诉讼。行政赔偿是行政机关承担的一种行政法律责任,因此,行政赔偿诉讼不能成为行政诉讼的附带民事诉讼,而是一个独立的诉讼形式,适用《行政诉讼法》第 67 条的有关规定。

《行政诉讼法》第 54 条第 2 款规定,人民法院判决被告重新作出具体行政行为,并不是因为原告提出的诉讼请求,而是人民法院判决依据职权,根据不同的情况,对被告行政机关作出的判决。这并不是诉的一种形式。[②]

(六)综合之诉

【案例】 对娱乐场所噪声除了罚款还有其他方法使其停止污染吗[③]

〔案情〕 自 2000 年 5 月份以来,张某家隔壁新办了一个以唱卡拉 OK 为主的娱乐营业场所,昼夜歌声不断,噪声时起时伏。由于该娱乐场所与张家住宅共墙共垛,没有间距,虽经当地市环保局两次督促娱乐场所老板进行隔音整改,但效果不佳,噪声仍旧袭人。环保执法者当着娱乐场所老板的面测量噪声强度时,老板故意放低音,待执法者一走,音乐噪声马上恢复平常袭人状态。据内行人讲,噪声高达 80 分贝左右。张某的两个孩子在读高中和初中,学习非常紧张,张某又是一个中度神经衰弱患者,全家人都与音乐无缘,听到高音量就神经紧张,以致严重影响孩子学习和全家人正常寝睡。对此张某曾依据国家《环境噪声污染防治法》和国家环境保护局、国家工商局《关于加强饮食娱乐服务企业环境管理的通知》等法规精神,多次向当地环保部门提出申请,寻求解决办法。执法者的回答是:治理不能完全达标,但拆除又无章可循。张某依据国家环保总局、国家工商局的通知中关于"在居民楼内,不得兴办产生噪声污染的娱乐场点……"的规定去找环保局讲理。执法者说:该娱乐场所与张

---

① 应松年:《行政诉讼法学》,中国政法大学出版社 1998 年版,第 190 页。

② 应松年:《行政诉讼法学》,中国政法大学出版社 1998 年版,第 190 页。

③ 严律师:《对娱乐场所噪声除了罚款还有其他方法使其停止污染吗》,《中国环境报》2001 年 2 月 17 日,严律师信箱。

家住宅不是出现在同一居民楼内，在环保执法者看来，进行噪声污染防治监督管理似乎只有罚款一途径，除此再没有其他办法。

〔思考题〕

(1)受害人所受的噪声污染危害到底应当由谁来管？

(2)除了罚款还有没有别的方法可以制止污染危害？其法律依据是什么？

〔法律分析〕

本案是一同时包含了上述数种诉讼类型的综合行政诉讼。

1. 撤销之诉

1997年3月1日起施行的《环境噪声污染防治法》第43条第1款规定："新建营业性文化娱乐场所的边界噪声必须符合国家规定的环境噪声排放标准；不符合国家规定的环境噪声排放标准的，文化行政主管部门不得核发文化经营许可证，工商行政管理部门不得核发营业执照。"娱乐场所建于2000年5月，应当执行《环境噪声污染防治法》的这一规定。如果其边界环境噪声不符合国家规定的环境噪声排放标准，当地的文化行政主管部门和工商行政管理部门不得向经营人核发文化经营许可证和营业执照。如果已经核发，张某可以向核发许可证和营业执照部门的上一级行政机关申请行政复议，要求撤销已发的许可证和营业执照；如果上级行政机关维持下级行政机关的决定，张某可以向人民法院提起行政诉讼，要求核发证、照的部门收回证、照。张某也可以不经行政复议而直接向人民法院提起行政诉讼，要求核发证、照的部门收回证、照。

2. 履行之诉

如果娱乐场所的经营人没有取得文化经营许可证和营业执照而营业，张某可以请求当地文化行政主管部门和工商行政管理部门依法查处其非法经营活动。如果有关管理部门不予查处，张某可以依照《行政诉讼法》的规定向人民法院提起要求有关行政机关履行法定职责的行政诉讼。

根据《环境噪声污染防治法》第43条第2款关于"经营中的文化娱乐场所，其经营管理者必须采取措施，使其边界噪声不超过国家规定的环境噪声排放标准"和该法第59条关于对违反这一规定，造成环境噪声污染的，由县级以上人民政府环境保护行政主管部门责令改正，可以并处罚款的规定，张某可以请求当地环境保护行政主管部门对经营管理者给予处罚。1999年6月25日国家环保总局、公安部、国家工商局联合发布的《关于加强社会生活噪声污染管理的通知》中明确规定，对违反规定造成严重环境噪声污染的单位，"当地环保部门应依法责令其限期治理；对经限期治理逾期仍未达到环保要求的单位，除按国家规定收取超标准排污费和处以罚款外，当地环保部门应向县级以上人民政府报告，按照规定的权限，责令其停业、搬迁或关闭。"因此，对环境噪声污染防治的监督管理，并不是只有罚款一种方法，环保部门对那些造成环境噪声严重污染的娱乐场所，有义务向县级以上人民政府报告，让人民政府责令其停业、搬迁或关闭。

3. 污染损害赔偿的民事诉讼

如果行政手段不能解决张某所遭受的环境噪声危害问题，张某还可以根据《环境噪声污染防治法》第 61 条关于"受到环境噪声污染危害的单位和个人，有权要求加害人排除危害；造成损失的，依法赔偿损失"的规定，对娱乐场所的经营管理者向人民法院提起要求排除危害、赔偿损失的民事诉讼。在提起诉讼前，张某应当收集污染的证据，主要是娱乐场所的噪声排放情况。鉴于影响张某的娱乐场所与张某的住房之间没有间距，无法在房间外监测，根据环境监测方法标准，可在张某的房间内监测，其适用的噪声值降低 10 分贝。假如张某的住房所在区域属居住、文教机关为主的区域，其昼间的噪声值为 55 分贝，夜间为 45 分贝。减去 10 分贝，昼间为 45 分贝，夜间为 35 分贝。张某可以委托当地环境监测站在张某房间内监测。监测时，不要让娱乐场所的经营管理者知道，否则，他就会暂时地减轻噪声排放，使张某得不到真实的噪声分贝值。如果监测的结果超标，张某就可以向法院起诉，要求娱乐场所的经营管理者排除危害、赔偿损失。

（七）对行政处理不服的诉讼

【案例】 造纸厂排污误农时赔偿 11 万[①]

〔案情〕 2003 年 5 月下旬，正值图们地区插秧时节。石岘造纸厂脱墨车间将夹杂大量塑料薄膜的污水直排嘎呀河，致使农用抽水泵被塑料堵塞，水田供水短缺，红光乡龙城、松林、下嘎 3 个自然村 226 公顷插秧生产受到不同程度影响。利益受损的农民立即赶到图们市环保局反映石岘造纸厂排污问题，

---

① 于平：《造纸厂排污误农时赔偿 11 万》，《中国环境报》2004 年 1 月 13 日。

要求厂方赔偿损失。

为防止厂群矛盾激化，切实维护农民利益，图们市环保局于同年5月30日和6月2日先后两次在松林村召开协调会，并达成3点共识：一是石岘造纸厂提供潜水泵保障农田用水；二是村领导干部要组织村民抢时间插秧，力争把损失降到最低限度；三是厂方在年末补偿农民的农作物损失。

2003年年底，图们市环保局会同石岘造纸厂、红光乡政府、农业专家对农民的农作物损失作最后一次评估，石岘造纸厂依据评估结果，同意向3个村的300农户支付11万元赔偿金。

经吉林省图们市环保局积极调解，石岘造纸厂直排污水延误插秧农时一案结案，受害农民获11万元赔偿金。

〔思考题〕

本案中环保局的处理的性质是什么？

【案例】 环保局行政处理案件——析环境侵权民事赔偿的行政处理①

〔案情〕 1997年5月上旬，A市环境监察机构收到市郊区某村的一份举报，反映其附近某化工厂和某冶炼厂高空排放的烟气污染，造成其8000多亩农作物、花卉苗木出现不同程度的枯黄、死亡或减产，共计损失13万多元，要求致害单位给予赔偿。

市环保部门接到举报后立即成立专案组，经调查查明，某化工厂生产硫酸，其制酸尾气主要有害气体为二氧化硫和硫酸雾，通过一高度为85米的烟囱排放；某冶炼厂从事铜冶炼，冶炼尾气主要有害气体也是二氧化硫和硫酸雾，通过一高度为112米的烟囱排放；两工厂经烟囱排放的二氧化硫和硫酸雾都符合国家《大气污染物综合排放标准》规定的要求；当时的气象条件较差，风速小，常有逆温现象，大气污染物难以扩散，是造成本次污染事故的主要原因。另外，两工厂一墙之隔，其排放二氧化硫和硫酸雾的烟囱相距也不过200多米，对农作物、花卉苗木的危害有叠加作用。

经市农业、林业等部门实地核算，造成经济损失5.8万元，市环保部门根据两工厂排放的二氧化硫和硫酸雾的总量，确定了两厂共同承担赔偿损失的责任，并按35∶65的比例分摊，当事人双方签订了赔偿协议。

---

① 施德国：《环境侵权民事赔偿的行政处理》，《中国环境报》2003年8月2日。

〔法律分析〕

这起环境侵权民事赔偿案有以下特点：

1. 体现了承担环境侵权民事责任“无过错责任”原则

我国《民法通则》第 124 条、《环境保护法》第 41 条明确了环境污染民事责任“无过错责任”原则，《大气污染防治法》第 62 条也作出了明确规定。因此，本案中，尽管两工厂无环境违法行为，大气污染物的排放也符合国家标准，但造成了环境污染危害，仍然要承担赔偿责任。环境污染是现代工业的产物，即使排污者没有过错，也会给他人造成损害，而且这种损害范围广，后果严重，妨碍经济发展，危害人体健康。在环境污染民事案件中，受害人囿于科学知识和检测手段的限制，很难有能力证明致害者有无过错。实行“无过错责任”原则，有利于保护受害人的合法权益，推动排污者积极治理污染。

但是，法律也规定了“无过错责任”的免责条件。综合相关法律规定，不承担环境侵权民事责任的几种情况是：第一，不可抗力发生后，并经及时采取合理措施，仍不能避免环境污染损害发生的。如自然灾害，地震、火山爆发、台风、泥石流等，另一种是重大社会原因，如战争行为、特殊的军事行动等。本案中，特殊的气象条件是造成环境污染损失的主要原因，但并非不可抗力，这是因为，每天的气象状况当地的气象台都要预报，且在每年的这个季节，容易产生风速小、逆温现象的天气，如果两工厂提前采取限产、减排等措施，是完全可以避免环境污染损害发生的。所谓“合理措施”，一般指生产操作规程规定的应急处理方法。如果没有特别规定，应根据人们的认知水平和科学常识来判断措施的合理性。第二，因受害人自身的责任所引起。第三，由于第三者的故意或过失所引起。第四，因正当防卫和紧急避险而造成的。

2. 体现了处理环境侵权民事赔偿案的科学性和专业性

由于环保法是一门涉及面广，融自然科学和社会科学于一体的综合性法律，造成环境侵权损害的原因复杂多变，损害的发生具有隐蔽性、滞后性、积累性、反复性的特点，所以，我国环境侵权民事赔偿诉讼实行较长的诉讼时效(3 年，比一般民事诉讼长 1～2 年)和举证责任倒置(即被告负举证责任)。但在本案中，由于致害人为两个独立的法人单位，他们对对方的生产排污状况不清楚，所以举证困难。市环保部门在这种情况下主动作为，为民解愁，深入现场勘察，掌握第一手资料后，运用环保科学知识，拿出了确凿的证据，本着公正、公平的原则，确立了两厂应分担的责任比例，使当事人达成了赔偿协议，从而化解了环境污染引起的纠纷。环保部门这种主动服务、科学举证的做法，受到各方的称赞。

一是科学推定两厂的排污行为与农作物受损的因果关系，明确承担赔偿责任的主体。鉴于环境污染案件中，危害环境行为与损害事实之间的因果关系的复杂性和特殊性，一些环境立法比较完善的国家，主张以推定的因果关系来代替直接的因果关系。这一主张也被我国环境侵权民事案件的行政处理和司法审判实践所接受。本案的因果关系是这样推定：两厂所排放的大气污染物都不超过国家允许的排放标准，但因两厂紧邻，烟囱间距仅超过两烟囱高度之和（197 米）30 米，我们依据计算烟气落点浓度的高斯模式，计算出在地面轴线上 1600 米、2200 米二氧化硫最大落地浓度。如果两者迭加远超过保护农作物的大气污染物最高允许浓度中，对二氧化硫敏感农作物生长季的日平均浓度的限值，即使是二氧化硫的抗性作物，在二氧化硫任何一次的浓度超过 0.8 mg/m^3 的环境中，也会受到伤害。况且，两厂排放硫酸雾，其危害是二氧化硫的 10 倍。所以，某村在两厂主导风向下方的 1000～2200 米区域的农作物损害与两厂排放的二氧化硫和酸雾行为之间的因果关系成立。

二是合理分清两厂赔偿责任，确定适当的分摊比例。在明确两厂作为共同的赔偿主体之后，分清各自责任的大小成为本案的另一关键。由于环保部门对两厂的烟气监测是每季一次，最近一次的监测距案发时已有 1 个多月，如果以这次监测结果计算出两厂二氧化硫和酸雾排放净量的比值，作为分摊赔偿金的比例，显然不准确。因此，环保部门调出了两厂近 1 个月的生产台账、报表等原始记录，计算出原料中硫的总量，减去产品硫酸中的硫量，再减去因工艺水平所致的无组织排放的硫量，即为通过烟囱高空排放的硫量。两者的比值 35∶65 即为分摊赔偿金的比例。

三是准确核定环境污染的实际损失，签订赔偿协议。环境污染损害赔偿不同于国家赔偿，实行全额赔偿原则，直接损失、间接损失，既得利益、可得利益均要进行赔偿。具体到本案，既要赔偿受损农作物的生产成本，又要赔偿案发时生产农作物的利润，还要赔偿农作物从案发时到成熟期这一将来时期的预期可得利润。在环境污染赔偿案中，国家确立了保护受害者的立法思想，一些受害人借此夸大污染危害，虚报污染损失，致使案件处理更加扑朔迷离。为了核准本案的实际损失，市环保部门邀请农业、林业部门有关技术人员参与调查，逐项评估，重新核定损失，消除了 7 万多元虚报损失，从而保护了企业的合法利益。

3. 体现了环境侵权民事赔偿行政处理途径灵活、快捷的特点

《环境保护法》规定，我国环境侵权民事赔偿的解决有两种途径：行政处理和司法审判，后者是最终的解决途径，因为如果当事人对行政处理的决定不服，仍可寻求司法处理。可事实上，大量的环境侵权民事赔偿案都是在环保部门的调解下解决的，A 市每年这类案件近百起，提起民事诉讼的仅 1～2 件。这是因为，相对于司法审判，行政处理有以下特点：第一，处理方式灵活。环保部门对环境侵权民事赔偿案的处理，只是以第三者的身份居中调解，所作出的处理决定没有强制力，因此，在处理方式、方法上较为灵活。第二，处理程序简洁。环境侵权民事赔偿案的司法审理，必须遵循严格的民事诉讼程序，实行两审终审制，而行政处理则简洁得多。第三，处理成本较低。本案中，由于环保部门对两厂的生产排污情况熟悉，占有大量的环境监测数据、统计资料，所以，省去了许多调查取证费用，又不收案件受理费，降低了处理成本。第四，处理时限较短。环保部门拥有大量的专业人才和专门的处理机构，保证了案件及时、公正处理。本案从报告到签订赔偿协议，仅 21 天，为受害人补种作物、减轻损失赢得了农时。

需要强调的是，如对处理决定不服，当事人可以提起请求损害赔偿的民事诉讼，而非行政诉讼。也就是说，不能将环境保护行政主管部门列为被告，因为环保部门的行政处理是居间调解，属于调解性质。

二、其他程序性问题

(一)行政强制执行的期限

关于环保部门就环境行政处罚决定，申请人民法院强制执行的期限问题，全国人大常委会法工委经研究作出答复，主要内容为：《环境保护法》第 40 条规定，当事人对环境行政处罚决定不服的，可以在接到处罚通知之日起 15 日内，向作出处罚决定的机关的上一级机关申请复议；对复议决定不服的，可以在接到复议决定之日起 15 日内，向人民法院起诉。当事人也可以在接到处罚通知之日起 15 日内，直接向人民法院起诉。当事人逾期不申请复议、也不向人民法院起诉、又不履行处罚决定的，由作出处罚决定的机关申请人民法院强制执行。《行政复议法》第 9 条规定，公民、法人或者其他组织认为具体行政行为侵犯其合法权益的，可以自知道该具体行政行为之日起 60 日内提起行政复议申请；但是法律规定的申请期限超过 60 日的除外。《行政诉讼法》第 39 条

规定，当事人直接向法院提起诉讼的期限为3个月，法律另有规定的除外。

根据以上规定，如果当事人自接到环保部门的环境行政处罚通知之日起，超过15日未起诉，超过60日未申请复议，又不履行处罚决定的，作出处罚决定的环保部门即可申请人民法院强制执行。

(二)环境行政执法的证据规则①

证据是行政执法的核心，在环境行政处罚、复议和诉讼过程中，如果没有充分确凿的证据，环保部门的环境行政处罚和其他具体环境行政行为，将很难经受复议机关的审查，更难以确保其具体环境行政行为得到法院的支持和强制执行。2002年7月24日，最高人民法院公布了《关于行政诉讼证据若干问题的规定》，2000年10月1日起施行。该规定对行政诉讼的证据规则作了许多新的具体而系统的规定。它所规定的证据规则，不仅适用于人民法院，对行政机关在行政执法过程中的调查取证，同样具有重要指导意义。环境行政执法人员应当认真学习，准确领会，并善于在环境行政执法以及复议和诉讼过程中正确运用该规定。

1. 环境行政执法与执法证据

尽管环境行政诉讼的胜诉率较高，但许多地方的实践表明，环保部门每败诉一起行政诉讼案件，对该地方的环境行政执法都会带来消极的影响，教训非常深刻。究其原因，环境行政执法人员在行政执法以及复议和应诉过程中缺乏必要的证据意识和举证水平，无疑是导致行政败诉的重要原因。因此，环境行政执法人员不仅在进入行政应诉阶段之后，尤其是在行政执法过程之中的调查取证阶段，都应当切实增强证据意识，并努力提高取证、举证、质证的水平，确保环保部门行政执法的效率和应有权威。

2. 环境行政执法举证责任的分配规则

(1)在环境行政处罚程序中的举证责任

在环境行政处罚程序中，环境行政执法人员应当全面、客观、公正地调查和收集证据；收集证据可以采取抽样取证的方法，在证据可能灭失或者以后难以取得的情况下，经行政机关负责人批准，可以对证据先行登记保存；调查终结后，依法作出相应处罚决定(参见《行政处罚法》第36至38条)。关于调查取证的时限，《环境保护行政处罚办法》第30条规定，环境处罚案件应当自立

① 黄丹凤:《环境行政执法的证据规则》,《中国环境报》2003年9月13日。

案之日起 3 个月内，完成调查取证并作出决定。

(2)在环境行政复议程序中的举证责任

在环境行政复议程序中，环保部门应当在收到申请书副本 10 日内，提出书面答复，并“提交当初作出具体行政行为的证据、依据和其他有关材料”(参见《行政复议法》第 23 条)。否则，复议机关将视该具体行政行为没有证据，并予撤销。

(3)在环境行政诉讼程序中的举证责任

在环境行政诉讼程序中，被告的环保部门对作出的具体行政行为负有举证责任，并应当在收到起诉状副本之日起 10 日内，提供作出被诉具体行政行为时的全部证据和所依据的规范性文件(参见《行政诉讼法》第 32 条和最高法院《关于行政诉讼证据的规定》第 2 条)。环保部门如因不可抗力或者客观上不能控制的其他正当事由，不能在规定的期限内提供证据的，应当在收到起诉状副本之日起 10 日内向法院提出延期提供证据的书面申请。人民法院准许延期提供的，应当在正当事由消除后 10 日内提供证据。环保部门不提供或者无正当理由逾期提供证据的，法院将视被诉具体环境行政行为没有相应的证据，并导致败诉的后果。

3. 环境行政执法证据的排除规则

现代行政程序规则要求，行政机关不能在行政行为作出之后，通过事后调查来证明其行政行为的合理性；否则就有行政专横之嫌。根据“先调查取证，后行政决定”的基本规则，环保部门的调查取证应当在其具体环境行政行为作出之前完成。因此，法律和有关司法解释明确排除若干证据：

(1)在环境行政复议过程中的证据排除

在环境行政复议过程中，被申请复议的环保部门“不得自行向申请人和其他组织收集证据”，即便收集也将不被认定(参见《行政复议法》第 24 条)。

(2)在环境行政诉讼过程中的证据排除

在环境行政诉讼过程中，根据最高法院规定，下列证据不能作为认定被诉具体行政行为合法的依据：

①环保部门及其代理人在作出具体环境行政行为之后或在诉讼程序之中自行收集的证据；

②环保部门在行政程序中非法剥夺公民、法人或者其他组织依法享有的陈述、申辩或者听证权利所采用的证据；

③原告或者第三人在诉讼程序中提供的、环保部门在行政程序中未作为

具体行政行为依据的证据；

④复议机关在复议程序中收集和补充的证据，环保部门在复议程序中未向复议机关提交的证据；

⑤严重违反法定程序收集的证据材料；

⑥当事人无正当事由超出举证期限提供的证据材料；

⑦以违反法律禁止性规定或者侵犯他人合法权益的方法取得的证据；

⑧不具备合法性和真实性的其他证据材料。

环保部门在行政程序中采纳的鉴定结论，原告或者第三人提出证据证明有下列情形之一的，将不被法院采纳：鉴定人不具备鉴定资格；鉴定程序严重违法；鉴定结论错误、不明确或者内容不完整。

4. 环境行政执法证据的补充规则

虽然环保部门不得在事后取证，但特殊情况下也可以补充取证。环保部门应当熟悉并善于运用这些特殊规则。

(1)在环境行政复议程序中的证据补充

在环境行政复议程序中复议机关可以调查取证，经复议机关同意，环保部门也可以补充调查(参见《行政复议法》第22条和第24条)。

(2)在环境行政诉讼程序中的证据补充

在环境行政诉讼程序中环保部门可以按程序补充证据：

①原告或者第三人提出其在行政程序中没有提出的反驳理由或者证据的，经人民法院准许，环保部门可以在第一审程序中补充相应的证据；

②法院有权要求当事人提供或者补充证据，据此环保部门可以应法院要求提供或补充证据；

③在证据可能灭失或者以后难以取得时，环保部门可以依法申请法院保全证据；

④对当事人无争议，但涉及国家利益、公共利益或者他人合法权益的事实，法院可以责令当事人提供或者补充有关证据(参见《行政诉讼法》第33条、第36条和《最高人民法院关于行政诉讼证据的规定》第2条)。

第四章
环境刑事责任

随着环境问题的日益严重,用刑法手段保护环境的呼声越来越高。而且,一些国家的环境保护经验也证明了用刑法手段保护环境比采用其他手段有更加明显的作用。其作用主要表现在以下三个方面:①

1. 惩治环境犯罪立法的刑事制裁手段能够直接剥夺或限制行为人污染和破坏环境的条件和能力

刑事制裁手段的主要方式包括生命刑、自由刑、财产刑、资格刑等。而这些刑罚形式都在不同程度上直接剥夺或限制了行为人继续污染和破坏环境的条件和能力。生命刑作为最严厉的制裁,对犯罪人污染破坏环境能力的剥夺是不言而喻的。自由刑则使犯罪人在一定时期内甚至终生无法再从事污染破坏环境的行为。财产刑通过对犯罪人财产的没收和罚金,使其不能从污染破坏环境的违法犯罪行为中得到经济利益,从而也就可以在一定程度上使犯罪人打消通过污染破坏环境而谋利的欲望,而且财产的减少,也肯定在实际上限制了环境犯罪人继续违法犯罪的资本条件。资格刑则可以通过对犯罪人某种活动资格的取消,使其无法再从事某一类环境犯罪活动。例如对走私固体废物的进出口企业取消其进出口资格,就可以使其无法再利用其特殊的资格从事固体废物走私活动。当然,行政法律手段也可以有财产罚和资格罚。但其处罚的程度和影响力都远不及刑事制裁手段。

2. 惩治环境犯罪立法具有极大的威慑性

惩治环境犯罪立法的刑事制裁手段不仅可以直接剥夺或限制犯罪人污染和破坏环境的条件和能力,而且它还对其他潜在的环境犯罪人具有威吓慑止作用。国家以立法的形式将罪刑关系确定下来,通过刑法规定各种应受刑罚惩罚的污染破坏环境的行为,并具体列举各种环境犯罪应当受到的刑罚处罚,这就为全社会提供了一份罪刑价目表,从而可以使潜在环境犯罪人所追求的

---

① http://www.chinalaw.edu.com/news.

利益与可能受到的惩罚有一个可供对比的尺度。就法律关于法律责任的规定来说,法律规定的制裁肯定要大于犯罪所得,这就迫使欲犯法者望而却步,悬崖勒马,达到预防环境犯罪的目的。特别是通过惩治环境犯罪立法所确立的刑事制裁手段所特有的生命刑和自由刑,更能够起到"杀一儆百"的作用。

3. 惩治环境犯罪立法的刑事制裁手段具有个别鉴别功能

刑法学中的个别鉴别是指刑罚对不知法而犯罪者产生的认清自己行为的性质的作用。即因不知法而犯罪者,通过接受法律的审判和刑罚的适用与执行,以亲身感受的方式明确无误地认识到某一行为是刑法所明确禁止、为社会所不接受的,从而接受教育,以后不再犯罪。在环境犯罪中,常有一些行为人的污染破坏环境行为本来已经构成了违法犯罪,但行为人本人却浑然不觉,反而认为是在为社会创造财富的情况。如果通过刑事手段对其加以制裁,在审判和适用刑罚及其执行的过程中,就可以使其明确无误地感受到其行为的违法性和社会危害性,使其不再去污染破坏环境。另外,通过这种刑事制裁,还可以使其认识到不了解环境法的规定而去盲目的开发建设,利用环境与资源,也会触犯刑律,也会受到刑事制裁,从而促使其去学习和掌握环境法,以便将自己的行为限制在环境保护法律所允许的范围内。

虽然用刑法手段保护环境有着特殊作用,而且惩治环境犯罪立法的重要作用也早为人们所认识,但就世界范围来说,惩治环境犯罪立法并不十分发达,利用刑法手段制裁的污染与破坏环境的行为也并不常见。原因何在?分析起来,大致如此:①

1. 担心刑法膨胀并因此损害刑事手段作为最严厉制裁手段的价值

刑法手段历来被人们视为法律诸手段中最严厉的手段,而且"非谋杀和违犯禁令不用刑"是一条公认的刑法原则。作为开发建设和生产活动的行为,它本身是对社会有一定好处的,如果造成环境污染破坏,就要追究环境刑事责任,有人担心这样会背离刑事立法的初衷,使刑法过分膨胀,同时也会混淆刑事立法和行政立法的界限,从而削弱刑法作为最严厉制裁手段的价值。另外,刑法中对什么是环境污染、什么是环境破坏、环境污染破坏到什么程度才构成犯罪并不像行政法中的行政违法那样有着严格的标准,而没有严格标准的刑法只能是"软法",从而也就无法实际操作和执行。因此,要加强惩治环境犯罪立法,必须重视研究这种立法的标准及可操作性问题。

---

① http://www.chinalaw.edu.com/news.

2. 证明犯罪困难的担心使得立法机关不敢贸然立法

任何一项立法的制定都不可能不考虑它的实施问题。如果一项立法十分必要,从理论上说也十分有作用,但由于技术和其他方面的原因使它在颁布以后很难付诸实施,那么该项立法也就很难被立法机关所通过。众所周知,刑法适用中的举证责任要求可以说是最严格的。然而,对于环境犯罪事实的存在,特别是对行为人故意和过失、行为与后果之间因果关系的举证,却是十分困难的。这不仅是因为环境犯罪行为通常都有合法生产或为社会创造财富的外衣作掩护,而且还因为环境污染与破坏致害原因的复杂性,甚至还有一定的科学不确定性。为了解决这一举证和证明的困难,有的学者主张对环境犯罪采用严格责任制,即在认定环境犯罪时不考虑行为人主观上是否有故意或过失,只要造成了严重的环境危害后果,就要让行为人承担刑事责任。这种方法虽然使对环境犯罪的认定简单化,但它却带来了使为经济和社会发展而冒必要风险的人也受到追究的问题,而且更重要的是对没有任何过错的人加以刑事制裁,既违背了刑法的目的,也使刑法起不到威慑作用。由于环境刑法的实施具有这方面的困难,所以立法机关在从事惩治环境犯罪立法时就不得不有所顾虑。

3. 环境刑事责任主体难以确定

进行惩治环境犯罪立法,必然涉及环境刑事责任的主体问题,也就是刑事制裁的后果应当由谁来承担。在普通的刑事立法中,这一问题比较容易解决。但是,在环境犯罪中,确定刑事责任的主体并不是一件容易的事情。这首先是因为,环境危害后果的产生往往是多因子的复合效应,许多单位或个人利用环境开发或者排放污染物,如果他们各自独立存在,可能造不成环境危害后果。在这种情况下,如果按照各自的行为来看,可能构不成环境犯罪,那么也就无法予以制裁;如果按照共同犯罪来制裁,但由于彼此缺乏意思联络,没有共同的故意或过失,就将与传统的共同犯罪理论相违背。在刑法学界和环境法界对此都没有深入研究的情况下,要对此在法律中作出明确规定显然是困难的。其次是因为危害环境的行为、特别是严重危害环境的行为,往往是单位所为。单位领导人员和其雇员,往往是受命于单位从事某种行为。环境危害后果发生以后,到底应当由谁来承担刑事责任,也是一个颇难决定的问题。特别是在大陆法系国家,通常不以法人作为刑事责任的主体,而只惩罚自然人。这就有一个是否合理的问题。单位领导的集体决定,或者董事会的集体决定,所造成的后果却要由一个主管人员承担刑事责任,显然有违法律的公平和公正。即使一些国家的法律规定法人可以承担刑事责任，但它也不过是承担罚金的责任罢了，而比罚金刑重得多的自由刑或生命刑仍然要由其雇员承担。由于这种保护环境的需要与保持法律公平与公正的矛盾难以解决，也就在一定程度上影响了惩治环境犯罪立法的进程。

4. 担心影响经济发展使得一些国家对于用刑法手段保护环境持谨慎态度

环境的开发利用，包括污染物的排放，都是在经济建设的过程中进行的。而发展中国家又都有着迅速发展经济、改变贫穷经济状况的繁重任务，因此它们担心：如果采用严厉的刑法手段保护环境，就将使许多人不敢从事具有一定环境风险的开发建设活动，从而影响经济的发展。在这种情况下，许多国家宁可加重行政处罚，比如对环境违法者给予高额罚款，而不采用刑法手段保护环境。有的国家虽然在国际社会的影响下或者在环境保护的社会呼声日益高涨的情况下，对惩治环境犯罪作出了某些规定，但这些规定往往过于原则，缺乏可实施性，其真正的目的在于作出重视环境保护的姿态和在一定的程度上对污染破坏环境者给予威慑影响。

我国为了强化环境保护，在 1997 年新修订的《刑法》中专门规定了一节“破坏环境资源保护罪”，它对污染破坏环境者可以起到一定的威慑作用，而且也确实有一些严重污染破坏环境的单位和个人受到了刑事制裁。但就总体而言，《刑法》关于环境犯罪的规定还没有充分发挥其应有的作用，被制裁者与构成环境犯罪的数量极不相称。比如，1999 年全国共发生特大和重大污染事故 72 起，但以重大环境污染事故罪被起诉的至多也不超过 10 起。为了发挥我国刑法在环境保护中的作用，目前最重要的是加强环境检察和环境刑事司法，并应特别强调环境保护行政主管部门在惩治环境犯罪中的作用，避免以罚（行政罚款）代刑（刑事制裁）情况的出现。

第一节　环境刑事责任的概念

一、环境刑事责任的定义

我国环境法中的刑事责任，是指个人或者单位（包括法人和其他组织，下同）因违反环境保护法，严重污染或者破坏环境（含自然资源，下同），造成或可能造成公私财产重大损失或者人身伤亡的严重后果，触犯刑法构成犯罪所应负的刑事方面的法律后果。

从上述定义可知，确定某种行为是否应负环境刑事责任，必须根据《刑法》和环境法的规定。从《刑法》第 13 条关于犯罪定义的规定又可知，犯罪是具有危害性并依照《刑法》规定应受到刑事惩罚的行为。在环境保护领域中，社会危害性的行为就是指严重污染或者破坏环境，造成或者可能造成公私财产重大损失或者人身伤亡严重后果的行为。《刑法》还设专章对犯罪行为所应受到的刑罚种类作了规定。刑罚分为主刑和附加刑。主刑是对犯罪者适用的刑罚种类，只能独立使用，即一个罪只能适用一种主刑。主刑可分为管制、拘役、有期徒刑、无期徒刑和死刑 5 种。附加刑又称从刑，是补充主刑的刑罚种类。附加刑也分为罚金、剥夺政治权利和没收财产 3 种。对于犯罪的外国人还可以使用驱逐出境的附加刑。附加刑也可独立使用。从《刑法》第 338 条至第 346 条的规定可知，对于该法规定的破坏环境资源保护罪类的刑罚种类：包括管制、拘役、有期徒刑等 3 种主刑和罚金、没收财产两种附加刑。

二、犯罪构成的定义及其构成要件①

1. 犯罪构成的定义

犯罪构成指《刑法》所规定的，为确定某一具体行为是犯罪所必需的客观、主观要件构成的具有特定社会危害性的有机整体。从这一定义可知，确定某一具体行为犯罪必须具备的诸要件，是由《刑法》规定的，这是《刑法》的罪刑法定原则的要求和体现。只有违反《刑法》规定的行为才是犯罪行为，也才应负刑事责任并受到刑事惩罚；《刑法》没有明文规定为犯罪的行为，不得定罪判刑。由此可知，所谓违反《刑法》规定的行为，就是指具备了《刑法》所规定的犯罪构成诸要件的行为。因此，确定某一行为是否违反《刑法》构成犯罪，就是确定该行为是否具备犯罪构成诸要件，需要注意的事，任何一种犯罪行为都可以通过多种多样的事实来表现，但是，并非所有的事实都是犯罪构成的要件，只有表明行为的特定社会危害性的那些事实，才是犯罪构成的要件。其中的“特定”是指行为社会危害性的质和量的特殊规定性。环境保护领域中的犯罪行为，从质的方面看，这种违反环境法污染或者破坏环境的行为的社会危害性，已经达到依照《刑法》规定为犯罪并应处以刑罚的行为，而不是只给予行政处罚的违法行为。从量的方面看，这种社会危害性表现在破坏环境资源保护罪

① 韩德培：《环境保护法教程》，法律出版社 2003 年版，第 351～354 页。

类中各种具体犯罪行为的轻罪、重罪的程度。例如“数量较大”、“数量巨大”、“数量特别巨大”、“严重后果”、“后果特别严重”、“情节严重”、“情节特别严重”等等。

刑法学关于犯罪构成的理论，可以帮助我们分析《刑法》规定的各种犯罪的具体构成要件，进而正确划分罪与非罪，此罪与彼罪的界限，为公正、准确定罪判刑奠定基础。

2. 犯罪构成诸要件

犯罪构成诸要件指《刑法》所规定的组成犯罪构成有机整体的各个要件。这些要件是任何一种犯罪都必须具备的。它们是：

(1)犯罪客体

犯罪客体指《刑法》所保护而被犯罪行为侵害或者威胁的社会主义权益。例如，破坏环境资源保护罪类的犯罪客体(指同类客体)，是指环境保护法规定并为《刑法》所保护的环境权益包括清洁、舒适的环境权益；合理开发利用并可持续发展的环境资源保护权益等。

《刑法》分则所规定的10类犯罪，是根据犯罪行为侵害的不同客体加以划分的。犯罪客体与犯罪对象不同。后者是指犯罪行为直接指向的具体的人和物。例如破坏环境资源保护罪类中犯罪行为所侵害的人体健康、水体、森林、野生动植物等。

(2)犯罪客观方面

犯罪客观方面指犯罪行为及所造成的危害后果。在环境保护领域中，犯罪行为表现为向环境排放、倾倒或者处置有毒有害物质造成重大环境污染事故的行为；非法猎捕、杀害国家重点保护的珍贵、濒危野生动物的行为；采取破坏性开采方法开采矿产资源的行为；盗伐、滥伐林木的行为，毁坏耕地的行为；非法采伐、毁坏珍贵树木的行为；在禁渔区、禁渔期或者使用禁用的工具、方法捕捞水产品情节严重的行为等等。

《刑法》关于破坏环境资源保护罪类所规定的各种具体犯罪中，危害后果是多数罪的犯罪构成要件；但是，在另一些犯罪中，行为人只要实施了《刑法》所禁止的行为，即使未造成实际的危害后果，就是该犯罪的既遂，就应处以刑罚。例如，违反《固体废物污染环境防治法》的规定，将境外的固体废物进境倾倒、堆放、处置的行为；以牟取暴利为目的，在林区非法收购明知是盗伐、滥伐的林木的行为。这些规定，体现了“预防为主”和处罚“危险犯”的精神，对遏制严重的污染或者破坏环境资源犯罪行为具有积极的作用。

(3)犯罪主体

犯罪主体指实施了危害社会行为的单位和个人，根据《刑法》第30条规定的精神可知，“单位”包括公司、企事业单位、机关和社会团体。“个人”是指达到法定年龄并具有责任能力的我国公民(称一般主体)。例如，《刑法》第17条规定：“已满十六周岁的人犯罪，应负刑事责任。”“已满十四周岁不满十六周岁的人，犯故意杀人罪的，应当负刑事责任。已满十四周岁不满十八周岁的人犯罪，应当从轻或者减轻处罚。”该法第18条还对精神病人、醉酒的人犯罪作了规定。其中规定，间歇性的精神病人在精神正常时的犯罪，尚未完全丧失辨认或者控制自己行为能力的精神病人犯罪，以及醉酒的人犯罪，均应负刑事责任。

犯罪主体还包括在我国领域内实施了《刑法》所禁止的危害社会行为的外国人、无国籍人及其单位。可见，在破坏环境资源保护罪类中，犯罪主体既包括自然人，也包括单位，但自然人中只包括一般主体。

(4)犯罪主观方面

指实施了危害社会行为者对其行为及结果的心理状态。即故意或者过失的犯意。《刑法》第14条第2款规定：“故意犯罪，应当负刑事责任”；该法第15条第2款还规定，过失实施危害社会的行为，只有在《刑法》分则中有规定定的，才负刑事责任。所谓“规定”，可以是《刑法》条文的明确规定(即所谓的明示法)，也可以规定在该罪的犯罪构成中(即所谓默示法)。前者如“过失致人死亡”(第233条)、“过失伤害他人致重伤”(第235条)；后者如“负有环境保护监督管理职责的国家机关工作人员严重不负责任，导致发生重大环境污染事故”，致使公私财产遭受重大损失或者造成人身伤亡的严重后果(第408条)中的“严重不负责任”。从《刑法》关于破坏环境资源保护罪类的规定中可知，该类犯罪的主观方面采用后一种模式(即默示法)。因而易使人们对该类犯罪主观方面的形式发生歧义。

此外，《刑法》分则的一些条款还规定，特定的犯罪目的、动机是某一犯罪构成的主观方面的组成部分。例如，破坏环境资源保护罪类中的“以牟利为目的”(第345条第3款)等。

行为人主观上有罪过(故意或者过失犯罪)，是承担刑事责任的必要条件；行为人的罪过形式，则是确定犯罪的性质、此罪与彼罪、罪与非罪的重要标准。一般来说，在构成犯罪的场合，故意实施的社会危害性要比过失的大，对其刑罚也相应地要重；在法定条件下，过失实施的行为不负刑事责任。行为在客观上虽然造成了损害结果,但不是出于故意或者过失,而是由于不可抗力或者不能预见的原因所引起的,不是犯罪。符合法定条件的正当防卫和紧急避险行为,不负刑事责任。

在破坏环境资源保护罪类中的各种具体犯罪,其主观方面都是故意,过失实施的行为不认为是犯罪。在破坏环境资源的犯罪中,其主观方面多为直接故意且往往伴有牟取暴利或者其他非法利益的目的、动机。在污染环境资源犯罪中则表现为间接故意;如果是直接故意实施的,应定为危害公共安全罪或者侵犯公民人身权利罪(如放火、决水、爆炸、投毒罪;故意杀人罪;故意伤害罪等);如果是过失实施的,根据我国当前的经济、技术条件和认识水平,不应认为是犯罪,但可以通过行政、民事程序追究其法律责任。

上述犯罪构成的四个要件,是密切联系的有机整体,缺一不可。很显然犯罪行为是由犯罪主体实施的,犯罪主体是在故意或者过失的犯意下实施了犯罪行为的,而行为之所以被确认为犯罪是因为违反了环境法而又侵害了《刑法》所保护的客体。可见,犯罪的客观要件(包括犯罪客体和犯罪客观方面)与犯罪的主观要件(包括犯罪主体和犯罪的主观方面)是不可分离的,它们都是有机地结合在一起来表明行为人的社会危害性及其危害的程序,这就是所谓的"主客观相统一"原则。

第二节 新《刑法》关于破坏环境资源保护罪的规定

第八届全国人大第五次会议于 1997 年 3 月 14 日修订后发布施行的新《刑法》,在分则第六章第六节中专设"破坏环境资源保护罪"类。这是我国环境保护刑事立法的重大突破,体现了国家运用最严厉的法律武器——《刑法》保护环境、走可持续发展道路的决心,必将对我国环境保护事业和环境保护法制建设起到极大的推动作用,具有深远的意义。

一、破坏环境资源保护罪的概念

指个人或者单位违反环境法、污染或者破坏环境造成或者可能造成公私财产重大损失或者人身伤亡的严重后果,依照《刑法》应受到刑事惩罚的行为。也可以理解为违反环境法规,严重污染环境,破坏土地、矿产、林木、水源、野生珍贵动植物等环境资源的行为。我国是世界上最大的发展中国家,在经济发展中,我们不能沿袭发达国家先污染后治理的老路,更不能以牺牲环境为代价。我们既要保持经济的不断增长,又要防止环境资源的污染破坏,改善生态环境,保护自然资源,维持人类生存与环境的协调统一。鉴于此,我国刑法设置此类犯罪对于惩治破坏环境资源方面的犯罪有重要的法制意义。

从新《刑法》分则第六章第六节的规定可知,破坏环境资源保护罪属于“妨害社会管理秩序罪”中的一种罪类,此类犯罪既包括污染环境构成犯罪的行为,也包括破坏环境资源构成犯罪的行为,它们都是对环境法所保护的环境资源保护关系的破坏并达到一定社会危害程度,因而触犯《刑法》构成犯罪并应受到刑事惩罚的行为。从新《刑法》第 338 条至第 346 条的规定还可知,破坏环境资源保护罪类包括下列十四种具体犯罪:重大环境污染事故罪;非法倾倒、堆放、处置进口固体废物罪;擅自进口固体废物罪;非法捕捞水产品罪;非法猎捕、杀害、收购、运输、出售珍贵、濒危野生动物罪;非法收购、运输、出售珍贵、濒危野生动物制品罪;非法狩猎罪;非法占用农用地罪;非法采矿罪;破坏性采矿罪;非法采伐、毁坏珍贵树木罪;盗伐林木罪;滥伐林木罪;非法收购盗伐、滥伐的林木罪,此外,新《刑法》第 346 条还规定了单位犯破坏环境资源保护罪类各种犯罪的刑罚,以及对其直接负责的主管人员和其他直接责任人员的刑罚。

环境资源管理与保护问题是一个重大的社会问题,是人们关注的热点问题之一。在实践中,既有违法,也有破坏环境资源保护的犯罪问题,因此,分清罪与非罪界限问题是十分重要的。根据我国刑法分则第六章第六节规定的 14 种犯罪,划清罪与非罪应掌握以下两点:一是以是否有严重危害结果作为划分罪与非罪的界限。如重大环境污染事故罪,擅自进口固体废物罪,必须是已经造成重大环境污染事故,致使公私财产遭受重大损失或者危害人体健康甚至人身伤亡的严重后果才构成犯罪。否则,不构成犯罪。二是以情节是否严重作为划分罪与非罪的界限。如,非法狩猎罪,偶尔进行非法狩猎,对野生动物资源损失不大,情节轻微,不构成犯罪,可由野生动物行政主管部门或公安机关予以适当的环境行政处罚。人们在从事正常的生产、经营中,在开发利用环境资源、能源以造福于社会的过程中,恪守各项环境法规,但由于技术水平的限制,技术手段的落后等各项原因引起的环境污染、破坏的意外事故,由于行为人主观上无罪过,即无故意和过失,不能认为是犯罪,更不能运用刑罚惩治。

世界各国政府对日趋严重的环境问题已引起高度重视。一些发达国家，在刑法典或其他行政法规中规定了惩治危害环境的刑事条款。如1970年日本的《关于危害人体健康的公害犯罪制裁法》、1978年西德的《环境犯罪惩治法案》、1989年澳大利亚新南威尔士州的《环境犯罪与惩治法》等。近年来，国际上刑法及各种学术讨论会，多次探讨了环境的刑法保护问题，并作出了有关决议或建议。1972年联合国在斯德哥尔摩召开了人类生存与环境会议，讨论了有关环境问题。《斯德哥尔摩宣言》前言指出："享有健康而舒适的生存环境是人类的权利。"1978年国际刑法学会华沙预备会议，提出了"关于运用刑法保护环境的决议案"。1990年召开的欧洲司法部长会议批准通过了77(28)号关于"应用刑法保护环境的决议案"和88(18)号关于"公司危害环境的责任"的议案，并号召成员国：(1)规定各种有关的犯罪现象，为水、土壤、大气和其他环境因素及人类提供刑法保护；(2)危害行为地和危害结果产生地的犯罪都要受到刑事制裁。1990年10月联合国第8届预防犯罪和罪犯处理大会作出了关于"用刑法保护环境"的决议。1991年国际刑法会议向联合国大会提交的报告中有关于环境犯罪的建议。1992年11月在加拿大渥太华召开的第15届国际刑法学会预备会议上，专门讨论了危害环境罪，并起草了相应的决议，1994年9月在巴西的里约热内卢通过了这一决议。可见，加强环境的刑法保护，是世界性的潮流。我国刑法增设专门章节，对破坏环境资源保护的犯罪进行惩处，一方面是我国环境保护与可持续发展的现实需要，另一方面也顺应了国际环境保护的发展趋势——环境保护刑法化的加强，这无疑将对促进我国的环保事业发展起到重要的影响。

二、破坏环境资源保护罪类概述①

(一)重大环境污染事故罪(《刑法》第338条)

指违反环境法，向土地、水体、大气排放、倾倒或者处置有放射性废物，含传染病病原体的废物，有毒物质或者其他危险废物，造成重大环境污染事故，致使公私财产遭受重大损失或者人身伤亡严重后果，触犯《刑法》构成犯罪的行为。

1. 本罪的基本特征。第一，犯罪客体(指直接客体，下同)是公民的环境

① 韩德培：《环境保护法教程》，法律出版社2003年版，第361～369页。

权益。犯罪行为指向的对象是非法排入环境的有毒有害危险废物，而非一般废物。第二，犯罪客观方面表现为向环境非法排入危险废物的行为和严重的危害后果。其中的“排入”包括排放、倾倒或者处置。“非法”是指违反《水污染防治法》、《大气污染防治法》、《固体废物污染环境防治法》、《海洋环境保护法》、《放射性污染防治法》、《化学危险物品安全管理条例》、《农药管理条例》等法律、法规和规章的行为。“严重的危害后果”是本罪客观方面的必要条件，表现为公私财产的重大损失或者人身伤亡的严重后果。其中的“公私财产的重大损失”指造成财产直接损失30万元以上的，“人身伤亡的严重后果”是指造成人员死亡1人以上或者重伤3人以上或者轻伤10人以上，或者使一定区域内居民的身心健康受到严重危害的。第三，犯罪主体属于一般主体。包括中国人（含自然人和单位）和在中国境内的外国人或者无国籍人（包括自然人和单位）。第四，犯罪主观方面表现为间接故意。如前所述，心理状态为直接故意的不得以本罪论处；过失的不认为犯罪。需要特别指出的是，在环境保护法已经实施了20多年的今天，不能再说排污者在将危险废物排入环境之前，没有预见或者没有认识到会造成或者可能造成严重的环境污染危害后果，而仅仅是由于管理不善或者违反操作规程的过失。况且排放污染物造成重大污染事故者，不少是因污染严重而限期治理，或者是属于“十五小”被取缔的企业；它们还往往伴有逃避治理污染的义务或者牟取暴利的目的，是属于“明知故犯”者。

2. 对本罪的刑罚。根据新《刑法》第338条的规定，犯重大环境污染事故罪，判处3年以下有期徒刑或者拘役并处或单处罚金；后果特别严重的，判处3年以上7年以下有期徒刑，并处罚金。

单位触犯本罪的，对单位判处罚金，并对直接负责的主管人员和其他直接责任人员，按新《刑法》第338条规定处罚。

【案例1】 淮阴特大环境污染案①

〔案情〕 1999年11月19日晨，特大环境污染事故案在江苏省淮阴县果林场营西村发生。

早晨，营西村上空弥漫着一层淡黄色薄雾和一股刺鼻的气味。这股雾气弥漫在该村学校的四周。7点刚过，孩子们陆续觉得不舒服，先是一个学生呻

① 刘淮等：《淮阴特大环境污染案纪实》，《中国环境报》2000年7月8日。

吟起来,接着转眼间,更多的学生呻吟起来。老师也同样不舒服,但坚持指挥学生往雾气少的地方跑。教室内外一片呻吟声,操场上有的孩子半蹲在地上扒着嗓子欲呕吐;有的学生咳嗽,有的扶着栏杆头昏眼花、乏力,连腿也迈不动;还有的根本不能直立,倒在地上打滚,喊"肚子疼"。下地去干活的村民,也是一副痛不欲生的样子。不仅如此,昨天还是绿油油的庄稼、蔬菜一夜之间全都卷起了边儿,像遭了霜打一般。

上午9点多,中毒学生已达100多人,教师2名,村民若干,土地受损100多亩。虽经极力抢救,但危害后果还在蔓延,消息很快上报到县委、市委、省委。省、市委领导作了专门批示,并传真到指挥现场,督促从快处理好中毒事件。县委领导接报后,火速赶往救护现场,参与协调有关救助事宜后,又赶往医院看望中毒人员。到案件侦破时为止,全案共造成204名学生、2名教师及若干村民中毒;农田127.9亩受损,部分庄稼和作物绝收。

经当地环保部门监测认定,发出毒气的大铁罐为化工业用氯气罐,所释放的刺激性气味气体为纯氯气。人畜闻后出现呕吐、咳嗽、乏力等中毒症状。

这起重案的肇事者是3名普通的唯利是图的个体废品收购者——淮阴县北吴集乡李葛村八组农民吴自柱;该县果林场营村6组个体户王启和姜翠兰。其违法收购的带有氯气的铁罐的氯气直接向空气中散发,导致"11·19"惨案发生。

该案造成的后果之严重,在该县建国以来乃首次,淮阴县人民检察院于2000年4月27日以吴自柱、王启、姜翠兰3人行为构成重大环境污染事故罪向同级人民法院提起公诉。法院受诉后于2000年5月19日及2000年5月22日两次公开开庭审理了本案。法庭上,公诉人与3名被告人及其辩护律师进行了一场激烈的唇枪舌剑的辩论。庭审过程中,当公诉人讯问3名被告人为何这么做时,3人均回答:还不是为了赚点钱嘛,至于造成这么严重的后果,是他们始料不及的。

〔审判〕2000年6月12日法庭作出下述一审判决。江苏省淮阴县人民法院公开审理了吴自柱、王启、姜翠兰涉嫌重大环境污染事故罪一案,3被告分别被判处有期徒刑1年6个月、有期徒刑8个月、有期徒刑6个月缓刑1年,并分别处罚金2000元、1000元、1000元。

〔思考题〕

(1)本案构成何种罪名,本案的犯罪构成是什么?

(2)试结合案情分析环境刑事责任的承担方式?

【案例2】 黄浦江上交通肇事导致重大燃油污染案[①]

〔案情〕 2003年8月5日凌晨4时许,上海吴泾热电厂附近的黄浦江水域发生一起燃油泄漏的重大污染事故。停泊在吴泾热电厂码头的"长阳"号货轮被一艘外地船舶撞击后,导致船尾破裂,数十吨燃料油泄入黄浦江,造成附近江面严重污染,肇事船舶当即逃逸。随后,肇事船主官泽强及船工陈宋高在浙江省长兴县被捉拿归案。

公安部门查明,事发当天凌晨,浙江长兴县船舶运输个体经营者官泽强驾驶着浙长兴货0375轮沿黄浦江上行时,因疲劳便叫陈宋高接替他驾驶,没有驾驶执照的帮工陈宋高因疲劳驾驶,船舶一时失控,导致船首撞上了停泊在吴泾热电厂六期码头上的中海集团"长阳"轮,致使"长阳"轮船尾部被撞出一个缺口,船内的燃油当即溢出。官泽强见事不妙,立即接过船舵驾船仓皇逃离现场。当晚9时,他们驾船抵达浙江长兴某船厂将撞坏的部位修复,并将修理后切割下的船头挡水板和沾满油污的缆绳藏匿于船厂内。

检察机关对官泽强、陈宋高提起公诉后,上海市杨浦区人民法院受理此案,一审法院以交通肇事罪分别判处两人有期徒刑5年。两人不服判决提起上诉。

二审法院认为,两人违章驾驶造成重大事故,且肇事后又畏罪逃逸,以致贻误了采取有效措施进行堵漏、清污的最佳时机,造成了黄浦江水域大范围污染,有关部门为及时清污耗资高达1700余万元,给国家财产造成重大损失。因此,官、陈两人的行为均已构成交通肇事罪,故维持原判。

〔思考题〕

本案中交通肇事罪与重大环境污染事故罪在犯罪构成上有何不同?

(二)非法倾倒、堆放、处置进口固体废物罪(《刑法》第339条第1款)

指违反《固体废物污染环境防治法》,将境外固体废物进境倾倒、堆放、造成或者可能造成重大环境污染事故,致使公私财产遭受或者可能遭受损失或

① 新华社电:《上海重大泄油案两案犯被判五年》,转引自《中国环境报》2004年5月20日。

者严重危害人体健康，触犯《刑法》构成犯罪的行为。

1. 本罪的基本特征。第一，犯罪客体是公民的环境权益。犯罪对象为废物，包括固体废物、工业固体废物、城市生活垃圾和危险废物。而重大环境污染事故罪的犯罪对象则是境内危险废物。第二，犯罪客观方面表现为《固体废物污染环境防治法》将境外的固体废物进境倾倒，堆放或者处置的行为，造成或者可能造成重大环境污染事故，致使公私财产遭受或者可能遭受重大损失或者严重危害人体健康的后果。需要注意的是"危害后果"不是构成本罪的必要条件，而是加重处罚的情节，体现了处罚"危险犯"的立法精神。第三，本罪的主观方面是间接故意。第四，犯罪主体为一般公民或者单位。

2. 对本罪的刑罚。依照不同的危险程度和危害后果分为三个档次：第一个档次，将境外固体废物进境倾倒、堆放、处置的犯罪行为，处 5 年以下有期徒刑或者拘役，并处罚金；第二个档次，上述行为造成了重大环境污染事故，致使公私财产遭受重大损失或者严重危害人体健康的，处 5 年以上 10 年以下有期徒刑，并处罚金；第三个档次，造成后果特别严重的，处 10 年以上有期徒刑，并处罚金。

【案例 1】 韩国有害废物非法进入我国境内案①

——析论非法处置进口的固体废物罪

〔案情〕 1993 年 9 月 25 日，一艘由韩国某产业株式会社雇用的"石堡"货轮装载 6440 个黑色铁桶共计 1283 吨的所谓"其他燃料油"货物，停泊在 XX 港区上元门码头。9 月 29 日卸货时，海关在审查双方供货合同中发现疑点，随即请进出口商品检验局进行检验。

商检局于 10 月 4 日和 7 日两次对该货物打开 140 桶取样检验，发现实际进口的并不是燃料油，而是形态各异、成分混杂、具有危害性的化工废弃物。其中部分是整桶污水，大部分是固体不明物质，而且出现强酸性、强碱性和强烈的腐蚀性及刺激性气味。同时，部分铁桶内压很大，已造成包装铁桶变形，开桶时，液体或固体物质立即喷(漏)出，随时都有可能引发爆炸等环境灾害事故。10 月 8 日，海关宣布查封此货，并将有关情况通知了某省环境保护局。

据查，这批货物是由交通部实业公司委托中国对外贸易开发总公司下属甲进出口公司进口的。1993 年 9 月 1 日，甲进出口公司受交通部实业公司委托，与外商乙国际有限公司签署了为其代理进口 20 万吨其他燃料油(燃烧用

① 解振华:《中国环境典型案件与执法提要》，中国环境科学出版社 1994 年版。

油)的买卖合同。货物分A类和B类两种规格,A类27美元/吨,B类8美元/吨。同时甲进出口公司也与交通部丙公司签订了代理合同。9月27日,北京中贸发进出口公司为委托人申领了1500吨成品油的进口许可证,并以中国××对外贸易开发总公司的名义委托××公司代甲进出口公司办理该许可证及进口合同项下有关1500吨燃料油进口的事宜。但是,1993年9月25日该合同的第一批货物就已到港。而且海关所存合同副本的卖方,又比合同正本中增加了一个韩国产业株式会社。当首批货物被查封后,XX公司要求乙国际有限公司给予解决问题的答复或派员解决问题;XX公司先是称首批货物装船公司工作失误装错货,商请中方原谅,并愿提供费用请中方就地处理,后又表示同意该批货物近期内运回;甲进出口公司则称"很可能是有人篡改甲的外贸合同和冒用其许可证,有预谋地以他人的提单进口他人的货物即此事件中的化工废料"。并表示该公司不应负任何法律责任。

省和市环境保护局接到事件发生的报告后,立即赶赴现场进行了调查,责令事主用泥沙堵塞铁桶破损处,妥善清除已泄漏的废液废渣。国家环境保护局也于1993年10月16日作出《关于韩国有害废物非法进入我国境内事件的处理决定》,要求限期将这批有害废物全部退运出境;对合同中的其余部分,立即停止运输,禁止再次进入我国境内;有害废物在退运出境之前,要在原地封存,并采取一切防范措施,防止发生污染事故。同时,新闻媒介对这一事件进行了广泛地报导,引起了社会的强烈反响和国务院领导的重视。但由于进出口各方当事人相互推诿责任,使该废物的退运一拖再拖。1994年年初,国家环境保护局、对外经济贸易部、交通部等部门召开联席会议,研究对策,并通过外交途径与韩国方面交涉。终于在1994年3月2日下午使退运废物的"金龙"号货船抵靠上元门码头。3月5日下午该船载着全部废物,在两艘港监快艇的跟随监督下驶出码头。

〔思考题〕

本罪的罪名和法律依据是什么?

〔法律分析〕[①]

本案是一起国外危险废物向我国转移的事件。危险废物的越境转移在国

① 解振华:《中国环境典型案件与执法提要》,中国环境科学出版社1994年版。

际上是受到严格管理和控制的活动。1989 年 3 月 20 日至 22 日，联合国环境规划署在瑞士的巴塞尔召开《控制危险废物越境转移及其处置巴塞尔公约》(以下简称《巴塞尔公约》)国际会议，并于 3 月 22 日通过了该公约，118 个国家出席会议，其中包括中国在内的 105 个国家在会议的最后文件上签了字。该公约规定，各缔约国有权禁止危险废物和其他废物的进口；如果进行该公约管辖的有害废物和其他废物越境转移，事先必须将有关有害废物的详细资料通过出口国主管部门通知进口国和过境国的主管部门，只有在得到进口国和过境国主管部门书面答复同意后，才能允许危险废物越境转移；如果进口国没有能力对进口的有害废物进行环境无害方式处置，出口国的主管部门有责任拒绝有害废物的出口；缔约国不得允许向非缔约国出口或从非缔约国进口有害废物，除非有双边、多边或区域协定。

中国作为《巴塞尔公约》的缔约国，于 1990 年 3 月 22 日正式批准该公约，并承诺对公约所载一切规定完全遵守。而且，国家环境保护局和海关总署还于 1991 年 3 月 7 日联合发出了《关于严格控制境外有害废物转移到我国的通知》，禁止含氰废物、含多氯联苯废物等 23 类废物进入我国境内倾倒、处置，其中也包括废油和废有机溶剂。对于作为原料、能源或再利用的废物的进口，必须经环境保护部门审查批准后方可进口。本案中的韩国化工废料，未经任何保护部门的审批，冒充燃料油转移到中国，不仅直接违反了《巴塞尔公约》，而且也直接违反了我国对于有害废物进口管理的规定，理应受到查处。但是，在本案中，对违法者越境转移危险废物，仅限于在发现后将其退运出境，并没有对其科以其他法律制裁，这主要是因为这起案件发生在 1994 年，而遍查我国当时的法律、法规，除了“责令进口单位将废物退运出境”这一带有行政措施性质的法律责任外，很难找到可直接适用于追究越境转移危险废物者法律责任的具体条款，就连《环境保护法》这种综合性的法律，也没一项条款规定危险废物越境转移问题，更不用说以刑事手段对此予以制裁了。为了加强对固体废物的管理，1995 年 10 月 30 日全国人大常委会通过了《固体废物污染环境防治法》，从而改变了有关固体废物规定零散、不全面、不系统的落后面貌，将固体废物污染环境防治进一步纳入法制化的轨道。尤其重要的是，该法第 66 条规定，“违反本法规定，将中国境外的固体废物进境倾倒、堆放、处置，或者未经国务院有关主管部门许可擅自进口固体废物用作原料逃避海关监管，构成走私罪的，依法追究刑事责任”。这一规定第一次明确指出进境倾倒、堆放、处置境外固体废物的行为为犯罪行为，它无疑为打击该类犯罪提供了刑法武器。

修订后的《刑法》吸收了《固体废物污染环境防治法》的有关规定，明确将违反国家规定，将进境倾倒、堆放、处置境外固体废物的行为规定为独立的犯罪，不再按走私罪处理，以便于实践中更好地操作。非法处置进口的固体废物罪，是指违反国家规定，将中国境外的固体废物进境倾倒、堆放、处置的行为。值得注意的是 2005 年《固体废物污染环境防治法》进行了修订。

1. 非法倾倒、堆放、处置进口的固体废物罪的特征

(1)客体特征

本罪侵害的客体是国家有关固体废物污染防治的管制制度。本罪的犯罪对象只能是进境的固体废物。所谓废物，是指在生产建设、日常生活和其他活动中产生的污染环境的固态、半固态废弃物质，包括工业固体废物和城市生活垃圾等。这些物质不仅有碍环境的净化，更因其具有危险成分，如果处置不当，就可能造成污染事故，造成公私财产重大损失甚至人身伤亡的严重后果，因此其危害性相当大。

(2)客观特征

本罪在客观上表现为违反国家规定，将中国境外的固体废物进境倾倒、堆放、处置的行为。"违反国家规定"，主要是指违反国家有关固体废物污染环境防治的规定。根据有关规定，国家禁止境外的固体废物进境倾倒、堆放、处置，否则就可能构成本罪。倾倒固体废物，是指通过船舶、汽车等载运工具向我国境内处置固体废物的行为；堆放境外固体废物，是指将境外固体废物任意堆存在我国境内的任何地方；处置境外固体废物，是指将境外的固体废物焚烧或用其他改变其物理、化学、生物特性的方法，达到减少数量、缩小其体积、减少或消除其成分的活动，或者将固体废物最终置于符合环境保护规定要求的场所或设施并不再回取的活动。处置进境固体废物的方法多种多样，但对于构成本罪来说，重要的是要查明其处置行为是否有发生污染环境的危害。

(3)主体特征

本罪的主体是一般主体，自然人和单位均可成为本罪主体。

(4)主观特征

本罪在主观上是故意，亦即行为人明知将境外的固体废物进境倾倒、堆放、处置违反国家规定，并有可能污染环境却故意为之。至于犯罪的动机则可能是多种多样的，如有的是出于谋利，有的是出于私利进行污染转嫁，有的是嫁祸于人，都不影响本罪的成立。

【案例2】 黄文士和阮公山走私"洋垃圾"案[①]

〔案情〕 黄文士和阮公山是涉案越南籍走私船"CUULONG126"(译名"九龙126")号船主和船长。2003年1月3日,两人带领10名船员在香港将一批废弃电器装船,阮公山办理了离港运载该批货物前往越南的出境手续。然而,该船离港后却擅自改变航线,未向海关申报便直接进入珠江口沙角水域。1月11日,黄埔海关海上缉私警察将该船截获,从船上搜出废彩色电视机、废电脑主机等共计110.87吨中国法律明令禁止入境的境外固体废物(俗称"洋垃圾")。

经查明,黄文士和阮公山在香港办理手续时谎称将货物运往越南,并通过正常手续办理了假舱单,伪装目的地企图逃避海关监管,驶离香港水域后趁着深夜直奔广东东莞。两被告人还伪造了航海日志,虚构了增压器发生故障的内容,以便在被截获时借口在珠江口靠岸购买配件修船。

这起外国人参与走私固体废物案件经广州市中级人民法院和广东省高级人民法院两级审理后宣判,两被告人黄文士、阮公山分别被判处4年和2年有期徒刑,并处以罚金。

〔思考题〕

(1)如何认定非法处置进口的固体废物罪?

(2)本案应当如何定罪?

〔法律分析〕

2. 非法处置进口的固体废物罪的认定

(1)本罪与非罪的界限

根据《刑法》的规定,只要行为人实施了违反国家规定,将境外的固体废物进境倾倒、堆放、处置的行为就构成犯罪。但是,如果行为人进境倾倒、堆放、处置极少量境外的固体废物或者固体废物的特性决定其根本无法构成污染环境的危险的,就不宜以本罪处理,确实需要加以处理的,也只能以行政手段来处理。对于本罪的认定,司法实践中要根据固体废物的数量、特性以及行为人

① 钟奇振:《两外国人走私"洋垃圾"被判刑》,《中国环境报》2004年4月19日。

将之堆放、倾倒的处所和处置的方法、程序等综合把握。此外，作为本罪的对象只能是境外的固体废物，若是对境内的固体废物进行堆放、倾倒、处置的，也不能以本罪论处。

(2)本罪与走私罪的界限

本罪与走私罪有相似之处，其主要相似之处是都有非法进境的行为。但是两者存在本质差别，表现在：第一，客体不同。本罪侵犯的客体是国家有关固体废物污染防治的管理制度，属于妨害社会管理秩序的犯罪；而走私罪侵犯的是国家的对外贸易管制，属于破坏社会主义市场经济秩序的犯罪。第二，客观方面的表现不同。本罪表现为违反国家规定，将境外的固体废物进境倾倒、堆放、处置的行为；而走私罪则表现为违反海关法规，逃避海关监督、检查的走私行为。

【案例3】 伪报品名进行报关走私废物3000多吨①

〔案情〕 代号为“43.08”的固体废物走私要案是新中国成立以来最大的固体废物走私要案。2004年3月8日，由江苏省南通市海关缉私分局立案侦办。经调查得知，从2003年1月至2004年2月，主要犯罪嫌疑人龚建昌先后以湖南溆浦北方金属化工有限公司、上海北源化工有限公司、上海北浦进出口有限公司的名义，与境外固体废物供货商签订订货合同后，分别委托上海几家公司为经营单位、南通某货运有限公司为代理报关单位，在明知废“钼催化剂”是国家禁止进境废物的情况下，仍然采用伪报品名的手段，先后共走私进口废“钼催化剂”达3400余吨。其中，福州富源有色金属制品有限公司在明知该批废“钼催化剂”是走私货物的情况下，仍然购买了990余吨。

被国家列为禁止进境固体废物名单的废“钼催化剂”，在回收利用中会释放出大量的有毒气体和有害物质，属我国已加入的《巴塞尔公约》中列明的23种危险固体废物之一。由于废“钼催化剂”有较高含量的有价元素，能够提炼相关的产品材料，能产生较高的经济效益，导致国内市场废“钼催化剂”交易市场十分红火，走私活动极为猖獗。

由国家海关总署缉私局挂牌督办的固体废物走私要案，在江苏省南通市进行了判决。该固体废物走私要案的主要犯罪嫌疑人龚建昌被判处有期徒刑

① 刘成兵、丁亚鹏、高杰：《固废走私要案在南通判决》，《中国环境报》2004年11月22日。

7年，并处罚金100万元；另一主要犯罪嫌疑人张相武被判处有期徒刑5年，并处罚金30万元，其他涉案的责任公司也分别被判处罚金30万～50万元。

〔思考题〕

(1)本罪应当适用于刑法哪个罪名的法律规定？

(2)走私罪和非法处置进口固体废物罪在犯罪构成上有何区别？

3. 进境倾倒、堆放、处置境外固体废物罪的处罚

根据《刑法》第339条第1款规定，犯本罪的，处5年以下有期徒刑或者拘役，并处罚金；造成重大环境污染事故，致使公私财产遭受重大损失或者严重危害人体健康的，处5年以上10年以下有期徒刑，并处罚金；后果特别严重的，处10年以上有期徒刑，并处罚金。单位犯本罪的，对单位判处罚金，并对其直接负责的主管人员和其他直接责任人员依照自然人犯罪的规定处罚。

(三)擅自进口固体废物罪(《刑法》第339条第2款)

指未经环境保护行政主管部门许可，擅自进口国家禁止进口或者限制进口用作原料的固体废物，造成重大环境污染事故，致使公私财产遭受重大损失或者严重危害人体健康，触犯《刑法》构成犯罪的行为。

1. 本罪的基本特征：第一，犯罪客体是公民的环境权益，犯罪对象是境外国家禁止进口或者限制进口的固体废物。第二，犯罪客观方面表现为，未经市级以上的环境保护行政主管部门同意，擅自进口国家禁止、限制进口的固体废物用作原料的行为，并造成重大环境污染事故，致使公私财产遭受重大损失或者严重危害人体健康的后果。如果是利用境内固体废物作原料，其行为构成犯罪的，应当按照《刑法》第338条重大环境污染事故罪判处；如果未造成严重危害后果，则不认为是本罪，而按照非法倾倒、堆放、处置进口固体废物罪处罚。可见，本罪属于“结果犯”。如果行为表现为逃避海关，以原料利用为名进口不能用作原料固体废物、液态废物和气态废物的，则依照《刑法》第152条第2款、第3款有关走私罪论处。第三，犯罪主观方面为间接故意。第四，犯罪主体为一般主体。

2. 对本罪的刑罚。按照造成危害后果的大小分为两个档次：第一个档次。造成严重后果的，处5年以下有期徒刑或者拘役，并处罚金；第二个档次，对后果特别严重的，处5年以上10年以下有期徒刑，并处罚金。

(四)非法捕捞水产品罪(《刑法》第 340 条)

指违反《渔业法》,在禁渔区、禁渔期,或者使用禁用的工具、方法捕捞水产品,情节严重触犯《刑法》构成犯罪的行为。

1. 本罪的基本特征。第一,犯罪客体是渔业资源保护权益和国家对渔业的管理秩序(属于复合客体,下同)。犯罪对象是在我国内水、滩涂、领海以及我国管辖的一切其他海域内的水生动物,水生植物等水产品。第二,犯罪客观方面表现为违反《渔业法》的规定,在禁渔区、禁渔期或者使用禁用的工具、方法捕捞水产品,情节严重的行为。就是说,行为人违反了"四禁"之一,情节又严重,即构成本罪。所谓"情节严重",是指数量较大,屡教不改,以禁止使用的炸药、剧毒农药、电网等严重危害渔业资源的方法捕捞等。第三,犯罪主观方面是故意(包括直接故意和间接故意),如果过失实施或者无上述情节,不构成本罪。第四,犯罪主体为一般主体,多为我国不法渔民和境外渔轮。

2. 对本罪的刑罚。处 3 年以下有期徒刑、拘役、管制或者罚金。其中的"管制",是指限制犯罪者一定自由,在公安机关管束和群众监督下在原单位或者居住地执行的一种刑罚。管制的期限为 3 个月以上 2 年以下。

3. 与故意毁坏他人财物罪的区别。如果实施上述行为的对象是他人承包的湖塘、河段放养的鱼类以及他人养殖水体、养殖设施的,则应依照《刑法》第 275 条的规定,以故意毁坏他人财物罪论处;如果采用投放剧毒农药等严重危害渔业资源的方法捕捞的,可视为"情节严重"而处以 3 年以下有期徒刑、拘役或者罚金;如果数额巨大或者有其他特别严重情节的,处 3 年以上 7 年以下有期徒刑。

(五)非法猎捕、杀害、收购、运输、出售国家重点保护的珍贵、濒危野生动物,触犯《刑法》构成犯罪的行为(《刑法》第 341 条第 1 款)

指违反《野生动物保护法》的规定,猎捕、杀害或者收购、运输、出售国家重点保护的珍贵、濒危野生动物,触犯《刑法》构成犯罪的行为。

1. 本罪的基本特征。第一,犯罪客体是珍贵、濒危野生动物的生存权益和国家对其的管理秩序。犯罪对象是国家重点保护的珍贵、濒危陆生、水生野生动物和有益或者有重要经济、科研价值的陆生野生动物。第二,犯罪客观方面表现为,非法猎捕、杀害、收购、运输、出售国家重点保护的珍贵、濒危野生动物的行为。第三,犯罪主观方面为故意,且多是为了牟取暴利。第四,犯罪主体为一般主体。

2. 对本罪的刑罚。分为三个档次:一般情节的,处5年以下有期徒刑或者拘役,并处罚金;情节严重的,处5年以上10年以下有期徒刑,并处罚金;情节特别严重的,处10年以上有期徒刑,并处罚金或者没收财产。

【案例1】 青海两牧民猎杀出售雪豹被判刑①

〔案情〕 青海省格尔木市两个牧民由于猎杀和出售雪豹,分别构成捕杀、出售珍贵濒危野生动物罪,被法院判处有期徒刑并处罚金。

2003年11月,牧民宝力德由于自家羊群曾经遭到狼的侵袭,为了防范狼,他在放牧地安放了两只捕杀野兽的夹子。两天后去查看时,发现两只夹子分别夹住了一只白底黑斑的动物。宝力德虽然不认识是什么动物,但凭直觉判断绝不是狼,动物当时还活着。宝力德返回帐篷取来小口径步枪将这两只动物打死,随后将它们带到格尔木市河西农场附近请李英峰看究竟是什么动物。李英峰确认被打死的这两只动物是雪豹,是很珍贵的动物。于是两人萌生了出售的念头。在寻找买主的过程中,被格尔木市森林公安分局民警抓获。

〔思考题〕

(1)本案罪名及其犯罪构成是什么?

(2)本案环境刑事责任该如何认定?

〔法律分析〕

法院审理认为,虽然宝力德安放夹子最初目的并不是为了捕杀雪豹,但他发现夹住的并非是狼时,没有向有关部门报告,而是将其杀死。之后,从别人那儿获知这是国家一级保护动物雪豹后,又想出售获取利益,其行为构成捕杀珍贵濒危野生动物罪;李英峰则构成出售珍贵濒危野生动物罪。法院分别判处宝力德、李英峰有期徒刑10年、10年6个月,并分别判处罚金两万元。

【案例2】 非法贩运野生动物案②

〔案情〕 2004年12月13日,四川省广元火车站铁路派出所根据举报,

---

① 新华社:《青海两牧民猎杀出售雪豹被判刑》,《中国环境报》2004年2月26日。

② 张厚美:《广元查获一批盗猎野生动物》,《中国环境报》2004年12月13日。

在一客运列车上查获一批非法贩运的野生动物，现场收缴野生动物269只，其中有国家二级保护动物岩羊5只。

当日零时许，一神秘男子给广元火车站铁路派出所治安大队打来报警电话，称在开往成都的一趟客运列车上，藏匿了几百只在秦岭一带猎杀、套夹的野生动物。接报后，民警们立即到火车站台守候南下入川的各趟列车，并将搜查重点放在了列车行李房。凌晨3点多，当查到兰州—成都的2097次列车时，一开行李房车门，民警们便闻到一股浓重的“膻味”，搬开重重叠叠的行李，发现了七八只还流淌着血水的编织袋。

经清点，这批编织袋中共有青麂、黄麂42只，野猪10只，野兔40只，野鸡169只，刺猬3只，岩羊5只，总共269只野生动物。据该车次行李员讲，这批“货”是在陕西省境内的略阳火车站上车的。随后，广元火车站铁路派出所将该案移交广元市有关部门处理。

据广元火车站铁路派出所所长龚建明和治安大队长杨涛介绍，今年冬季非法贩运野生动物呈现出新的特征，这就是大批量通过列车长途跨省贩运，仅一个月左右时间，广元铁路警察就查获了5起非法盗运野生动物案，其中包括一起盗运10只熊掌的特大案件。

〔思考题〕

(1)分析本案中的犯罪构成及罪名。

(2)法律应当如何制裁此种行为？

【案例3】“伤熊案”呼唤完善保护动物法律①

〔案情〕 北京某大学电机系大四学生刘某，为了验证“笨狗熊”的说法能否成立，竟然先后两次把掺有火碱、硫酸的饮料，倒在5只北京动物园饲养的狗熊的身上或嘴里……

2002年2月23日下午1时10分左右，动物园熊山内突然传来狗熊的嚎叫声。只见随着水泥地上冒起的一股股白烟，两只大黑熊躺在地上打起了滚。就在围观人群一阵骚动后，一名手拎食品袋，戴着眼镜的男青年急匆匆地挤出人群向熊山外溜去。正在附近巡逻的动物园派出所民警、动物园保卫处的工作人员和熊山管理人员以及在场的群众围追堵截，齐心协力将这名男青年抓

① news. sina. com. cn/c/2002－03－13。

住，带回了动物园派出所。

经警方审查，这名男青年是北京人。据刘某交待，因父母离异自己一直与母亲相依为命。1998年，自己幸运地考入了北京某名牌大学电机系，大学期间学习成绩一直名列前茅，并已经通过了学校研究生考试。

对于为什么要残害动物，刘某说："我曾经从书中看到过熊的嗅觉敏感，分辨东西能力特别强。但人们又总说'笨狗熊'，所以我就想验证一下狗熊到底笨不笨。"为了他自己的好奇心，北京动物园先后有3只黑熊、1只马熊和1只棕熊受到了刘某所泼的火碱或硫酸的残害。这5只熊有的嘴被烧坏，进食困难；有的四肢被烧，无法行走；有的前胸、背部、臀部被烧坏，失去了正常生活的能力。

北京动物园发生的火碱、硫酸伤熊事件引起社会各界的关注。

〔法律分析〕①

如何对肇事者进行处罚，有各种不同的观点。有人认为应定故意毁坏财物罪，有人认为应定破坏生产经营罪等等。笔者认为这些观点都不免牵强。该案最大的特点是伤害的是动物，而非一般的物，动物有感觉、有生命，因其有着痛苦的感觉才引起了公愤。而我国法律对动物的保护规定不完备，还仅限于野生动物，刑法也只对非法猎捕、杀害行为规定了追究刑事责任。该案的发生呼唤我国对动物保护法律的完善。

许多国家都已经制定了反对虐待动物的法律。如：美国伊利诺斯州的《人道地照料动物法》(1973，*Humanecare for Animals Act*)，该法要求动物的所有者为他的每个动物提供：足量的、质好的、适合卫生的食物和饮水；充分的庇护场所和保护，使其免受恶劣天气之害；人道的照料和待遇；禁止任何人殴打、残酷对待、折磨、超载、过度劳作或用其他方式虐待任何动物。澳大利亚也有专门的禁止野蛮对待动物的法律。1976年3月10日的欧洲公约《关于在饲养中保护动物》的第4条规定："经常地或长久地将动物绳栓、链套或关在兽笼中的，须根据已获得的经验和科学知识为它留有其生理和品性所必需的空间"。法国《刑法典》第R655－1条规定："在非必要的情形下，以公开或非公开的手段，蓄意将家养动物，驯养、猎获圈养野生动物致死的行为以第5级违章处以罚款。"

---

① 杨源：《"伤熊案"呼唤完善保护动物法律》，《中国环境报》2002年4月13日。

今天人类已经开始明白物种的多样性对于维持生态平衡的重要意义，但是由于人类的不合理的开发利用行为，已经导致了大量野生动物的濒危、灭绝，而且这种现象仍然没有得到遏制，如何能切实保护野生动物，已是人类当今不容忽视的课题。笔者认为，要保护野生动物，首先必须要培养人们保护动物、爱护动物的意识。而一个虐待动物的人，是不会有保护动物、爱护动物的意识的，也就不会积极主动地去保护野生动物。如果任凭虐待动物的行为滋生蔓延，动物保护的意识就会被削弱，野生动物的保护也很难实现，因此，我们应该反对虐待所有动物的行为。

动物不同于一般的物，动物有生命、感觉，这就使得保护和爱护动物有了另外一层道德的意义。英国哲学家洛克在《关于教育的几点思考》(1693 年)中指出，动物能够感受痛苦，能被伤害。对动物的这种伤害在道德上也是错误的。但是这种错误并不是源于动物的天赋权利，而是源于对动物的残忍给人带来的影响。洛克写道，许多儿童“折磨并粗暴地对待那些落入他们手中的小鸟、蝴蝶或其他这类可怜动物。”洛克认为，这种行为应被制止并予以纠正，因为它“将逐渐地使他们的心甚至在对人时也变得狠起来。”洛克接着说：“那些在低等动物的痛苦和毁灭中寻求乐趣的人，将会对他们自己的同胞也缺乏怜悯心或仁爱心。”因此，反对虐待动物不仅是出于保护动物的需要，而且也是培养和塑造人们美好心灵的需要。

综上所述，我国应尽快出台反对虐待动物的法律(这里的动物包括野生动物、驯养动物等)以增强人们保护动物、爱护动物的意识，也使那些在实践中类似“伤熊案”的肇事者得到相应的惩罚。

【案例 4】 走私猎隼者被判 15 年①

〔案情〕 一名犯罪分子非法携带 8 只国家二级重点保护野生动物猎隼想从首都机场蒙混过关，不料却被海关抓个正着。

经法院审理查明，北京市朝阳区居民张某，于 2000 年 10 月 19 日在首都机场准备登机飞往阿拉伯联合酋长国迪拜市时，被海关依法拦截检查。当有关工作人员对其携带的帆布包进行开包查验时，却发现其包内装有未经依法申报、私自携带的 8 只猎隼，其中 4 只已死亡。后经有关部门鉴定，猎隼系国家二级重点保护野生动物，严禁私自携带出境。

① 高志海、李煦：《走私猎隼者被判 15 年》，《中国环境报》2001 年 8 月 11 日。

北京市第二中级人民法院认为，张某目无国法，为牟取非法利益，违反我国有关海关法规和野生动物保护法，逃避海关监管，非法携带禁止出口的国家重点保护野生动物——猎隼出境，其行为侵犯了国家海关监管制度及国家野生动物保护制度，已构成走私珍贵野生动物罪。这一案件已进行了一审判决，走私犯张某被法院依法判处有期徒刑15年，并处罚金人民币3万元。

〔思考题〕

(1)本罪的犯罪构成。

(2)本案的法律适用。

【案例5】 马明堂等非法猎捕猫头鹰　青海严判七罪犯①

〔案情〕 自2004年7月份起，马明堂等7被告以鸽子为诱饵，利用捕鸟分别在甘肃省靖远县、兰州市红古区和青海省平安县境内非法猎捕猫头鹰、猎隼，并带回宁夏回族自治区海源县一市场贩卖。其中，马明堂、马义文参与猎捕猫头鹰101只、猎隼两只，其他被告猎捕猫头鹰分别达30只至49只不等，并参与猎捕猎隼，所得赃款均被挥霍。

青海省平安县人民法院对这一起重大跨省非法猎捕国家野生动物猫头鹰、猎隼案件作出一审判决。该院以非法猎捕珍稀野生动物罪，判处被告人马明堂、马义文有期徒刑12年，并处罚金5000元；判处被告人马勇、马冲、田惠有期徒刑11年；判处被告人田志清、田玉贵有期徒刑10年，并处罚金2000元。

〔思考题〕

试分析本案的定罪量刑的幅度。

(六)非法收购、运输、出售国家重点保护的珍贵、濒危野生动物制品罪(《刑法》第341条第1款)

【案例1】 刘滨等非法收购羚羊角　三被告终受严惩②

〔案情〕 为收回欠款，河北某制药厂竟将560余根、价值400多万元人民

---

① 祁进城：《非法猎捕猫头鹰　青海严判七罪犯》，《中国环境报》2005年7月14日。

② 陈实：《非法收购羚羊角　三被告终受严惩》，《中国环境报》2004年5月17日。

币的国家一级保护动物高鼻羚羊角拿来抵账。这是北京市近年来最大一起非法收购羚羊角案。2004 年 4 月，制药厂和此案直接责任人刘滨、王志军及此案的另一被告人孟祥利以涉嫌非法收购、运输珍贵、濒危野生动物制品罪在北京市房山区人民法院接受了审问。

据公诉机关指控，2003 年 3 月初，被告人河北某制药厂厂长张某委派职工、被告人刘滨、王志军前往河北省安国市找被告人孟祥利催要欠款，顺便拉些中成药的原材料抵账。刘滨与孟祥利协商用一些中成药的原材料(包括羚羊角)抵账。同年 3 月 9 日，孟祥利把羚羊角装在自己的旅行车运回北京时被北京警方查获。

经鉴定，被查获的羚羊角为国家一级保护动物高鼻羚羊角，数量共计 568 根，价值人民币 415 万余元。经查，该制药厂及孟祥利均未办理野生动物及其制品经营许可证、运输证。

公诉机关以该制药厂、刘滨构成非法收购、运输珍贵、濒危野生动物制品罪，王志军构成非法运输珍贵、濒危野生动物制品罪，孟祥利构成非法运输、出售珍贵、濒危野生动物制品罪分别对其提起公诉。

北京市房山区人民法院分别判处 3 名被告人 12 年、6 年和 5 年有期徒刑并处罚金，没收涉案的 568 根价值人民币 415.5 万元的国家一级保护动物高鼻羚羊角。

房山区人民法院认为，被告人孟祥利非法出售、运输国家重点保护的珍贵、濒危野生动物高鼻羚羊角，其行为已构成非法出售、运输珍贵、濒危野生动物制品罪，且情节特别严重；被告人刘滨、王志军系直接责任人员，其行为均已构成非法收购、运输珍贵、濒危野生动物制品罪，且情节特别严重，遂判处被告人孟祥利有期徒刑 12 年，剥夺政治权利 3 年，并处罚金人民币 20 万元；判处被告人刘滨有期徒刑 6 年，并处罚金人民币 10 万元；判处被告人王志军有期徒刑 5 年，并处罚金人民币 5 万元；没收在案的高鼻羚羊角及一白色旅行车。

〔思考题〕

本案中单位是否要承担环境刑事责任？

【案例 2】 范某非法运输国家重点保护植物案[1]

〔案情〕 被告人范某于 2003 年 8 月 1 日在湖南省株洲县雷打石镇将国

① 陈立烽、曾伟源:《非法运输保护植物者被判刑》,《中国环境报》2004 年 2 月 12 日。

家二级保护重点植物香樟186节,计原木材积23.7347立方米,装上假冒武警部队车牌的厢式大货车,在没办理木材运输证件的情况下,运往福建省莆田市。次日凌晨,途经新罗区板寮岭检查站接受检查时被查获。福建省龙岩市新罗区法院对这一起非法运输国家重点保护植物案件作出判决,被告人范某被判处有期徒刑1年6个月,并处罚金1.5万元。

【案例3】 邮车盗运珍稀动物尸体被查获[①]

〔案情〕 2003年12月13日,四川省广元市朝天区公安分局刑警大队在棋盘关执行检查任务时发现,一辆号码为A41899邮政车内的蛇皮袋装有野生动物尸体。经清点,共有国家一级保护动物林麝4只117斤、国家二级保护动物毛冠驴两只97斤,还有不同数量的野猪、黄麂、果子狸、牛羚、雉鸡、野兔。据查,这些野生动物是从陕西省宝鸡市益门饭店停车场启运而来,无任何手续。

〔思考题〕

(1)以上案例中的犯罪行为分别触犯什么罪名?

(2)分析案例2、3中犯罪行为的特征。

〔法律分析〕

非法收购、运输、出售国家重点保护的珍贵、濒危野生动物制品罪是指违反《野生动物保护法》的规定,收购、运输、出售国家重点保护的珍贵、濒危野生动物制品,触犯《刑法》构成犯罪的行为。

1. 本罪的基本特征。第一,犯罪客体是国家重点保护的珍贵、濒危野生动物的生存权益和国家对其的管理秩序。犯罪对象是国家重点保护的珍贵、濒危野生动物制品,而不是有生命的珍贵、濒危野生动物,也不是非国家重点保护的野生动物及其制品。第二,犯罪客观方面表现为实施了收购、运输、出售国家重点保护的珍贵、濒危野生动物制品的行为。第三,犯罪主观方面表现为故意,并往往有为牟取暴利而转手出售给外商的动机。第四,犯罪主体为一般主体。

2. 对本罪的刑罚。与非法猎捕、杀害、收购、运输、出售国家重点保护珍

① 张厚美:《邮车盗运珍稀动物尸体被查获》,《中国环境报》2004年1月13日。

贵、濒危野生动物的刑罚基本相同。这是由于两种犯罪行为有密切的联系;而且前一种犯罪行为往往是促使后一种犯罪行为发生的动因。故不能一概认为实施前一类犯罪行为的社会危害性一定比后一类犯罪行为小,特别是对多次从事非法收购、运输、出售国家重点保护的珍贵、濒危野生动物制品的犯罪,应从重处罚,这样,才有利于野生动物的保护。

(七)非法狩猎罪(《刑法》第341条第2款)

【案例】 射阳发生多起毒杀麻雀案中5人涉嫌非法狩猎被刑拘[①]

〔案情〕 2004年,江苏省射阳县城乡先后发生多起毒杀麻雀案件,被毒杀的麻雀竟然多达上万只。截至2004年9月,当地警方已侦破5起,5名涉案人员被刑事拘留。

进入9月份以来,不少市民发现正在建设中的射阳后羿公园的湖岸及草坪上散落大量的死麻雀,最多时竟达上千只。与此同时,每天来此觅食、戏水的上万只白鹭也不见了踪影。警方经现场侦查分析,麻雀系人为投毒致死。

9月5日,该县黄尖派出所在黄尖镇境内当场抓获3名毒杀麻雀犯罪嫌疑人,缴获已被毒杀的麻雀336只。经审查,该3人自8月下旬以来,采用拌有毒药的米粒作诱饵的方法,先后在该镇境内作案4起,累计毒杀麻雀数千只。8月18日下午,家住外县的另两名犯罪嫌疑人携带毒饵,在射阳县陈洋镇工业园区内的草坪上洒上毒饵,捕获麻雀740多只,被群众发现后报警,民警当场抓获了这两名犯罪嫌疑人。

〔思考题〕

本罪的犯罪构成是什么?

〔法律分析〕

本罪指违反《野生动物保护法》,在禁猎区、禁猎期或者使用禁用的工具、方法狩猎,破坏野生动物资源情节严重触犯《刑法》构成犯罪的行为。

1. 本罪的基本特征是:第一,犯罪客体是野生动物的生存权益和国家对

---

① 魏列伟等:《射阳发生多起毒杀麻雀案 5人涉嫌非法狩猎被拘》,《中国环境报》2004年9月27日。

其的管理秩序。犯罪对象为除国家重点保护的珍贵、濒危野生动物之外的其他野生动物。第二,犯罪客观方面表现为实施了违反"四禁"中任何一种行为进行猎捕,且具备情节严重的行为,其中的"情节严重"是指未持有狩猎证的、屡教不改的或者是数量较大的,等等。如果虽持有狩猎证,但猎捕的是国家重点保护的珍贵、濒危野生动物,则不应以本罪论处。第三,犯罪主观方面为故意。第四,犯罪主体为一般主体。

2. 对本罪的刑罚。按照不同情节处以 3 年以下徒刑、拘役、管制或者罚金。

(八)非法占用农用地罪(《刑法》第 342 条和《刑法修正案(二)》)

【案例】 广州市番禺区胡敏坚非法取土毁坏耕地案[①]

〔案情〕 2001 年 10 月,广州市番禺区广州宏泰工贸有限公司经理胡敏坚与番禺区石基镇文边村协商购买集体土地 57134.5 平方米,其中 13734 平方米属基本农田保护区。2002 年 4 月胡敏坚以施工队名义承接建筑工程公司填土工程,擅自在上述土地上挖取泥土约 16 万立方米,用于番禺区中心客运站场施工填土,造成大量耕地受到严重破坏。广州市番禺区国土资源和房管局已将此案移送番禺区公安分局立案侦查。

〔法律分析〕

本罪是指违反土地管理法规,非法占用耕地、林地等农用地改作他用,数量较大,造成耕地、林地等农用地大量毁坏,触犯《刑法》构成犯罪的行为。

本罪的基本特征是:第一,犯罪客体是公民耕地、林地等农用地资源的环境保护权益和国家对耕地、林地等农用地的管理秩序,犯罪对象是耕地、林地等农用地而非其他土地。第二,犯罪客观方面表现为非法占用耕地、林地等农用地数量较大造成耕地、林地等农用地大量毁坏的行为。其中"非法占用"是指未经批准或者采取欺骗、行贿等手段获取批准而占用耕地、林地等农用地。"改作他用"是指将耕地、林地等农用地改作建窑,建房,建坟,挖、采石取土,堆放废物或者其他活动毁坏种植条件,破坏耕地、林地等农用地等。需要注意的

---

① 《广东公布六起土地违法案件 责任人均受处罚》,《南方日报》2003 年 6 月 27 日。

是，本罪属于“结果犯”，即只要实施了上述破坏耕地中的任何一种行为，并已造成耕地、林地等农用地大量被毁，就构成本罪。第三，犯罪主观方面为故意。第四，犯罪主体为一般主体。

【案例】 盗伐林木建新房　未入新房入牢房[①]

〔案情〕　青海省西宁市湟源县农民王国民看着他人建起的新房眼红，竟然想出了一条“妙”法：盗伐集体林木为自家建新房。结果建好的新房还没住上人，自己却“住”进了牢房。

为给自家建新房，被告人王国民伙同其妻弟韩生全，于 2004 年秋至 2005 年 4 月份，驾驶韩生全自营的手扶拖拉机，前往寺寨乡铧尖村、塔湾乡塔湾村等地，先后盗伐集体林木 5 起，累计 8 立方米。今年，王国民用盗伐的林木修建新房时被群众举报，湟源县森林公安分局根据线索迅速侦破此案。除森林公安机关扣押的 1.625 立方米木材外，其余全部被被告人用在修建房屋上。

湟源县人民法院以盗伐林木罪，分别判处被告人王国民、韩生全有期徒刑 1 年和 6 个月，各处罚金 1000 元。作案用的 1 台手扶拖拉机被依法没收，盗伐林木被依法追缴。

〔思考题〕

分析本案件的犯罪构成。

(九)非法采矿罪(《刑法》第 343 条第 1 款)

本罪是指违反《矿产资源法》的规定，未取得采矿许可证擅自采矿或者擅自进入国家规划矿区、对国民经济具有重要价值的矿区和他人矿区范围采矿的、擅自开采国家规定实行保护性开采的特定矿种，经责令停止开采后拒不停止开采造成矿区资源破坏，触犯《刑法》构成犯罪的行为。

1. 本罪的基本特征。第一，犯罪客体是公民矿产资源的环境保护权益和国家对矿产资源的管理秩序。其中对擅自进入他人矿区范围开采的，还应包括他人的财产权。第二，犯罪客观方面表现为未取得采矿许可证而实施了 5 个“擅自”采矿的违法行为之一，经责令停止开采后拒不停止开采并造成矿产资源破坏的。可见，本罪为“结果犯”。第三，犯罪的主观方面表现为故意：明

---

① 祁进城：《盗伐林木建新房　未入新房入牢房》，《中国环境报》2005 年 7 月 18 日。

知自己无权开采或者明知自己进入未经批准国家规划矿区、对国民经济具有重要价值矿区或者他人矿区是非法的；或者明知自己开采的是国家规定实行保护性开采的特定矿种，经责令停止开采后仍拒不停止开采的。第四，犯罪主体为一般主体。

2. 对本罪的刑罚。分两个档次：造成矿产资源破坏的，处 3 年以下有期徒刑、拘役或者管制，并处或者单处罚金；造成矿产资源严重破坏的，处 3 年以上 7 年以下有期徒刑，并处罚金。

(十)破坏性采矿罪(《刑法》第 344 条第 2 款)

本罪指违反《矿产资源法》的规定，采取破坏性方法开采矿产资源造成严重破坏，触犯《刑法》构成犯罪的行为。

1. 本罪的基本特征。第一，犯罪客体是公民矿产资源的环境保护权益和国家对矿产资源的管理秩序。第二，犯罪客观方面表现为采取破坏性开采方法的行为和使矿产资源遭受严重破坏的危害结果。其中的"破坏性开采方法"如对具有工业价值的共生矿和伴生矿未采取综合性开采措施；对暂时不能综合开采或者必须同时开采而暂时不能综合利用的矿产，以及含有有用成分的尾矿未采取保护性措施而造成矿产资源破坏、浪费的严重后果。第三，犯罪主观方面是故意。第四，犯罪主体为一般主体。

2. 对本罪的刑罚。根据不同情节处以 5 年以下有期徒刑或者拘役，并处罚金。

【资料】非法采矿破坏资源逾 30 万元者最重将判 7 年徒刑①

非法采矿和破坏性采矿是导致矿业秩序混乱的主要原因，造成矿产资源严重浪费和资产大量流失。最高人民法院公布了《关于审理非法采矿、破坏性采矿刑事案件具体应用法律若干问题的解释》，为运用刑罚手段遏制这类犯罪行为，提供有力法律依据。这个司法解释自 2003 年 6 月 3 日起施行。

我国《刑法》第 343 条规定了非法采矿的 3 种情形：未取得采矿许可证擅自采矿；擅自进入国家规划矿区、对国民经济具有重要价值的矿区和他人矿区范围采矿；擅自开采国家规定实行保护性开采的特定矿种等。

司法解释称，实施上述情形之一，且经责令停止开采后拒不停止开采，造成矿产资源破坏的，依照刑法规定，以非法采矿罪定罪处罚。

---

① http://www.rednet.com.cn。

《刑法》第 343 条还规定了相关处罚标准：造成矿产资源破坏的，可处 3 年以下有期徒刑、拘役或者管制，并处或者单处罚金；造成矿产资源严重破坏的，可处 3 年以上 7 年以下有期徒刑，并处罚金。据此，司法解释进一步明确：非法采矿造成矿产资源破坏的价值，数额在 5 万元以上的，属于刑法规定的"造成矿产资源破坏"；数额在 30 万元以上的，属于刑法规定的"造成矿产资源严重破坏"。

司法解释还对"破坏性采矿罪"作出明确解释。刑法规定，违反矿产资源法的规定，采取破坏性的开采方法开采矿产资源，造成矿产资源严重破坏的，处 5 年以下有期徒刑或者拘役，并处罚金。对"采取破坏性的开采方法开采矿产资源"，司法解释明确为："行为人违反地质矿产主管部门审查批准的矿产资源开发利用方案开采矿产资源，并造成矿产资源严重破坏的行为。"

最高法院研究室负责人表示，非法采矿和破坏性采矿造成矿产资源破坏或者严重破坏的数额，应由省级以上地质矿产主管部门出具鉴定结论，人民法院负责对鉴定进行查证。对主管部门作出的程序合法、内容属实的鉴定结论，人民法院要作为定案依据予以认证。

（十一）非法采伐、毁坏国家重点保护植物罪和非法收购、运输、加工、出售国家重点保护植物、国家重点保护植物制品罪（《刑法》第 344 条和《刑法修正案（四）》）

【案例】 保护红豆杉资源①

〔案情〕 2001 年云南省采取有力措施，重拳出击盗剥红豆杉树皮等犯罪行为，切实保护好珍贵树种红豆杉。

红豆杉是国家一级重点保护植物，含有珍贵的紫杉醇及其他元素，药用价值极高，主要分布于滇西和滇西北地区。2001 年 7 月以来，云南丽江等地不断发生盗剥红豆杉树皮案件，红豆杉资源惨遭破坏。

云南省委、省政府对此十分重视。2001 年云南省林业厅在丽江召开了全省保护红豆杉资源现场会议，对红豆杉资源破坏严重的丽江县鲁甸乡进行现场督办，追究处理了有关责任人。云南打击破坏红豆杉资源犯罪取得了重大成果，处理了一批盗剥、运输、加工红豆杉树皮的犯罪分子，一批加工窝点被端

① 武建雷等：《云南严打破坏红豆杉资源犯罪》，《中国环境报》2001 年 9 月 29 日。

掉，对地下贩运网络的运行情况基本摸清。

为保护红豆杉资源，云南省再次发布了全省天然林资源保护区停止商品性采伐的通告，制定了《云南省珍贵树种保护条例》，连同保护红豆杉资源的户主通知书，送到发生采剥红豆杉树皮村社的每一家农户，并在丽江地区、怒江州等组织打击破坏红豆杉资源公捕公处大会，扩大办案影响。云南省还暂停红豆杉树皮边贸进口，已进口的暂时封存。

〔思考题〕

分析本案件的犯罪构成。

〔法律分析〕

本罪是指违反《森林法》和《野生植物保护条例》的规定，非法采伐、毁坏珍贵树木和非法收购、运输、加工、出售国家重点保护植物、国家重点保护植物制品，触犯《刑法》构成犯罪的行为。

1. 本罪的基本特征。第一，犯罪客体是公民对国家重点保护植物的环境保护权益和国家森林资源的管理制度。犯罪对象是国家重点保护植物及其制品，而非一般植物及其制品。第二，犯罪客观方面表现为非法采伐，或者毁坏国家重点保护植物和非法收购、运输、加工、出售国家重点保护植物、国家重点保护植物制品的行为，“非法采伐”是指未取得采伐许可证或者经过欺骗、行贿等手段取得采伐许可证，或者超过许可证规定的采伐株数、树种进行采伐；“毁坏国家重点保护植物”则表现为使其丧失原有功能和正常生长发育的能力；所谓“收购”，包括以营利、自用等为目的的购买行为；“运输”，包括采用携带、邮寄、利用他人、使用交通工具等方法进行运送的行为；“加工”，包括把原材料、半成品制成成品，或达到规定要求；“出售”，包括出卖和以营利为目的的加工利用行为。[①] 第三，犯罪主观方面表现为故意。即明知所采伐的树木是属于国家重点保护的植物，也明知自己的采伐行为是非法，而为了牟取暴利仍实施采伐、毁坏行为。第四，犯罪主体为一般主体。

2. 对本罪的刑罚。对一般情节的，处 3 年以下有期徒刑、拘役或者管制，并处罚金；情节严重的，处 3 年以上 7 年以下有期徒刑，并处罚金。

① 赵秉志：《环境犯罪比较研究》，法律出版社 2004 年版，第 211 页。

（十二）盗伐林木罪（《刑法》第 345 条）

【案例】 长春四千林木一夜惨遭盗伐

〔案情〕 1994 年 10 月，张英杰通过现场拍卖会以 2.4 万元的价格获得了长春市二道区劝农山镇钱家村后荒山共 12 公顷林地 50 年的使用权，当时山上有自然林木 6400 株、人工林木 2000 株。1995 年到 1997 年间，张英杰筹集资金 6 万余元栽植了樟子松 2100 株、果树 3000 株等大量林木。2004 年 10 月 12 日，生病在家的张英杰接到护林员树被人盗伐的电话，拖着病体赶到林地。张英杰被眼前的景象惊呆了：到处是光秃秃的树桩和横七竖八倒下的残枝断干。用辛辛苦苦攒下的血汗钱来承包荒山植树造林，万没想到苦心栽下的林木却被人一夜之间无情地盗伐 4000 余株。承包者张英杰欲哭无泪。这些被砍伐的树木都是粗壮的好树，在损失最重的林地中间地带，整片整片的树木被锯断。张英杰粗略估算，被盗伐的林木中有 1900 多株自然生长 10 年以上的柞木，其余 2100 多株是各种幼树，共计 4000 余株，价值近 6 万元。

〔法律分析〕

本罪是指违反《森林法》的规定，以非法占有为目的和秘密的方法砍伐国家、集体或者他人森林或者其他林木，触犯《刑法》构成犯罪的行为。

1. 本罪的基本特征。第一，犯罪客体是公民对森林的环境保护权益和国家对森林资源的管理秩序，以及国家、集体或者个人对森林的所有权。犯罪对象为国家、集体或者他人的树木。第二，犯罪客观方面表现为以秘密的方法砍伐大量的不属于自己的树木占为己有的行为。第三，犯罪主观方面为直接故意，并具有将其占为己有的目的。第四，犯罪主体为一般主体。

2. 对本罪的刑罚。分为三个档次："数量较大的"，处 3 年以下有期徒刑、拘役或者管制，并处或者单处罚金；"数量巨大的"，处 3 年以上 7 年以下有期徒刑，并处罚金；"数量特别巨大的"处 7 年以上有期徒刑，并处罚金。

从上述的规定可知，新《刑法》以"数量较大"等代替原《刑法》的"情节较重"等三个情节；以三个量刑档次代替单一的量刑档次，使其具有较强的可操作性，也更能体现"罪刑相当"原则，可算是我国刑事立法的一大进步。但是，对"数量特别巨大"的盗伐林木罪的刑罚，却由原《刑法》和《关于严惩破坏经济的罪犯的决定》的规定，即对其"判处十年以上有期徒刑，无期徒刑或者死刑，可以并处没收财产”，降为新《刑法》的“处七年以上有期徒刑，并处罚金”。这种修改显然不妥。因为盗伐林木罪与盗窃罪的社会危害性并不因犯罪对象的不同而“差距很大”，相反，森林的生态效益其价值却远远超过森林作为木材的经济价值。值得指出的是，新《刑法》第264条对“数量特别巨大”的盗窃罪仍然保留了死刑，而对同样数额的盗伐林木罪则最重的刑罚只能是15年，显然有失公平，尤其是在森林覆盖率极低，盗伐林木罪日益猖獗的我国，《刑法》这种修改的负面影响不可低估。须知，刑法生态化才有利于保护生态环境和可持续发展战略的实施，也是广大群众的迫切要求。

（十三）滥伐林木罪（《刑法》第345条第2款）

【案例】 王荣聪超量采伐案[①]

〔案情〕 2001年1月，王荣聪以9.3万元向漳平市新桥镇南丰村购买“罗畲坑”山场的杉木。2003年7月，王荣聪办理了采伐杉木材积632立方米的许可证。2003年8月，王荣聪让赖某不按间伐规范操作，自行采伐山场的上半部杉木，责任由王荣聪承担。后赖某雇用3组民工进行砍伐。截至2003年12月18日，“罗畲坑”山场杉木共被采伐计原木材积2097.1607立方米，扣除办证和允许的10%误差，实际超数量采伐原木材积1401.9607立方米，折立木材积2156.8626立方米。福建省漳平市检察院以滥伐林木罪逮捕犯罪嫌疑人王荣聪。

〔思考题〕

（1）本罪的罪名和犯罪构成是什么？

（2）对于本案犯罪嫌疑人的刑罚应当分别如何科处？

〔法律分析〕

滥伐林木罪是指违反《森林法》的规定，无采伐许可证或者未按照采伐许可证规定的地点、数量、树种、方式而任意采伐本单位所有或者管理，或者本人自留山上的森林或者其他林木，数量较大，触犯《刑法》构成犯罪的行为。

1. 本罪的基本特征。第一，犯罪客体是公民的森林环境保护权益和国家

① 建忠、记超：《漳平超量采伐者被捕》，《中国环境报》2004年2月19日。

对森林资源的管理秩序。犯罪对象是本单位所有、所管或者本人种植、管理的林木。第二,犯罪客观方面表现为无采伐许可证或者未按照采伐许可证的规定、要求进行采伐,而且数量较大。第三,犯罪主观方面为故意。第四,犯罪主体为一般主体。

2. 对本罪的刑罚。分两个档次:"数量较大的"处 3 年以下有期徒刑、拘役或者管制,并处或者单处罚金。"数量巨大的",处 3 年以上 7 年以下有期徒刑,并处罚金。

新《刑法》第 345 条第 4 款并规定:"盗伐、滥伐国家级自然保护区内的森林或者其他林木的,从重处罚。"

(十四)非法收购、运输盗伐、滥伐的林木罪(《刑法》第 345 条第 3 款和《刑法修正案(四)》)①

【案例】 1. 重庆市巴南区陈明旭等人非法收购木材,导致滥伐天然林 708.5 立方米。犯罪嫌疑人 18 名已被抓获。

2. 云南省玉龙县盗伐并非法收购、运输、加工天然林系列案件,2004 年已破获刑事案件 6 起,抓获犯罪嫌疑人 7 名,取缔非法木材加工窝点 3 处。

〔法律分析〕

本罪是指违反《森林法》的规定,为牟取暴利非法收购、运输明知是盗伐或者滥伐的林木,触犯《刑法》构成犯罪的行为。

1. 本罪的基本特征。第一,犯罪客体是公民的森林保护权益和国家对森林资源的管理秩序。犯罪对象是他人盗伐、滥伐的树木。第二,犯罪客观方面表现为实施了非法收购、运输他人盗伐、滥伐的林木,而且情节严重的行为。"情节严重"是指数量较大,多次违法或者其他欺骗行为等。第三,犯罪主观方面是故意,即明知所收购、运输的是他人盗伐、滥伐来的林木,但为了牟取暴利而非法收购、运输。第四,犯罪主体为一般主体。

2. 对本罪的刑罚。分为两个档次:"情节严重的",处 3 年以下有期徒刑、拘役或者管制,并处或者单处罚金;"情节特别严重的",处 3 年以上 7 年以下有期徒刑,并处罚金。

---

① www.chinalawedu.com/news。

三、单位犯破坏环境资源保护罪(第 346 条)

新《刑法》第 338 条至第 345 条,在规定了破坏环境资源保护罪类中的十四种具体犯罪之后,还在第 346 条专门规定了单位犯本罪类的处罚问题。

单位犯本罪类的基本特征是:第一,犯罪客体为上述各具体犯罪的特殊客体。第二,犯罪客观方面表现为单位实施了上述各具体犯罪中的任何一种具体犯罪行为。第三,犯罪主观方面为故意,并伴有牟取单位非法利益的犯罪目的。这种犯意可通过单位负责人表示,也可由单位领导层集体决定。第四,犯罪主体可以是单位中的法人(包括我国法人和在我国境内的外国法人,无国籍法人),也包括非法人的其他组织。

对单位犯破坏环境资源保护罪类的刑罚,其特点是实行"双罚"制,即同时对单位判处罚金和对单位直接负责的主管人员及其他直接负责人员,判处新《刑法》对破坏环境资源保护罪类各具体犯罪所规定的刑罚。

四、环境监督管理失职罪

【案例】 四川沱江污染事件

〔案情〕 四川沱江污染事件的有关责任人在成都锦江区法院受审。公诉机关以环境监管失职罪,对青白江区环保局原负责人宋世英、张明、张山延误沱江污染处理时机,致使川化排污污染沱江干流的后果进一步扩大一案正式向锦江区法院提起公诉。

据公诉机关起诉指控,2004 年 2 月 23 日,时任青白江区环保局副局长的宋世英接到青白江区污水处理厂关于污水中氨味很浓的报告后,未及时安排环保局检测站进行监测,也未对污水厂的检测结果主动了解以及采取防止污染可能发生的任何措施。2 月 27 日,宋世英与时任青白江区环境监测站站长的张明、时任青白江区环境监理所所长的张山到青白江区污水处理厂检查工作时,得知污水中氨氮含量超标严重并听说下游有死鱼的情况后,宋指示张明、张山分别安排工作人员对川化排出的污水进行监测以及对川化的污水处理设施运行情况进行监理,但未要求及时上报监测数据和监理结果。

经 27 日全天的初步监测,污水中氨含量最高值超过 7000 毫克/升(国家允许的达标排放值为 60 毫克/升),但张明得知后直至 3 月 1 日才将监测报告上报区环保局。张山在宋世英安排监理的当日并未亲自或安排本所工作人员到川化进行现场监理，3 月 1 日才到川化进行现场检查，在了解到川化二分厂违规超标排污后，当场也未采取任何措施防止污染进一步扩大，环保局 3 月 2 日才向川化发出了限期整改通知书。

由于 3 人在环境监管中的失职行为，致使川化排污污染沱江干流的后果进一步扩大，使国家利益和人民群众财产遭受严重损失。沱江特大水污染事故是我国近年发生的最大一起水污染事件。笔者认为，通过此事件，要切实加强对企业的环境监督，脚踏实地督促企业积极治污。如果一味地对企业予以“保护”，置公众环境利益于不顾，到头来只能是使环境污染加重、环保部门威信降低、企业形象受损，相关责任人也逃脱不了法律责任。环境监察作为环保部门的一项重要职能，企业不能拒不接受，当地政府不能以“土政策”、“土规定”加以阻挠。环保部门要将环境监察纳入长远环境保护规划，制定切实可行的年度监察计划，确定定期和不定期监察名单，拟定监察频次，落实责任单位和责任人员，建立长效追究责任单位、责任人机制，使环境监察有章可循，落到实处。

【案例】 环保官员的环境监管失职罪①

〔案情〕 1. 湖北省武汉市洪山区环保局原助理调研员王某由于失职，使得含毒性化学物质的废料未经处理直接倾倒在仙山村，使当地环境遭受严重污染，直接经济损失达 199.7 万元。法院以“环境监管失职罪”判处王某有期徒刑 6 个月，缓期 1 年执行。

2. 山西省阳城县环保局原局长赵璋信和原副局长赵余库因在当地一起重大水污染事故中负有严重失职责任，被山西省晋城市中级人民法院以“环境监管失职罪”分别判处有期徒刑 6 个月和 8 个月。

以“环境监管失职罪”的罪名给环保官员定罪，不啻一声清脆的春雷，带来了改进环保工作作风的春雨。这一新的独立罪名，出现于 1997 年修订后的《刑法》，它对于环保工作者认真履行环境监管职责，改变工作作风，起到了重要作用。

在以往的环境案例中，环保官员往往是执法者，处罚违法的企业与个人。即使在工作中有一些失误，也常常是用“在所难免”、“下不为例”开脱。于是就算发生重大环境污染事故，致使公私财产遭受重大损失，也无人受到责任追

---

① www. news. xinhuanet. com。

究，顶多也只是不疼不痒的通报批评。

当前，执法监督"疲软"甚至执法犯法的现象并不鲜见，如果不对这些渎职者动真格的，提高他们以身试法的成本，那么环境监督管理就有可能成为空谈。

如今，环境监管失职者被判刑向我们每一个环境执法人员敲响了警钟。如果还有人对环境监管敷衍了事，面对的将是法律之剑的惩处。

〔思考题〕

(1)环境监管失职罪的含义及其构成是什么？

(2)如何认识和把握环境监管失职罪？

〔法律分析〕①

2004年2月19日，湖北省武汉市人民法院公开审理了以"环境监管失职罪"提起公诉的武汉市洪山区环保局原助理调研员王某环境监管失职一案。庭审过程中，"环境监管失职罪"的认定及其构成要件成为法庭上各方关注的焦点。最终，王某被以"环境监管失职罪"判处有期徒刑半年、缓刑1年。

此罪名系1997年《刑法》修订时新增加的罪名，在司法实践中此类案件极少，故特对此罪在司法实践中的认定进行探讨。

1. 环境监管失职罪的概念及相关法律规定

所谓环境监管失职罪，是指负有环境保护监督管理职责的国家机关工作人员严重不负责任、导致发生重大环境污染事故，致使公私财产遭受重大损失或者造成人身伤亡的严重后果的行为。它是一种国家机关工作人员的渎职犯罪，是1997年《刑法》修订时从原《刑法》中规定的玩忽职守罪中分离而单独规定的。

《刑法》中有关环境监管失职罪的规定在该法第408条："负有环境保护监督管理职责的国家机关工作人员严重不负责任，导致发生重大环境污染事故，致使公私财产遭受重大损失或者造成人身伤亡的严重后果的，处三年以下有期徒刑或者拘役。"《固体废物污染环境防治法》、《大气污染防治法》、《水污染防治法》等有关玩忽职守罪的规定中也有类似的内容。

2. 司法实践中对环境监管失职罪的把握

① 莫神星：《谈环境监管失职罪》，《中国环保产业》2002年第4期。

根据1999年9月16日最高人民检察院发布施行的《关于人民检察院直接受理立案侦查案件立案标准的规定(试行)》的规定,涉嫌下列情形之一的环境监管失职行为,应予立案:造成直接经济损失30万元以上的;造成人员死亡1人以上,或者重伤3人以上,或者轻伤10人以上的;使一定区域内的居民的身心健康受到严重危害的;其他致使公私财产遭受重大损失或者造成人身伤亡严重后果的情形。

《人民检察院直接受理立案侦查的渎职侵权重特大案件标准(试行)》规定,重大案件为造成直接经济损失100万元以上的;致人死亡两人以上或者重伤5人以上的;致使一定区域生态环境受到严重危害的。特大案件为造成直接经济损失300万元以上的;致人死亡5人以上或者重伤10人以上的;致使一定区域生态环境受到严重破坏的。

环境监管失职罪在客观方面表现为严重不负责任,导致发生重大环境污染事故,致使公私财产遭受重大损失或者造成人身伤亡的严重后果。严重不负责任的表现形式是多种多样的,如对建设项目的环境影响报告不作认真审查;或者对防治污染设施不进行审查验收即批准投入生产、使用;对不符合环境保护条件的企业、事业单位,发现污染隐患,不采取预防措施,不依法责令其整改;对造成严重环境污染的企业、事业单位应当提出限期治理意见而不提出治理意见,或者虽然提出意见,令其整改,但不认真检查、监督是否整改治理;应当现场检查排污单位的排污情况而不作现场检查;发现环境受到严重污染应当报告当地政府的,却不报告或者虽作报告但不及时等。

本罪主体为特殊主体,即负有环境保护监督管理职责的国家机关工作人员。既包括对环境保护工作实施统一监督管理工作的各级环境保护行政主管部门,也包括依照有关法律规定对环境污染防治实施监督管理的其他部门。具体是指在国务院环境保护行政主管部门、县级以上地方人民政府环境保护行政主管部门中从事环境保护工作的人员,以及在国家海洋行政主管部门、港务监督、渔政渔港监督、军队环境保护部门和各级公安、交通、铁路、民航管理部门中,依照有关法律的规定对环境污染防治实施监督管理的人员。此外,县级以上人民政府的土地、矿产、林业、农业、水利行政主管部门中依照有关法律的规定对资源保护实施监督管理的人员,也可以构成本罪的主体。本罪的主体还包括虽不是国家机关人员,但代表国家机关行使环境监管职责的国家机关中从事公务的人员。

3. 环境监管失职罪与相关行为的区别

(1)环境监管失职罪与工作失误在主观方面的区别

工作失误是行为人由于作出错误决策，导致公共财产、国家和人民利益遭受损失的行为，行为人一般缺乏犯罪所必须具备的犯意。

(2)环境监管失职罪与一般环境监管失职行为的区别

一般环境监管失职行为是行为人具有环境监管失职行为，但并没有造成公私财产、国家和人民的利益重大损失或者人身伤亡的严重后果，或者虽然造成了损失但并没有达到《刑法》所规定的重大损失的程度。

(3)环境监管失职罪与重大责任事故罪的区别

主体不同。环境监管失职罪的主体只能为国家机关工作人员，以及虽不是国家机关人员，但代表国家机关行使环境监管职责的国家机关中从事公务的人员；而重大责任事故罪的主体却是工厂、矿山、林场、建筑或者其他企业、事业单位的人员。

犯罪行为发生的场合不同。环境监管失职犯罪只能发生在国家机关的环境监管活动过程中；而重大责任事故罪却是发生在生产作业过程中。

客观表现形式不同。环境监管失职罪往往表现为行为人严重不负责任，不履行或者不认真、不正确履行法律所赋予的环境监管职责；而重大责任事故罪，则一般表现为行为人不服从管理、违反规章制度，或者强令工人违章冒险作业。

侵犯的客体不同。环境监管失职罪侵犯的客体是国家机关环境保护的正常监管活动，重大责任事故罪所侵犯的客体则是社会公共安全。

第三编 国际环境法论

第一章 概论

第二章 国际环境法专论

第一章
概　论

第一节　国际环境法的概念和基本原则

一、国际环境法

国际环境法是调整国家之间在保护和改善环境的过程中发生的各种国际社会关系的规范的总称。其渊源主要是国际环境保护条约和国际习惯。各国所普遍承认的一般法律原则,也是国际环境法的渊源之一。国际组织和国际会议通过的一些决议、宣言、宪章、行动计划等,虽然对各国不具有强制性的约束力,但对各国合作保护全球环境起着“软法”的作用。

国际环境法由大量的多边、双边和区域性国际环境保护公约、条约、议定书、协议等组成,其涉及的方面主要包括国际海洋环境保护和污染防治的公约和条约,保护臭氧层的公约和议定书,防止气候不利变化的公约,保护生物多样性公约,防止危险废物越境转移的公约,防止国际河流污染的公约和条约,防止越境大气污染的公约和条约,防止核污染的国际公约等。

二、国际环境法的基本原则

国际环境法的基本原则是指:为各国所公认且普遍适用于国际环境关系各个领域的对国际环境保护有指导意义、构成国际环境法基础的根本准则。它是国际环境法规范的一个重要组成部分。国际环境法中有许多为各国所接受的原则,其中国家资源开发主权权利和不损害国外环境责任原则、可持续发展原则、共同但有区别的责任原则、损害预防原则、风险预防原则、国际合作原则等,被各国大多数学者认为是国际环境法的基本原则。现将部分原则分析于下:

(一)国家资源开发主权权利和不损害国外环境资源原则

【案例】 特雷尔冶炼厂仲裁案[①]

〔案情〕 加拿大英属哥伦比亚省特雷尔附近的一个铅锌冶炼厂(距离美国边界十余公里),从1896年建成以来,该厂释放的大量硫化物使美国华盛顿州遭受大规模损害,特别是对庄稼、树木、牧场、牲畜和建筑物的损害极为严重。1903年释放量高达每月10000吨。到1930年,该厂每天向大气中排放300～350吨硫,二氧化硫的数量则是这个数字的2倍,还有其他的化学残渣。在初期,污染受害者曾向该冶炼厂提出过多次私人赔偿要求,但这一问题显然不可能在任一国家的国内法范围内得到圆满解决。1925年,案件重新提起,美国还成立了保护受害人协会,目的是取代单独申诉、签订集体协定。1927年,案件被正式提交给美国政府,美国政府向加拿大政府提出抗议。在以其他方式解决争端的尝试失败后,两国政府决定将争端提交仲裁,并于1935年4月15日签署仲裁协议。仲裁庭于1938年和1941年两次作出裁决。在1938年的第一次裁决中,仲裁庭判定冶炼厂的烟雾对华盛顿州造成了损害,并裁决加拿大应支付7.8万美元作为美国所要求的自1932年1月1日至1937年10月1日之间特雷尔冶炼厂对美国土地造成的损害的"完全的和最后的补偿和赔偿"。裁定还宣布采取保全措施,要求特雷尔冶炼厂直至1940年10月1日避免造成损害,命令为此实施临时制度,提供必要的资料以便建立一个有效的永久制度和在过渡期间避免发生进一步的损害行为。在1941年第二次裁决中,仲裁庭作出一项有名的声明:"根据国际法以及美国法律的原则,任何国家也没有权利这样地利用或允许利用它的领土,以致其烟雾在他国领土或对他国领土上的财产和生命造成损害,如果已发生后果严重的情况,而损害又是证据确凿的话。"

【案例】 法国核试验案[②]

〔案情〕 1966年到1972年,法国曾经多次在南太平洋法国领土波利尼亚的上空进行大气层核试验。在核试验期间,法国曾经宣布某个地区为"禁

① www.riel.whu.edu.cn/show。
② 林灿铃:《国际环境法》,人民出版社2004年版,第48～51页。

区”或“危险区”为由而不允许外国飞机和船舶通过。1973 年,法国还进一步计划进行空中核试验。鉴于此,澳大利亚“请求国际法院命令法国不得在该地区进行进一步的核试验。”新西兰“请求法院判定和宣布法国政府在南太平洋地区进行核试验所引起的放射性微粒回降,根据国际法,已构成对新西兰权利的侵犯。”1973 年 5 月 16 日,斐济共和国请求法院允许他参加本案的诉讼。澳大利亚和新西兰还同时请求法院指示临时保全措施,命令法国在国际法院作出判决之前,停止一切空中核试验。

法国于 1973 年 5 月 16 日发表声明,否认国际法院对本案有管辖权,声明不接受国际法院的管辖。国际法院接受了澳大利亚和新西兰的请求后,法国拒绝对以后的程序递交辩诉状,并拒绝出庭应诉。

国际法院于 1973 年 6 月 22 日以两项基本相同的命令指示临时保全措施。后来,由于法国表示不准备继续进行空中核试验,国际法院在 1974 年 12 月 20 日作出决定,认为不必对本案作进一步的判决。

在此案中,澳大利亚提出的申诉书对法国核试验的违法性根据列举了以下三点:(1)禁止大气层核试验乃是“普遍的”法规,违反这一法规的话,国际社会的所有国家都将具有起诉的当事者资格(民众性争讼);(2)法国的核试验,侵害了受其巨大危险的国家及其国民的权利,特别是,未经原告国领土范围回降进行核试验引起的放射性微粒,严重侵犯了原告国的领土主权、主权独立的权利;(3)法国的核试验,对公海及其上空的船舶、飞机的通航造成了严重妨害,且放射性物质导致了公海严重的污染等,极大地侵犯了“公海自由”。

新西兰在列举法国的核试验违反了“禁止在大气层进行核试验”和“禁止污染人类环境”两条“具有普遍性”法规外,强调法国核试验严重侵害了新西兰领土主权、人身安全(将其国民置于放射能)、公海自由等 3 项权利。

国际法院及其前身的常设国际法院都认为,根据迄今为止的先例,原告所主张的诉讼请求若不是业已得到确立的权利的话,在仅是他国对其地位事实上存在威胁的场合,临时促使措施的请求则不能给以认定。换言之,只有在能够证明原告所主张的权利不仅是具体的存在而且的确受到了违法行为的侵害的场合,才可以作为保持现状的紧急手段而采用这项措施。

在对本案指示临时保全措施之际,国际法院发表意见强调了国际法院的立场:在原告尚不能证明其权利已受到侵害而提出临时保全措施是恰如文字所表述的那样乃是暂定的临时性质的,并非对本案当事国权利的一种预断。

由此,可以推知国际法院大概是认可了下述两点中的一点。即原告所主张的权利，理所当然地伴随着领土主权和公海自由的权利而存在，在本案今后的审理过程中，原告只要证明权利受到违法的侵害是起因于法国核试验即可；国际法院给原告提供了关于限制核武器及其试验以及关于环境保全的国际法规正在逐渐形成由此而派生的原告的权利的存在的举证机会。

如上所述，原告的诉讼请求，是以法国核试验违反国际法为由而提出的。面对原告这样的指控，法国不仅全面否定而且也拒不参加国际法院的审理。法国从最初的外交交涉阶段开始，就主张其核试验没有违反任何国际法规，而置国际法院指示的临时保全措施于不理，继续实施其核试验计划。

法国在《关于核试验的白皮书》(1974 年 6 月)中再三强调了其基本立场：第一，核武器计划是为法国的安全和独立而为之；第二，努力不造成任何损害，在试验时给予充分注意的话，造成污染的危险的可能性极小；第三，从法律上讲，法国没有批准《禁止部分核试验公约》，也没有批准《公海公约》，对法国不存在可以令其禁止核试验的实体国际法；第四，澳大利亚和新西兰从前容忍过英、美在太平洋地区进行的多次核试验，因此没有资格抗议法国的核试验；第五，国际法院对本案没有管辖权。

1974 年秋以后，虽然由于法国中止了核试验而解除了危险水域——禁区，与原告两国的关系趋于缓和并逐步改善，但法国与原告两国之间以纠纷为契机而产生的法律问题却并不因为法国单方面中止核试验而消失。

有人认为，对于禁止大气层核试验的国际法规的存否问题，应持特别的慎重态度。即本案是属于“正在形成中的”国际习惯法，“将来”有适用案件的可能性。

从国际法院业已经作出的临时保全措施指示来看，虽然可以推导出国际法院对管辖权、核试验的违法以及原告权利受到侵害的危险等已经认可，但终究还是由于管辖权的有无和受理可能性的问题而回避了本案的审理。在新的一般国际法规则逐渐形成阶段，不能仅仅依据实体国际法规的严密解释进行审判，这正是国际法院的苦恼之处。

最后，由于法国单方面宣告停止核试验，国际法院认为原告国的诉讼请求的目的不复存在，国际法院的判决解释称，原告的目的是终止法国的核试验，而现在法国已经单方面宣告停止核试验了，所以，原告国的诉讼请求目的已达到，法院没有必要对本案作进一步的判决。

事实上原告国的目的是不仅请求法国停止在太平洋的核试验，且要求禁止一切的核试验。当然，要是今天的话，这已不再成为问题，因为禁止核试验公约,特别是1985年8月签署的《南太平洋无核区条约》在南太平洋建立了无核区。原告的诉讼请求目的在当时是属于一般国际法上的特例。且不论其提出的当否。在此,我们所要探讨的是由此看出了新的国际法习惯规则存在的证据。

上述原告两国的诉讼请求,意在创设由于核试验所产生的"禁止危险发生的法律制度",于国际法的危险责任领域的发展趋向而言,不能不说具有十分重大的意义。有人指出,"从法院的临时保全措施命令中可以看出,空中核试验把放射性微粒抛到大气层中,对空间造成污染,这是国际法所不允许的,因为,各国有防止跨界污染的义务,法院的临时保全措施命令可佐证这已是一项新的习惯法规"。国际法院在1973年6月22日颁布的临时保全措施命令中认为:空中核试验引起放射性微粒下降,很可能给澳大利亚和新西兰领土造成不可弥补的损失。因此命令法国避免再进行在澳大利亚和新西兰引起放射性微粒下降的核试验。在此十分明确地指出:各国在进行国际法不加禁止但可在自由利用自己的资源时,不得对其他国家造成重大损害。

〔法律分析〕①

国家资源开发主权权利和不损害国外环境责任原则包括两个基本内容:其一,各国拥有按照本国的环境与发展政策开发本国自然资源的主权权利;其二,各国负有确保在其管辖范围内或在其控制下的活动不致损害其他国家或在各国管辖范围以外的地区的环境的责任。该原则一方面承认国家关于环境的主权权利,另一方面规定国家关于环境的义务,是国家在环境方面的权利和义务的结合。这项原则主要是通过1972年《联合国人类环境宣言》原则21和1992年《关于环境与发展的里约宣言》原则2体现。《联合国人类环境宣言》原则21就国家主权原则在国际环境关系领域内的适用宣布:"依照联合国宪章和国际法原则,各国具有按照其环境政策开发其资源的主权权利,同时亦负有责任,确保在它管辖或控制范围内的活动,不致对其他国家的环境或其本国的管辖范围以外地区的环境引起损害。"这一原则性宣布对于国际环境法的发展具有极为重大的影响,后来的国际环境法文件,尤其是重要的全球性环境保护公约,大都引用了这一原则。《关于环境与发展的里约宣言》原则2在《联合国人类环境宣言》原则21的基础上略加修改,不仅将《联合国人类环境宣言》

---

① 林灿铃:《国际环境法》,人民出版社2004年版,第48~51页。

原则21中的“环境政策”一词改为“环境与发展政策”，强调发展的重要性，而且将其位置提前，作为第二项原则。《关于环境与发展的里约宣言》原则2再一次重申：“根据《联合国宪章》和国际法原则，各国拥有按照其本国的环境与发展政策开发本国自然资源的主权权利，并负有确保在其管辖范围内或在其控制下的活动不致损害其他国家或在各国管辖范围以外的环境的责任。”

该原则中的“本国自然资源”，根据国际法的新发展，应包括其领土范围以及其他管辖范围之内的所有自然资源。各国对其本国的自然资源拥有主权，并按照其环境与发展政策行使其主权权利，是国家主权原则在国际环境关系中的当然体现。但是，环境问题不受国界的限制，一国的环境变化必然对他国乃至地球整体环境有所影响。所以要在整体上保护和改善环境，各国就必须对开发环境资源的活动有所限制，其中也可能包括对相关主权权利的某些限制。而对于国家主权权利的任何限制，只能是来源于国际法。国际法律规范是主权国家协议的产物，根据国际法对国家主权的某些限制并不构成对国家主权的损害。因此，在国际环境关系领域中，世界各国都赞同根据《联合国宪章》和国际法原则，在拥有按照其环境和发展政策开发本国自然资源的主权权利的同时，负有确保在其管辖范围内和控制下的活动不致损害其他国家环境的责任。除此之外，各国还负有确保在其管辖范围内和控制下的活动不致损害各国管辖范围以外地区环境的责任。①

该原则中“国家管辖范围以外地区的环境”，是指不处于任何国家管辖下的环境区域。例如，公海及其海底、南极、外层空间、月球等等。这些环境空间以及其中的自然因素和条件，是地球生态环境的重要组成部分，蕴藏着丰富的资源，对于人类的生存和发展具有极为重要的意义。在国际法以及国际环境法的发展过程中，就国家管辖范围以外地区环境的性质和法律地位问题，已经形成了国际社会所广泛接受的一般原则，即它们是人类的共同遗产，必须用于人类的共同利益，任何国家都不得据为己有，保护和改善这些环境区域，是国际社会的共同关心事项。这一原则体现在一系列有关的国际法律文件中。例如，《联合国海洋法公约》、《南极条约》、《关于各国探索和利用包括月球和其他天体在内外层空间活动的原则条约》、《气候变化框架公约》等等。②

---

① 《迈向21世纪——联合国环境与发展大会文献汇编》，中国环境科学出版社1992年版，第29页。

② 王曦编著：《国际环境法》，法律出版社1998年版，第99页。

特雷尔冶炼厂仲裁案中,加拿大的特雷尔冶炼厂在生产过程中排放的污染物,即大量二氧化硫和其他化学残渣严重超标,致使美国华盛顿州遭受大规模损害,特别是对庄稼、树木、牧场、牲畜和建筑物的损害极为严重,对美国华盛顿州的环境造成了不利影响。特雷尔冶炼厂的这种排污行为是处于加拿大政府的管辖范围内并在其控制下进行的活动,且在事实上给美国管辖区域的环境带来巨大危害。这种跨国环境污染的行为,显然违反了国际环境法的国家资源开发主权权利和不损害国外环境资源原则。因此,国际常设仲裁法院裁决加拿大对美国负赔偿责任完全符合国际环境法的规定。1941 年的特雷尔冶炼厂仲裁案裁决由于提出"任何国家也没有权利这样地利用或允许利用它的领土,以致其烟雾在他国领土或对他国领土或该领土上的财产和生命造成损害"的主张而成为国家不损害国外环境的责任的第一个重要司法判例。目前,国家资源开发主权权利和不损害国外环境责任原则已经得到很多环境条约的确认,如:1951 年《国际植物保护公约》、1972 年《世界自然与文化遗产公约》、1992 年《气候变化框架公约》和《生物多样性公约》等均规定了不损害国外环境责任。此外,还有很多国际"软法"文件承认这一责任原则,如:《人类环境宣言》原则 21、1974 年《各国经济权利和义务宪章》、1982 年《世界自然宪章》等。

(二)可持续发展原则

【案例】 多瑙河水坝案

〔案情〕 1977 年 9 月,捷克斯洛伐克和匈牙利缔结一项条约,决定两国共同在多瑙河上修建并联合营运两座拦河坝,从作为界河的多瑙河中引水至捷克斯洛伐克领土,以蓄峰模式运行一个双重拦河坝系统。该条约所规划的水坝系统服务于四个目的:发电、通航、防洪和区域开发。它包括一座水库。水库的很大一部分、发电渠和盖巴斯科夫发电站完全建在斯洛伐克领土上,第二座水坝则位于下游 113 公里处的拉基玛洛,在那里,多瑙河完全位于匈牙利领土上,第二座较小的水电站以连续模式运行,而"老多瑙河"仍是两国的边界,其中的河水由两国共享。1988 年,匈牙利国会认定该河流的生态效益高于该项目的经济利益,并通过一项决议将该项目的继续进行置于严格的环境保护规则之下,命令政府重新评价该项目。在 1989 年 5 月,匈牙利政府中止在拉基玛洛的工程并宣布它打算在项目的环境影响得到充分评价之前停止执行在盖巴斯科夫附近的工程中它的那一部分。然而,捷克斯洛伐克于1991年决定继续建设该项目并开始了一个"临时解决办法",单方面将近2/3的多瑙河河水截引至其领土上的一条分流渠。由于这一决定不仅对匈牙利的环境,而且对其经济将带来重大影响,1992年2月匈牙利对捷克斯洛伐克的这一决定提出正式抗议。1992年4月,欧共体出面调解无效。1992年5月,匈牙利政府发表声明,宣布终止有关该项目的1977年条约。1992年10月,匈牙利向国际法院提出申请,请求国际法院的裁决。1993年7月,匈牙利和斯洛伐克签订特别协定,将争端提交国际法院。该协定请求国际法院以1977年条约、"国际法的规则和原则以及法院认为可适用的其他条约"为依据,裁判:(1)匈牙利是否有权中止并随后于1989年放弃拉基玛洛工程和盖巴斯科夫工程中它承担的那一部分;(2)捷克斯洛伐克是否有权于1991年11月实施"临时解决办法"并于1992年10月以后将该系统投入运行;(3)匈牙利关于终止条约的通知有什么效果。双方还请求法院决定它的判决所引起的法律后果,包括双方的权利和义务。

〔法律分析〕

可持续发展概念在国际社会的提出,始于1987年由挪威首相布伦特兰夫人领导的世界环境与发展委员会(又称"布伦特兰委员会")发表的著名的题为《我们共同的未来》的研究报告。该报告于同年为第42届联合国大会所接受。根据《布伦特兰报告》,可持续发展指的是"既满足当代人的需要,又不对后代人满足其需要的能力构成危害的发展"。它包括两个重要的概念:"需要"的概念,尤其是世界贫困人民的基本需要,应将此放在特别优先的地位来考虑;"限制"的概念,技术状况和社会组织对环境满足眼前和将来的需要的能力施加的限制"。在《布伦特兰报告》中,可持续发展是作为一项原则和一项大战略提出的。该报告指出,"世界各国……其经济和社会发展的目标必须根据持续性的原则加以确定。解释可以不一,但必须有一些共同的特点,必须从持续发展的基本概念上和实现持续发展的大战略上的共同认识出发"。该报告号召,"世界必须尽快拟订战略,使各国从目前的经常是破坏性的增长和发展过程,转而走向持续发展的道路"。①

可持续发展的内容非常丰富,涉及面很广。它主要包括四个方面的内容:

① 金瑞林主编:《环境与资源保护法学》,高等教育出版社1999年版,第285页。

一是代际公平，即当代人需要发展，以不断地改善生活条件，但不得以损害后代人的发展能力为代价，可持续发展要求在地球资源的利用方面，在当代人的需要和后代人的需要之间实现平衡；二是代内公平，即代内的所有人，不论其国籍、种族、性别、经济发展水平和文化等方面的差异，对于利用自然资源和享受清洁、良好的环境享有平等的权利；三是可持续利用，即以持续的方式利用自然资源，对于可再生资源，在保持它的最佳再生能力的前提下利用，对于不可再生资源，以保存和不使其耗尽的方式利用；四是环境与发展一体化，即将保护环境与经济和其他方面的发展有机地结合起来，一方面要求在制定经济和其他发展计划时切实考虑保护环境的需要，另一方面要求在追求保护环境目标时充分考虑发展的需要，使环境与发展两方面互相结合，协调统一，不以保护环境否定发展，也不以发展牺牲环境。

在国际环境法中，可持续发展原则是一项新的和处于形成和发展中的原则。它目前尚未像国家资源开发主权权利和不损害国外环境原则那样获得国际习惯法的法律效力和地位。然而由于其在国际环境法领域里具有普遍指导意义、体现了国际环境法的特点并构成国际环境法的基础的一部分，有越来越多的国际环境法律文件承认和重申它，如：《人类环境宣言》、《里约宣言》、《21世纪议程》、1968年《养护自然和自然资源非洲公约》、1983年《国际热带木材协定》、1992年《联合国气候变化框架公约》和《生物多样性公约》等。多数国际环境法学者也将它视为正在形成中的一项国际环境法基本原则。

就本案而言，在案件审理的书面陈述过程中，匈牙利和斯洛伐克都为论证自己的观点而引用“可持续发展”。匈牙利从该概念的环境方面论证它关于不应建拦河坝系统的观点，而斯洛伐克则从该概念的发展要件论证相反的结论，即如果1977年条约所规划的两座拦河坝得以建造，则“可持续发展”将得以实现。国际法院则在本案判决书的第140段援用该概念以实现观念和价值的兼容，并将补充说明更实际的影响的任务留给双方：“通观历史，人类由于经济的或者其他的原因一直不断地干扰自然。人类在过去从事这种干扰时从不考虑其对环境的影响。由于新的科学知识和日益认识到以欠考虑和未减缓的速度从事这种干扰对人类——当代人及其后代——所带来的危险，在过去20年里，一大批文件制定了新的规范和标准。不仅当考虑新的活动时，而且在继续进行已开始的活动时，各国都必须考虑新规范并对新标准给予足够重视。”可持续发展概念充分表达了将经济发展与环境保护相协调的需要。对本案而言，双方都应重新审视盖巴斯科夫电厂运行对环境的影响。尤其是，它们必须为多瑙河航道和该河两岸支流所释放的水量找到一个满意的解决办法。

卫拉曼特雷法官则认为本案判决书所称可持续发展，并不仅仅是一个概念，而是一个具有规范价值的以决定本案至关重要的原则。他指出：由于可持续发展原则在本案中是一个对于决定相互竞争的因素具有基本意义的原则，又由于它可能在未来的重大环境争端的解决中起重要作用，它需要得到较为详细的考虑，而这次是它得到本院裁判程序注意的第一次机会。该案要求在发展的需要和保护环境的必要之间选择一条中间路线，它就是可持续发展原则。可持续发展原则将在平衡关于发展和环境保护之间的竞争需求中发挥其重要作用。人们业已认识到对发展的追求不能对它所在地的环境造成实质损害，"不存在抽象意义的发展权，发展权总是同环境对它的容忍有关，是对发展权的正确阐述。"本案强调发展与环境的概念的协调，这是在国际法院判例中的其他案件所从未做到的。

本案关于可持续发展深奥而含糊的阐述虽然为其在国际法律秩序中可能处于何种地位提供了一些注释，但并未以任何程度准确指出如何能更好地实现"可持续发展"的目标，这反映了国际法院运用其司法职能在衡量和平衡相互冲突的发展与环境保护的目标时所面临的困难。这在本案 1997 年 9 月的判决中有明显体现：国际法院认为匈牙利无权于 1989 年中止并在后来放弃拉基玛洛工程和盖巴斯科夫工程中它承担的那一部分；捷克斯洛伐克有权于 1991 年 11 月实施"临时解决办法"，但无权将该"临时解决办法"投入营运；匈牙利 1992 年 5 月 19 日关于 1977 年条约和有关文件的通知不具有终止该条约和有关文件的法律效力，该条约至今仍然有效。

第二节　我国缔结和参加的国际环境保护公约

一、我国缔结和参加的国际环境保护公约介绍

我国积极参与国际环境保护，缔结或参加了一系列环境保护的公约、议定书和双边协定，其中主要有：

气候变化框架公约，保护臭氧层维也纳公约，关于消耗臭氧层物质的蒙特利尔议定书及该议定书的修正；

生物多样性公约，濒危野生动植物物种国际贸易公约，关于特别是水禽生境的国际重要湿地公约及该公约的修正，东南亚及太平洋区植物保护协定、国

际热带木材协定；控制危险废物越境转移及其处置的巴塞尔公约，防止因倾倒废物及其他物质而引起的海洋污染的公约；

联合国海洋法公约，关于1973年国际防止船舶污染公约的1978年议定书，关于油类以外物质造成污染时在公海上进行干涉的议定书，国际捕鲸管制公约，国际油污染损害民事责任公约；

关于禁止发展、生产和储存细菌（生物）及毒素武器和销毁此种武器的公约，核材料的实质保护公约，核事故或辐射紧急情况援助公约，核事故及早通报公约，禁止在海底洋床及其底土安置核武器和其他大规模毁灭性武器条约；保护世界文化和遗产公约；南极条约；关于各国探索和利用包括月球和其他天体在内的外层空间活动的原则条约；中日保护候鸟及其栖息环境的协定，中美自然保护议定书，中蒙关于保护自然环境的协定，中朝环境保护合作协定，中加环境保护合作谅解备忘录，中印环境合作协定，中韩环境合作协定，中日环境保护合作协定，关于建立中、俄、蒙共同自然保护区的协定，中俄环境保护合作协定等。

【案例】 切尔诺贝利核电站事故案

〔案情〕 1986年4月26日，苏联乌克兰的切尔诺贝利核电站工作人员，为试验主涡轮机紧急关闭系统而关闭紧急冷却系统，导致在试验开始后几秒内核反应堆急剧升温，发生两次剧烈爆炸。爆炸掀开了反应堆保护壳和地面建筑，反应堆及其附属建筑燃烧起大火，温度高达上千摄氏度。爆炸使得80多吨的强辐射物质倾泻而出，当场有31人死于爆炸和过量辐射。爆炸造成的放射性污染遍及原苏联的15万平方公里地区，波及人口694.5万。反应堆泄漏出来的放射性物质对生态环境造成了严重破坏。参加救援工作的83.4万人中，迄今已有5.5万人丧生，15万人成了残疾。受放射伤害死去的已达30多万人。这次爆炸不仅给人类遗传带来影响，还造成动植物的基因突变。切尔诺贝利核事故后，从该区撤出来的人中，自然流产次数和一些区的先天性畸形率增加了一倍以上。并且事故发生后出生的儿童患甲状腺癌、白血病的几率在10年内提高了9倍。至于动植物受放射性污染产生的变异性更为突出，如切尔诺贝利核电站附近的许多动植物的生长严重畸形，其中高大松树的针状叶比正常松树的大10倍。而核事故发生区的水库则出现了变形鱼。同时，爆炸引起大量放射性云进入大气层。放射性云逐渐扩散到中欧、西欧和北欧。降落的放射性尘埃对包括苏联在内的20多个国家的土地、河流、农作物、家禽和鱼类等造成严重损害。

〔法律分析〕

所谓危险物质和活动，是指有毒化学品、放射性物质和对人类和环境产生不利影响的由生物技术改变的活生物体，以及利用、经营、运输、处理、处置这些物质的活动，包括有关的技术和工艺过程。这三大类危险物质和与它们有关的活动，若利用和管理得好，可为人类带来巨大福利；若利用和管理不当，可为人类带来巨大的灾难。因此，对它们如何妥善加以利用和管理是各国政府面临的共同问题。① 目前，国际社会关于危险物质和活动的法律规则是不系统和低层次的。不系统，是指到目前为止在这个领域里尚缺乏一部有关危险物质和活动的基本原则、基本规则、基本程序以及对有关的法律权利和义务作出规定的框架性条约。现有的一些条约（包括公约、协定等）皆是在较长的时间跨度中零零星星签订的，彼此之间缺乏有机的整体联系，因而未能形成一个完整的法律框架。低层次，主要是指这些规则大都由不具有法律约束力的"软法"文件加以规定，效力层次低。有的规则虽在双边或区域性多边条约中得到规定，但这些条约的成员国数目和地理适用范围尚不足以赋予这些规则以各国一致公认之法律效力。

在危险物质中，由于放射性物质对人类安全、健康和环境的巨大的潜在破坏力，国际社会通过国际法对它们予以严格控制是非常必要的。结合本案而言，切尔诺贝利核电站爆炸事故是人类核电站史上迄今为止最严重的一次事故。该事故揭示了有关原子能利用的国际法的软弱无力。当时的条约对这种事故并未规定实质性的责任和义务。事故发生后，由于当时苏联国内的动荡局势，没有国家对苏联提出赔偿要求。鉴于苏联在事故发生后没有立即将事故通知有关国家，也没有受到紧急援助，使其本国和周边国家的环境受到严重损害，国际原子能机构于 1986 年主持签订了《核事故及早通报公约》以及《核事故或辐射紧急情况援助公约》。

《核事故及早通报公约》的目的是建立一个核事故的及早通报制度，以便将核事故的跨界影响减少到最小程度。公约规定，在发生核事故时，缔约国必须直接地或通过国际原子能机构向实际受到或可能受到影响的国家和国际原子能机构通报该核事故及其性质、发生时间和准确地点，并迅速向实际受到或

① 王曦编著：《国际环境法》，法律出版社 1998 年版，第 293 页。

可能受到影响的国家和国际原子能机构提供可得的关于减小放射性后果的情报。《核事故或辐射紧急情况援助公约》的宗旨则是建立一个便利在发生核事故时迅速提供援助以便减轻事故后果的国际公约。公约规定在发生核事故时，缔约国必须在它们之间并同国际原子能机构进行合作，以预防或减轻事故后果并保护受事故影响国家的人民生命、财产和环境。按照公约，缔约国在发生核事故或核紧急情况时，可以直接地或通过国际原子能机构向任一其他国家或者在合适情况下向其他国家组织要求援助。要求援助的国家应向援助方具体说明援助的范围、类型并提供为援助方作出援助决定所必要的情报。

【案例】 托列峡谷号油污案[①]

〔案情〕 托列峡谷号是一艘利比亚的商船，其船主和租赁者均为美国人。1967 年 3 月 18 日，该船自波斯湾艾哈迈迪港开往英国米尔福德港途中于英国东南岸领海外锡利岛和地角之间的七礁石处搁浅。该船载有 119328 吨原油。由于原油外溢而对英国和法国的沿岸海域造成了严重污染，致使数十万只海鸟、成千上万头海洋哺乳动物和数百只秃鹰死亡。加之海上风暴猛烈，求援很难进行，求援计划没有成功。结果船被海水打成 3 截。于是，英国政府于 3 月 27 日才把海面油层烧掉，将船炸毁，并且声明它的目的不是毁船而只是把油船打开以便将油烧掉。通知船主后，英国战斗机就炸掉了该船。船主和利比亚政府对此行动未提出异议。3 月 20 日，船上的原油全部毁掉。利比亚调查委员会对事故进行了调查并确认是由于船长的疏忽造成的事故。决定撤销船长的航行执照。"托利峡谷号"油轮石油污染事故引起了国际社会对海洋石油运输过程中发生的石油污染事故及其危害的极大警觉。1969 年国际海事组织的前身政府间海事协商组织主持签订了《对公海上发生油污事故进行干涉的国际公约》。随后，国际社会针对海洋石油污染事故的预防和控制签订了十多项公约和议定书。

〔法律分析〕

海洋是一个巨大而完整的生态系统，但其生命力也是可能被耗尽的。本世纪 50 年代以来，随着海洋污染的日益严重，各国逐渐重视海洋污染问题，并进行合作以防止和减轻海洋污染。有关防止海洋污染的国际法得到迅速发

① 林灿铃：《国际环境法》，人民出版社 2004 年版，第 51 页。

展。控制海洋污染的国际条约体系包括两个层次：第一层次是有关海洋环境保护的全球性公约，其中包括全球性框架公约和针对特定类型的海洋污染问题的公约；第二层次是区域性海洋环境保护公约，其中包括联合国环境规划署主持制定的区域性海洋环境保护公约和其他区域海洋环境保护公约。

本案"托利峡谷号"油轮石油污染事故发生之后，导致国际海事组织制定了1969年《对公海上发生油污事故进行干涉的国际公约》(以下简称《公海油污干涉公约》)等一系列有关海洋石油污染的公约及议定书，例如1973年《关于油类以外物质造成污染时在公海上进行干涉的议定书》，1989年《国际救援公约》，1990年《关于石油污染的准备、反应和合作的国际公约》和若干关于海洋污染事故的区域性公约和议定书。

《公海油污干涉公约》规定缔约国可以在公海上采取必要措施，防止、减轻或消除由于海上事故或同事故有关的行动所产生的海上油污或油污威胁对它们的海岸线或有关利益的严重和紧迫的危险。沿岸国在采取上述措施之前，应同受海上事故影响的其他国家，特别是船旗国进行协商，并将拟采取的措施通知它所知道的将会受该措施影响的自然人或法人并考虑他(它)们提出的意见。沿岸国所采取的干涉措施应同实际损害或有损害危险的情况相适应，否则该缔约国有义务对超过为达到防止、减轻和消除海上油污或油污威胁而采取的合理必要措施所造成的损害以外的损害给予赔偿。《关于油类以外物质造成污染时在公海上进行干涉的议定书》规定缔约国可在公海上采取必要措施，以防止、减轻或消除因发生海难事故而产生的除油类以外的物质对海岸线或有关利益造成的严重和紧急危险。《国际救援公约》的目的则在于鼓励为保护海洋环境而救援失事的船舶。该公约规定由失事船舶的所有人对防止或将失事船舶造成的环境损害减至最小程度的救援者予以奖励和补偿。此补偿额可根据公平原则和救助活动对海洋环境的保护的程度从相当于救援活动代价的30%至100%。《关于石油污染的准备、反应和合作的国际公约》则是促进各国在对付重大石油污染事故方面的合作。该公约承认预防石油污染事故的重要性和污染者负担原则。公约要求缔约国采取一切适当措施准备对付石油污染事故，其中包括应急计划、石油污染报告程序以及国家的和区域的防备和反应措施。

此外，联合国环境规划署主持签订的区域海洋环境保护公约中有8个公约国签订了有关海洋污染事故的议定书。这些议定书的内容主要是关于在应急计划、监测、救援、回收泄漏物质、交换情报、协调联络手段、事故报告、采取适当行动和在建立区域或次区域协调中心等方面进行合作的规定。

二、主要公约内容介绍

(一)《气候变化框架公约》①

《气候变化框架公约》是国际社会为防止人为活动改变气候给人类带来不利影响而订立的全球性国际公约。于1992年5月9日由各国协商一致通过。同年6月3日至14日的联合国环发大会期间由153个国家签署。1994年3月21日开始生效。

该《公约》由序言、26条正文和两个附件组成,其宗旨是为当代和后代保护气候系统,防止和控制人类活动引起气候变化。

《公约》的主要内容包括:气候系统的保护目标、为实现目标而采取行动所遵循的原则、缔约国承诺采取的行动和措施、气候变化的研究和系统观测、气候变化及其影响的教育和培训及公众意识的提高、缔约方会议的设立及其职责、附属机构和附属科技咨询机构的设立及其职能、资金机制的建立及其运行方式、有关信息的交流、争端的解决等。

《气候变化框架公约》的最终目标是:根据《公约》的各项规定,将大气中温室气体的浓度稳定在防止气候系统受到危险的人为干扰的水平上,而这一水平应当在足以使生态系统能够自然地适应气候变化,确保粮食生产免受威胁,并使经济发展能可在持续地进行的时间范围内实现。

该《公约》把国家主权原则、共同但有区别的原则、考虑易受气候变化影响缔约方具体需要和特殊情况的原则、预防原则、促进持续发展原则等规定为各缔约方应遵循的原则。

该《公约》是国际社会为防止和控制气候变化进行长期努力的结果,它对于保护人类环境具有重要意义。我国于1992年11月7日批准加入该《公约》,并在1994年3月21日《公约》开始生效时对我国生效。

(二)《保护臭氧层维也纳公约》②

《保护臭氧层维也纳公约》是关于采取措施保护臭氧层免受人类活动破坏

---

① 杨国华:《国际环境保护公约概述》,人民法院出版社2000年版,第35～37页。

② 杨国华:《国际环境保护公约概述》,人民法院出版社2000年版,第44页。

的全球性国际公约。于1985年3月22日在维也纳通过，并向各国开放签字。1988年9月22日生效。该《公约》由21个条文和“研究和有系统的观察”、“资料交换”等两个附件组成。它是在人类活动排放的消耗臭氧层的物质使臭氧层出现了“空洞”，人类面临着太阳紫外线辐射增加，生存和社会经济发展受到严重威胁，国际社会大力呼吁对臭氧层加以保护的情况下制定的。

《公约》的宗旨是：要保护人类健康和环境免受由臭氧层的变化所引起的不利影响。《公约》要求各缔约国采取适当措施，避免人类对臭氧层的破坏，并要求各缔约国在其能力所及的范围内，通过有系统的观察、研究和资料交换进行合作。它还规定了公约的实施机制、公约的解释、适用公约争端的解决、修正案、附件和议定书的通过及生效程序与条件。《公约》规定设立缔约国会议和秘书处，以解决《公约》实施中的问题。我国于1989年9月11日交存加入书，并于90日后对中国生效。

(三)《关于消耗臭氧层物质的蒙特利尔议定书》[①]

《关于消耗臭氧层物质的蒙特利尔议定书》是为实施《保护臭氧层维也纳公约》，对消耗臭氧层的物质进行具体控制的全球性协定。于1987年9月16日在加拿大的蒙特利尔通过，向各国开放签字，于1989年1月1日生效。

《议定书》由序言、20个条款和1个附件组成。其宗旨是：采取控制消耗臭氧层物质全球排放总量的预防措施，以保护臭氧层不被破坏，并根据科学技术的发展，顾及经济和技术的可行性，最终彻底消除消耗臭氧层物质的排放。

按照议定书的规定，各缔约国必须分阶段减少氯氟烃的生产和消费，在1990年使生产量和消费量维持在1986年的水平；到1993年，生产和消费量要比1986年减少20%；到1998年，保证使氯氟烃的年生产量和消费量减少到1986年的50%。《议定书》还规定在本议定书生效后1年内，每个缔约国应禁止从非本议定书缔约国的任何国家进口控制物质；从1993年1月1日起，任何缔约国都不得向非本议定书缔约国的任何国家出口任何控制物质。该《议定书》还就控制量的计算、发展中国家的特殊情况、控制措施的评估和审查、数据汇报、不遵守情形的确定、资料交流、技术援助等作出了安排。但是，该《议定书》回避了发达国家破坏臭氧层的责任，包含有不利于发展中国家的歧视性条款，且科学论证不够，规定的限控物质范围太小，难以达到防止臭氧

① 杨国华：《国际环境保护公约概述》，人民法院出版社2000年版，第46～57页。

层继续恶化的目的，遭到了许多国家的批评。此外，《议定书》虽于1989年1月1日起生效，但直到当年5月130个发展中国家中只有10个国家加入议定书。再加上缔约国也普遍认为议定书存在明显缺陷，于是决定对议定书进行修改。经过1989年3月的“拯救臭氧层伦敦会议”、1989年5月的赫尔辛基第一次缔约国会议、1990年6月的伦敦第二次缔约国会议，终于在1990年6月29日通过了对《关于消耗臭氧层物质的蒙特利尔议定书》的修正。

修正后的《议定书》在许多方面有了重大改进，基本上反映了广大发展中国家的愿望和要求，并建立在更加科学的基础上。因此，保护臭氧层的步伐大大加快。我国于1991年6月13日加入修正后的《议定书》。

(四)《关于消耗臭氧层物质的蒙特利议定书的修正》[①]

《关于消耗臭氧层物质的蒙特利尔议定书的修正》，扩大了对损害臭氧层物质的控制范围，从原来的2类8种增加到7类上百种，并加快了控制进度，规定到2000年完全禁止使用氯氟烃、哈龙和四氯化碳；三氯乙烷减少70%，2002年以前全部淘汰；到2005年完全禁止使用甲基氯仿。对“过渡性物质”棗氢氯氟烃(HCFCs)也提出了反对无节制地使用的要求，并明确提出化学工业要寻求这一物质的替代物。修正后的《议定书》还规定：对消耗臭氧层的物质每人每年平均低于0.3公斤的发展中国家，受控物质的期限延迟10年；设立保护臭氧层国际基金，帮助发展中国家执行《议定书》，基金主要由发达国家按联合国摊款比例额捐款；负责管理基金的执委会由发达国家和发展中国家各出7名代表组成；发达国家以公平和最优惠的条件向发展中国家迅速转让技术。

(五)《生物多样性公约》[②]

《生物多样性公约》是国际社会为保护地球上生命有机体及其遗传基因和生态系统的多样化，避免或尽量减轻人类活动使生物物种迅速减少的威胁而订立的全球性国际公约。该《公约》于1992年5月23日在内罗毕通过，1992年6月联合国环境与发展大会期间向各国开放签字，并于1993年12月29日生效。我国于1992年6月11日签署该《公约》。

---

① 杨国华：《国际环境保护公约概述》，人民法院出版社2000年版，第46～57页。

② 杨国华：《国际环境保护公约概述》，人民法院出版社2000年版，第85～87页。

《生物多样性公约》由序言、41 条正文和 2 个附件组成，其宗旨是：加强和补充现有保护生物多样性和持久使用其组成部分的各项国际安排，并为今世与后代的利益保护和持久使用生物多样性。

《公约》的目标是：保护生物多样性，持久使用生物多样性的组成部分，公平合理地分享由利用遗传资源而产生的惠益。

《公约》的原则是：各国有按照其环境政策开发其资源的主权权利，同时亦负有责任，确保在其管辖和控制范围内的活动不致对其他国家的环境或国家管辖范围以外地区的环境造成损害。

《公约》还对其管辖范围，缔约国之间的合作，保护和持久使用方面的一般措施，生物多样性组成部分的持久使用，保护和合理使用的鼓励措施，研究和培训，公众教育和认识的提高，影响评估和不利影响的尽量减少，遗传资源的取得途径，技术的取得和转让，信息的交流，技术和科学合作，生物技术的处理及其惠益分配，资金和财务机制的设立，缔约国会议和秘书处的设立及其职责，科学和技术及工艺咨询事务附属机构及其职责，争端的解决等，作出了比较全面的规定。

（六）《濒危野生动物植物物种国际贸易公约》[①]

《濒危野生动物植物物种国际贸易公约》，是国际社会为保护濒危野生动植物物种，控制有关的国际贸易而订立的国际公约。该《公约》于 1973 年 3 月 3 日在华盛顿通过，对所有国家开放加入，并于 1975 年 7 月 1 日生效。为了使其更加完善，先后于 1979 年和 1987 年对《公约》作了两次重要的修订，《公约》的附录也作了多次修改。该《公约》由序言、25 条正文、3 个附录和 1 个说明所组成。其宗旨是：通过国际合作采取许可证制度，保护有灭绝危险的野生动植物物种不至于因国际贸易而遭到过度开发利用。

该《公约》将需要管制的物种分为有灭绝危险的物种和任一成员国认为属其管辖范围内，应进行管理以防止或限制开发利用而需要其他成员国合作控制贸易的物种，并用 3 个附录分别列出物种清单，规定相应的控制制度。该《公约》还详细规定了进出口各类物种交验许可证或进出口证明书及取得许可证的条件，并要求各缔约国建立濒危物种科学机构和管理机构。该《公约》是目前较完善的全球性环境保护公约之一，对世界范围内的野生动植物物种保

---

① http://www.szhwonline.com/guojijialiu。

护发挥了重要作用,得到了国际社会的好评,缔约国达110多个。我国政府于1981年1月8日交存加入书,同年4月8日《公约》对我国生效。依据该《公约》的规定,我国在中国科学院设立了"中华人民共和国濒危物种科学组",在原林业部设立了"中华人民共和国濒危物种进出口管理办公室",分别作为《公约》所要求的科学机构和管理机构。

(七)《国际热带木材协定》①

《国际热带木材协定》是国际社会为保护热带森林生态系统,实现可持续利用和养护热带森林及其遗传资源而订立的国际法律文件。该《协定》于1983年11月18日在日内瓦通过,1985年4月1日生效。其宗旨是为生产和耗用热带木材的各国之间的合作和协商提供一个有效的纲领,促进国际热带木材贸易的扩展和多样化以及热带木材市场结构条件的改善,推广和支持研究与发展工作,以求改善森林管理和木材利用,鼓励制定旨在实现持久利用和养护热带森林及其遗传资源,保持有关区域生态平衡的各种国家政策。该协定规定设立一个国际热带木材组织来实施并监督该协定的执行,它通过国际热带木材组织理事会来进行工作;该理事会由联合国及其组织、各国政府、政府和非政府组织作出安排,进行协商和合作。同时还规定设立经济资料和市场情报委员会,更新造林和森林管理委员会,森林工业委员会,用以进行有关的协调和组织工作。我国于1986年7月2日批准加入该协定。

(八)《拉姆萨湿地公约》②

《拉姆萨湿地公约》又称《关于特别是水禽生境的国际重要湿地公约》,是为制止对湿地的侵占和损害,确认湿地的基本生态作用及其经济、文化科学和娱乐价值而订立的国际公约。于1971年2月2日在拉姆萨通过,1975年12月21日生效。该《公约》由序言和12条正文组成。其宗旨是:承认人类同其环境的相互依存关系,通过协调一致的国际行动确保作为众多水禽繁殖栖息地的湿地得到良好的保护而不至于丧失。《公约》规定,缔约国至少指定一个国立湿地列入国际重要湿地名单中,并要求缔约国在养护、管理和明智利用移栖、野禽原种方面的国际责任。设立湿地自然保留区,合作进行交换资料,训

① http://www.china.org.cn/chinese/huanjing。

② 杨国华:《国际环境保护公约概述》,人民法院出版社2000年版,第102~109页。

练湿地管理人员。为了使《公约》更加有效，1982 年 12 月 3 日在巴黎通过了《修正关于特别是水禽生境的国际重要湿地公约的议定书》，并于 1988 年 10 月 1 日生效。我国政府于 1992 年 1 月 3 日决定加入该公约，并于 1992 年 2 月 20 日向联合国教科文组织递交了加入书，同时还根据公约规定，指定黑龙江扎龙、吉林向海、江西鄱阳湖、湖南洞庭湖、青海鸟岛、海南东寨港等 6 个自然保护区列入“国际重要湿地名册”。该《公约》于 1992 年 7 月 31 日对中国生效。

（九）《巴塞尔公约》[①]

《巴塞尔公约》是《控制危险废物越境转移及其处置巴塞尔公约》的简称，它是关于通过控制危险废物跨越国境的转移和处置来防止危险废物对环境和人体健康造成危害的全球性国际公约，于 1989 年 3 月 22 日在瑞士的巴塞尔通过，1992 年 5 月 5 日开始生效。

该《公约》由序言、29 条正文和 6 个附件组成。其目的是为了加强世界各国在控制危险废物和其他废物越境转移及其处置方面的合作，防止危险废物的非法越境运输，保护全人类的身体健康和生存环境。其宗旨是：将危险废物的越境转移减至最低限度，使其符合无害环境和有效管理的标准；将产生的危险废物的数量和毒性减至最低限度，并保证在离生产地最近的地方对其进行无害环境的回收或处置；帮助发展中国家对其产生的危险废物及其他废物进行无害环境的管理。我国参与了该公约的起草和通过，并于 1991 年 9 月 4 日批准加入该《公约》。1992 年 5 月 5 日《公约》生效时，同时对我国生效。

《巴塞尔公约》对危险废物跨越国境的转移和处置作出了较为全面的规定。它规定了危险废物越境转移及其处置所应遵循的原则，主要包括：各国应尽量减少危险废物的产生量；对于不可避免产生的危险废物，应尽可能以对环境无害方式处置，并尽可能在产生地处置；只有在特别情况下，即当危险废物产生国没有合适的处置设施时，才允许将危险废物转移到其他国家以对环境更为安全的方式处置。该《公约》规定了“危险废物”的范围，公约中有关概念、术语的定义、缔约国的一般义务、主管当局和联络点的指定、缔约国之间危险废物越境转移的控制措施以及缔约国通过非缔约国的越境转

---

① 杨国华：《国际环境保护公约概述》，人民法院出版社 2000 年版，第 137～151 页。

移的管理措施、再进口的责任、非法运输的构成、国际合作的途径和方法、危险废物越境转移的双边和多边及区域性协定的缔结要求、损害责任及其赔偿问题的协商、有关资料的递送、财务方面的安排、缔约国会议的设立及其活动内容和程序、秘书处的职责、指控他国违约的核查方法，并规定了《公约》修改的程序、缔约国争端的解决途径以及《公约》所必备的加入、批准、生效、保留、退出等条款。附件 1 列举了废物的类别；附件 2 列举了须特别考虑的废物类别；附件 3 是危险特性的等级；附件 4 列举了处置作业方式；附件 5－A 列举了通知书内应提供的资料；附件 5－B 列举了转移文件内应提供的资料；附件 6 是仲裁条款。

废物的越境转移自本世纪 80 年代中期以来成为国际社会关注的重大环境问题。1989 年《巴塞尔公约》(全称为《控制危险废物越境转移及处置巴塞尔公约》)为危险废物的越境转移规定了法律框架。其宗旨是采取严格的措施来保护人类健康和环境，使其免受危险废物和其他废物的产生和管理可能造成的不利影响。该公约将“废物”定义为“处置的或打算予以处置的或按照国家法律规定必须加以处置的物质或物品”。并规定，公约各缔约国有权禁止危险废物和其他废物的进口；如果进行该公约管辖的有害废物和其他废物越境转移，事先必须将有关有害废物的详细资料通过出口国主管部门通知进口国和过境国的主管部门，只有在得到进口国和过境国的主管部门书面答复同意后，才能允许危险废物越境转移；如果进口国没有能力对进口的有害废物进行环境无害方式处置，出口国的主管部门有责任拒绝有害废物的出口；缔约国不得允许向非缔约国出口或从非缔约国进口有害废物，除非有双边、多边或区域协定。

《巴塞尔公约》将危险废物的非法运输界定为下列行为，即没有按照公约规定向所有有关国家发出通知，或没有依照公约规定得到有关国家的同意，或通过伪造、谎报或欺诈而取得有关国家的同意，或与文件有重大出入，或违反本公约以及国际法的一般原则，造成危险废物或其他废物的蓄意处置(例如倾卸)的行为。公约要求缔约国以立法防止和惩办非法运输者。此外，公约规定如果上述非法运输是由于出口者或产生者的行为所致，则出口国应确保在被告之该非法运输情况后 30 天内或在有关国家商定的另一期限内，由出口者或产生者，或在必要时由它自己将有关废物运回出口国，或如不可行，则按本公约的规定另行处置。有关缔约国不应反对、妨碍或阻止将废物退回出口国。

案例请参见“刑事责任”罪名(二)“韩国有害废物非法进入我国境内案”。

(十)《海洋倾废公约》①

《海洋倾废公约》是《防止倾倒废物及其他物质污染海洋的公约》的简称，它是为控制因倾倒行为导致的海洋环境污染而订立的全球性国际公约。1972年12月29日于伦敦、墨西哥城、莫斯科和华盛顿签订，并向所有国家开放签字，于1975年8月30日生效。该《公约》生效后，缔约国协商会议经过研究和协商，制定了许多执行《公约》的程序和标准，对《公约》在1978年和1980年进行了两次重要的修正，并作出了一系列有利于全球海洋环境保护的决定。我国于1985年9月6日批准加入该《公约》，并于1985年11月21日对我国生效。《海洋倾废公约》由正文和3个附件组成。《公约》正文有22条，分别对《公约》缔约国防止海洋污染的义务、一些用语含义、缔约国发放特别许可证和一般许可证的条件、对倾倒活动的管理、与区域性协定的协调、缔约国之间的帮助和支持、《公约》的实施及修正、《公约》的签字和批准、生效日期等作出了规定。附件1列举了禁止在海上倾倒的物质，被称为“黑名单”；附件2列举了获得特别许可证后方可倾倒的物质，被称为“灰名单”；未列入附件1和附件2的物质，被称为“白名单”，在获得普通许可证之后，可以按许可证规定的时间、地点、倾倒方式等进行倾倒；附件3对废弃物的分类标准、倾废区选划的条件及应考虑的因素、废弃物倾倒的方式等问题作了规定。

第三节　国际环境法的实施

一、国际争端的政治解决

【案例】 尼罗河水坝案

〔案情〕 尼罗河发源于埃塞俄比亚高原，由青、白尼罗河两条河流组成，在苏丹首都喀土穆汇合，流经布隆迪、卢旺达、坦桑尼亚、乌干达、肯尼亚、扎伊尔、苏丹、埃及九国，全长6671千米，纵贯非洲大陆东北部，跨越世界上面积最大的撒哈拉沙漠，最后注入地中海。尼罗河的流量几乎全靠当年降水补给。

① www.iicc.ac.cn。

尼罗河在埃及境内长度为1530公里，全国近99%的人口(在20世纪已增加到6500多万)聚集在狭长的尼罗河流域，该流域可耕地面积占全国耕地面积的2/3，而埃及的水源几乎完全来自尼罗河。在尼罗河流域，水主要继续用于灌溉。为了可以全年进行灌溉，人们于20世纪在尼罗河上修建了几座拦河大坝，其中有两座大坝皆在苏丹境内，一座是青尼罗河上的什纳尔大坝(1981年)，另一座是白尼罗河上的阿瓦里亚大坝(1937年)；另外一座是埃及和苏丹通过谈判签订的《尼罗河水协定》(1959年)所允许修建的阿斯旺高坝(建在埃及境内)，协议将尼罗河水(年总量约740亿立方米)由两国分享，其中555亿立方米归埃及。在当前埃及尚垄断着尼罗河的情况下，上游流域国苏丹、肯尼亚、乌干达、埃塞俄比亚等国能否提高它们的灌溉量？而埃塞俄比亚、乌干达、肯尼亚等上游国家都有雄心勃勃的开发尼罗河水电资源的计划，要增加使用量。这一问题因在意大利控制了埃塞俄比亚，以及尼罗河上游流域国家沦为比利时和大不列颠的殖民地时签订的几个主要协定而变得复杂化了，如：大不列颠和意大利政府为划分各自在东非的势力范围而订立的1891年外交协定，禁止埃塞俄比亚修建任何妨碍尼罗河流水的工程；埃及与代表上游流域殖民地和苏丹的大不列颠之间关于尼罗河为灌溉目的使用的1929年换文，即《尼罗河水协定》(1929年)，确认了埃及的优先权——在尼罗河上游或支流上(只要在英国管辖范围内)，未经开罗事先同意，不得建设工程。埃及强调其对尼罗河河水的大多数的“历史权利”，坚持认为这些协定仍然有效。但其他国家认为，当意大利被逐出埃塞俄比亚，以及肯尼亚、坦桑尼亚和乌干达成为独立国家时，这些协定就已废止了。所有这些国家都宣布1929年的《尼罗河水协定》对于他们的主权领土无效。尼罗河水资源分配问题进而激发了剧烈的政治冲突。

〔法律分析〕

和平解决国际争端是国际法的一项基本原则。和平解决国际争端既是国家的义务，也是国家的权利。根据《联合国宪章》及其他重要的国际文书之规定，国际环境争端的解决，也应遵循和平解决国际争端之原则，国家不仅有权要求与其存有分歧或争端的国家以和平方法解决它们之间的争端，而且还有权自由选择和平解决争端的具体方法，即用政治的方法或法律的方法来解决国际环境争端。和平解决国际争端的政治方法，也称之为外交方法，包括争端当事方自行解决程序的谈判和协商，非法律第三方介入程序的斡旋与调停、调查与和解。和平解决国际争端的法律方法，是指仲裁和司法解决争端的方法。

和平解决国际争端的政治方法的特点是：(1)可适用于各种不同类型的争端，只要争端当事国同意，无论是政治争端，还是法律争端；无论是混合型争端，还是事实的争端，都可以通过政治方法予以解决。(2)争端当事国始终具有自由裁量权，其主权和尊严得到了充分尊重。(3)政治方法的采用不影响争端当事国同时或在今后采用其他和平方法解决争端。争端当事国可以在一种政治方法解决争端不成功的情况下，随时采用另一种政治方法或政治方法以外的解决方法。政治方法对及时、圆满地和平解决国际环境争端具有重要作用。

就本案而言，埃及和苏丹曾就尼罗河水资源的利用问题通过谈判签订了新的《苏丹共和国阿拉伯联合共和国关于充分利用尼罗河水的协定》(1959年)，代替了1929年与英国的协定；印度和巴基斯坦之间就印度河河水的分配问题，自1952年至1960年，历经8年，在世界银行官员们的主持下经过紧张、激烈的谈判，最后签署了《印度河水条约》，将印度河流域的水网进行永久性的划分，分成两个独立的系统。实质上，《印度河水条约》并没有消除印度和巴基斯坦两国之间关于水资源分配争端的基础。其中，世界银行在解决印巴水资源冲突时扮演了关键的调停角色。在亚洲，联合国开发计划署在达成新的湄公河合作协议中成功地完成了中间调停任务。运用政治方法，有助于促使水资源冲突各当事国加强水资源问题的国际合作。如：从1977年至1985年，埃及和苏丹合作开挖了从仲累至马拉卡尔长345公里的运河。目前，尼罗河水资源纠纷已不限于埃及和苏丹之间，2000年8月，埃及也曾同意考虑通过一份新的协议，来指导将会保证尼罗河流域内上游沿岸各国水资源需求的尼罗河水分配。而这一意向付诸实现的过程就是运用政治方法解决水资源争端的过程。

二、环境争端的法律解决

【案例】 拉努湖仲裁案[①]

〔案情〕 1956年，法国决定拦截拉努湖经卡洛河流往西班牙的河水以增加拉努湖的贮水量。同时，法国将亚里埃奇河水引入卡洛河，作为补偿。西班

① 林灿铃：《国际环境法》，人民出版社2004年版，第51页。

牙反对法国这项工程,指责法国违反了两国在 1866 年签订的《贝约纳协定》。1957 年,两国决定将此争议交付一国际仲裁庭仲裁。国际仲裁庭的仲裁驳回了西班牙关于法国的工程要求两国政府事先同意的论点。仲裁庭认为这种事先同意是对一国主权的重要限制,但在国际法中找不到这种限制的根据。但仲裁庭同时指出,按照 1866 年《贝约纳协定》附件的有关条款,法国虽然有义务通知西班牙当局,与之磋商并考虑下游国家的利益,但是它有权就其选择的计划作出最终决定。仲裁庭认为"法国有权行使其权利,但她不能无视西班牙的利益;西班牙有权要求她的权利得到尊重和她的利益得到考虑"。

【法律分析】

和平解决国际环境争端的法律方法是指用仲裁和司法判决来解决国家之间的环境争端。法律方法适用于法律争端和混合型争端的解决,其依据是法律规则,有相对比较完善的组织机构和相对比较固定的程序规则,并且仲裁裁决和司法判决对争端各当事国有拘束力,争端当事国有义务诚实地执行裁决或判决。

仲裁,又称公断,是环境条约常常规定的一种争端解决方式,是指争端当事方一致同意把它们之间的争端交给它们自行选任的仲裁人裁判并承诺服从其裁决的解决争端的方法。1985 年《保护臭氧层维也纳公约》、1992 年《气候变化框架公约》和《生物多样性公约》等都规定了仲裁条款。从其形式上讲,仲裁类似于司法判决,但在其性质上却与司法判决不同。首先,仲裁具有"自愿管辖"的性质,由争端各当事国自愿把争端提交仲裁解决,并自行选择仲裁人,而当事国表示同意把争端提交仲裁采取的方式一般是:订立仲裁条约或协定、订立并接受条约或国际公约中的争端解决条款或仲裁条款。其次,仲裁裁决是依据法律作出的,争端当事国有权选择仲裁所依据的法律,如果仲裁协定没有规定对争端的实质适用什么法律,那么到法庭应适用国际法院规约第 38 条规定的实质性规则。当然,这并不排除法庭适用公平、正义、公正等原则解决争端。再者,仲裁裁决是最终的,一经正式宣布并通知争端当事国或代理人后,即开始生效,不得上诉,对提交仲裁的争端各当事国具有法律拘束力,各争端当事国应善意地诚实遵守和执行仲裁裁决,但裁决的执行主要依赖于各当事国自身的道义心和责任感。1899 年海牙《和平解决国际争端公约》的缔约国,根据该《公约》第 20 条至第 29 条的规定,于 1900 年在荷兰海牙建立了国际常设仲裁法院,其目的在于促进不可能用外交方法解决的国际纷争及时诉诸仲裁。常设仲裁法院包括3个不同的机构，即常设行政理事会、国际事务局、常设仲裁法院本身。实践中，国际常设仲裁法院运用仲裁手段对一些严重的国际争端的成功解决，突出地提高了仲裁的价值和地位。

本案中，争端当事国法国和西班牙自愿把有关拉努湖截流的问题提交国际仲裁庭予以仲裁。虽然水污染问题并没有提出来，仲裁裁决只是从侧面讨论了跨界污染问题，但是，国际仲裁庭根据国际环境法的基本原则（即国家资源开发主权权利和不损害国外环境资源原则）和相应的国际环境资源制度，认为"法国有权行使其权利，但它不得无视西班牙的利益；西班牙有权要求它的权利得到尊重和它的利益得到考虑"，从而成功解决了这一争端。目前，仲裁已经发展成为现代国际法上一个很重要的和平解决国际争端的方法。

【案例】 国际渔业权争端的司法判例

〔案情〕 1971年7月14日，冰岛发表一项声明，宣布从1972年9月1日起它的专属渔区将扩大到50海里，并禁止所有外国在该区域从事捕鱼活动。英国和德国分别于1972年4月4日和6月5日向国际法院控告冰岛这一决定。国际法院否认冰岛有权将其专属渔区扩大到自领海基线起50海里并认为它不能单方面将英、德渔船排斥于此区域。一方面，国际法院认为英、德两国拥有在该区域捕鱼的传统权利，这一权利应得到尊重。另一方面，国际法院又认为冰岛是一个特别依赖于沿海渔业的国家，它对于其领海之外区域拥有一定优先的渔业权。国际法院认为"平等解决"要求将这两项潜在冲突的权利协调起来。由于这个理由和养护渔业资源的需要，这两项权利都不是绝对的。因此，国际法院认为双方都有义务充分考虑对方的权利和必要的渔业资源保护措施。国际法院指出对待公海海洋生物资源的放任主义已经被承认适当注意其他国家的权利和为所有人的利益而保护公海生物资源的义务所取代。因此，双方有义务审查争议水域的渔业资源的状况，共同检查为保护和开发所要求的措施，并平等地利用该水域的资源。

【法律分析】

国际环境争端的法律解决方法之司法判决，是指国际法院或法庭根据争端当事国的申请，由独立法官依照国际法对争端当事国作出具有法律约束力的判决来解决国际争端。在国际环境保护领域里，可受理国际环境诉讼的法院或法庭主要有联合国国际法院和依《联合国海洋法公约》规定设立的国际海洋法庭。欧洲法院可受理欧盟成员国提起的环境诉讼。①

联合国国际法院是根据1945年《联合国宪章》设立的联合国主要司法机关,其基本文件是《国际法院规约》和《国际法院规则》。国际法院由15名独立法官组成,其中不得有两名法官为同一国家的国民。法官候选人由国际常设仲裁法院的各国团体提名,或者由在常设仲裁法院没有代表的联合国会员国另行成立的国内团体提名。每一团体提名不得超过4人。法官候选人在联合国大会和安理会的分别选择中同时获得绝对多数票即当选为国际法院法官。1993年7月,联合国国际法院设立了一个由7人组成的环境事务庭。依《国际法院规约》第34条第1款的规定,国际法院的诉讼当事国限于国家。国际法院的诉讼范围分为自愿管辖,即当事国事先协议自愿提交的各种案件;协定管辖,即《联合国宪章》、现行条约或协定所特定之一切事件;选择强制管辖,即当事国声明承认接受的法院的强制管辖。这三种管辖都包括对国际环境争端的管辖。此外,根据《联合国宪章》第96条和《国际法院规约》第65条,国际法院还具有咨询管辖权。根据前者,联合国大会和安理会有权就任何法律问题请国际法院发表咨询意见。联合国其他机关及各种专门机关,对其工作范围内的任何法律问题,可随时依大会的授权,请国际法院发表咨询意见。根据后者,国际法院对联合国大会、安理会和联合国大会授权的联合国机关提出的任何法律问题,可发表咨询意见。国际法院发表的咨询意见虽然属于咨询性质,但仍具有重要的法律意义:一方面从法律上为国际争端的和平解决提供法律意见和依据;另一方面对国际法的发展有重要影响。国际法院的判决是终局判决,不得上诉。

本案正是联合国国际法院自设立以来作出的少量对国际环境法的发展有重要影响的判决之一。国际法院在案件审理中认为,冰岛和英、德双方都有义务充分考虑对方的权利和必要的渔业资源保护措施,都不能为了自身利益而给他国生物资源或人类自然资源造成损害。国际法院通过判决,明确了各国对待公海海洋生物资源应适当注意其他国家的权利和为所有人的利益而保护公海生物资源的义务,从而为进一步限制国家有关海洋渔业和其他共享自然资源的权利奠定了基础。

① 王曦编著:《国际环境法》,法律出版社1998年版,第141页。

第二章 国际环境法专论

第一节 绿色贸易壁垒与ISO 14000等国际标准

【案例】 中国纺织品面临的绿色壁垒[①]

〔案情〕 加入世界贸易组织后，随着纺织品配额的逐年取消，中国纺织品所面临的最大问题即是国际社会对中国纺织品的绿色壁垒。中国纺织品有关专家就纺织行业面临的这一问题指出，绿色生态纺织品已成市场所需。

根据业内专家介绍，联合国统计署提供的数据表明，1999 年全球绿色消费总额达 3000 亿美元，八成多的荷兰人、近九成的美国人及九成的德国人在购物时会考虑消费品的环保标准。而 21 世纪世界环境保护浪潮的兴起，必将影响到国际服装市场，特别是欧、美、日等发达国家和地区通过制定各种环境标准和法律、法规，建立起一道道限制和阻止外国商品进入本国(地区)市场、保护本国(地区)服装市场竞争力的“绿色贸易壁垒”。

专家认为，目前，国外对纺织品的要求正出现以下三大变化：

一是对纺织品的质量指标更严格。许多客户会对合同中影响使用性能的质量指标提出特殊要求，如美国、加拿大、英国、欧盟、澳大利亚、日本等主要纺织品进口国家及地区对纺织品尺寸稳定性、染色坚牢度、耐磨度、起毛球性等项目指标要求明显提高。

二是国际社会对纺织品的质量要求由传统的重视实用性、美观性、耐用性趋向注重安全性、卫生性。近年来，世界各国尤其是欧美等发达国家制定出台了相关的环保法规和纺织品环保标准，对纺织品甲醛、偶氮染料、重金属、PH

① www. phoenixtv. com/home/finance。

值等成分实施了严格的限制。

三是从传统的重视外观质量检验趋向注重内在质量的检测，有的外商已将纺织品内在质量指标列入了信用条款。

为此，有人将绿色壁垒形容为中国加入世界贸易组织后遇到的第一道、也是最难过的一道“门槛”，提醒说如果不积极应对，不仅使中国不少出口产品被迫退出国际市场，而且会影响到进一步扩大就业和经济发展。在谈到如何打破壁垒，提高竞争力问题时专家们认为，通过质量管理体系是突破壁垒的基础。

具体而言，通过ISO 9000质量管理体系是突破壁垒、提高竞争力的基础。据介绍，ISO(即国际标准化组织)成立于1947年，成员包括140多个国家和地区的标准化组织，目前已发布1万多个国际标准，是企业走向国际的铺路石。ISO 9000认证能确保质量管理体系适宜性和业务的适宜性，提高自己的产品和服务的市场信誉，提供系统的规范以提高操作效率、降低非质量成本。质量管理体系根据国际化要求，以顾客为中心，基于事实进行决策，并通过系统的管理方法来实现各方互利，真正做到与国际接轨。

【案例】 绿色壁垒碰伤中国农产品①

〔案情〕 2002年以来，由于欧盟和日本先后改变或增多对我国茶叶出口的农残检测标准或项目，我国以浙江省为主的茶叶出口遭遇“绿色壁垒”，对欧盟和日本的茶叶出口全线下降。2002年初开始，欧盟对我国出口茶叶实行新的农残检测标准，农残检测种类由原来的29种增至62种，而日本对从我国进口的茶叶则采用“水溶法”农残检测，检测项目更达77项之多。作为占我国茶叶出口量一半左右的浙江省也因“绿色壁垒”的缘故逐步失去欧盟和日本市场。2002年1月—10月，浙江省对欧盟出口所占比重由去年的4.1%降为2.2%，仅有0.22万吨、400万美元，分别比去年同期下降40.9%和33.5%。而1月—10月，浙江省对日本出口茶叶也呈明显下降趋势，出口所占比重由去年的13.9%降为9.6%，约为0.95万吨、金额2000万美元，分别下降23.1%和30.7%。

2002年日本不断对蔬菜等中国农产品加强检验检疫，造成了中国农产品对日本出口的大幅下降。根据中国海关的统计数字显示，2002年前7个月，

① yuj110.com.2003年12月18日。

中国对日本出口的活鳗同比下降了23%，冻鸡下降了41.7%，保鲜蔬菜和暂时保藏的蔬菜分别下降了20%至29%，而鸭肉2001年出口了4668吨，2002年该数字为零。

最典型的是，在2002年初退回天津海关的农副产品中，中国出口到欧盟国家的蜂蜜，对方退回的理由是欧盟检出中国的蜂蜜达不到"10万吨中不能有1克氯霉素"的要求，随后，日本、加拿大、美国等也加强了对来自中国大陆的蜂蜜检验。

由于出口欧盟受阻，目前中国蜂蜜的出口报价已经由900多美元降低到600多美元，青岛海关2002年1月到3月被退运的冻鸡产品为505.4吨，比去年同期增长了9.2倍，主要原因是进口国实行了新的检疫标准；大连海关从去年年底到今年2月底，出口农产品遭退运159万美元，比去年同期增长174%。

技术标准对于中国农产品的出口，正在形成新的壁垒。比如茶叶，欧盟宣布禁止使用的农药从旧标准的29种增加到了新标准的62种，部分农药残留标准比原标准提高了100倍以上；再比如蜂蜜，欧盟提出蜂蜜中的氯霉素不能超过0.1个PPB……

据统计，仅1997年至2002年的5年间，我国出口商品因遭遇"绿色壁垒"而受阻的商品价值达400亿美元，与其他工业产品相比，农产品大多是食品，国际市场的环保要求就更严格，但是从现状看，农产品恰恰是我国目前环保上最难把关的商品。如今许多工业产品都无法完全做到把生产过程的每个环节都置于"绿色"监控之下，让环保意识更为淡薄的农村做到无疑难上加难。我国的农业生产绿色观念尚处在起步阶段，据中国绿色食品发展中心有关数据表明，目前我国使用绿色食品商标的产品只有3000多个，生产量一年约为2000多万吨，这个数字在我国农产品总量上比例太小。

【案例】 日高筑"绿色壁垒"福建烤鳗出口业遭重创①

〔案情〕 2004年7月3日日本以查出"恩诺沙星"残留超标为由，突然宣布对我国生产的烤鳗实行"命令检查"，我国在7月底自主暂停烤鳗对日本出口以来，出口形势本已严峻的福建烤鳗业再遭重创。

福建省作为我国烤鳗重要的出口基地，占全国出口量逾6成。去年4月

① business. sohu. com/94/95/article214969594. shtml，2004年10月19日。

份，应日本养鳗鱼业协同组联合会强烈要求，日本政府实施限制进口的保障措施，烤鳗出口受到沉重打击。在日本政府决定有条件地解除对来自中国的活鳗和烤鳗的全量检测时，恰逢我国非典疫情暴发，致使烤鳗出口再次陷入困境。7月份的“恩诺沙星”事件，我国主动暂停对日本出口，烤鳗出口更是雪上加霜。8、9两月福建省烤鳗仅出口301吨，价值211万美元，分别下降85.6%和88.5%，出口呈现急剧下降。一直到10月1日，中断了两个多月的对日本烤鳗出口才又重新恢复，福建省两家烤鳗加工企业，以及配套的19家养鳗场重新获得对日本出口烤鳗产品的资格。

业内人士认为，进口国为保护地区性农业生产，往往设置很多技术壁垒和绿色壁垒，致使鳗鱼业出口在近两年备受打击。福建省鳗鱼业应根据自身的实力，灵活调整鳗鱼的养殖布局和养殖规模，吸取药残教训，开展无公害基地化生产和“绿色鳗鱼”生产，并通过注册认证，走品牌型农业发展道路。此外，目前福建省烤鳗绝大部分出口日本，销售渠道单一，刺激到日本本土鳗业的利益，以致日本鳗鱼进口组织利用“绿色壁垒”不定期对我国出口鳗鱼制造麻烦。因此，福建省鳗鱼业应尽快了解各国食品检测规定，开拓其他市场，以改变烤鳗出口过于集中在日本市场这一局面。

〔思考题〕

(1)上述案件反映的是什么问题？

(2)何为“绿色壁垒”？

(3)“绿色壁垒”与国际环境法的内在联系是什么？

一、绿色壁垒的形式及其对我国的影响[①]

绿色壁垒是指在国际贸易中，进口国以保护有限资源、生态环境和人类健康为由，通过制定复杂、苛刻的环境保护标准，限制或阻止外国商品进入本国市场的一种市场准入制度。随着世界经济一体化进程的加快，关税壁垒在国际贸易中的作用不断弱化，西方发达国家纷纷选择绿色壁垒作为其贸易保护措施。绿色壁垒作为一种贸易保护主义的新手段，渗透于商品生产、流通领域的各个方面，已成为经济发展领域一个日益突出的问题，整个国际贸易将面临

① 李亚红、黄萍：《绿色壁垒与ISO 14000环境管理》，2003年中国环境法年会论文集。

着绿色贸易保护主义的危险。

绿色壁垒种类繁多，表现形式多样。其核心是借保护环境、人体健康之名，限制外国商品入口，以达到贸易保护主义之目的。究其表现形式，主要有以下几种：

1. 绿色关税和市场准入。一些发达国家以保护环境，人类、动植物的卫生和安全健康为名，对一些污染环境、影响生态，可能造成环境威胁及破坏的进口产品课以进口国附加税，或者限制、禁止其进口，甚至对其实行贸易制裁。如我国出口商品中，陶瓷的出口因其含铅量过高而受阻，皮革因其五氧苯酚残留量超标也遭受同样待遇，食品的出口也常常因农药残留量和其他有害物质超标而受到严重影响等，给我国带来了巨大的损失。

2. 绿色技术标准。发达国家的科技水平较高，处于技术垄断地位。它们在保护环境的名义下，通过立法手段，制定严格的强制性环保技术标准，限制外国商品进口。这些标准都是根据发达国家生产和技术水平制定的，对于发达国家来说，较易达到，但相对于发展中国家而言，则困难重重。这种貌似公正，实则不平的环保技术标准，势必导致发展中国家的产品被排斥在发达国家市场之外。1995 年 4 月，由发达国家控制的国际标准化组织开始实施《国际环境监查标准制度》，要求产品达到 ISO 9000 系列质量标准体系。1993 年 6 月，国际标准化组织组建起了环境管理委员会，通过吸收各国环境管理的经验，陆续起草、制定并正式颁布了 ISO 14000 系列标准认证体系。这一系列标准体系的目的是减少现代工业对社会造成的负面影响，维护生态平衡。由于发达国家的环保技术标准彼此协调一致且相互承认，所以统一的环保技术标准对发展中国家的市场准入形成很大的威胁，极大地影响了发展中国家商品的出口。

3. 绿色环境标志。绿色环境标志又称生态标志，是由政府管理部门或其授权部门按照严格的程序和环境标准颁发的特定图形，是一种产品的证明性商标。它表明该产品不仅质量符合标准，而且从原材料的开发至最终废弃物的处置，整个周期过程均符合特定的生态环保要求。获得此标志的产品，表明其较之于其他同类产品具有低毒少害、节约资源等综合环保优势。自德国于 1978 年首次施“蓝色天使”计划后，其他发达国家相继推出各自的环境标志，并趋于一致，相互承认，这使得发展中国家产品进入发达国家市场举步维艰，甚至受到巨大冲击。据粗略统计，我国有 40 多亿美元的出口产品因一些贸易对象国实施环境标志而难以进入这些市场。

4. 绿色包装制度。绿色包装是指产品整体包装能节约资源,减少废弃物,用后易于回收、再用或再生,易于自然分解,不污染环境的包装。经济的发展使世界各国的包装废物迅速增加,对环境造成的威胁与日俱增,处理包装废物已成为一大难题。并且,包装本身需耗用物质资料,从而加剧了资源紧张。为此,一些国家主要是发达国家制定了一系列政策法规,限制使用某些包装材料,以达到既不污染环境又能节约资源的双重效果。绿色包装对于保护环境,节约资源无疑具有重要意义,但同时也为发达国家制造"绿色壁垒"提供了机会。它们借口其他国家,尤其是发展中国家产品包装不符合其要求而限制进口,由此不断引起贸易上的摩擦。

5. 绿色卫生检疫制度。尽管各国的海关卫生检疫制度一直在有效运转,但乌拉圭回合通过的《卫生与动植物检疫措施协议》则建议使用国际标准,并规定各国有权采取措施,保护人类与动植物的健康,尤其确保人畜食物免遭污染物、毒素、添加剂影响,确保人类健康免遭进口动植物携带疾病而造成的损害。为此,许多国家特别是发达国家制定了严格的环境和技术标准,以此作为控制从发展中国家进口的重要工具。它们对食品的安全卫生措施十分敏感,尤其对农药残留、放射性残留、重金属含量的要求日趋严格。而广大发展中国家由于生产条件和水平的限制,很多产品难以达到标准,其出口到发达国家的农产品和食品将受到影响。如我国山东省荣成市出口日本、韩国的虾仁、鱿鱼均因细菌超标而被提出退货。

6. 绿色补贴。为了保护环境资源,有必要将环境和资源费用计算在成本之内,使环境和资源成本内在化。发达国家为将严重污染环境的产业转移到发展中国家,以降低环境成本,发展中国家的环境成本却因此提高。更为严重的是,发展中国家绝大部分企业本身无力承担治理环境污染的费用,政府为此有时给予一定环境补贴。发达国家认为发展中国家的"补贴"违反关贸总协定和世界贸易组织的规定,因而以此限制其产品进口。

二、实施 ISO 14000 环境管理是应对绿色壁垒的有效措施

近代经济的迅速发展造成了资源破坏、生态恶化、环境污染,人类在向自然界获取财富的同时,也为自身营造了苦难和恶果。片面追求经济的高增长而忽视对生态环境的保护,导致了人类与生态环境的失衡,人类的未来生活受到了威胁。面对如此严峻的形势,人类开始寻找一种行之有效的办法来约束自己的行为,并希望以一套比较系统、完善的管理办法来规范自身的环境活

动，以求达到改善生存环境的目的。1992年联合国在里约热内卢的“环境与发展”大会的召开，标志着可持续发展时代的到来。可持续发展是人类在全面总结自己的发展历程，重新审视自己的经济社会行为而提出的一种新的发展思路和发展模式。这一理论的核心是既要发展，又要持续；既要本代人享受生活，又要后代人生存无虞。同时，各国政府和公众认识到要实现可持续发展的目的，就必须从加强环境管理入手，建立污染预防机制。在这种背景下，一些发达国家和国际组织率先制定和推出环境管理的法规和标准，并在本国实施。1993年6月，国际标准化组织（ISO）经过充分的筹备，正式成立了ISO/TC 207环境管理技术委员会，并在短期内推出ISO 14000环境管理标准。ISO 14000是个庞大的标准系统，它由环境管理体系标准、环境行为评价标准、环境审核标准、环境标志等几部分组成，ISO 14001环境管理体系系列标准是其龙头标准。此系列标准是继ISO 9000系列标准后推出的又一重要的国际通行的管理标准，其目的是规范全球企业及各种组织的活动、产品和服务的环境行为，节省资源，减少环境污染，改善环境质量，保证经济可持续发展。目前ISO系列标准已被许多国家所采用，我国采用的GB/T 24000－ISO 14000环境管理系列标准已于1997年4月1日开始实施。

【案例】 正视药物残留，加快完善标准①

〔案情〕 拥有1万吨年加工能力的辽宁省土产进出口公司蜂蜜加工厂，2004年只收购了40吨槐花蜜，企业已经停产3个多月。吴宣山说，收蜜的时候，蜂农们都说肯定没给蜜蜂喂药，可是拿到进出口检验检疫局一检验，确有一些蜂蜜的氯霉素含量超标。如果企业不收蜂蜜，就要停产，而收的蜜不合乎标准，卖不出去，又要亏损，真让企业两难。武汉市一位蜂农告诉记者：“除了防治夏螨有专用的蜂药外，一般治蜂病都用氯霉素等一类人用抗生素药。市场上专门的蜂药店很少见，好不容易找到的一些蜂药，也没有商标，价钱还贵得很，要10多块钱一包，疗效并不明显，蜂农们都不爱用。”

农业部蜂产品质量监督检验测试中心的专家说，过去我国蜂蜜质量监控没有氯霉素检测这一项，因而绿色蜂药的研发和推广比较有限，蜂病防治仍以化学药物为主，容易造成蜂产品药物残留超出欧盟制定的苛刻标准。我国蜂蜜在欧洲市场遭禁，引起了有关部门的高度重视。中国养蜂学会在4月22日

① http://www.wtolaw.gov.cn/display/displaylnto.asp?IID=200207100849330278。

发布告全国蜂业工作者书,要求立即停止开发、生产、销售和使用含有氯霉素等药物的蜂药,尽快开发、使用中草药、无污染的蜂药及其他生物方法解决蜂病防治问题。5月10日,中国食品土畜进出口商会发出紧急通知,要求各蜂蜜出口企业加大原蜜检验力度,有条件的企业争取购置氯霉素等抗生素快速检测设备,对不合格的原蜜,不予收购。

中国农科院蜜蜂研究所专家王凤忠说,国际食品法典已对176种农药在375种食品中规定了2439条药物最高残留限量标准,而目前我国仅有6个蜂产品标准。因此,加快完善蜂产品检测标准与国际接轨是当务之急。

我国年产蜂蜜约20万吨、蜂王浆1000吨,年创汇1亿多美元,蜂群数量和主要蜂产品出口均居世界第一。但是养蜂业目前还是手工作坊式,从生产到流通处在无序状态,与蜂产品大国的地位不相适应。如今,发达国家设置绿色技术壁垒,更向我国养蜂业敲响了警钟。据了解,我国养蜂业的生产管理十分粗放,有的蜂产品从采集、运输、制作到包装,缺乏标准控制,生产技术由师徒传承,生产设备也由蜂农自发选择。有的蜂农信息不灵,逐花期而居,分散生产,流动性强,得不到应有的技术指导。

缺乏行业自律也是一个突出问题。湖北省养蜂工作站站长王盛桥说,自杀性降价给我国蜂产品生产和贸易带来了巨大损失。由于市场混乱,不能实行优质优价,蜂农频繁采集不成熟蜜,致使蜂蜜浓度达不到标准。目前,阿根廷等国蜂蜜以高于我国200美元价格出口欧盟,抢占了我国一些出口市场。

中国蜂产品协会会长罗梦传认为,应改变"家家户户齐养蜂"的传统格局,尽快建立以养蜂科学技术和国际标准化为核心的养蜂基地,对蜂农进行技术培训和指导,提升传统工艺,逐步实现养蜂组织化、科学化、标准化、规模化。以具有较大规模,较强经济实力的蜂产品加工型、经营型龙头企业,通过蜂业专业合作社、专业协会等中介组织,带动蜂农,建立优质蜂产品原料基地,从源头把好蜂产品质量关,才能重新赢得国际市场的主动权。

〔思考题〕

(1)什么是ISO 14000?

(2)它与其他国际环境标准有何不同?

(3)实行该标准有何意义和难度?

(一)ISO 14000 的特点和益处①

ISO 14000 是国际标准化组织(ISO)第 207 技术委员会(TC 207)从 1993 年开始制定的系列环境管理国际标准的总称,它同以往各国自定的环境排放标准和产品的技术标准等不同,是一个国际性标准,对全世界工业、商业、政府等所有组织改善环境管理行为具有统一标准的功能。它由环境管理体系(EMS)、环境行为评价(EPE)、生命周期评估(LCA)、环境管理(EM)、产品标准中的环境因素(EAPS)等 7 个部分组成。其标准号从 14001 至 14100,共 100 个。

我国于 1997 年 4 月 1 日由国家技术监督局将已公布的 5 项国际标准 ISO 14001、ISO 14004、ISO 14010、ISO 14011、ISO 14012 等同于国家标准 GB/T 24001、GB/T 24004、GB/T 24010、GB/T 24011 和 GBT 24012 正式发布。这 5 个标准及其简介如下:

1. ISO 14001(GB/T 24001-1996)环境管理体系—规范及使用指南规范

该标准规定了对环境管理体系的要求,描述了对一个组织的环境管理体系进行认证/注册和(或)自我声明可以进行客观审核的要求。通过实施这个标准,使相关组织确信本组织已建立了完善的环境管理体系。

2. ISO 14004(GB/T 24004-1996)环境管理体系—原理、体系和支撑技术通用指南

该标准对环境管理体系要素进行阐述,向组织提供了建立、改进或保持有效环境管理体系的建议,是指导企业建立和完善环境管理体系的工具和教科书。

3. ISO 14010(GB/T 24010-1996)环境审核指南—通用原则

该标准规定了环境审核的通用原则,包括了有关环境审核及相关的术语和定义。任何组织、审核员和委托方为验证与帮助改进环境绩效而进行的环境审核活动都应满足本指南推荐的做法。

4. ISO 14012(GB/T 24012-1996)环境管理审核指南—环境管理审核员的资格要求

该标准规定了策划和实施环境管理体系审核的程序,以判定是否符合环境管理体系的审核准则,包括环境管理体系审核的目的、作用和职责,审核的

① http://www.china.org.cn/,2003 年 6 月 23 日。

步骤及审核报告的编制等内容。该标准提出了对环境审核员的审核组长的资格要求，适用于内部和外部审核员，包括对他们的教育、工作经历、培训、素质和能力，以及如何保持能力和道德规范都作了规定。这一系列标准是ISO14001的核心，针对组织的产品、服务活动逐渐展开，形成全面、完整的评价方法。可以说，这一系列标准向各国及组织的环境管理部门提供了一整套实现科学管理体系，体现了市场条件下环境管理的思想和方法。①

（二）ISO 14000 环境管理系列标准与 ISO 9000 族质量管理、质量保证标准的关系

ISO 14000 和 ISO 9000 都是国际标准化组织（ISO）颁布的管理性系列标准，它们即有一定相同或相似的地方，又有许多的不同之处，而且具有各自的特点。

相同点有：

都是管理性标准，而非技术性标准，以优化管理为目的，向各类组织提供标准化的管理模式和实施方案。

体系的设计和构成非常相似，基本上按照德明管理模式 PDCA 循环建立体系。

有些要素和程序是可以互相兼容的，如文件控制、培训、内部审核等。

都是组织整体管理体系的一部分，可以与组织的其他管理工作相结合，通过两个管理体系的建立，使企业管理工作更加科学、规范、有效。

都是可进行第三方认证的标准，国家对体系审核，认证的管理工作很相似，都由机构认可委员会与人员注册委员会进行统一的协调管理工作。

不同点有：

承诺对象不同：ISO 9000 标准的承诺对象是产品的使用者、消费者；而 ISO 14000 系列标准则是对相关方（政府、投资者、消费者、员工等）的承诺，受益者将是全社会、是人类的生存环境和人类自身。

管理的内容不同：ISO 9000 族标准控制的核心是产品的质量，持续满足顾客、市场的需求；而 ISO 14000 系列标准控制的核心是对环境因素的控制，预防和减少环境影响，遵守本国的环境法律、法规及其他要求，并对污染预防和持续改进作出承诺。

---

① http://www.rierworld.com/zhuanlan/rzzx/iso14000.htm，2003 年 7 月 28 日。

审核认证的依据不同：ISO 9001、ISO 9002 和 ISO 9003 标准是质量体系认证的根本依据；环境管理体系的认证标准是 ISO 14001，并且应结合各国的环境法律、法规及相关要求。组织的环境行为不能满足国家法律、法规要求的，也难以通过环境管理体系的认证。

（三）ISO 14001 与我国现行环境管理制度的相互关系

ISO 14001 既有利于我国现行环境管理制度的实施，又是对现行环境管理制度的有益补充和完善。

1. 提高企业自主守法意识，促进我国环境法律、法规和管理制度的执行。由于市场和环境保护等多方面原因促使企业实施 ISO 14001，而实施 ISO 14001 就必须首先遵守法律、法规和其他要求，主动守法。因此，通过推广实施 ISO 14001，可使企业提高自主守法意识，变被动守法为主动守法。

我国环保法明确指出，企业在生产活动时，必须遵守有关的法律法规、标准、制度和行政要求等。如：防治污染、达标排放、环境影响评价、"三同时"、排污登记、排污收费、总量控制、目标责任制等。而建立 ISO 14001 环境管理体系，将有利于促进企业遵守这一系列的要求。

2. 促进清洁生产的实施。ISO 14001 侧重于管理方面，并且涉及范围十分广泛，不仅包含对污染物、污染源的控制，还包括合理利用资源能源；不仅包括对已经产生的环境因素的控制，还包括对潜在的环境因素的控制；不仅包括对企业自身造成的环境因素的控制，还包括对其相关方合理施加影响。ISO 14001 的这一管理方法和模式，体现了清洁生产的思想，对生产的全过程加以控制。因而，清洁生产是实施 ISO 14001 的要求，实施 ISO 14001 是促进清洁生产的手段。

3. 与可持续发展战略相结合，补充现行环境管理制度。《中国二十一世纪议程》中提出"为了保持经济、社会能够持续发展，决不能走'先污染、后治理，先破坏、后整治'的老路，而必须在现有的条件和工作的基础上，充分利用经济手段和市场机制来促进可持续发展，同时达到经济快速增长、消除贫苦和保护环境的目的。"

把经济发展和市场竞争与环境保护相联系是从根本上解决环境问题，实现可持续发展的重要方法。实现全社会的可持续发展有赖于社会每一个分子尤其是企业的共同努力。ISO 14001 则可通过将企业的环境表现与经济发展和市场竞争有机联系起来，增强企业进行环境保护的意识和动力，实现企业的可持续发展。

此外，对于一些环境法律、法规体系不易涉及的领域（如合理利用资源能源，废弃物的回收利用），有利于环境的新产品的开发，有害原材料和辅助材料的替代等，通过 ISO 14001 能有效的进行管理和控制，这对我国现行的环境保护管理制度是很好的补充和完善。

（四）境内外动态

欧洲：1992 年英国制定了其国家标准 BS 7750，1993 年欧盟开始实施生态管理和审核计划（EMAS）。由于 BS 7750 和 EMAS 标准相对严于 ISO 14000 的要求，故已得到这两个标准认证的企业经换证审核，很快就获得了 ISO 014001 认证证书，目前欧洲已有 4000 多家企业取得了 ISO 14001 认证证书。

美国：1996 年 6 月正式启动 ISO 14000 试点认证工作，能源部要求其合约商必须全部通过 ISO 14001 认证，大的企业集团如：福特、克莱斯勒、通用汽车、IBM、施贵宝等等都要求其在全球的生产厂商通过 ISO 14001 认证。

日本：因在 ISO 9000 标准实施上迟了几年，对外贸易遭受极大损失，所以对 ISO 14000 的推行十分积极，一些大的企业集团如：松下、三洋、索尼、佳能、夏普等都要求其在全球所有制造厂商必须在一定时间内取得 ISO 14001 认证证书。目前日本是全世界通过 ISO 14001 认证的企业数最多的国家，已超过 1000 多家。

韩国：对部分行业强制实施 ISO 14001 环境管理体系。

印尼：对出口企业强制实施 ISO 14001 环境管理体系。

新加坡：政府对实行 ISO 14000 认证的企业给予一定的补贴，认证费用可以在税款中扣除，还制定了帮助中小企业取得 ISO 14001 认证的方案。

马来西亚、泰国：相继出台了一些措施，推动企业进行 ISO 14001 认证。

台湾：从 1995 年起一直跟踪 ISO 14000 标准的制定，并完成了关于 ISO 14000 对台湾经济影响的评价报告，认为若不实施 ISO 14000 系列标准将会给台湾经济带来每年数十亿美元的损失。

另外，德国西门子、芬兰诺基亚、瑞士汽巴、嘉巴集团都要求其供货方进行 ISO 14001 认证。

我国国家环保局在标准制定初期就积极跟踪其进展。1996 年初成立了国家环保局环境管理体系审核中心（CCEMS），正式开始中国推行 ISO 14000

的试点工作。1997 年 5 月 27 日，经国务院办公厅批准，“中国环境管理体系认证指导委员会”成立，由国家环保局担任主任委员。该委员会下设“中国环境管理体系认证机构认可委员会”(以下简称“认可委”)和“中国认证人员国家注册委员会环境管理专业委员会”(以下简称“注册委”)，这两个委员会分别于 1997 年 8 月 28 日、29 日在京成立。所有从事 ISO 14001 标准认证的机构都必须得到“认可委”认可，否则认证无效；审核员必须经“注册委”审查、登记注册后才能从事认证工作；认证咨询机构应在国家环保局备案管理。

众所周知，ISO 14000 作为一项新生事物，它会给我国企业参与国际市场竞争、与世界经济接轨带来极大的影响。

它是企业加强基础管理和环境管理的工具。根据 ISO 14000 的要求，企业需对产品生产的各个环节(从进料到销售，甚至到产品回收与废物利用)加以控制，从而提高企业的生产效率、预防污染的能力与经济效益，进一步改善企业的经营管理状况。

它可以提高企业产品在国际市场上的竞争能力和信誉。ISO 14000 为企业参与公平竞争创造了良好的外部环境，企业拥有良好的生产、销售循环系统，就可以增强企业自身的可信度。

它还可以减少非关税贸易壁垒，加快我国经济与世界经济接轨的步伐。供世界各国共同使用的 ISO 14000 系列标准，可以消除各国对环境保护的壁垒，发展对外贸易，对所有贸易伙伴都是有利的。①

虽然 ISO 14000 和 ISO 9000 两个系列标准从两个不同角度对企业管理的两个方面进行要求与规范，但是两个标准是可以互相衔接的，例如在标准的贯彻、实施与认证过程中可以同步进行。这是因为两个标准的中心是一致的，都是加强企业的基础管理工作。企业实施 ISO 14000 系列标准，可以提高企业形象，增加企业的市场竞争力。因为在今后的市场竞争中，消费者不仅仅会关心产品的价格与质量，并且价格、质量与环境保护能力将成为产品适销对路的基本条件。

ISO 14000 系列标准的推出，为我们选择了一条开发、生产绿色产品的环保之路。它为我们提供了一套以预防为主、减少和消除产品生产过程中对环境污染的管理办法。推行 ISO 14000 标准，可提高我国环境管理水平和全民的环境保护意识，加强环境法制观念，改善我国的环保现状，实现资源合理利

---

① http://www.jiningepb.gov.cn/hjrz/hjrz9.asp，2004 年 8 月 9 日。

用，减少人类活动对环境的影响，保障人类生存和发展，最终实现人类社会和国民经济的可持续发展。就应对发达国家设置的绿色壁垒而言，其更具有不可替代的作用。

当今世界绿色认证浪潮正风起云涌，截至2000年2月，世界上共有1458家组织获得ISO 14001认证证书，其中我国约占300家。国内外形势表明，实施ISO 14000标准已逐渐成为国际贸易中的基本条件之一，组织开展环境管理，实施ISO 14000标准，建立和保持环境管理体系，获得ISO 14000认证已迫在眉睫，刻不容缓。

我国在进行ISO 14000认证中应注意以下问题：

(1)指导思想上应遵循以下原则：①符合国际标准基本要求的原则。为与国际接轨，便于国际间相互认可，中国实施ISO 14000系列标准，应当符合国际标准的基本要求，遵守国际标准规范操作程序。②结合中国环境保护工作实际的原则。中国的环境保护工作与其他国家的环境保护工作有不少共同点，但也有自己的特点，应把中国现行的环境管理制度与国际标准结合起来，只有这样才能有效地促进中国的环境保护工作。③实行统一管理原则。环境保护工作涉及社会、经济的方方面面，政策性较强，对ISO 14000系列标准的实施必须实行统一管理，以确保我国环境管理体系认证工作有序、健康发展。④坚持积极、稳妥、适时、到位的原则。

(2)从法律上进一步完善我国的环境管理体系，加强与国际组织和有关国家的交流与磋商，吸收和借鉴国际上成功的环境管理经验和措施，尽快将ISO 14000国际标准通过行政立法程序转化为国家标准，在全国范围内推广使用，并尽快制定和实施与该国际标准相关的国内配套法规。

(3)国家应给予一定的财政、税收扶持。ISO 14000标准的认证过程，难度大，费用高，需投入物力、财力，势必会加大我国出口产品的生产成本，减弱我国出口产品在国际市场价格的竞争力。从长远利益考虑，政府应给予一定的财政、税收扶持，使企业有积极性，有能力对环保和ISO 14000的认证进行投入，并使出口企业不会过高的增大成本，而失去国际市场的竞争能力。

(4)正确认识ISO 14000系列标准与我国国家和地方环境保护法律、法规、标准、规章制度的关系。实施ISO 14000标准并非要抛弃现行的法律法规、规章制度，而是要以现行的法律、法规、标准和各级行政管理部门有关环境保护的决定为依据，要与现行的各项环境管理制度相结合，要把有关制度的基本要求纳入环境管理体系之中。审核认证前，应把是否遵守中国的环保法律、法规、标准作为企业申请认证的基本条件；审核认证中，应把是否贯彻了环境管理制度作为审核内容之一，从而使 ISO 14000 系列标准的实施更具有中国特色，符合中国国情。

第二节　气候变化框架公约

【案例】《京都议定书》2005 年 2 月正式生效　中国面临复杂考验[①]

〔案情〕　俄罗斯 2004 年 11 月正式在《京都议定书》上签字，旨在减少全球二氧化碳排放的《京都议定书》将在 2005 年 2 月正式生效，世界将走进"后京都时代"。而 12 月 17 日在布宜诺丝艾利斯闭幕的 2004 年度《联合国气候变化框架公约》缔约国年会"不欢而散"则注定"后京都时代"的开启不会一帆风顺。

作为最大的发展中国家，中国在《京都议定书》这一环境、经济、政治多重博弈框架中将面对更复杂的考验。

《京都议定书》是《联合国气候变化框架公约》后来的称呼，该公约旨在限制全球二氧化碳等温室气体排放总量。中国 2002 年向联合国递交了对《公约》的核准书。

根据"共同但有区别的责任"原则，《京都议定书》为附件 I 国家（发达国家和经济转型国家）规定了具体的、具有法律约束力的温室气体减排目标，要求附件 I 国家在 2008—2012 年间总体上要比 1990 年排放水平平均减少 5.2%。

《京都议定书》规定发达国家相比发展中国家要承担更多的减排义务，例如中国作为发展中国家在《京都议定书》规定的第一阶段并不承担减排义务；而美国、欧盟则需要承担很大的减排量。

"这并不意味着不公平"，绿色和平组织气候变化与可再生能源项目主任喻捷告诉《国际先驱导报》记者，"大气中造成温室效应的二氧化碳大都是现在的发达国家排放的，所以它们必须多承担责任。"

但是美国并不这么认为，占发达国家二氧化碳总排放量 30% 的美国于 2001 年 3 月宣布退出《京都议定书》，使得这个协定几乎胎死腹中。而今年 11

---

① www.investteda.org/zxzx/rdgz/t20051025-9237.htm。

月占世界排放量17%的俄罗斯加入才使其绝处逢生。

由于俄罗斯参加,附件I缔约国二氧化碳排放量已经占到全体附件I国家1990年排放总量的55%,《京都议定书》将于2005年2月正式生效。

《京都议定书》的特色在于碳排放市场交易:2005年2月该协定生效后,二氧化碳排放作为一种商品将可以在缔约国之间进行自由买卖。

"比如德国有30万吨的碳排放量需要完成,它可以在国内完成10万吨,剩下的20万吨在中国完成,不过要支付给中国一定的资金或技术。虽然在中国完成的减排,不过记在德国的减排量上",喻捷介绍。由于在中国减排成本比在德国国内完成要低,整体考虑对德国还是合适的。

由于中国排放技术基点低,在中国完成减排的成本也比较低,所以,中国多参与碳排放市场似乎是合适的,对自身环境建设也有利。据透露,中国和欧盟在《京都议定书》框架下合作的风力发电项目已在内蒙古启动。

〔争论〕 有专家认为,中国对过多参与碳排放"贸易"须慎重。如果过多的介入这个市场,接受欧洲的技术和资金,很可能在未来的谈判中被发达国家以此"要挟",要求中国承担更多的减排责任,这对正在高速发展的中国显然是不利的。

有学者亦表示,在后续谈判中,如果"花钱换减排"仍被允许,发展中国家将有充分的理由怀疑日美等发达国家的"真实动机":即未来通过给发展中国家设定难以达到的减排目标并允许金钱购买的履行方式,增加特定发展中国家的发展成本。

社科院经济与政治研究所可持续发展研究中心秘书长庄贵阳向《国际先驱导报》表达了他的意见:在保证中国自己利益的前提下,还是应该尽量多参与碳排放市场。

在《京都议定书》生效后,下一轮减排谈判已经开始,中国在这一轮谈判中应如何表态,将受众多因素制约。

在《联合国气候变化框架公约》缔约国年会上,"后京都时代"的利益雏形已经逐渐确立。这次会上主要存在三个利益集团,它们在环境与发展问题上存在不同的利益诉求:第一个集团是美国,它坚决反对《京都议定书》有关条款;第二个则是欧盟,要求严格执行《京都议定书》条款;第三个则是中国和77国集团。中国和77国集团是美国和欧盟争夺拉拢的对象,美国"似乎"站在发展中国家的立场"帮"中国说话,希望中国支持不减排,欧盟则依靠转让技术等方法极力争取中国支持。

但中国不接受排放上限必须“顶住”发达国家舆论和道德的压力。由于中国是排放大国又没有减排义务，已经引起了发达国家的不满，最近外电开始“纷纷”关注中国电荒背景下的电厂计划。2004 年美国《基督教科学箴言报》文章说，中国计划新建 562 座电厂，占世界总数的近一半。新建电站产生的温室效应气体将是《京都议定书》减少排放目标量的 5 倍，“中国将彻底埋葬《京都议定书》”。文章指出掌握全球气候变化命运的仍只是那 5、6 个拟建电厂的大国，其中中国最为关键。可以确信，发达国家利用《京都议定书》对中国的道德和舆论的讨伐将不会减少，中国必须在坚持自己利益和展示负责任的大国风范间找到合适的结合点。

〔思考题〕

(1)《联合国气候变化框架公约》的主要内容是什么？

(2)发达国家和发展中国家在国际环境责任的承担上有何不同？反映了国际环境法的什么原则？

〔法律分析〕①

《联合国气候变化框架公约》(*United Nations Framework Convention on Climate Change*，简称《框架公约》)，是第一个全面控制导致全球气候变暖的二氧化碳等温室气体排放、以便应对全球气候变暖给人类经济和社会带来不利影响的国际公约。

1992 年 5 月 22 日联合国政府间谈判委员会就气候变化问题拟订《框架公约》，1992 年 6 月 4 日—14 日在里约热内卢开放签字，以后在纽约开放签字。至 1993 年 6 月 19 日，共有 166 个国家和地区在《公约》上签字。截至 1993 年 12 月 31 日，共有缔约方 52 个。中国于 1992 年 6 月 11 日签署《公约》，并于 1993 年 1 月 5 日交存了批准书。《公约》于 1994 年 3 月 21 日生效。《公约》共 26 条，2 个附件。《公约》的最终目标是根据《公约》的各项规定，将大气中温室气体的浓度稳定在防止气候系统受到危险的人为干扰的水平上。这一水平应当足以使生态系统能够自然地适应气候变化、确保粮食生产免受威胁并使经济发展能够可持续地进行。缔约各方均应为人类当代和后代的利益保护气候系统，发达国家应率先对付气候变化及其不利影响。缔约各方在

① http://www.chinaue.com/html/2004－1/20051212920452011.htm。

采取行动时,应充分考虑发展中国家的具体需要和特殊情况。缔约各方均应承诺根据各自责任、各自具体的国家和区域发展优先顺序、目标和情况采取各种措施控制、减少或防止《蒙特利尔议定书》未予管制的所有温室气体的人为排放并对已排放的温室气体加以清除,以减缓气候变化及其不利影响。《公约》规定设缔约方会议、秘书处、附属科学和技术咨询机构和附属履行机构。

《联合国气候变化框架公约》第三次缔约国会议于 1997 年 12 月 10 日在京都通过《联合国气候变化框架公约》京都议定书。中国常驻联合国代表秦华孙代表中国政府,于 1998 年 5 月 29 日在联合国秘书处签署了该议定书。①

该《公约》的宗旨是为当代和后代保护气候系统,防止和控制人类活动引起气候变化。

《公约》的主要内容包括:气候系统的保护目标、为实现目标而采取行动所遵循的原则、缔约国承诺采取的行动和措施、气候变化的研究和系统观测、气候变化及其影响的教育和培训及公众意识的提高、缔约方会议的设立及其职责、附属机构和附属科技咨询机构的设立及其职能、资金机制的建立及其运行方式、有关信息的交流、争端的解决等。

《气候变化框架公约》的最终目标是:根据《公约》的各项规定,将大气中温室气体的浓度稳定在防止气候系统受到危险的人为干扰的水平上,而这一水平应当在足以使生态系统能够自然地适应气候变化,确保粮食生产免受威胁,并使经济发展能够可持续地进行的时间范围内实现。

该《公约》把国家主权原则、共同但有区别的原则、考虑易受气候变化影响缔约方具体需要和特殊情况的原则、预防原则、促进持续发展原则等规定为各缔约方应遵循的原则。

该《公约》是国际社会为防止和控制气候变化进行长期努力的结果,它对于保护人类环境具有重要意义。我国于 1992 年 11 月 7 日批准加入该《公约》,并在 1994 年 3 月 21 日《公约》开始生效时对我国生效。

本案反映了国际环境法的共同但有区别的责任原则②。

保护地球生态环境是全人类的共同责任,但同时应该明确导致目前地球生态环境退化的主要责任和治理这些问题的主要义务。自产业革命以来,发达国家在实现工业化的过程中,不顾后果地利用环境和资源。目前存在的诸

① http://www.lwl.czyz.com.cn。

② http://www.hb173.org/book/hjbhzsdb/qgp/qgp10_1.htm。

如温室气体的不断增加这类的环境问题主要是这种行为的累积恶果，广大发展中国家在很大程度上是受害者，尤其是处于岛屿和低地的发展中国家。直到目前，发达国家仍是世界有限资源的主要消费者和污染源。因此，国际环境保护合作必须遵循“共同的但有区别的责任”的原则，发达国家有义务在率先采取有关环境保护措施的同时，为国际合作出更多的切实的贡献。这主要应表现在两个方面：

第一，向发展中国家提供新的、额外的资金，帮助发展中国家更好地参加国际环境保护合作，或补偿其因履行在国际法律文书中承担的义务而带来的经济损失。中国认为，必须强调这笔资金的“充足性”。象征性地提供少量资金以求宣传效益，对解决实际问题不会有什么帮助。同时必须强调资金的“额外性”，不能是现有发展援助的重新分配。靠削减用于发展项目的援助来增加环境资金的作法，不仅会伤害发展中国家的经济发展，最终也会进一步削弱它们保护环境的能力，因此是非常不明智的。

第二，以优惠的、非商业性的条件向发展中国家提供治理污染所需的先进技术。中国认为，不能将这类技术视为一般商品，将其转让留给市场机制解决。应该从对人类共同利益负责的高度，把有关技术看作全人类的共同财富，把它的转让看作是对人类共同事业的应有贡献。保护知识产权无疑是必要的，但中国认为，掌握这类技术的发达国家完全有条件根据本国的实际，通过必要的国内程序来解决知识产权问题，达到既能保护、鼓励科研的创造性，又能确保发展中国家能够获得非商业性技术转让的目标。

发展中国家的特殊和差别待遇总体表现为：①

在国际贸易领域，WTO 及其各主要协定，都承认发展中国家可能存在特殊困难和特殊需要，因而有权享有特殊和差别待遇。如《技术性贸易壁垒协定》第 12 条明确规定，根据发展中国家的特殊和差别待遇，可根据其请求，“就本协定下全部或部分义务，给予特定的、有时限的例外”。甚至《争端解决规则和程序的谅解》对发展中国家作为贸易争端一方时也有特殊规定。争端解决机构不仅可以适用对发展中国家较为有利的某些特殊程序和较长的时限，还必须对发展中国家的特殊利益给予特殊关注，并要在裁判文书中说明如何考虑针对发展中国家的特殊和差别待遇。在国际环境领域，有关环境公约，特别是 1992 年联合国环境与发展大会以来达成的各主要国际环境法律文件，也都

① 别涛：《国际贸易中的“环境例外”规则》，http://www.riel.whu.edu.cn.。

坚持共同但有区别的原则,并承认发展中国家应当享有特殊和差别待遇。

因此,在国际贸易与环境领域,基于国际社会普遍承认的发展中国家的特殊和差别待遇原则,不仅发展中国家有权采取特殊措施,或者要求发达国家采取特殊措施,而且发达国家也应当采取相应的特殊措施,给予发展中国家以特殊待遇。例如,欧盟2001年12月10日通过了《普惠制适用条例》,第21至24条专门规定了"环境保护特殊鼓励安排"(Special Incentives Arrangement, SIA)。根据该项安排,对原产于发展中国家的热带地区产品,如果产地的环境立法和执法符合可持续发展原则,就可在普惠制基础上单向给予15%至30%的额外进口关税优惠。经国家环保总局等部门建议,中国政府已于2002年初向欧盟提出了享受"环境保护特殊鼓励安排"的申请;欧盟对此反映积极,其《官方公报》2002年6月15日公布了中国的申请,现正对我国的环保鼓励安排申请进行审查。

第四编 热点问题探讨

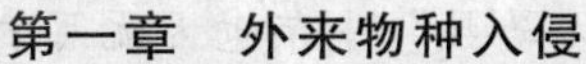

第一章
外来物种入侵

【案例】 外来动植物入侵的危害①

〔案情〕 水花生对水稻、小麦、玉米、红苕和莴苣5种作物全生育期引致的产量损失分别达45%、36%、19%、63%和47%。紫茎泽兰含有的毒素易引起马匹的气喘病，仅1979年在云南省的52个县179个乡，发病马5015匹，死亡3486匹，甚至造成“无马县”，牛羊也因无可食饲料种群数量锐减。广东、云南、江苏、浙江、福建、上海等省市每年都要人工打捞水葫芦，仅浙江温州市和福建莆田市1999年用于人工打捞水葫芦的费用分别为1000万元和500万元，全国总的费用有多少，目前没有准确统计，至少超过1亿元，而水葫芦带来的农业灌溉、粮食运输、水产养殖、旅游等方面的经济损失更大。美洲斑潜蝇最早于1993年在海南发现，到1998年已在全国21个省市区发生面积达2000多万亩，它寄生22个科的110种植物，尤其是对蔬菜瓜果类危害严重，包括黄瓜、甜瓜、西瓜、西葫芦、丝瓜、番茄、辣椒、茄子、豇豆、菜豆、豌豆和扁豆等，目前在我国，每年防治斑潜蝇的成本高达4亿元。被称为“松树癌症”的松材线虫病在短短十年间，疫区已扩至江浙六省，发生面积100多万亩，对黄山、张家界等风景名胜区构成了巨大威胁。

在国际贸易活动中，外来物种常常引起国与国之间的贸易摩擦，成为贸易制裁的重要借口或手段。近年来我国出口美国的木制包装品因光肩星天牛问题给我国的对外贸易带来了数以千万计的经济损失，引起了国家领导人的高度重视。

〔思考题〕

(1)本案反映了哪一类环境问题？

---

① www.china.org.cn。

(2)外来物种入侵有哪些危害?

(3)如何防治外来物种入侵?

〔法律分析〕

外来植物物种所带来的"绿色污染"触目惊心。这些外来物种往往繁殖力强、危害严重、潜伏期长,难以控制和治理。对外来植物入侵缺乏有效的法律法规约束与此类环境问题的产生密切相关。中国加入 WTO 以后,商务活动、旅游人员和交流日益增多。外来植物入侵形势严峻,防治"绿色污染",加强外来植物物种引种法规建设势在必行!

一、我国立法现状

我国现行有关植物物种的法律、法规有《宪法》、《环保法》、《森林法》及其《实施细则》、《种子法》、《进出境动植物检疫法》、《植物检疫条例》、《国境卫生检疫法》、《家畜家禽防疫条例》和《农业转基因生物安全管理条例》等,同时还有一些用以配套的名录及审批制度。此外,在《陆生野生动物保护实施条例》和《海洋环境保护法》中也有相关的法律条款。现有组织体系,主要有进出境动植物检疫局,农业部分布在全国各地的农技推广中心或植保植检站,以及林业局的森林保护(检疫)站等。

这些法律、法规的相应内容存在以下明显不足:其一,法律关系客体并非特指"外来植物",而是限于森木、林木和我国境内生产、经营、使用的种子。其二,内容过于抽象,不便适用。如《环境保护法》仅在第 1 条和第 20 条对保护植物物种、群落、防治病虫害、保护生态环境作宣言性的规定。其三,法律规定互相矛盾。依《进出境动植物检疫法》第 3 条、《森林法》第 22 条和《环境保护法》第 7 条第 4 款之规定,农业、林业和环保部门都有权对外来植物进行管理,这就容易导致部门间的互相牵扯,影响执法。具体而言,这些法律、条例及组织体系主要集中在人类健康、病虫害及与杂草检疫有关的方面,并没有充分包含入侵物种对生物多样性或生态环境破坏的相关内容,与从生物多样性保护角度控制外来物种的目标还相差甚远。同时,我国幅员广阔,生态系统类型繁复,国内跨地区的物种转移迄今尚没有引起充分重视,也没有规章条例可循来管理地区性的物种入侵问题。事实上,我国虽然对于引入问题采取了一些控制措施,但远没有建立起一整套的外来入侵物种控制体系,对于外来入侵物种的早期预测、监测及早期控制和迅速反应,都没有予以充分重视。因此为保护生态环境和生物多样性，控制外来物种，建立完善的法律体系是十分紧迫而必要的。

二、外国立法及相关国际条约

外来植物生态危害在其他国家同样存在：仙人掌“肆虐”澳洲、挪威枫“称雄”北美、孟加拉国的水稻病等已严重妨碍人们的正常生活，但是在环境法体系比较完备的国家，这方面的专门立法都十分少见。少数国家，如瑞典 1994 年《森林法》第 32 条规定对林木繁殖材料进行环境影响评价，也仅限于个别条款。

有关植物保护的国际环保条约主要有《生物多样性公约》、《国际热带木材协定》、《保护植物新品种国际公约》、《国际植物保护公约》和《非洲植物卫生公约》。其中，中国加入的《生态多样性公约》序言中提到“就地保护生态系统和自然环境，维持恢复物种在具自然环境中有生存力的群体。”1967 年的《非洲植物卫生公约》的一项主要内容就是对植物的检疫。

三、立法建议

仅靠现有法律规范来应对外来植物入侵，显然是不够的。我国应当在考察此类环境问题特点，最大限度地吸收国内外立法成果基础上，研究、修改和补充同类法，编纂集中、统一、科学的《外来植物物种生态危害防治条例》。

现对该《条例》立法建议如下：

（一）重点确立以下制度

(1)环境影响评价制度。政府或由政府指定的机构应当制定并实施外来植物物种的环境影响评价，并可规定评价义务应当由引入人、传播人或受益人承担，允许公众参与。(2)预警通报制度。已发生、发现外来植物物种生态危害地应将情况及时上报国家并通知其他可能受影响的地区，预防或尽量减轻危害与损害。(3)数据库制度。由国务院规定已经发现的危险性较大的外来植物，都应归入受检疫和控制的植物名录；省级相应主管部门可根据本地需要进行补充并上报国务院备案，建立全国统一数据库。(4)税收征管制度。外来植物物种传入人如有不能确保该物种对我国生态环境不构成威胁的情形，应当缴纳一定金额的税款，以对该物种进行风险防范和研究。(5)建议确立专项基金制度，鼓励支持科学单位、学校和科研人员进行研究开发。

(二)明确管理权限,提高执法水平

建议在该条例中规定协调部门。由于导致环境破坏的原因是多方面的,需要各部门间有统有分的协调监督管理,故应设立农业、林业、环保部门之间的协调委员会,适当拓展环保部门的权限范围,防止重蹈"重经济,轻环保"的覆辙。实行资格证书制度,执法人员应当接受专门的培训与考核,并由省级以上主管部门颁发资格证书,持证上岗。除应包括入侵风险的经济、环境和社会影响外,更应特别重视外来入侵物种的长期生态影响。可组织一个跨部门的专家队伍,包括来自行政部门如国家质检总局、农业部、林业局、国家环境保护总局、国家海洋局以及各科研机构的专家,采取课题组的方式开展工作。同时,为了使入侵物种评估体系得到真正有效的推行,还应建立国家、省(直辖市)及省(直辖市)以下行政区域等不同层级的、严格的物种引入许可证体系,并修改现有的以进出口检疫物种名录为主,忽略入侵物种的名录体系。今后,凡从国外引入,或者从国内跨不同的生态系统引入时,都需要办理申请和经过评估。名录则应该是动态的,并根据所引入物种可能的危害程度分别列为:(1)黑色名录;(2)白色名录;(3)灰色名录,并相应予以限制、放行或评估。

(三)完善法律责任体系

由于外来植物物种危害具有跨国性、复杂性和长期性的特点,建议在现有罚款、没收违法所得、吊销许可证等责任形式上增设禁止过境、进境,恢复原状、赔偿损失等法律责任形式,并加大处罚力度。完善现有的外来入侵物种控制相关体系,需要对现有的相关法律、法规体系进行全面评估,完善现有外来入侵物种的各种相关立法,并增加防范生物入侵的内容,使之适应中国加入世贸组织之后的新形势,更好地保护我国相关产业、事业和生态环境。加强各个部门控制外来入侵物种的力度,特别需要充分考虑外来入侵物种对生态环境和生物多样性的影响。必要时,可考虑在《植物检疫条例》实施的基础上,制订《植物检疫法》以加强国内检疫。需要管理部门加上科学和法律界人士共同参与制订相关法律。

现有相关法律、法规比较分散,角度也不相同,还不能全面地解决和控制外来入侵物种对中国可能造成的生态、经济和人体健康的破坏,需要着手研究制定《外来入侵物种管理条例》的必要性和可行性。《条例》制定并实施到适当的时候,还可能需要制定专门法。核心问题是加强和完善对大量外来物种引入的评估和审批制度,实现统一监督管理,特别是从维护国家生态安全的角度。该条例应该涉及国内不同地区间(如省与省、不同生物带之间)存在的问题。

建议在充分的科学研究和信息收集整理的基础上,制定我国外来入侵物种控制的管理名录及评估方法。将这些科学研究的结果作为法律与条例的附件,为司法实践提供科学参考。法律本身可以长期相对稳定不变,但这些附件需要根据科学研究的结果,经常进行更新。

(四)加强国际合作

控制外来入侵物种涉及的范围十分广泛,它必然涉及国际贸易、海关、检疫等,并可能给经济和外交带来一些影响。而且,有关控制技术措施(例如天敌引入等)也涉及国际合作与研究。我国和周边国家,特别是东南亚国家的信息交流和合作十分必要。有些物种(如紫茎泽兰)是从东南亚国家通过交通运输渠道,甚至也通过自然扩散进入我国的。而分布于我国南方的入侵物种,也有相当一部分同时还在东南亚国家泛滥。因此保持与这些国家的信息更新和交流的渠道畅通,并加强管理合作,更显得必要。

第二章
排污权交易①

【案例】 国内排污权交易案

1. 包头市

1986年,内蒙古自治区人大常委会批准了《包头市环境综合整治条例》,其中规定,“对排氟企业实行总量控制管理”,但未作具体要求。1991年,包头市环境保护局利用对该条例进行修改的时机,对排污许可证管理作了具体明确的规定。其中第10条规定,“排放污染物的单位,必须将污染物的种类、数量、浓度(强度)、污染排放设施和处理设施,向有管辖权的环境保护行政主管部门申报登记。对排污单位,环境保护行政主管部门按规划指标,颁发排污许可证或临时排污许可证,持证单位排放污染物必须符合规定的要求。对重点污染源的重点污染物实行排放总量控制”。新条例经内蒙古自治区人大常委会批准,1992年1月实行。1991年包头市环境保护局还制定了《包头市大气氟化物排放许可证管理办法》,并由政府常务办公会议讨论通过,以政府下达实行(国家环境保护局,1996)。

根据《包头市大气氟化物排放许可证管理办法》的规定,大气氟化物排放指标在有利于区域环境总量控制管理的前提下,经环保局批准,可以在排氟单位之间互相调剂。为了使排放方式和地理位置不同,污染贡献各异的大排氟源之间能够互相调剂,引入了“污染当量”概念和给出各级当量数,为“排污权交易”的灵活管理创造条件。对一些新老污染源的排污量,提出交换条件,并作出明确限制,形成排污权交易。

包头市稀土冶炼厂焙烧工段是一个主要排氟源,治理难度大,而且位于市区内,周围居民反映强烈。为此,包头市环境保护局提出由具有相同生产工艺的包钢稀土三厂向冶炼厂提供焙烧料,冶炼厂搬迁。由于冶炼厂搬迁,对地面

① 本章节选自蒋亚娟:《排污权交易法律问题研究》,详见于中国优秀硕博论文网。

大气氟化物浓度贡献减少,包钢获准增加排氟量。冶炼厂因使用包钢提供的焙烧料节省了治理费用(国家环境保护局,1996)。

2. 本溪市

本溪市在污染治理的长期实践中,虽然没有以政策的形式推行排污权交易,但出现了一些实际为排污权交易或包含了排污权交易思想的实践。

为了减少大气污染物的排放,本溪市政府利用世界银行贷款,建设了一热电厂,以满足城市集中供热的需要。热电厂正常运转后,市政府以行政命令的方式,关闭了分散的小锅炉房,一方面减少了污染源,有利于集中治理,另一方面,为热电厂提供了热负荷,为其正常运行创造了条件。与此同时,为了能给热电厂提供足够的运行费用,市政府还采取了一些措施,包括将热源接点费由原来的5元/平方米,提高到10元/平方米。

本溪市印染丝绸厂与毛纺厂就废水处理所进行的排污权交易。本溪市印染丝绸厂于1983年建设了印染污水处理项目,总投资为79万元。1984年,在毗邻印染丝绸厂的地方要建设本溪市毛纺厂。由于毛纺厂土地资源紧张,而且,产生的污水量少(每年仅35000吨),就产生了两家企业能否共用一个污水处理厂的想法。因为印染丝绸厂有多余污水处理能力,在本溪市环境保护局和纺织工业局的协调下,由印染丝绸厂替毛纺厂处理污水。当时印染丝绸厂污水处理费用为0.5元/吨。根据两家签订的合同,印染丝绸厂为毛纺厂处理的污水,污水处理收费为0.2元/吨,毛纺厂每年仅需向丝绸印染厂缴6000~7000元的污水处理费,虽然低于印染丝绸厂的治理成本,但丝绸印染厂考虑到因此会有所收益,因此达成交易。能成交的另一个重要原因是,这两家企业同属本溪市纺织工业局。

根据印染丝绸厂与毛纺厂排污交易的经验,有两点在推广排污权交易时需要给以足够的考虑:

进行排污权交易时要进行详细、审慎的调查和科学分析。在进行交易时,人们认为,毛纺厂的污水呈酸性,丝绸印染厂的污水呈碱性,两种污水可以中和。实际上,两种污水的性质不一样,中和后,反而增加了治理的难度。

排污权交易需要有市场运行机制支持才具有生命力。本溪市毛纺厂和丝绸印染厂最初能达成交易,主要是行政主管部门的安排,并不是真正的市场交易。合同签订后,丝绸印染厂为毛纺厂处理污水,但毛纺厂一直没有足额付费。而且近几年毛纺厂效益不景气,产量下降,污水量也随之减少。至1998年丝绸印染厂已停止为毛纺厂处理污水。

3. 绍兴县

绍兴县污水集中治理一期工程于1996年12月建成投入运行，该工程接纳73家排污企业的污水、日处理能力为15万吨。工程投资1.87亿元，除向银行贷款2400万元外，其余资金全部由排污企业负担。

县政府认为，环境容量资源是联系政府、企业和污水处理厂之间的特殊商品。政府负责核发“排污许可证”，按照股份制形成组建“官民合营”的绍兴县给排水管理处，作为专业运营“环境容量资源”这一特殊商品的企业，它可以向企业出让“排污权”和“环境容量使用权”；入网企业按规定缴纳一次性入网费，按月缴纳运行费；入网企业可进行“产权交易”，有价出让“排污权”，保证“排污权”在总量控制范围内合理流动。

给排水管理处由环保局主管，并且按物价部门确定的标准，采取旺季旺价，淡季淡价的调节方式，保证了污水处理厂的自我积累和自我发展。自1996年12月建成以来，污水处理厂已连续运行664天，累计盈利3000万元。走出了一条“产权股份化，投资社会化，运行市场化，管理企业化”的污水处理路子。

4. 江苏企业深入拓展排污权交易应用

为有效保证环保和电力发展双重需要，江苏企业深入拓展排污权交易应用(CET 网江苏 2004年3月24日讯)江苏省的排污权交易工作又有了新的进展。国电常州发电有限公司和谏壁发电厂近日在南京正式签署二氧化硫排污权交易合同。

近年，江苏省电力紧张频频告急，各地的经济高速发展导致对电力需求强劲。国电常州发电有限公司根据当地经济发展需要，正在开工新建2×600 MW燃煤发电机组；这样，每年将增加二氧化硫排放量2800吨左右。根据国家污染物总量控制要求，该公司将没有多余的二氧化硫排放指标。解决这一矛盾，成为企业面临的当务之急。

与此同时，在200公里之外的国电谏壁发电厂，将在其9号机组(300 MW)锅炉上，按照国家二氧化硫减排要求安装烟气脱硫设施。这样每年将产生可观的富余指标。

经江苏省环保厅协调，常州发电有限公司和谏壁发电厂双方达成协议，谏壁发电厂自2006年至2010年每年转让2800吨的排污指标给常州发电有限公司；后者将有偿付费。这样，老机组治理污染的投入既获得了回报，又解决了新机组的燃“煤”之急。一举两得之外，更重要的是，有效促进了国家“十五”

规划关于二氧化硫排放总量减排要求的实现。这是江苏省第二例异地排污权交易成功实例。证明了在中国如长江三角洲地区这样经济迅猛发展的跨行政区域内,排污权交易这种市场手段的旺盛生命力。从2001年江苏省南通市出现中国首例交易实例以来,排污权交易在这一地区始终保持良好发展势头。

5. 南通做成国内首例二氧化硫排污权交易①

2001年南通市天生港发电有限公司收到了该市一家大型化工有限公司的第一笔二氧化硫排污权转让费20万元,这是我国首例二氧化硫排污权的成功交易,标志着中美合作项目"运用市场机制控制二氧化硫排放"取得了开拓性成果。

卖方南通天生港发电有限公司多年来一直是电力系统的"一流火电企业",近年来通过技术改造和加强管理,使排污总量不断下降,每年二氧化硫实际排放量与环保部门核定的排污指标相比,有数百吨富余空间。而买方是一家年产值数十亿元的大型化工企业,急需更多的环境容量来扩大生产规模。根据双方达成的协议,天电公司将1800吨的二氧化硫排放权有偿转让给了买方,供买方在今后6年内使用;买方得到的是排污权的年度使用权,合同期满后排污权仍归卖方所有。

排污指标可以像其他商品一样买卖,是美国等发达国家广泛采用的一种控制污染物排放的市场运作方式,近年来我国已在水污染物排放指标交易方面作了尝试,但二氧化硫排污权交易仍为空白。1999年国家环保总局与美国环保局签署合作协议,在中国开展"运用市场机制减少二氧化硫排放的研究",南通市被列为该项目试点城市之一,而南通天生港发电有限公司则是南通市的首批试点单位。在中美专家的指点和南通市环保局、天电公司等单位的积极配合下,经过近1年的技术准备和协调磋商,终于促成了此次排污权交易的成功进行。省环保部门有关人士在谈到这一新生事物时表示,总量控制是削减一个地区排污量的有效方法,而在市场经济条件下实施排污权交易,通过信用的有偿转让,有可能达到治理费用的最佳配置,同时还降低了企业的管理和治污成本,有助于实施污染物排放的总量控制。此次交易的成功,不仅首次确立了排污权的概念,强调了环境作为一种资源的有偿性,也为排污权交易今后在我国的全面实行积累了宝贵经验。

---

① http://www.jschina.com.cn/gb/jschina.news/jiangsu/in&co/userobject-lai89967.html。

【案例】 国际排污权交易案

〔案情〕 1. 1997 年 11 月在日本召开的《气候变化框架公约》首脑会议通过了一项允许发展中国家向富国"出售"吸收二氧化碳的森林能力的规定，这种"出售"吸收二氧化碳的森林能力（又叫出售"环境服务"）的交易构成了一个新的市场。因在 1997 年出售"环境服务"而得到 200 万挪威元收入的哥斯达黎加，于 1998 年在美国芝加哥股市首次抛出减少温室气体证券，哥斯达黎加总统和世界银行行长出席了交易仪式。据估算，到 2000 年发达国家减少空气污染的费用达到每吨空气 100 美元，而通过像哥斯达黎加这种环境服务，可以减少到每吨空气 10 美元；而哥斯达黎加这个小国通过该市场每年可以从出售吸收二氧化碳的热带雨林能力中获得 2.5 亿多美元。日本三菱马蒂利尔、东京电力、东京燃气等 9 家大公司联合成立了名为 COI 的民间团体，专门负责从海外企业购买排放权。它们于 2000 年 12 月起从国外购买温室气体的排放权，第一笔生意的卖方是加拿大的石油企业，计划购买 1000 吨排放量，每吨交易价格在 2～3 美元左右。

2. 在 1997 年 12 月的京都会议上，排放削减贸易成为与会国争执的焦点，以美日为代表的发达国家企图通过该交易来逃避削减二氧化碳排放量的责任，遭到了以中国为代表的发展中国家的强烈反对，最终以只在发达国家之间进行而告终。而美国认为对排放量进行交易是《京都议定书》最令人推崇的部分，美国对酸雨计划得到允许进入交易体系尚有以下顾虑：在环境污染问题日趋严重的今天，企业是否有指标剩余？有污染治理能力的企业一般在处理三废问题上也难以完全达标。

〔思考题〕

(1)以上案例反映了哪些类别的排污权交易？

(2)什么是排污权交易？它有何利弊？

(3)你赞同排污权交易吗？为什么？

〔法律分析〕[①]

一、排污权交易基本理论

排污权交易是当前受到各国关注的环境经济政策之一。它早在 20 世纪

① 蒋亚娟：《论排污权交易的缺失与环境法的拓补》，《中国环境管理丛书》，2004 年第 1 期。

70 年代由美国经济学家戴尔斯提出，并首先被美国国家环保局(EPA)用于大气污染源及河流污染管理，而后德国、澳大利亚、英国等国家相继进行了排污权交易政策的实践。

排污权交易一般是指，由政府部门确定出一定区域的环境质量目标，并据此评估该区域环境容量，然后推算出污染物的最大允许排放量，并将最大允许排放量分割成若干规定的排放量(即若干排污权)。排污者从其利益出发，自主决定其污染治理程度，从而买入或卖出排污权的交易过程。排污权交易其实是通过模拟市场来建立排污权交易市场，它的主体是污染者，而与受害者无关，客体是排污权(即剩余的排放许可)。理论上，这一机制不但可以在一国内部运用，还可以用于国际社会，包括在发达国家与发展中国家之间进行交易。

二、排污权交易的国内外现状

“排污权”在各国的立法中鲜有出现，但排污权交易体系却是近年来的事物。

1. 外国方面　排污权交易源于美国，20 世纪 70 年代中期，联邦环保局提出了“排放抵消”政策，在减轻空气污染的同时允许企业的经济发展。其他国家也相继采取类似举措，如德国在西欧国家中率先实施了排污权交易政策。新加坡采用排污权贸易体系，每个季度都对生产和进口氟利昂的许可证进行拍卖。澳大利亚的新南威尔士州等州，已经实施可交易的排放行动计划。1996 年，二氧化碳排放权交易作为新生事物在欧洲登场；英国政府决定从 2002 年开始，在国内各企业间实行自由买卖的二氧化碳排放量交易制度。智利鼓励采用包括“可交易的排放许可证”、“可交易的水权”等经济制度刺激手段。

2. 国际方面　第一次规定经济手段的全球性多边环境公约是 1987 年《关于消耗臭氧层物质的蒙特利尔议定书》，这一联合履约的规定，实际上创造了一种市场机制。经济合作与发展组织理事会于 1991 年 1 月提出的《关于在环境政策中使用经济手段的建议》，其中该《建议》提出了可交易的许可证。1992 年联合国环境与发展会议通过的《里约宣言》的原则 16 和该会议通过的《21 世纪议程》第 8 章强调：“需要作出适当努力，更有效和更广泛地使用经济手段”；《气候变化框架公约》第 4 条第 2 款规定：附件一所列的发达国家缔约方和其他缔约方可以根据本公约共同执行减少温室气体排放的政策和措施，也可以协助其他缔约方为实现本公约的目标作出贡献。

1997 年 11 月在日本京都召开的《气候变化框架公约》首脑会议(以下简称京都会议)通过了一项允许发展中国家向富国“出售”吸收二氧化碳的森林能力的规定,以美日为代表的发达国家企图通过该交易来逃避超量排放二氧化碳的责任,遭到了以中国为代表的发展中国家的强烈反对,最终只能在发达国家之间进行。

3. 国内方面据不完全统计,自 20 世纪 80 年代中期以来,中国已经至少在 10 个城市进行过排污权交易的试点,涉及的污染物包括大气污染物、水污染以及生产配额等,并建立了包括排污权交易内容的部门规章和地方法规。

1987 年,上海市闵行区环保局首开了中国排污权交易的先河。1993 年,云南省开远市以市政府的名义颁布了《开远市大气排污交易管理办法》,在行政区内对二氧化硫、烟尘、粉尘实施了总量收费和排污交易。2001 年 5 月 23 日,国家环保总局与美国环境保护协会签署了“关于合作研究二氧化硫总量控制与排污权交易的备忘录”,由美国环保基金会提供技术、人力和资金的支持,帮助我国政府探索利用市场机制解决二氧化硫污染物排放问题。2001 年 9 月,亚洲银行出资 70 万美元的环保试点工程——“二氧化硫排污交易机制”也开始在中国的太原试行。

三、繁忙背后的忧思:排污权交易的负面效应分析

我国自试点实施排污权交易以来,国内理论界对这一新兴事物一直是赞扬有加,否定性意见十分鲜见。排污权交易真的如此完美可行,无懈可击了吗? 笔者认为:在一定的区域内的排污权交易成功的同时,由排污权交易所带来的负面效应不容忽略,主要表现如下:

(一)异地交易导致区域排污总量增加

异地交易的概念是相对于某一小范围行政区内临近单位之间的交易而言的。异地排污交易虽然对两地间的环境总容量不产生影响;但是对买进排污权的地区来说,本地排污总量存在超过当地环境容量的可能。换言之,异地交易只有在两地排放总量均不超过当地环境容量的前提下才应有实施的可能。但是,排污权是否完全可以在市场机制下打破地域限制,尚需具体问题具体分析:

第一,至少需要以下两个条件:正确测定交换双方区域环境容量和明确评

估者的权利义务以及违反该义务应承担的法律责任。区域环境容量如何科学确定,以及区域的地理差异和区域环境容量的改变能否得到人为的及时感知?环境问题往往具有一定的潜伏期,在最初的阶段难以被察觉(即使被察觉,受制于环境执法和地方保护主义,并不会全部、必然地公布于众)。环境容量的变化后果最直接的承受者最终是环境污染侵害中的弱势群体——公众,是否能够真正实现公众参与?如何通过立法来规范环境容量的评估者的行为?一旦评估失误,评价者将会为此付出多大的法律代价?依照我国现行的环境保护法规的规定,难以使其有法可依,违法必究;地方立法发展滞后,如《太原市二氧化硫排污交易管理办法》只是在第26条规定环境保护行政主管部门的执法人员,在执行二氧化硫排污权交易的监督管理工作中的责任。第二,在经济学上,排污权交易的监督管理成本(尤其是在低效管理的情形下)也是相当大的。企业排污的实时监控程序也可以直接通过监督管理企业排污情况来实现污染物排放控制,节省交易管理成本(如谈判,交易和对当地居民的补偿分配等)。

(二)排污权交易容易导致交易目的的偏差

排污权交易的经济性容易导致企业不正常的交易动机,即花钱买排污权。1997年的日本的京都会议把废气排放贸易写入协议条款,但谈判代表们无法就废气贸易的规模界限达成一致。排污权交易的初衷是减少污染物的排放量,实现经济、社会和环境保护的协调发展,然而环保主义者和欧盟的立场却能反映另外一个问题:废气交易会削弱发达国家控制污染的动力,使这些国家用钱来实现自己的义务而不是通过艰难的治理努力来减少污染,“低排放不是通过提高燃效或采用可再生能源实现的”。

(三)排污权交易可能带来地区环境污染的隐形转嫁

一般的排污权交易的理论认为:总量控制是排污权交易的基础。从总体上看,它有利于以低成本、高效益实现全球环境中污染物浓度和数量的减少。

但是,该理论忽略了以下基本问题:其一,无论怎样进行交换,排污总量是不变的,对环境没有改善的作用;就算排放总量的上限可以逐步削减,现实中是否存在剩余的排放权(尤其是基于我国发展中国家的基本国情)?如:我国近年来环境问题日益突出是与经济增长连在一起的。在各类型的企业中,生产污染破坏的主要是乡镇企业,而乡镇企业恰恰又是中国经济高速发展的主力军。同时,“乡镇企业是危险废物的主要进口者和使用者”,乡镇企业是否有剩余的指标,这就值得推敲了。其二,排污权交易的低效性还表现在“重复落后”和“倒退现象”,即一个社会已经拥有更高效率的包括对环境更有利的技术,却弃之不用,硬要在污染严重的地区采用更落后的技术和买进新的排污权来实现,增加当地的污染物总量,使得这些地区的环境状况进一步恶化,这实际上是一种隐形的污染转嫁。其三,把污染转移到不具备剩余环境容量的劣势群体尤其是买入方的居民身上,让其在恶劣的环境下生活,牺牲其合理的生存机会,这本身是一种不道德的行为。

(四)排污权交易不符合可持续发展原则

排污权交易一方面可能完全符合市场规则,但是,排污权交易在一定程度上还是违背了可持续发展原则。

可持续发展定义存在各种不同的表述。根据1992年的联合国人类环境与发展大会的概括,可持续发展是指:“既满足当代人的需要,又不对后代人满足其需要的能力构成危害的发展”。《里约宣言》提出了可持续发展的27条基本原则,其中一个重要的内容是公平性原则,包括代内公平、代际间的公平以及资源分配与利用的公平,人人均享有健康而富有成果的生活的权利。

排污权交易至少体现了以下“不持续性”:第一,它未能赋予买方企业所在区域的公众平等的生存机会和享有良好生活环境的权利,这明显不符合代内公平的理念。第二,买入排污权的企业依据排放量是否剩余,大致可分为排放量超标和达标生产两类。后者一般采用了先进工艺和防污设备,交易无可厚非;前者为完成生产任务而不惜增加环境成本,达到生产达标和固定的生产量,无疑加重了本地的污染。综观这类企业,在我国大多是生产技术相对落后和生态环境相对较差、环境承载能力更为有限的区域,排污权交易对于本来不高的公众生活条件和脆弱的生态环境无疑是雪上加霜。第三,排污权交易的环境影响并非仅仅限于交易两地。由于环境因素的可流动性(如大气、水),买方增加的环境污染成本在计算和监测上的准确性就值得推敲,其污染成本可以隐形的使临近地区成为环境污染的担负者。试想,如果再出现区域环境总量预测失控的情况,结果更加难以想象,排污权交易环境问题一旦产生波及面更广,难以恢复原状,严重影响公众的切身利益。

(五)从国际环境外交看国内排污权交易的演变和发展趋势

1997年的京都会议提出了一项解决发达国家温室气体排放量的"排放量交易制度"。对这一机制,不同的国家和地区表现不同的态度。

中国和发展中国家反对在协议文本中提及排放削减额交易,"我们想再次声明这些段落(指排放量交易)应当从该协议中删去"。发达国家更倾向与发展中国家联合履行其削减二氧化碳和其他温室气体的承诺。例如,排放二氧化碳气体占世界总排放量25%的美国提出,以援助发展中国家植树造林和发展无热污染的技术来抵消自身温室气体的排放;美国首席代表斯图尔特·艾森施塔特说,气候会议的成功取决于对排放量交易的支持,他说"我最强烈的呼吁,既然要作出这些历史性承诺,就不要使我们无法得到达到这些削减目标所需的一个机制"。欧盟也愿意用援助发展中国家的方式来抵消自己的排放赤字。2002年美国皮尤气候变化中心撰文认为,目前国际二氧化碳排放权交易市场供销两旺,一派繁荣景象。然而,排放权交易市场有点像集市贸易,有些地方一吨二氧化碳排放权只卖0.6美元,有的地方则高达3.5美元;"黑市"和"幕后交易"现象相当普遍,有些交易额度和交易金额不为外人所知。2003年2月荷兰政府与尼加拉瓜政府签署了一项合作协议,据此,荷兰将在尼加拉瓜购买不超过500万吨的二氧化碳减排额,用于完成《京都议定书》的减排承诺。

可以说,排污权交易从进入国际环境外交舞台一开始就受到了有着不同经济发展水平、不同环境容量,不同地区的不同评论。国家之间的交换也好,一国内部不同区域交换也罢,只要地区不同,生产力发展水平不一,对排污权交易的态度就会存在类似于环境外交中的问题。在我国,东中西地区的经济发展水平不一样,在环境状况未见明显好转的今天,西部后发展地区和东部沿海地区对于该权利的转让态度是不一样的,排污者、政府以及老百姓对该交易的态度亦然。若要牺牲后发展地区的环境容量,而获取发达地区的生产增长,是极其不合理的;后发展地区又往往是先发展地区的原料、人力的输出地、相对落后技术的推销地和发展地区的铺路石,伴随着脆弱的生态环境和欠发达的生产力,排污权交易,尤其是异地交易已经不单纯是一个经济问题,实际上还隐藏着环境伦理义务的缺失。

美国是国际排污权交易的坚决推崇者,但是,美国本身对排污权交易体系尚有以下顾虑:在环境污染问题日趋严重的今天,企业是否有指标剩余?有污染治理能力的企业一般在处理三废问题上也难以完全达标。近年来,美国针对排污权交易对我国展开援助。对这一现象,我们在推进合作之余,是否还应当有一些防备性的思考?第一,鉴于中国的国情,我国在进行试点的同时是否应当考虑我国独特、独立的交易方式和预警防范措施,即一旦试点中出现问题,我国应当有备无患,防止出现被动状态;克服在国际国内环境舞台上和实践中"被动应付的多,主动出击的少;经验判断的多,深入研究的少;定性分析的多,定量分析的少"的情况。第二,正确区分我国的排污权交易在环境外交和国内交易中的不同立场,预防国际社会以我国作为发展中国家已经具备排污权交易的经验和能力为理由和样板,推进京都会议的排放量贸易交易。第三,辩证地看排污权交易。排污权交易在我国尚属新生事物,鉴于市场经济条件下环境容量资源优化配置的复杂性和艰巨性应当注意避免资本向能耗高、污染重的企业流转和赶时髦、一哄而上的情况出现,逐步探索。

综上所述,排污权交易是一项系统而长远的工程,在我国试点过程中,作为决策者、研究者和公众对这一新生事物的关注均担负着严肃的社会责任。当国人都怀着深层的人文关怀去研究其环境效益和生态意义,那么被关注的不仅仅在于排污权交易本身,而在于环境意识、环境伦理等更高层的东西。

第三章 水权交易

【案例】 国内首笔水权交易:浙江义乌向东阳买水[①]

〔案情〕 浙江省义乌和东阳同处金华江流域,东阳市在上游,水资源丰富,目前有一个横锦水库,在满足灌区农业灌溉及城市供水外,还有1.65亿方水可以利用。义乌市经济发达,但是水资源总量仅为7.19亿立方米。按2004年义乌本地人口68万计算,人均水资源只有1057立方米,仅仅相当于全国、全省人均水资源的一半。据义乌市水务局负责人透露,特别是在2003年和2004年夏天,整个义乌城就好像是一座"上甘岭",由于供水时间有限,市民不得不掐指算计着洗澡和洗衣的次序和时间,许多人家烧饭用上了矿泉水,一些市民甚至集体住进了宾馆客房。"再不想办法从外地引水,2005年义乌供水形势将更为严峻。"而与义乌相毗邻的东阳市水资源却相对丰富,人均水资源比义乌多88%,境内拥有两座大型水库,其中仅横锦水库就有1.4亿立方米的总库容。

2000年底,义乌和东阳两地政府签订了有偿转让用水权的协议:根据两市协议,义乌市一次性出资2亿元,购买东阳横锦水库每年4999.9万立方米水的使用权;转让用水权后,水库原所有权不变,水库运行、工程维护仍由东阳负责,义乌按当年实际供水量每立方米0.1元支付综合管理费(包括水资源费);从横锦水库到义乌引水管道工程由义乌市规划设计和投资建设,其中东阳境内段引水工程的有关政策处理和管道工程施工由东阳市负责,费用由义乌市承担。

此举被誉为国内首例跨城市水权交易。工程通水后,每年将有5000万立方米的横锦水流入义乌,可以基本满足义乌今后10年左右的用水需求。

---

① http://www.info.water.hc360.com。

〔思考题〕

(1)什么是水权?

(2)如何评价水权交易的现象?

〔法律分析〕①

我国目前面临着严峻的缺水形势。前几年的黄河断流和2000年的北方大旱,已经使全社会清楚看到"水危机"离我们并不遥远。"十五"计划纲要已经把水资源的节约利用和可持续利用放在十分突出的地位,并明确指出,要"加强水的管理体制改革力度,建立合理的水资源管理体制和水价形成机制"。如何有效利用市场机制,优化配置水资源,是一个迫切需要研究的问题。2000年11月24日,浙江省金华地区的东阳市和义乌市签订了有偿转让用水权的协议,义乌市拿出2亿元向毗邻的东阳市购买横锦水库5000万m3水资源的永久使用权。这是我国首例跨城市水权交易,引起了社会的广泛关注。本文重点考察这一事件的实践意义及其带给我们哪些启示。

一、我国首例水权交易事件及其意义

东阳—义乌水权交易之所以能够发生,根本上在于供给和需求的市场力量。义乌城市供水严重不足,存在很强的水需求。义乌市人均水资源仅1132立方米,加之自有水库蓄水不足和水污染,水源不足成为经济社会发展的瓶颈。据预测,当城市人口发展到50万时,城市用水缺口5200万~6200万立方米。在义乌各种备选的水源规划方案中,区内挖潜的办法如新建水库等大都投资成本高、建设周期长、水质得不到保障。而从毗邻的东阳市横锦水库引水,投资省、周期短、水质好,是满足用水需求的最优方案。东阳市水资源则相对丰富,具有供给义乌用水的能力。东阳市横锦水库1.4亿立方米的蓄水库容,除满足本市城市用水和农业灌溉用水之外,每年汛期还要弃水3000万立方米。1998年开始的灌区设施配套建设,使横锦水库新增城镇供水能力5300万立方米。东阳还可以开发后备水源,从境内梓溪流域引水入横锦水库,能够新增供水5000万立方米。因此,东阳市有能力将一部分横锦水库的水供给义

① 胡鞍钢、施祖麟:《从东阳—义乌水权交易看我国水分配体制改革》,载于《经济研究参考》2002年第20期。

乌市使用，将丰余的水资源转化为经济效益。一方有需求，一方能供给，于是最朴素的市场法则促成了这笔首例跨城市水权交易。

东阳—义乌水权交易实质上是一次重大改革实践。

一是打破了行政手段垄断水权分配的传统。长期以来，我国的水权分配被行政垄断，主要表现为“指令用水，行政划拨”。在流域管理中，流域各地区用水通常是由上级行政分配，解决干旱季节用水或水事纠纷也主要采取行政手段。在跨区域或跨流域调水中，调水工程一般由中央或上级行政部门主导实施，对区域之间的水资源实行行政划拨，调水工程由国家包办或有很高的投资补贴。在市场经济条件下，无论是流域内上下游水事管理，还是跨流域调水，运用行政手段难度越来越大，协调利益冲突的有效性越来越差。在东阳—义乌水权交易中，由于利用行政协调速度慢、不可靠，加之自身经济实力很强，义乌选择了直接向东阳买水，运用市场机制获得用水权，这不同于以往所有的跨区域调水，突破了行政手段进行水权分配的传统。

二是标志着我国水权市场的正式诞生。水资源的所有权属于国家，因此水权的初始分配必须通过政府机构。但是水权的再分配并不必然通过行政手段，如果通过市场进行，就会形成水权交易市场，简称水权市场。同样，水商品的分配如果通过市场来进行，就会形成水商品市场。实际生活中，我们把水权市场和水商品市场笼统地称之为水市场。在自来水市场中，目前很多城市实行了两部水价、不同行业区别定价等多种定价方法，虽然水价还没有完全实现市场定价，但市场机制已经大量引入。而纯净水和矿泉水市场，则完全实现了市场化，桶装的纯净水每吨约 500～600 元，小瓶的则每吨可高达 2000 至 3000 元，价格完全由供求决定。缺水给企业带来巨大的商机，并因此推动水商品市场迅速发展壮大。而与此同时，水资源使用权的流转却完全通过行政划拨，水权市场还是一片空白，同水商品市场形成巨大反差。东阳—义乌水权交易打破了水权市场的空白，率先以平等、自愿的协商方式达成交易，第一次形成一个跨城市的水权流转市场。

三是证明了市场机制是水资源配置的有效手段。东阳和义乌运用市场机制交易水权，双方的利益都得到了增加。东阳通过节水工程和新的开源工程得到的丰余水，其每立方米的成本尚不足 1 元钱，转让给义乌后却得到每立方米 4 元钱的收益，而义乌购买 1 立方米水权虽然付出 4 元钱的代价，但如果自己建水库至少要花 6 元。东阳和义乌的水权交易，将促使买卖双方都更加节约用水和保护水资源，市场起到了优化资源配置的作用。如果双方通过行政手段解决问题，势必会增加两市矛盾，甚至可能发展成为水事纠纷，市场机制实质上还起到协调地方利益冲突的作用。

二、水权交易的理论和政策背景

通常所说的“水资源”是指可以利用的水源，包括地表水和地下水。所谓水权，可以简单划分为水资源的所有权和使用权。我国水资源实行国家所有，由中央政府委托地方各级政府对水资源进行分配和管理，大江、大河、大湖则委托流域管理机构管理，中央政府可以直接支配水资源，这是中央主导跨流域调水的基本依据。通常所说的水权实际上指的是水资源的使用权，或者说是用水权。水资源的分配有三个层面上的含义，第一是用水权的初始分配，第二是用水权初始分配之后的再分配，第三是对水资源的工程利用形成的水商品，如自来水、纯净水，在人群之间的分配。

在计划经济时代，国家垄断了水资源的使用权，各级政府直接包办水资源的开发利用，不存在水资源使用权的初始分配和再分配问题，水商品的分配则由政府无偿或低价供给。在特定历史条件下，这种模式在发挥着保障经济发展和人民生活重要作用的同时，也不可避免地造成资源价格的严重扭曲，致使用水粗放增长，浪费严重。

改革开放以来，随着经济体制的转型，水资源分配体制也在逐渐发生变化。其中一个重大的改革是实行取水许可制度。1988 年颁布的《水法》规定，凡直接从地下或者江河、湖泊取水的取水户，除法律规定不需申请取水许可的情况外，都要依法向水行政主管部门提出取水许可申请并在取得取水许可证后才能取水。取水许可制度的实施，是一种形式上的用水权初始分配，是在国家保有水资源所有权的前提下，水资源使用权和所有权相对分离，赋予用水户依法享有对水资源使用和收益的权利。但实际上取水许可制度并没有赋予用水户明确的使用权主体地位，用水户的用水权利不具有长期稳定性，并且不能转让。用水许可制度实施时间不长，不能涵盖所有的水资源使用行为，用水权主体在很多情况下还不明确。也就是说，“产权模糊”现象在水资源利用中还普遍存在。

另一个重大的改革是打破水资源的无偿使用，实行水资源有偿使用制度，规定对直接从地下或者江河、湖泊取水的，征收水资源费。全国目前已有 20 多个省(自治区、直辖市)出台了水资源费征收管理办法。但是由于水资源费标准很低，远不能反映水资源的稀缺程度，水资源费调节水资源使用权再分配的作用很小，使用权的再分配由水行政主管部门调整用水计划来实施。

水资源有偿使用制度还规定，使用供水工程供应的水，应当向供水单位交纳水费。这实际上是对水商品分配体制的改革，福利供水的传统被打破。但是也应看到，由于传统意识、用户承受能力等复杂原因，供水水价标准普遍过低，距离水资源的市场价格相差很大，水商品的分配还远没有实现市场化配置，行政手段在水商品分配中还发挥着重要作用。这是用水浪费仍普遍存在、用水效率较低的重要原因。

对当前我国水资源分配体制总的评价是：用水权初始分配制度虽然引进，但还不够完善；用水权的再分配由国家垄断，主要靠行政划拨；水商品市场发展较快，但供水水价仍然过低。也就是说，旧的计划经济模式在被逐步打破的同时，在经济转型过程中，水资源的分配还带有较强的指令配水模式特征，是一种“转轨体制”，在提高水资源配置效率的同时，也带有很大的弊端。

随着我国缺水形势的加剧，水资源已经日益成为一种稀缺的经济资源。经济资源的分配是一种利益分配，水资源分配中的利益冲突在市场经济转型过程中日益尖锐。目前的水资源分配体制既不能适应水资源优化配置的要求，也不能完全满足协调利益冲突的需要，水资源的分配体制迫切需要进一步改革。

三、水权交易的启示及政策含义

历史事件的发生孤立地看往往有很大的偶然性，但是整体地看却有其必然性。改革开放 20 年，我国经济迅速发展，经济市场化指数已经接近 80%，目前绝大部分资源分配已经引入市场机制。水资源的分配因其特殊性和复杂性，市场化进程相对较慢，但是日益严峻的缺水形势迫切需要水资源的分配引入市场机制，水市场的发生、发育和发展是历史发展的必然趋势。透过东阳—义乌水权交易来思考我国的资源分配体制改革，笔者认为能够得出如下启示。

1. 明晰水权，从取水许可制度逐步转向水权制度。目前的“产权模糊”是阻碍水市场发展的最大障碍，明晰水权已经成为水利市场化改革的迫切任务。明晰水权，实际上就是完善用水权的初始分配制度，确立明确的用水权主体，这并不是简单分配流域用水量就可以实现的，而是要求水管理体制做大的转变，就是从现有的取水许可制度逐步向水权制度转变。取水许可制度下，水资源的分配和调度原则模糊，用户用水不确定性大；特别是在干旱时期，通常倾向于以行政协调为主的临时性方案设计，政府在协商中承担大量工作，应急方案受人为因素干扰多，用水户和投资者不能预先把握缺水时的供水状况。水权制度则以用水者之间的平等协商为主，行政手段为辅，各种用水单位是主角，水管部门多以仲裁者或技术管理的角度参与水管理。用水磋商制度发达，强调发挥用水者的管理积极性，减少政府部门对水事管理的介入。水权制度要求产权明晰和确定，通过水资源分配的登记和公示制度、水权优先权确定及基于民事法律的水权裁决来实现。在水权制度下，水量调度按照水权的优先级别进行，干旱情况下由磋商组织协商解决，用水户和投资者对于供水有明确的预期。随着取水许可制度向水权制度的转变，水权将逐步明晰，水权权利主体可以包括政府、企业、农民灌溉协会、用水组织、用水大户甚至个人。明晰水权的同时，必然也会要求明晰水利设施产权。计划经济下都是国家投资包办水利，市场经济条件下则要求水利投资多元化。水利建设要吸引社会资金，就要建立以股份制为主体的多元化所有制形式。水权和水设施产权的明晰，必将大大推动社会资金和外资投资兴办水利。

2. 允许水权适度流转，政府来规范水权市场。用水权的流转是水权初始分配之后的再分配。水权市场之所以存在，根本上是由于水资源分布和利用的不平衡性，同时存在水需求和潜在的水供给。例如：有些流域水资源短缺，具有水需求，有些流域水资源丰富，能够提供水供给，这就有可能出现跨流域水权市场；即使在同一流域，可能上游用水效率低，下游用水效率高，上游地区的水配置到下游地区，能够获得更大的总收益，这就存在潜在的流域内水权市场；即使是在同一地区，水用途效益也存在很大差别，把部分用水从效益差的部门配置到效益好的部门，总收益也能够提高，这就有可能产生跨部门、跨行业甚至用水户间的水权市场。水权市场的交易可以包括水权转让、水权租赁等多种形式。我们预期，随着水资源的日益稀缺，水权主体的明晰，法律制度的健全，制度创新和技术进步等因素，会使水资源通过市场配置的收益越来越高，水权市场将会呈现出越来越发达的趋势。水权交易需要具备很多条件，不是纯粹的市场行为，水权市场必须由政府加以规范。比如，水权的转让要符合流域规划和区域规划，按流域规划进行论证、审批；水权转让价格要进行必要的评估；水权转让应当论证对周边地区、其他用水户及环境等方面的影响等等。政府水管部门应及时研究制定管理办法，在实践中不断完善相关政策法规，确保水权交易规范、有序进行。

3. 今后相当长的时期内，政府将依然是水权市场的主体。在东阳—义乌水权交易中，水权市场的主体是两个地方政府。在转型期，行政手段配置水资源、水权主体模糊、民间用水组织不发达的条件下，政府由于既是水公共事务的提供者，又是水权权属的管理者，所以是最有效的水权代表，政府作为市场主体容易达成可行的水权交易。可以预期，在今后一段时期内发生的跨流域水权转让、异地水权转让和灌溉水权转让中，市场主体将主要还是政府，但参与市场的形式可能是多种多样的。在东阳—义乌水权交易中，水权市场是通过民主协商的方式实现的。浙江省水利厅最近提出，灌溉水权转让给城市用水的，城市供水水价中要附加水价，专项用于农业节水，这实际上是地方政府主导，实现水资源从农业转移到城市的一种市场形式。又比如，水利部去年曾提出，黄河下游用水超过了指标的省份，实际上是多用了上游省份的转让的水权，对于超用的那部分水应实行高价，促使下游搞节水，多收的水费给上游转让出水权的省份，专项用于节水，这是中央政府调控、地方政府参与的一种市场形式，实际上是在黄河流域上下游建立起一个水权市场。长远来看，随着市场经济的发展和水权制度的实施，企业、用水组织和个人也可以成为水权市场主体，更多地参与水权市场交易，水权市场的实现形式也将在实践中不断探索和创新。

4. 跨流域调水要引入市场机制。传统的跨流域调水工程几乎都是由国家财政投资，地方几乎是无条件受益。这种方式存在两大弊端，第一是缺水地区的要水指标往往很高，使工程过水能力设计规模过大。但是调水工程通水以后，地方又反过来喊水贵，用不起，导致工程建成后运行总是达不到设计规模，造成沉重的国家财政负担和水资源的浪费。第二是上级行政组织和协调耗时耗力，成本很高，特别是由于对调出方缺少利益补偿，调水各方较难达成一致。在市场经济条件下，传统的跨流域调水方式要改革，其中一个重要的方向就是引入市场机制，综合运用水权、水价和水市场提高调水工程的效益。最近，水利部提出了南水北调的新思路，南水北调由国家和地方联合控股，国家出一定比例的资本金，其余由沿线城市根据要水量按比例分摊，要的水越多，出的资本金越多，地方靠逐步提高水价作为地方股份的资本金来源，整个工程由股份制公司来运作。水利部的南水北调新思路，相对于传统思路有重大突破，实际上是通过水权关系，在南水北调沿线建立一个水权市场，这个市场由中央政府宏观调控，沿线地方政府参与，企业具体运作。这套思路将是跨流域调水运用市场机制的重大尝试，如果能够实施，将会大大提高南水北调工程的效益，并将对我国今后水利事业的发展产生深远影响。

透过首例水权转让事件，可以初步看到水市场发展的美好前景。东阳—

义乌水权交易作为我国水分配体制改革过程中的重大实践，将发挥其重要的改革示范效应，推动我国水管理体制改革的加速进行。市场机制必将在中国从工程水利到资源水利、可持续发展水利和现代水利的历史转变中发挥其应有的作用。

后 记

从编写到收笔，经历了长达1年多的时间。但是，倘若从决意写出这样一本案例教材并付诸酝酿算起，却始于6年前。个中历经求学、从教的酸甜苦辣，为回报我的恩师们和西南政法大学对环境法学求知若渴的学生们，我应当做些什么？在此感谢厦门大学出版社的大力支持，使得这一宿愿成为现实。

本书的写就必须感谢丛书的总主编、我国著名的经济法学家李昌麒教授，先生鼎力支持环境法学教程的出版，并提供了尽可能多的时间、空间和充分的资料来源。更重要的是，在写作中大凡遇见困难与困惑，先生以其学术的精湛和循循善诱总能点石成金。先生的鼓励，成就了笔者写作本书的胆量和勇气。

本书的写作得力于我国著名环境法学专家、武汉大学陈汉光教授的教诲与指导。笔者有幸求教于先生门下，研习环境法，耳濡目染于先生严谨的学术品格和对环境法学无限的执著与热爱。先生有一自制的剪报，分门别类地收集了近20年来中外环境法的典型案例，案件双方的针锋相对、学理观点的激烈争鸣在泛黄的白纸和淡淡的书香中生动而感人。受先生所托，我将先生20年来制作的剪报复印件带来西南政法大学，作为对西南政法大学环境法学同仁的友谊的纪念。在先生的首肯和支持下，我结合从事环境法学教学和科研的体会，编就此书。本书不少的理论基础和资料都是先生的劳动，且稿件的修改都经过先生之手，然而先生坚持提携后人，不肯担当本书的主编，先生的气度与风范将会一如既往地鼓励笔者在环境法学这一生机蓬勃的领域里勇往直前。

因才疏学浅，虽经努力，本书的写作难免存在不足之处。此中的成绩属于我的老师和我的集体以及厦门大学出版社的编辑同志，所有的不足之处和错误由笔者本人承担。

本书参照了大量的书籍、报纸和杂志，凡引用资料之处，都尽可能注明了资料来源，因数量繁多，若有遗漏或者不确切之处，敬请谅解，并告知我们，我们将不胜感激。

编 者

2006年3月于重庆歌乐山下

图书在版编目(CIP)数据

环境法学案例教程/蒋亚娟编著.—厦门:厦门大学出版社,2006.3
(西南政法大学经济法学系列/李昌麒主编)
ISBN 7-5615-2551-6

Ⅰ.环… Ⅱ.蒋… Ⅲ.环境保护法-案例-分析-中国-高等学校-教材
Ⅳ.D922.685

中国版本图书馆 CIP 数据核字(2006)第 004417 号

厦门大学出版社出版发行
(地址:厦门大学 邮编:361005)
http://www.xmupress.com
xmup @ public.xm.fj.cn
沙县方圆印刷有限公司印刷
2006 年 4 月第 1 版 2006 年 4 月第 1 次印刷
开本:787×960 1/16 印张:21.5 插页:2
字数:370 千字 印数:0001～3000 册
定价:31.00 元